人力资源和社会保障部职业技能鉴定中心
汽车维修专项技能认证指定教材

汽车自动变速器

全国汽车维修专项技能认证技术支持中心　组编
主　编　吴友生　姚志刚
副主编　王　健　周　娜
参　编　秦泽祺　张　萌　陈立凯

机械工业出版社

《汽车自动变速器》从汽车自动变速器的技术发展历程开始，讲解了汽车自动变速器的分类、汽车自动变速器的组成和工作原理、液力变矩器的结构与工作过程、行星齿轮机构的结构和工作原理、汽车自动变速器常用齿轮机构、液压控制系统的组成和控制、汽车自动变速器电子控制系统、冷却控制系统的作用及工作原理、无级变速器的结构原理和保养、双离合变速器的结构原理和保养、自动变速器的故障诊断、自动变速器的解体维修等内容。

本书围绕常见车型，详细讲解了与汽车自动变速器相关的分系统组成结构和工作原理，及其保养、诊断、拆装和维修方法，适合用作应用型本科及高职高专院校汽车维修与应用专业的理实一体化教学配套教材，同时也可用作广大一线汽车维修技师的自学教材。

图书在版编目（CIP）数据

汽车自动变速器/吴友生，姚志刚主编. —北京：机械工业出版社，2017.8

人力资源和社会保障部职业技能鉴定中心汽车维修专项技能认证指定教材

ISBN 978-7-111-57597-9

Ⅰ.①汽…　Ⅱ.①吴…②姚…　Ⅲ.①汽车－自动变速装置－高等职业教育－教材　Ⅳ.①U463.212

中国版本图书馆CIP数据核字（2017）第186313号

机械工业出版社（北京市百万庄大街22号　邮政编码100037）

策划编辑：孟　阳　连景岩　责任编辑：孟　阳

责任校对：张　征　　　　　封面设计：张　静

责任印制：李　昂

三河市宏达印刷有限公司印刷

2017年10月第1版第1次印刷

184mm×260mm · 20印张 · 485千字

标准书号：ISBN 978-7-111-57597-9

定价：49.90元

凡购本书，如有缺页、倒页、脱页，由本社发行部调换

电话服务	网络服务
服务咨询热线：010－88379833	机 工 官 网：www.cmpbook.com
读者购书热线：010－88379649	机 工 官 博：weibo.com/cmp1952
	教育服务网：www.cmpedu.com
封面无防伪标均为盗版	金　书　网：www.golden-book.com

“汽车维修专项技能认证指定教材”编委会

Preface

前　言

本书是人力资源和社会保障部职业技能鉴定中心汽车维修专项技能认证指定培训教材，依据《汽车维修专项技能认证标准》编写。编写中参照了国际先进经验，汲取了主流车型原厂维修资料的精华，突出故障诊断和检测技术，强调科学的诊断思路和规范的操作流程。书中各章节均以理实一体化为核心，图文并茂，同时以常见车型为例，详细讲解与汽车自动变速器相关的分系统组成结构和工作原理，及其保养、诊断、拆装和维修方法，适合用作应用型本科及高职高专院校汽车维修与应用专业的理实一体化教学配套教材，同时也可用作广大一线汽车维修技师的自学教材。

本书共分为 11 章。第 1 章概述了汽车自动变速器的发展历程、分类、组成、工作原理、主要优缺点及正确使用方法；第 2 章讲解了液力变矩器的结构、工作原理、工作过程和性能；第 3 章讲解了行星齿轮机构的结构和工作原理及常用齿轮机构；第 4 章讲解了流体力学基础知识、液压控制系统的组成和功能、液压元件的结构及工作原理；第 5 章讲解了电子控制元件的结构和工作原理、自动变速器的电子控制和 CAN 数据传输系统；第 6 章讲解了冷却控制系统的作用及工作原理、冷却系统的电子控制；第 7 章讲解了无级变速器（CVT）的结构原理和保养；第 8 章讲解了双离合变速器（DCT）的结构原理和保养；第 9 章讲解了自动变速器的维护和基本调整项目；第 10 章讲解了自动变速器的故障诊断；第 11 章讲解了典型行星齿轮式自动变速器、双离合变速器和无级变速器的解体与重装。

汽车自动变速器技术所涉知识面广、发展速度快，受本书篇幅和编者精力所限，内容不可能面面俱到、尽善尽美，疏漏和错误在所难免，恳请广大读者批评指正。在本书的编写过程中，很多汽车维修行业专家和一线技术人员给予了编者无私的帮助，在此向他们致以诚挚的谢意！

编　者

Contents

目　录

第1章　自动变速器概述

1.1　汽车自动变速器的发展

汽车自动变速器是一种可以在车辆行驶过程中自动改变传动比的变速器，它将驾驶人从频繁换档工作中解脱出来，减轻了驾驶人的疲劳感。汽车自动变速器有四种常见的类型：液力自动变速器（AT）、机械式无级变速器（CVT）、电控机械式自动变速器（AMT）和双离合自动变速器（Dual Clutch Transmission，DCT）。

1904年，斯特尔特埃文（Sturtevant）兄弟发明的变速器已经具有了现代自动变速器的雏形。该变速器只有两个前进档，且经常因换档冲击而失效。

1908年，亨利福特发明了被称为“模型T”的变速器，这是变速器发展史上的里程碑。该变速器有两个前进档、一个倒档，采用行星齿轮机构，需要驾驶人通过脚踏板驱动变速器磨擦组件（制动器和离合器）实现换档。

1938年，美国通用汽车公司（General Motors）最先推出并量产了HYDRA－MATIC变速器，它将行星齿轮式变速器与液力耦合器组合，利用液压传动进行自动变速，是现代液力自动变速器的原型。1948年，通用公司又在别克（Buick）轿车上应用了DYNAFLOW变速器。1948~1950年间，汽车液力传动技术进入了一个新的发展阶段，出现了可根据车速和加速踏板位置进行自动换档的自动变速器。此时，液力自动变速器已基本定型。

液力自动变速器相比传统机械式变速器具有一系列的优越性，其广泛应用促进了相关生产、制造技术的迅速发展。近20年来，美国、英国、法国、意大利、德国和日本等国家建立了一批自动变速器生产厂家，其中比较著名的有美国艾里逊（Allison）、英国博格－华纳（Borg－Warner）、德国采埃孚（ZF）、意大利菲亚特（FIAT）和日本丰田（TOYOTA）等。

1982年，日本丰田汽车公司研制的电子控制变速器（ECT）问世，并应用于皇冠（Crown）轿车。20世纪80年代后期，随着电子集成技术的飞速发展，电控自动变速器的控制技术取得了长足进步，世界各大汽车公司均加快了自动变速器的开发步伐。

同时，自动变速器的装车率也逐年增加。20世纪70年代，在西欧及美国，使用自动变速器的商用车已占全部商用车的80%以上。到80年代，美国已将自动变速器列为轿车的标准装备。素来以车型紧凑、价格和油耗低而著称的日本轿车，为了满足安全性的要求，自动变速器的使用率也在不断增长。1994年款的宝马740iL轿车用变速器如图1-1所示。

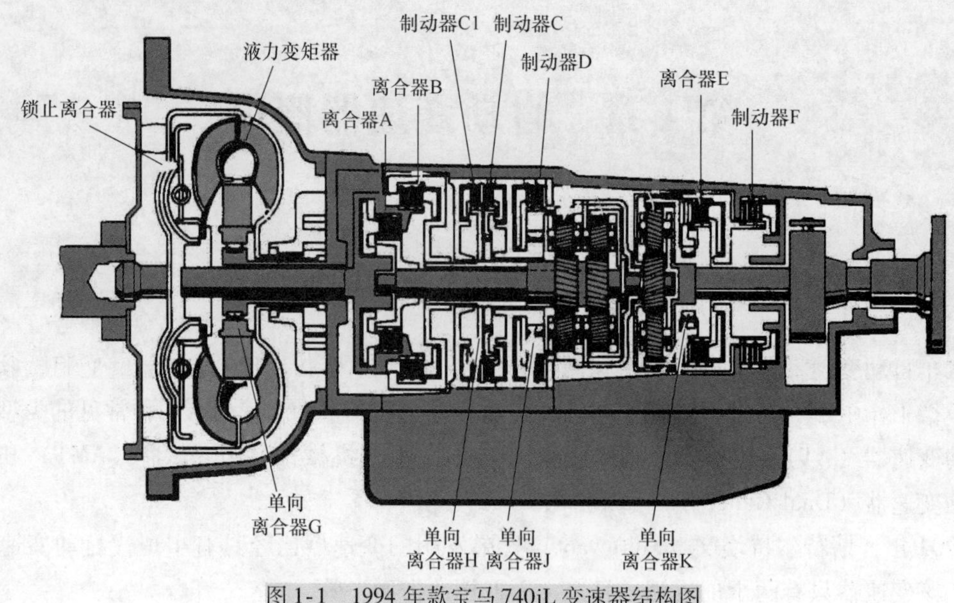

图 1-1　1994 年款宝马 740iL 变速器结构图

1.2　主要优点和缺点

随着汽车技术的迅速发展，及最佳换档理论的完善，自动变速器已经能够按照汽车的最佳油耗（经济模式）或者最佳动力（动力模式）需求进行自动换档。因此在市区使用时，装备自动变速器的轿车比装备手动变速器的轿车更省油，而在高速行驶时则能获得更好的加速性能，且操作方便。

（1）自动变速器的优点

1）提高发动机和传动系统的使用寿命。据统计，与手动变速器车型相比，自动变速器车型的发动机寿命可提高 85%，变速器寿命可提高 1 ~2 倍，传动轴、驱动桥和半轴寿命可提高 75% ~140%。

自动变速器车型的发动机与传动系统之间装有液力变矩器，由液体执行动力传递功能，能够起到一定的缓冲和过载保护作用。例如，当负荷突然增大时，可防止发动机过载和突然熄火；在起步、换档或制动时，能吸收振动、减小发动机和传动系统所承受的冲击及载荷，提高零部件的使用寿命。

2）驾驶和换档轻便。自动变速器采用液压传动机构控制换档过程，这比手动变速器通过拨叉操纵滑动齿轮换档要简单、轻便得多。自动变速器通常采用常啮合齿轮组，降低或消除了换档时的齿轮冲击。因为取消了离合器，所以减轻了操作复杂性和驾驶人的劳动强度。

3）提高动力性和适应性。自动变速器能平稳地自动适应汽车驱动轮的负荷变化。当行驶阻力增大时，车速自动降低，驱动轮上的驱动力自动增加；相反则减小驱动力，同时提高车速。车辆起步时，驱动轮上的驱动力逐渐增加，有效地减小了传动系统的扭振，也减少了因车轮打滑造成的起步困难情况。自动变速器可使汽车的稳定车速降低到最低，甚至为零。即使行驶阻力很大（如爬坡或在凹凸不平的路面上行驶时），发动机也不至于熄火，使汽车能以极低的速度行驶。因此，提高了汽车的动力性、平稳性、舒适性及行驶安全性。

4）减轻空气污染。自动变速器能够根据行驶路况和驾驶需求自动换档，使汽车发动机基本达到最佳工作状态，因此有效地降低了排放，减轻了空气污染程度。

（2）自动变速器的缺点

自动变速器存在结构复杂、维修相对困难、制造工艺复杂和维护成本高等缺点。

1.3 自动变速器的正确使用

汽车在起步或上坡时需要很大的驱动力，必须使用低档位，随着车速的提高，所需的驱动力减小，而所需转速提高，因此，需要适时地换入较高的档位。对于手动变速器车型，必须靠离合器切断发动机与变速器之间的动力传递，同时按照行驶要求手动选择合适档位。自动变速器的使用原理与手动变速器基本一致。自动变速器的变矩器不仅能传递或切断动力，还能增大转矩。自动变速器能够根据转速和转矩的变化自动换档，为驱动轮提供合适的转速和转矩。

行车过程中，必须正确使用自动变速器。一旦选定档位，自动变速器就会按照档位的指示自动执行相应的变速、换档动作，如果选择档位错误或进行其他误操作，则会增加自动变速器产生故障的概率。

1.3.1 自动变速器的档位及功能

目前，常见的自动变速器有6档、7档、8档，甚至9档，这表示其有6~9个前进档位。自动变速器的档位通常表示为P－R－N－D－3－2－L或P－R－N－D－S－L，此外还有带1档和OD档的。档位显示位置一般有两处，即中央控制台或仪表板。图1-2a为大众7速双离合变速器档位，图1-2b为路虎ZF 9速自动变速器档位。自动变速器的主要档位含义及功能说明如下：

a) 大众7速双离合变速器　　b) 路虎ZF 9速自动变速器

图1-2 自动变速器档位布置

P—驻车档，在驻车或起动发动机时选用；

R—倒档，在倒车时选用；

N—空档，发动机起动时选用；

D—前进档，汽车在一般工况下正常行驶时选用；

S—运动档，汽车在运动模式下行驶时选用；

2—2档，需要短时加速或轻度发动机制动时选用；

L或1档—低档，在上陡坡时选用，以获得较大的驱动力。

1.3.2 自动变速器的正确使用方法

下面结合实际操作中的各种常见情况来具体说明自动变速器的使用方法。

（1）起动

自动变速器车型的起动不同于手动变速器车型，必须严格按照规定的方法操作，以免发生意外。

起动前，必须将驻车制动操纵杆拉紧，将变速杆置于P位或N位，否则发动机无法起动。将制动踏板踩下，然后转动点火开关起动发动机，准备起步。

汽车行驶途中熄火时，必须待停稳后将变速杆置于P位或N位时才能再次起动。为防止将变速杆由P位移入R位而突然倒车，最好在熄火时选用N位起动，这样由N位直接移入D位比较方便，也比较安全。

汽车熄火后重新起动时，有时会发生瞬时起步现象，这大多是起动时未踩制动踏板或踩着加速踏板所致。因此在熄火后重新起动时，必须踩下制动踏板，最好再拉紧驻车制动操纵杆，以防发生意外。

起动时必须注意：

1）确认已经踩下制动踏板并拉紧了驻车制动操纵杆。

2）变速杆必须在P位或N位。

（2）起步

自动变速器车型起动后，起步前要踩住制动踏板。前行时，将变速杆由P位或N位移入D位；倒车时，由P位移至R位。同时查看变速杆位置或仪表板上的档位指示是否正确，以防行进方向错误。正确选定档位后再缓慢地松开制动踏板，使汽车以蠕动状态缓慢起步。

起步时必须注意：

1）踩下制动踏板后再换档，并查看变速杆位置是否正确。

2）起步越过凸起或台阶时，最好用左脚踩下制动踏板。在汽车静止状态下，左脚稍稍放松的同时，右脚稍稍踩下加速踏板，待越过台阶的瞬间立即抬起右脚并轻踩制动踏板，以防车辆过度晃动。

3）起步时发动机怠速不要过高。尤其在冬季，当自动阻风门及空调怠速提升装置工作时，发动机怠速可能超过1500r/min（一般为1000r/min）。这会导致车辆强烈蠕动，引发急速起步现象。因此，要等发动机转速降至正常值后再起步。

（3）超车

自动变速器车型在超车时，需要将加速踏板迅速踩到底。此时，自动变速器会自动降低一个档位，从而获得明显的加速效果。松开加速踏板后，自动变速器又会自动升入高档位。需要注意的是，获得理想的档位后，应立即松开加速踏板。

（4）上/下坡

1）上坡时，如果坡度不是很大，则变速杆在D位就能上坡；如果坡度较大，则必须将变速杆从D位移到L位或1位。

2）下长坡时，除踩制动踏板减速外，最好同时使用发动机制动。通常当车速降到30km/h以下时，将变速杆移到L位会获得较强的发动机制动性能。

（5）雨天和雪地行驶

1）雨天行驶时要缓慢起步，不能急加速、急降档，以免车辆产生滑移现象，最好选用合适的速度保持低速档稳速行驶。

2）雪地行驶的要求和雨天一样，要缓慢行驶。前方有雪坑时，要提前更换档位，以免丧失驱动力。雪地行驶应尽可能不变速，保持一定速度行驶。

（6）拖车

当发动机或变速器发生故障导致车辆不能行驶时，需使用其他车辆进行拖带。拖带后轮驱动的自动变速器车型时，建议将传动轴拆除；拖带前轮驱动的自动变速器车型时，建议将两个前驱动轮架起，以免对变速器或发动机造成损坏。

（7）临时停车

自动变速器车型在交叉路口等待交通信号灯或因堵车需要临时停车时，应根据具体情况采取不同的操作方法。

在等待交通信号灯或停车时间较短且变速杆在D位时，只用制动踏板停车即可，这样做的好处是只要松开制动踏板就可以再次起步。但必须注意，一定要踩住制动踏板，以防汽车蠕动而与前车追尾。

在停车时间较长且变速杆在D位时，最好同时使用制动踏板和驻车制动器，以免制动踏板稍有放松时发生追尾。

临时停车时间很长时，必须拉紧驻车制动操纵杆并将变速杆移到N位，同时放松制动踏板。如果踩下制动踏板时间过长，则会使制动灯耗电过多，也易使驾驶人感到疲乏。

变速杆在D位时，等待交通信号灯也可只用驻车制动器停车，但必须确认将驻车制动操纵杆拉紧。为确保安全，最好同时使用制动踏板。若驻车制动器使用频繁，最好定期（每年至少一次）检查驻车制动器拉索是否伸长，必要时进行调整。

（8）停车和倒车入库

自动变速器车型在停车和入库时很容易发生事故。因为在停车和入库过程中需要对变速杆和加速踏板进行反复操作，这会使误操作概率增大。

倒车入库时，要在车辆完全停止后才能将变速杆移到R位。发挥自动变速器车型的蠕动特性，不踩加速踏板而用制动踏板来控制车辆缓慢移动，同时操纵转向盘将车辆倒进车库。

在狭窄空间停车或入库时，需多次进行进、退操作，即需多次更换变速杆的进、退档位，同时还要来回操纵转向盘。注意不要误踩加速踏板以免造成事故。

一定要在汽车停稳后再移动变速杆，否则会损伤自动变速器。汽车停好后，要踩住制动踏板才能熄火，还应拉紧驻车制动操纵杆并将变速杆移到P位。

特别提示：

1）当车辆需要前进或倒退时，选择D位或R位即可。行车中只可将变速杆从低位向高位推，直到D位，严禁从高位向低位拉。严禁在行车中使用空档滑行（空档滑行会造成变速器执行元件润滑不良，甚至严重损坏）。

2）变速器出现异常或故障指示灯点亮时，应立即停止使用车辆，进行相应检修。

1.4 自动变速器的分类

（1）按变速形式分类

按照自动变速器的变速形式，可分为有级自动变速器与无级变速器两大类。

有级自动变速器是具有有限个定值传动比的变速器。有级变速器一般采用齿轮传动，通过不同的齿轮对啮合并传递动力，实现不同的档位，其变速机构有行星齿轮机构和非行星齿轮机构两种。

图 1-3 为有级变速器常用的行星齿轮机构，由齿圈、太阳轮、行星轮和行星架组成，根据齿圈、太阳轮和行星轮的运动关系，可以实现输入轴与输出轴间不同传动比的传动关系。

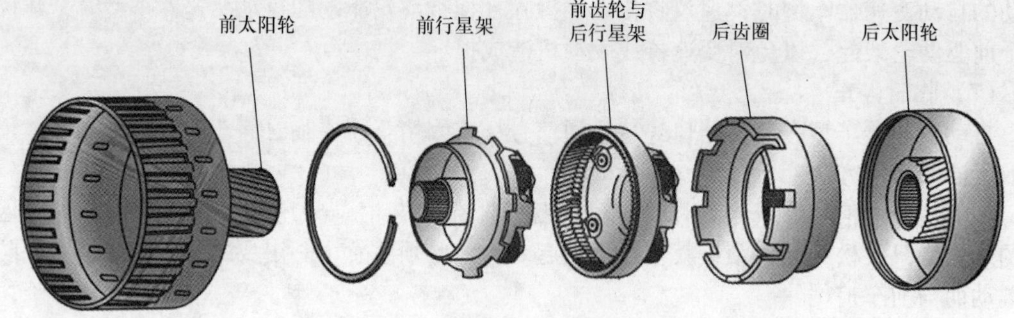

图 1-3　行星齿轮机构

图 1-4 为以外啮合齿轮为基础的双离合变速器（DCT），其变速机构是非行星齿轮机构。

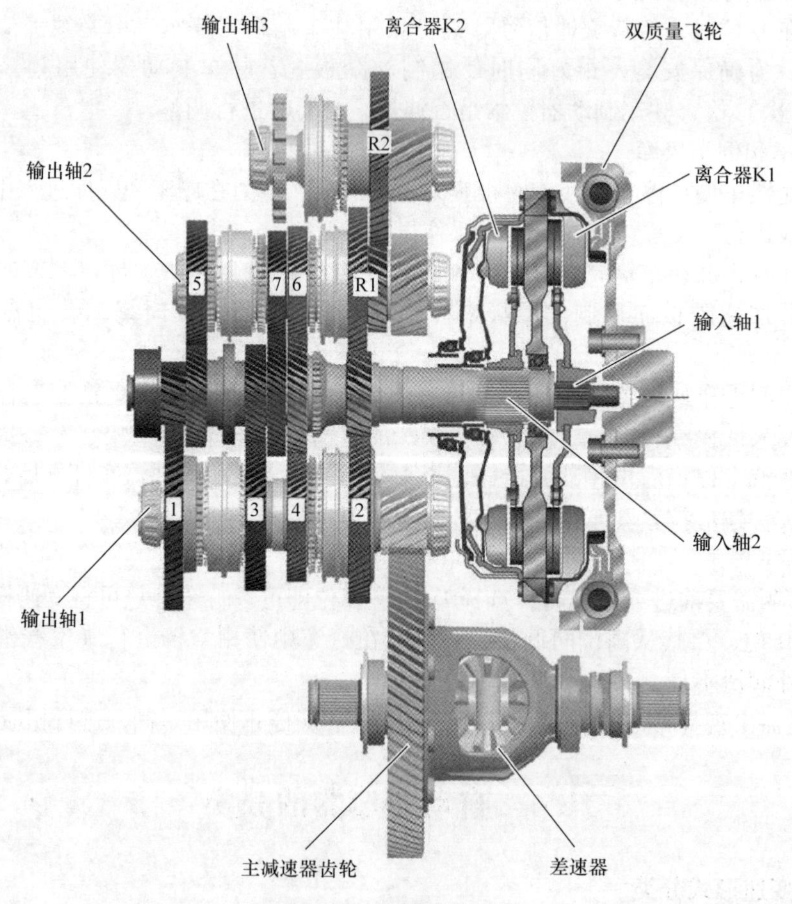

图 1-4　双离合变速器

它除兼具手动变速器的灵活性及自动变速器的舒适性外，还能提供无间断的动力输出。无间断动力输出的关键技术在于双离合，即两个离合器，其中一个负责奇数档，另一个负责偶数档。可以想象为将两台手动变速器的功能合二为一，并建立在单一的系统内。

无级变速器（CVT）是能使传动比在一定范围内连续变化的变速器，它在汽车上的应用已逐步增多。图 1-5 为 CVT 工作原理简图，它有两组带轮（主动轮与从动轮），每组带轮分为两部分。带轮一侧为固定式，另一侧可在轴上滑动，两个带轮的内侧是有倾斜角度的锥形面，两侧相对构成 V 形槽，V 形槽与传动带的侧面接触（啮合点）。通过油压控制主动轮和从动轮的夹紧与放松，进而改变带轮锥面与传动带啮合点的工作直径，最终改变传动比。

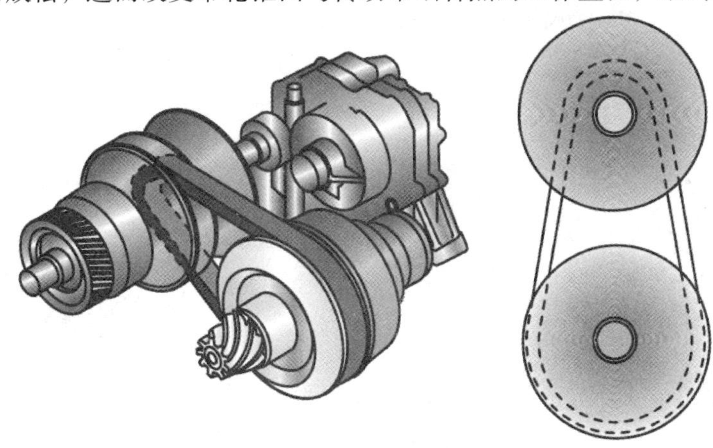

图 1-5 CVT 工作原理简图

（2）按驱动方式分类

按照汽车驱动方式的不同，自动变速器可分为前轮驱动、后轮驱动和四轮驱动型三大类，图 1-6 为两种不同驱动方式的布置简图。

下面列出了三种分类形式及相应的常见车型（图 1-7）：

1）前驱型。分为横置前驱型（普通）、L 型前驱型（特殊的横置前驱）和纵置前驱型。

横置前驱型：广州本田雅阁（MAXA、DAXA）和奥德赛（DGPA）、一汽大众捷达和宝来（01M）、东风日产蓝鸟［RL4F03A（1.8L）、RL4F03V（2.0L）］、丰田凯美瑞（A140E）、上海通用赛欧（AF13）、神龙富康（AL4）和天津丰田威驰（U540E）等。

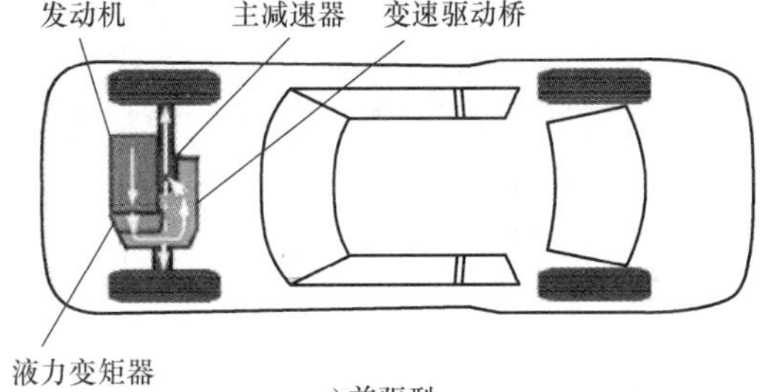

a) 前驱型

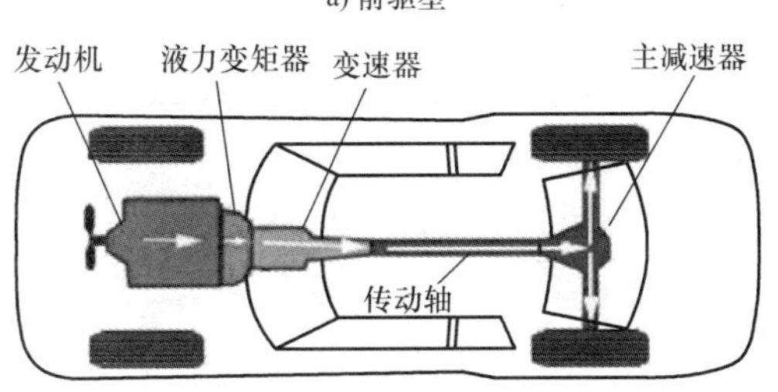

b) 后驱型

图 1-6 前/后轮驱动方式自动变速器布置简图

L 型前驱型：上海通用别克（4T65E）、福特风之星（AX4S）等。

纵置前驱型：道奇君王（42LE）、一汽大众奥迪 A6、上海大众帕萨特 B5（01N 和 01V）和桑塔纳俊杰（01N）等。

2）后驱型。相应车型有奔驰 722.6、雷克萨斯 400（A340E）、丰田皇冠（A43DL）、日

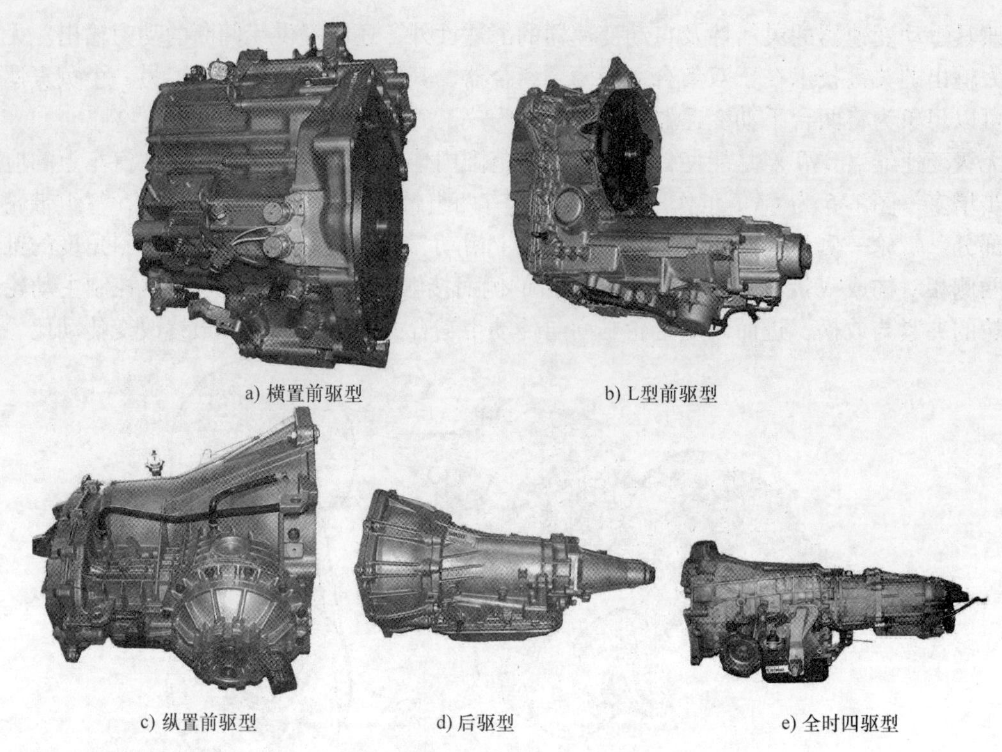

图 1-7 常见的五种自动变速器简图

产公爵（RE4L01A）、大宇王子（AW03－71L）和通用雪佛兰（4L60E）等。

3）四驱型。相应车型有大众奥迪 A8（全时四驱，01V）、丰田兰德酷路泽（A442F，自动变速器加分动箱型四驱）和三菱帕杰罗（03－71L）等。

（3）按控制系统分类

现代汽车自动变速器有两种常见的控制形式：

1）全液压控制自动变速器。主要由节气门拉索或节气门真空度和速控液压阀为阀体提供换档信号（图 1-8）。

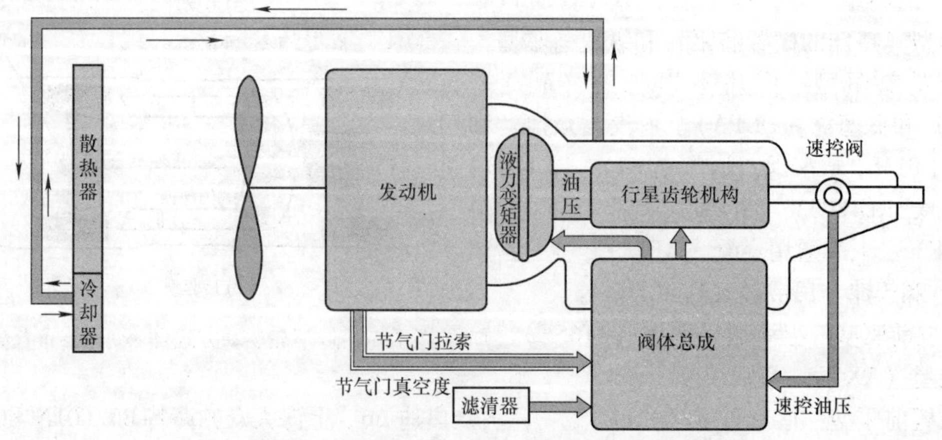

图 1-8 全液压控制自动变速器控制过程示意图

2）电子控制自动变速器。变速器控制单元根据节气门开度信号和车速信号以及冷却液温度、自动变速器油温度、发动机转速等信号，按照设定的程序来控制换档电磁阀、主油压调节电磁阀（EPC）及变矩器锁止电磁阀（TCC）的工作（图1-9）。

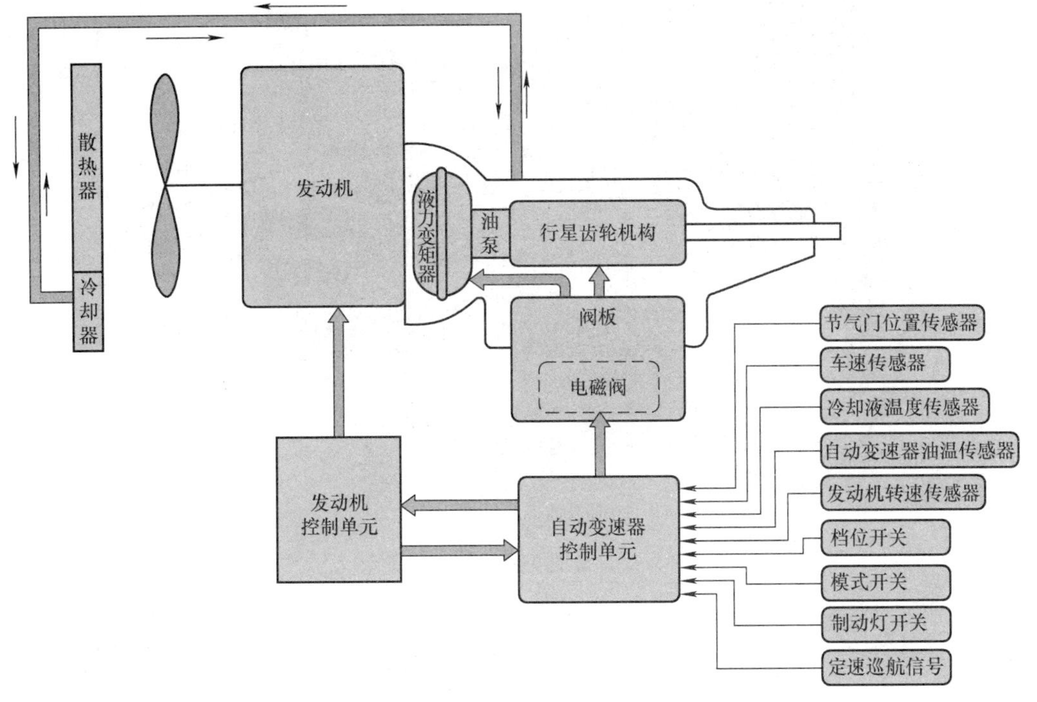

图1-9 电子控制自动变速器控制过程示意图

1.5 自动变速器的组成和工作原理

（1）自动变速器的组成

现代汽车自动变速器主要由以下几部分组成（图1-10）：

1）液力变矩器，包括泵轮、涡轮、导轮、导轮单向离合器和锁止离合器等元件。

2）行星齿轮机构，包括太阳轮、行星轮、行星架和齿圈等元件。

3）液压控制系统，包括油泵、滤清器、各种换档阀、节流阀、速控阀、调压阀、离合器和制动器等元件。

4）电子控制系统，包括各种传感器、控制电脑、控制程序和自诊断系统等。

（2）自动变速器的工作原理

液力变矩器利用流动的液体将来自发动机的转矩传递给行星齿轮机构。同时，液压控制系统根据行驶需要（节气门开度、车速等信号）来操纵离合器、制动器等执行元件，通过行星齿轮机构获得相应的传动比和旋转方向，自动实现变速换档。在以上过程中，转矩和节气门开度及车速信号的变化所导致的液压控制装置动作、行星齿轮机构传动比和旋转方向的改变，都是在变速器内部自动进行的，不需要驾驶人操作。上述过程可用图1-11所示的框图来概括。

1）液力变矩器。液力变矩器（图1-12）位于自动变速器的最前端，与发动机相接，它将发动机的输出转矩增大后传给行星齿轮机构，同时驱动油泵工作。液力变矩器的传动介质

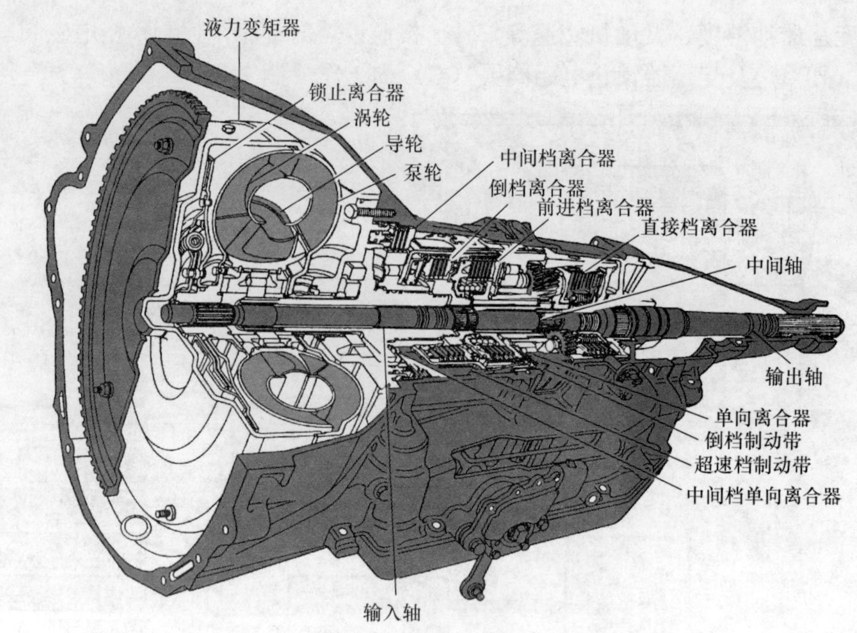

图 1-10　自动变速器结构示意图

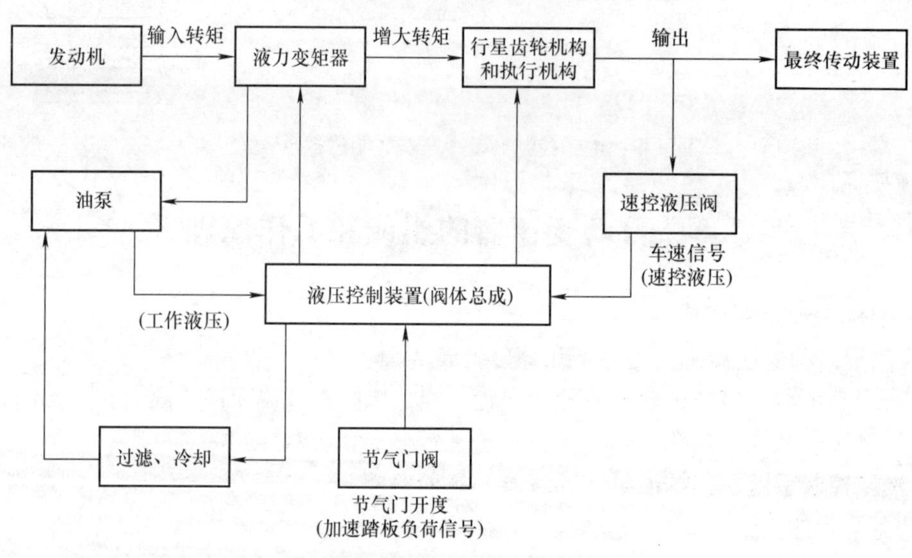

图 1-11　自动变速器工作原理框图

为液体，因此它能缓冲发动机和传动系的扭转振动。

2）行星齿轮机构。行星齿轮机构（图 1-13）位于液力变矩器和油泵之后并与两者相连，行星齿轮机构由行星齿轮排和换档执行元件（如离合器、制动器及单向离合器等）组成。行星齿轮排的作用是改变传动比和传动方向，即构成不同的档位。根据所需档位数量的不同，自动变速器一般使用 2～3 个行星齿轮排。换档执行机构的作用是实现档位的变换。离合器多为多片湿式，其作用是连接输入轴、中间轴、输出轴和行星排的元件，以实现转矩的传递和档位的变换。制动器多为带式或多片式，它通过与离合器配合来制动齿圈、太阳轮和行星架中的元件，以实现档位变换。

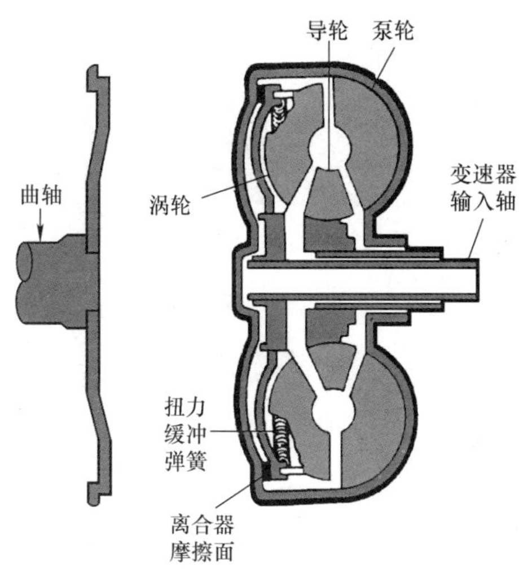

图 1-12 液力变矩器结构示意图

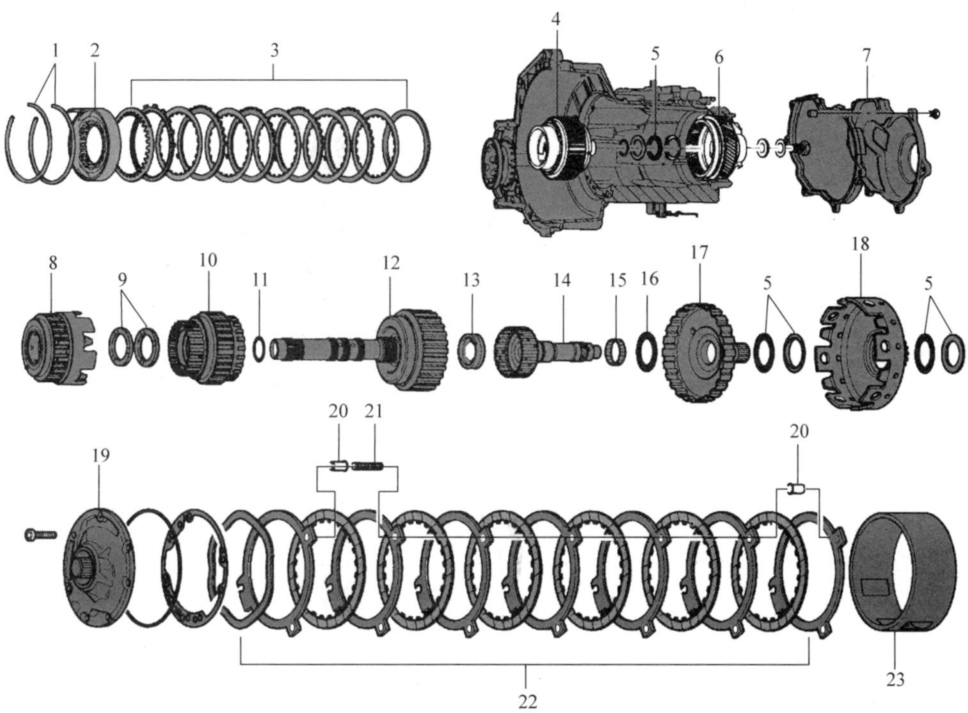

图 1-13 行星齿轮机构主要零部件

1—弹簧卡环 2—滚柱式单向离合器 3—倒档制动离合器总成 4—行星齿轮架总成 5—轴承总成 6—输入齿轮 7—盖 8—倒档离合器总成 9—垫圈 10—1-3 档离合器总成 11—密封圈 12—涡轮轴和 4 档离合器总成 13—带垫圈的轴向滚针轴承 14—小行星齿轮驱动轴 15—滚针轴承 16—轴向滚针轴承 17—小太阳轮驱动套 18—大太阳轮驱动套 19—油泵 20—弹簧帽 21—弹簧 22—2-4 档离合器总成 23—支撑套筒

3）液压控制系统。油泵由变矩器驱动，为变速器液压系统提供压力油，进而为变速器中的元件提供传动压力，并能起到润滑和冷却的作用。

液压控制系统（图 1-14）由各种阀体、滑阀、弹簧和钢球等组成。根据驾驶人的意图

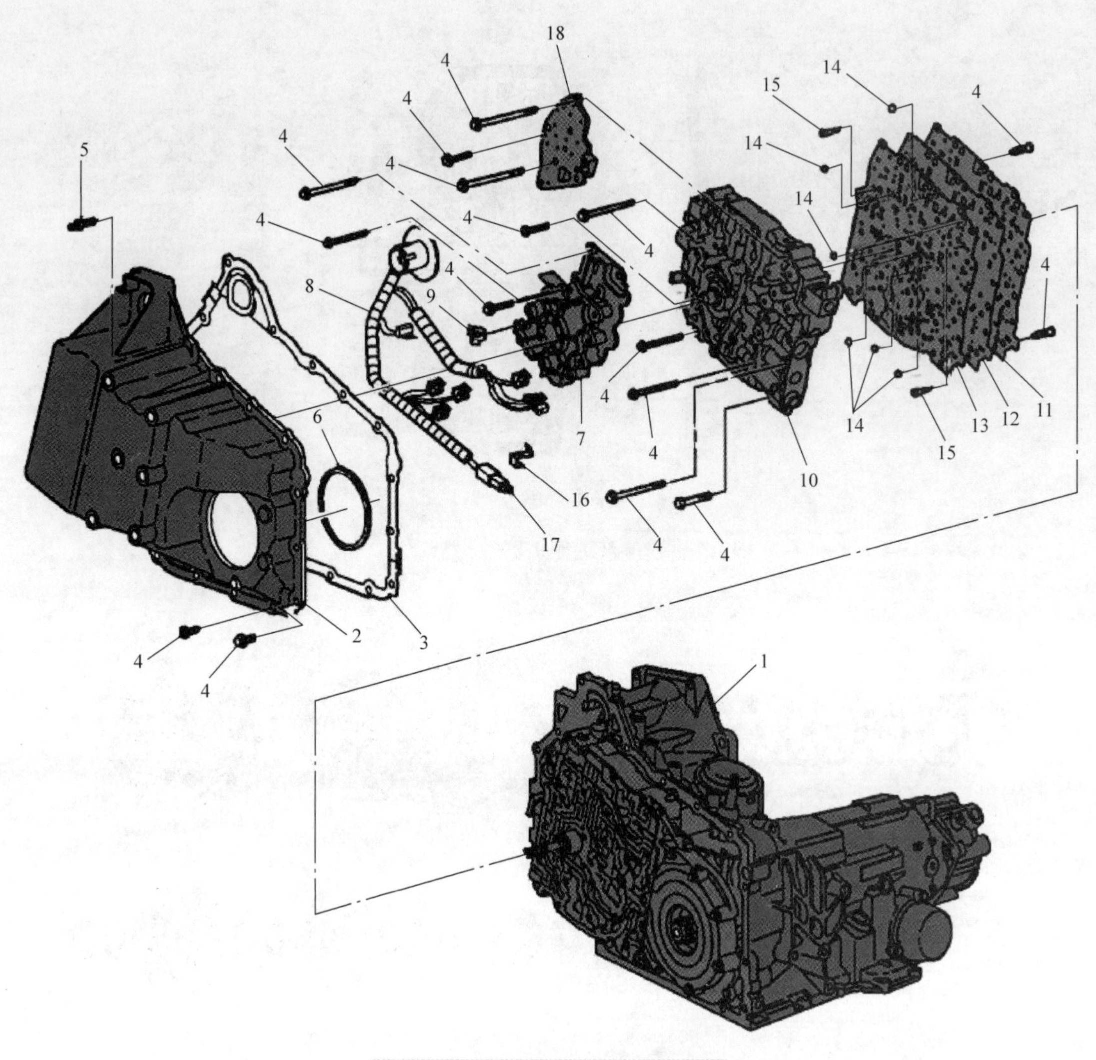

图 1-14　液压控制系统主要零部件

1—壳体总成　2—壳体侧盖　3—侧盖衬垫　4—螺栓　5—壳体双头螺栓　6—侧盖与油路连接板密封圈　7—油泵总成　8—线束　9—夹子　10—控制阀体　11—壳体盖/隔板衬垫　12—阀体隔板　13—阀体与隔板的衬垫　14—单向阀　15—液力变矩器离合器滤网　16—温度传感器夹子　17—温度传感器　18—手动阀位置开关

和行驶条件（节气门开度及车速信号等），利用速控液压阀等元件控制液压油的输出或释放，通过操纵离合器和制动器来控制行星齿轮机构，进而实现自动升降档。

4）电子控制系统。为进一步改善自动变速器的工作性能，除液压控制系统外，还装有电控系统（图 1-15），包括各种传感器和电磁阀，如换档电磁阀、变矩器锁止电磁阀、强制降档电磁阀、驻车锁止电磁阀和油压调节电磁阀等，以及驻车和空档起动开关等辅助控制系统。由自动变速器控制单元根据行驶要求和负荷来控制换档，简化了自动变速器内部元件结构，提高了自动变速器性能，使换档更精确、平顺，减少了发动机排放，提高了发动机燃油经济性，同时还具有电子自诊断功能，方便了故障诊断和维修。

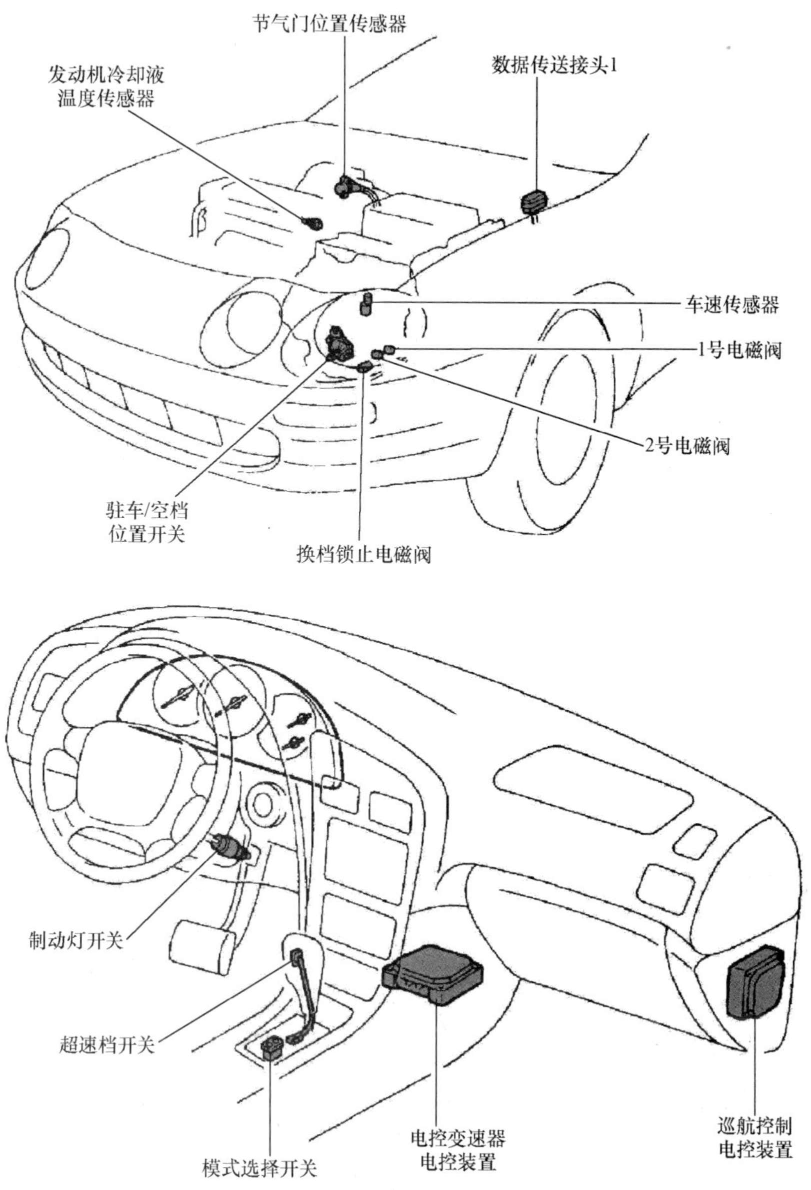

图1-15 电子控制系统主要元件

第 2 章　液力变矩器

液力变矩器是自动变速器的重要组成部分。自动变速器的传动效率主要取决于液力变矩器的结构和性能，它相当于手动变速器的离合器系统。液力变矩器安装在发动机后部的曲轴连接板上，其作用是将发动机的动力传递给自动变速器中的行星齿轮机构，同时驱动油泵工作，其重量较大，因此能起到部分飞轮的作用。液力变矩器靠液体传递动力，能缓冲发动机和传动系统的扭转振动，同时在减速时起到增矩的作用。汽车维修人员应详细了解液力变矩器的结构和工作原理，在进行故障诊断、失速试验等工作时都要用到这方面的知识。

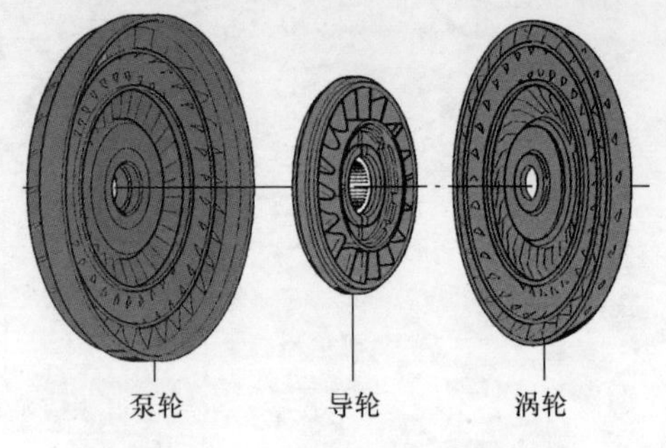

图 2-1　三元件液力变矩器分解图

早期的液力变矩器由泵轮、涡轮和导轮组成，称为三元件液力变矩器（图 2-1）。

现代汽车自动变速器所用的液力变矩器都是综合式液力变矩器，它兼具液力耦合器和液力变矩器的优点，传递动力更加平顺可靠，同时大大提高了工作效率。综合式液力变矩器在三元件液力变矩器的基础上增加了单向离合器和锁止装置（图 2-2）。

图 2-2　综合式液力变矩器分解图

2.1　结　　构

液力变矩器由泵轮、涡轮、导轮、锁止（单向）离合器和变矩器壳组成（图 2-3）。泵轮为主动件，与变矩器壳为一整体，由若干曲面叶片组成，并由发动机曲轴驱动；涡轮为从动件，它由若干曲面叶片组成，与变速器输入轴连接；导轮由若干曲面叶片组成，位于泵轮和涡轮的液流之间，通过单向离合器内座圈花键与固定在变速器上的壳体导管连接，其叶片内缘有导流环，能促进油液的循环。泵轮的叶片数多于涡轮的叶片数，这可防止传递动力时发生共振现象。

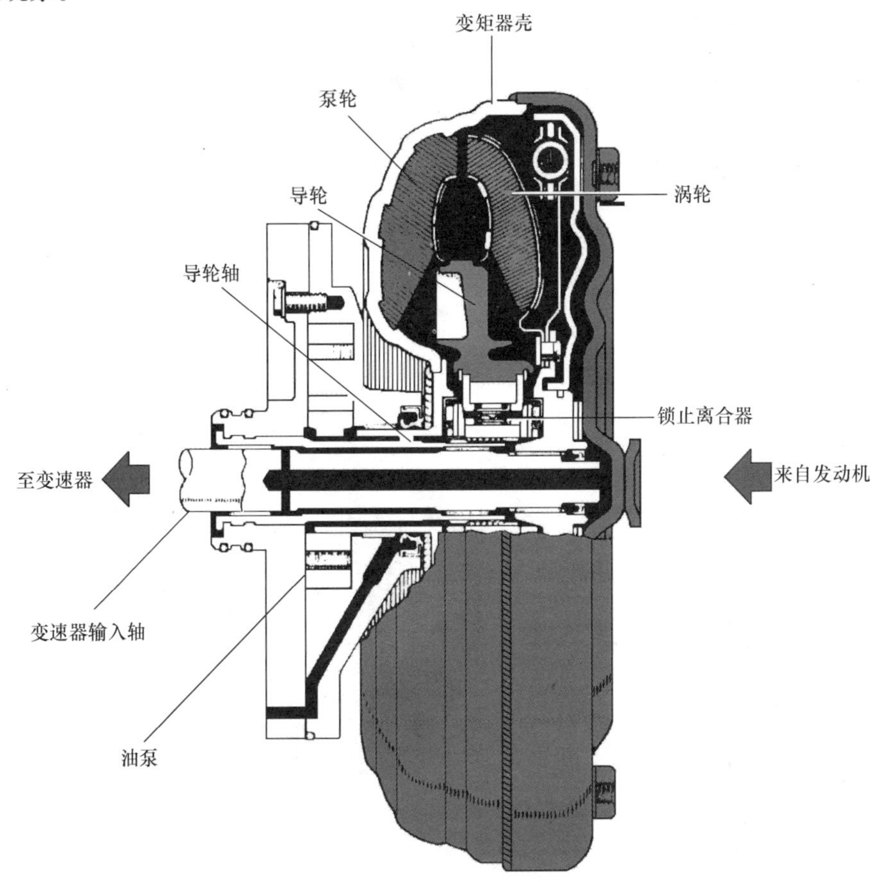

图 2-3　液力变矩器结构示意图

2.1.1　泵轮

图 2-4 为拆去涡轮和导轮后的泵轮示意图。左侧薄盘是与飞轮相连的驱动盘，驱动盘外圈装有起动齿圈。驱动盘通过螺栓与泵轮固定在一起，液力变矩器左侧凸起部与曲轴凹部相连。发动机运转时，液力变矩器泵轮随曲轴转动，其内部油液因离心力的作用由叶片向外侧射出，形成驱动力。若将液力变矩器比作离合器，则泵轮相当于主动盘。

2.1.2　涡轮

涡轮（图 2-5）是有很多叶片的圆盘，可以在液力变矩器内自由转动。涡轮轮毂部分的花键与输入轴的花键相啮合，输出轴的顶端与液力变矩器内部轴套相配合，可以自由转动。涡轮相当于离合器中的从动盘。

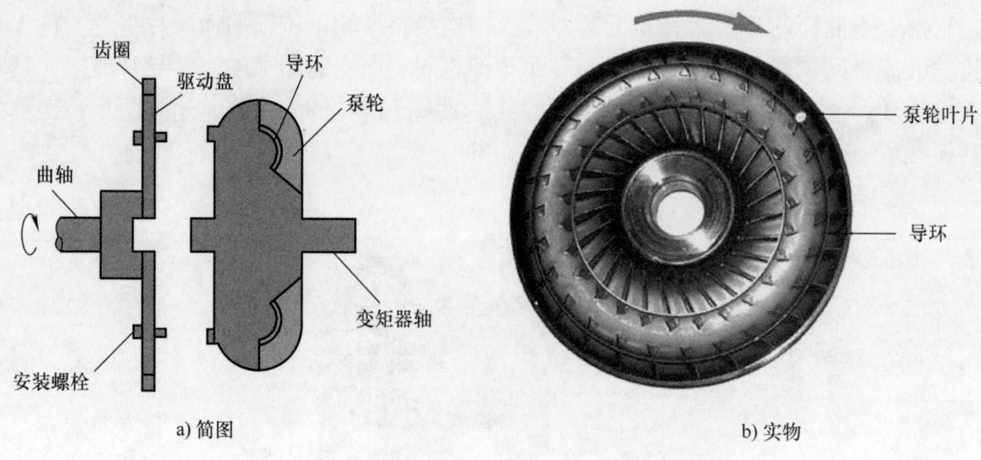

图 2-4　泵轮示意图

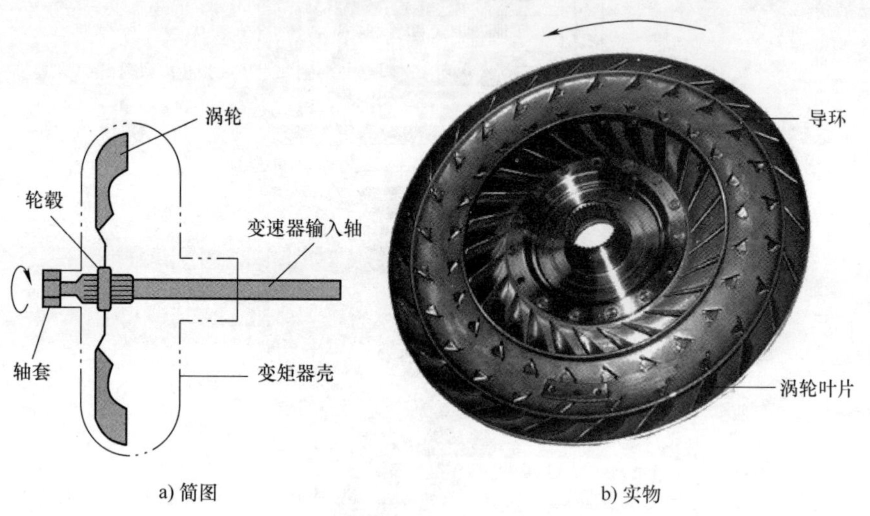

图 2-5　涡轮示意图

2.1.3　导轮

导轮是装在泵轮与涡轮之间，带有叶片的小圆轮（图 2-6），其内装有单向离合器。

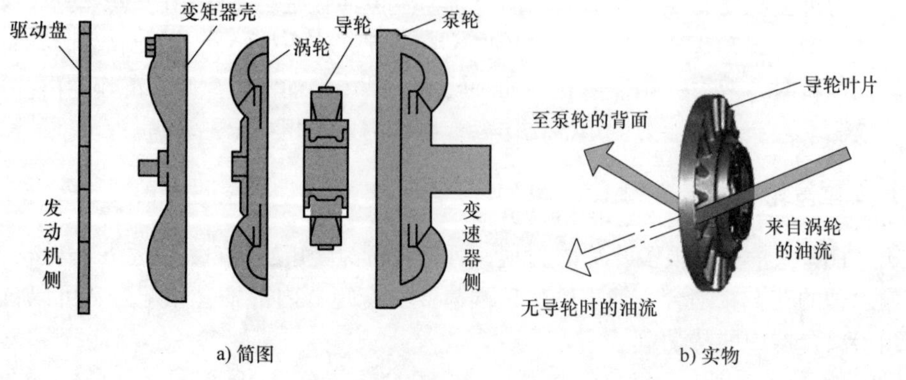

图 2-6　导轮示意图

单向离合器分为楔块式和滚柱式两种，图 2-7a 所示为楔块式单向离合器，图 2-7b 所示为滚柱式单向离合器，楔块或滚柱位于固定的内圈和转动的外圈之间。当从涡轮回流的油冲击导轮的凹面，导轮向与泵轮旋转方向相反的方向转动时，滚柱或楔块锁止，导轮不动，产生反作用力矩，实现增矩。

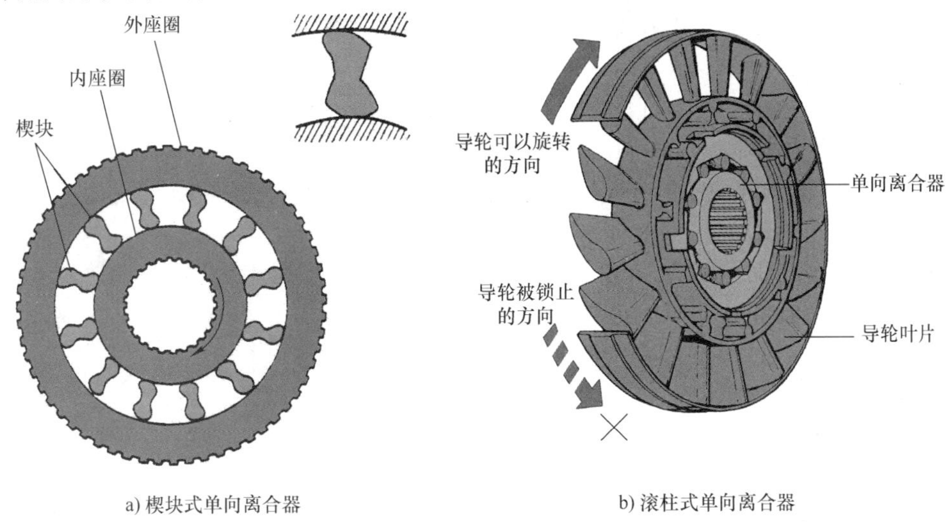

图 2-7　单向离合器的构造

2.1.4　锁止离合器

涡轮背面装有一个液压控制的摩擦式离合器为锁止离合器（图 2-8），采用升压或降压控制的方式使其接合。汽车在正常路面上高速行驶时，锁止离合器接合，泵轮与涡轮连成一体，提高了传动效率，使得 $\eta=1$，这就是所谓的“三相综合式变矩器（变矩、偶合、锁止）”。汽车起步或在坏路上行驶时，锁止离合器分离，泵轮与涡轮分开，一般在车速小于 60km/h 时起自动变矩作用。

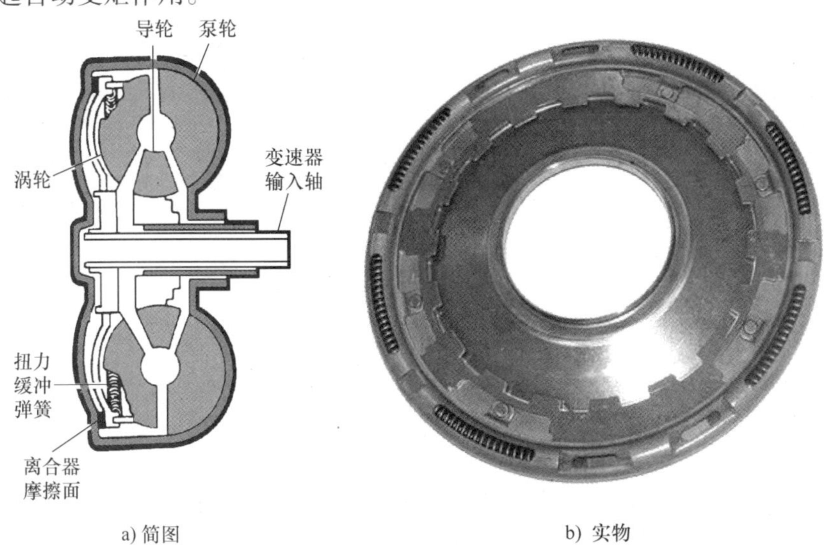

图 2-8　锁止离合器的结构

2.2 工作原理

为便于理解液力变矩器的工作原理和性能，以下先省去导轮，只分析泵轮、涡轮及自动变速器油之间的工作关系，即等效为液力耦合器。

2.2.1 液力耦合器

简单的液力耦合器由三个基本元件组成（图 2-9）：变矩器壳、泵轮和涡轮。泵轮和涡轮的形状就像一个圆环的两半。泵轮和涡轮有从其中心向外辐射状的叶片。变矩器壳密封并充满了工作油液（自动变速器油）。泵轮直接连接在外壳上，以其转动方向带动油液。运动的油液冲击涡轮叶片，使涡轮转动，将动力传递至变速器。

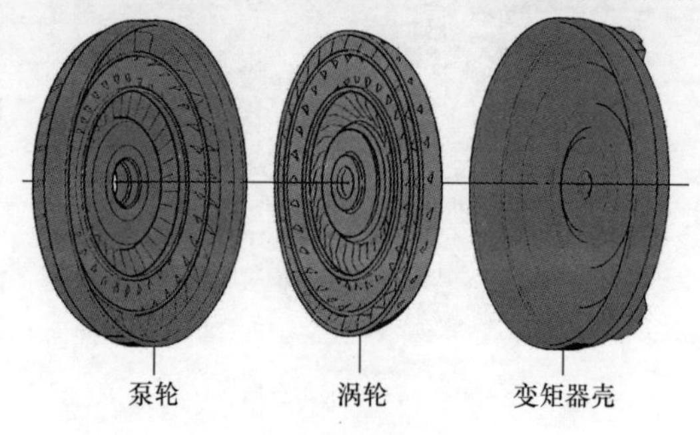

图 2-9 液力耦合器

（1）基本工作原理

液力耦合器的基本工作原理就像两台电风扇对置，其中一台电风扇 a 接通电源，另一台电风扇 b 不接电源（图 2-10）。风扇 a 转动产生的气流可使风扇 b 的扇叶转动。液力耦合器的泵轮相当于电风扇 a，涡轮相当于电风扇 b，自动变速器油相当于空气。

（2）液力耦合器中的液体流动

发动机带动泵轮转动，泵轮将发动机的机械能转化成自动变速器油的液体动能。自动变速器油高速流入涡轮，推动涡轮转动，液体动能又转化成机械能，并由输入轴输出（图 2-11）。

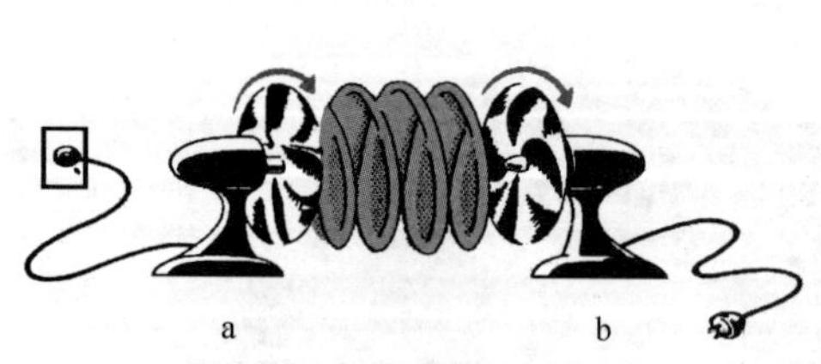

图 2-10 液力耦合器简单工作原理

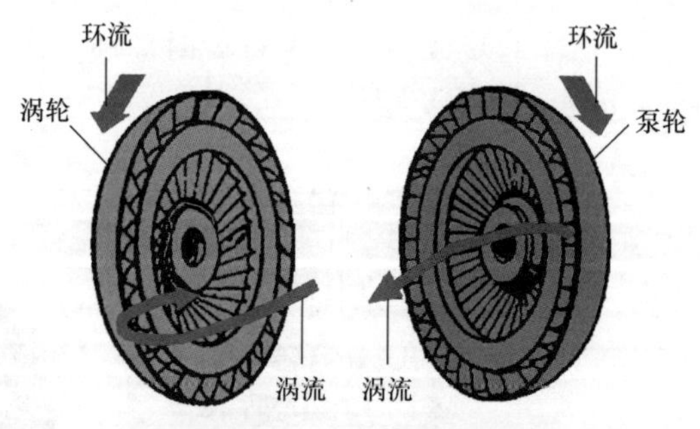

图 2-11 环流和涡流示意图

图 2-12 是自动变速器油在泵轮与涡轮内的流动情况示意图。发动机带动泵轮转动，泵轮叶片上的自动变速器油在离心力的作用下沿叶片外侧射出，流向涡轮，即自动变速器油的流动形成两种运动形式：涡流和环流，这两种运动形式最终以螺旋状旋转流动方式来传递动力。

泵轮与涡轮之间形成的环流在中心部分产生紊流，会造成动力损失。为消除动力损失，泵轮和涡轮的中央部分制成空心状，称为导环（图 2-13）。

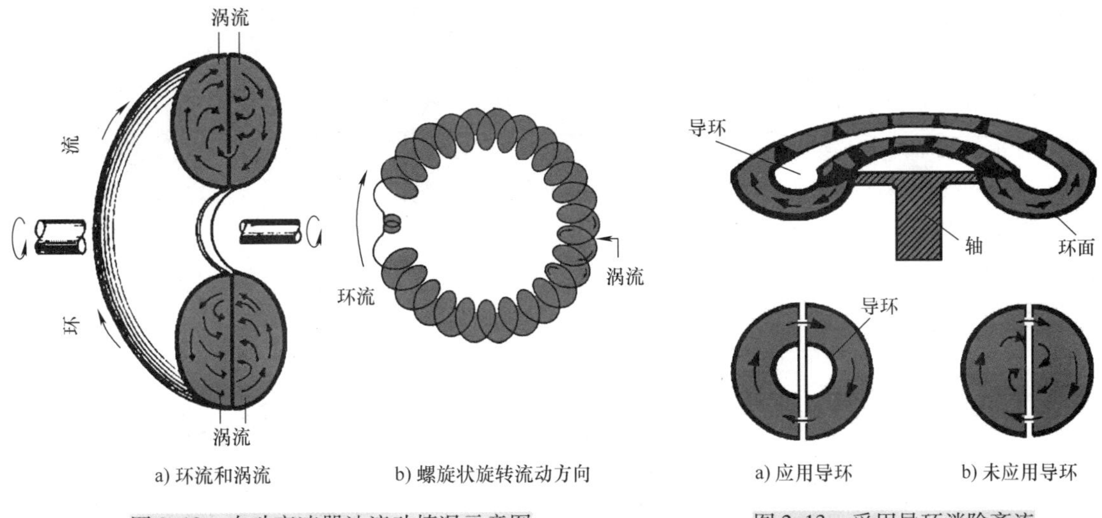

图 2-12 自动变速器油流动情况示意图

图 2-13 采用导环消除紊流

(3) 液力耦合器的效率

液力耦合器开始转动时，从泵轮中射出的自动变速器油流入处于静止状态的涡轮并形成环流。由于涡轮并不转动，从涡轮返回时，自动变速器油方向与泵轮转动方向相反，进而阻碍泵轮的转动。如果允许自动变速器油不断地以这种方向流动，则会使泵轮受到一相反的外力，进而降低传动效率（图 2-14）。泵轮转速增高时，环流作用使涡轮的转矩增大，涡轮开始缓慢转动，并逐渐加快，缩小了与泵轮间的转速差，提高了传动效率。

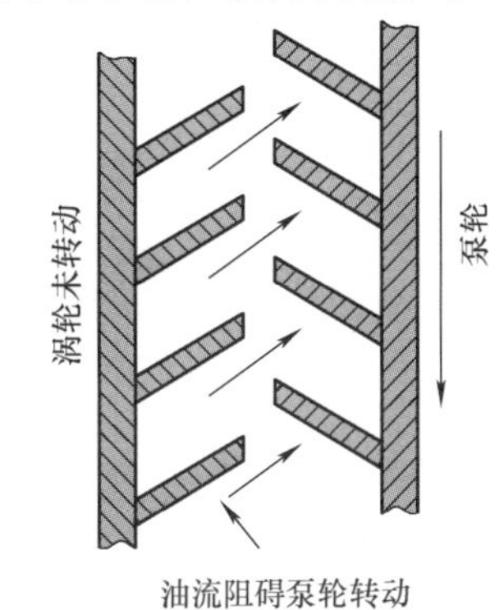

图 2-14 油流推动泵轮叶片示意图

涡轮转速接近泵轮转速时，自动变速器油循环速度变慢，涡轮的转速也随之下降。然而，涡轮的转速始终不会和泵轮的转速相等，其循环运动始终不会完全停止，因为自动变速器油使泵轮和涡轮耦合，未借助机械方式。从泵轮流经涡轮的部分自动变速器油因磨擦和冲击损失而转化为热量，阻碍涡轮转速接近泵轮转速。

涡轮的输出转矩与输入转矩的最高传动比为 1∶1，因此输出转矩始终不会超出输入转矩，即液力耦合器只能传递动力而不能增加转矩。

2.2.2 液力变矩器

液力变矩器的结构与液力耦合器相似，不同的是，液力变矩器在泵轮和涡轮之间加入了导轮。液力变矩器以自动变速器油液作介质，能传输并成倍增加来自发动机的转矩。

前文解释了液力耦合器能传输转矩但不能放大转矩的原因。如果仍用两个对置的电风扇来说明液力变矩器的增矩作用，则需在两个电风扇后面安装一个空气管道（图 2-15），这样，通电的电风扇 a 不仅能吹动未通电的电风扇 b，还能通过管道吸动未通电的电风扇，即未通电的电风扇不仅受到吹来的气流的作用力，还受到管道气流的吸力，使总风力增大。

在泵轮和涡轮之间安装导轮后，自动变速器油的流动情况如图 2-16 所示。导轮接收被涡轮反射出的自动变速器油，并改变其流动方向，使其与泵轮的转向相同，这样不仅避免了转矩损失，还加大了泵轮转矩，进而起到增加转矩的作用。泵轮与涡轮的转速相差越大，转矩增大的效果越明显（最大可达 2.5 倍）。

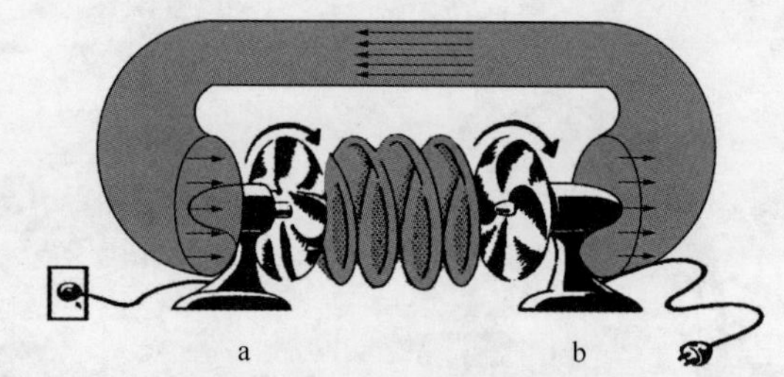

图 2-15　转矩成倍增大原理

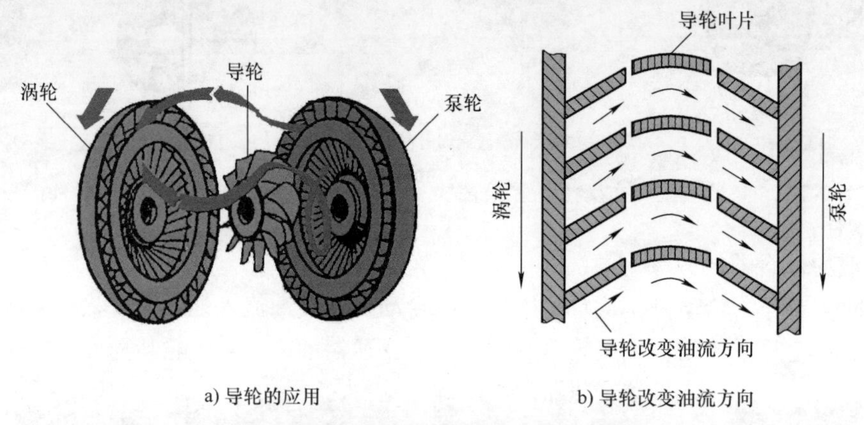

a) 导轮的应用　　b) 导轮改变油流方向

图 2-16　液力变矩器油流方向示意图

2.3　工作过程

2.3.1　单向离合器的工作过程

（1）单向离合器被锁止

从涡轮流入导轮的油液流动方向取决于泵轮与涡轮的转速差。

当这一转速差很大时，从涡轮流出的工作油液冲击导轮叶片的前部。此时，导轮被单向离合器锁住而不能逆向转动（图 2-17）。油液在导轮叶片作用下改变流动方向后，冲击泵轮叶片背面，推动泵轮转动，实现变矩作用。

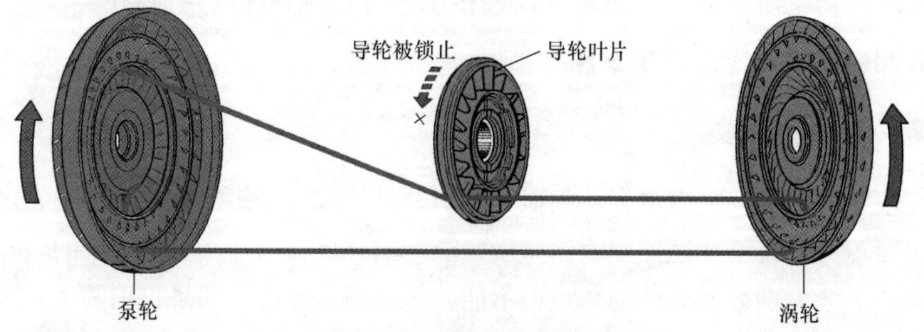

图 2-17　单向离合器被锁止

（2）单向离合器自由转动

涡轮转速与泵轮转速接近时，从泵轮流出的工作油液冲击导轮叶片的背面，使导轮在单向离合器上转动，这样，工作油液便直接由涡轮回流并冲击泵轮的背面（图 2-18）。此时，单向离合器已不起作用，即液力变矩器相当于液力耦合器。

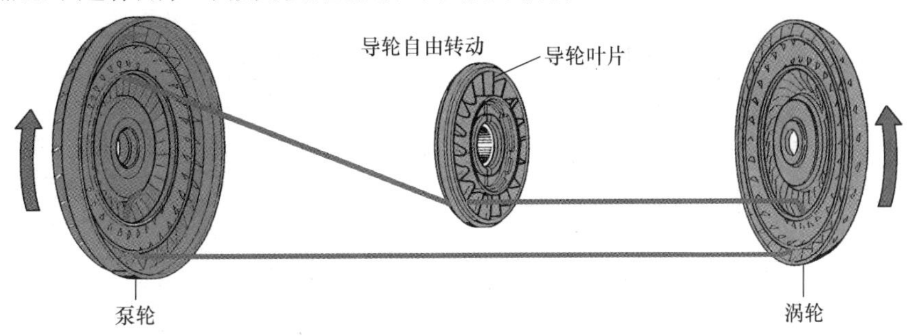

图 2-18 单向离合器自由转动

综上所述，当涡轮转速达到泵轮转速的某一特定比例时，导轮开始空转。导轮空转起始点称为耦合点。导轮开始空转后，液力变矩器丧失了增矩功能而只有液力耦合器离合动力的功能。耦合点实际上是液力变矩器功能改变的转折点，因此将导轮空转的范围称为耦合范围，导轮未空转的范围称为变矩范围。

当涡轮转速高于耦合点转速时，油流冲击导轮的背面，试图使导轮沿泵轮的旋转方向转动。如果导轮是固定的，即出现 M_d（导轮转矩）<0（为负值），则 K（变矩系数）<1。此时，单向离合器中的滚柱或楔块解脱，导轮自由转动，则 $M_d=0$，$K=1$。这样，变矩器转入耦合器工况，η（传动效率）可达 0.95。由此扩大了高效率区的范围，改善了液力变矩器的性能，即转为综合式变矩器（变矩和耦合共存。）

应注意的是，如果单向离合器打滑不能锁止，涡轮的油流将直接反向冲击泵轮叶片前部，增大泵轮所受的阻力，使发动机负载增大，转速降低，可能导致起步无力等故障现象，进行失速试验时发动机转速会低于正常值。

2.3.2 锁止离合器的工作过程

液力变矩器在低转速时有增矩作用，但达到耦合点之后就没有增矩的作用了。理论上的变矩比是 1，但油内部的摩擦会造成一定的能量损失，且泵轮和涡轮之间也有 4% ~5% 的转矩损失，因此实际变矩比小于 1。为提高液力变矩器的传动效率，改善变矩器在高速工况下的效率，降低燃油消耗，一般在液力变矩器中都加装了锁止离合器（图 2-19）。

2.3.3 液力变矩器的工作过程

液力变矩器在变速杆位于 D（前进）档、低档或 R（倒）档时，工作过程如下：

1）车辆停住，发动机怠速运转。发动机怠速运转时，其自身产生的转矩最小。车辆停住时，涡轮的转速为零而液力变矩器输出转矩最大，因此涡轮随时准备以大于发动机转速的转速转动。

2）车辆起步。当制动器松开时，涡轮与变速器输入轴一起转动。加速踏板踩下时，涡轮转速从零开始逐渐增大，液力变矩器的输出转矩逐渐减小。

3）车辆低速行驶时。随着车速增加，涡轮转速快速接近泵轮转速，转矩比也快速接近 1:1。

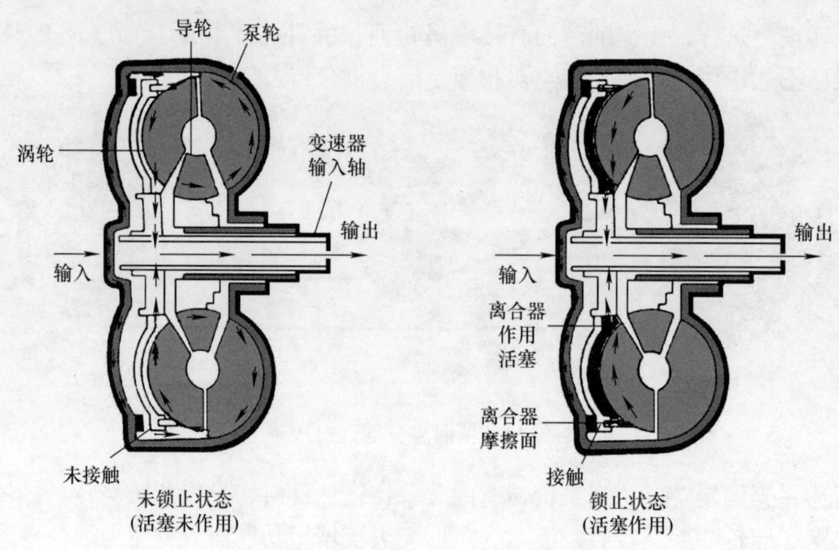

图 2-19 锁止离合器的工作过程

4）车辆以中、高速行驶时。当涡轮与泵轮转速接近耦合点时，导轮开始空转，转矩下降。此时，液力变矩器逐渐变为液力耦合器。涡轮转速与泵轮相同时，液力变矩器仅起到液力耦合器的作用。

2.4 液力变矩器的性能

当发动机的转速（N_e）和转矩（M_e）一定，且泵轮的转速（N_b）和转矩（M_b）也一定时，涡轮与泵轮之间的变矩比（K）、转速比（I）和传动效率（η）的变化关系如下：

$$\text{变矩比}（K）=\frac{\text{涡轮输出转矩}}{\text{泵轮输出转矩}}=\frac{M_w}{M_b}$$

$$\text{转速比}（I）=\frac{\text{涡轮转速}}{\text{泵轮转速}}=\frac{N_w}{N_b}\leqslant 1\ （0.8\sim 0.9\ \text{最好}）$$

转速比 I 只能小于 1，它不等于常规齿轮式变速器转速比的倒数。

$$\text{传动效率}（\eta）=\frac{\text{涡轮的输出功率}}{\text{泵轮的输出功率}}=\frac{V_w}{V_b}<1$$

图 2-20 所示为液力传动的特性曲线，可见自动变矩和传动效率之间存在矛盾，规律如下。

1）变矩比（K）随涡轮转速（N_w）的增大而减小，又随涡轮转速（N_w）的减小而增大，即随行驶阻力矩（M_q）的增大而增大。这一特性对行驶阻力较大的汽车最适合，即自动适应性能好，在一定范围内能自动无级变矩，例如：

① 怠速时，油流速度慢，M_w小，涡轮不动，汽车不能行驶。

② 起步时，$N_w=0$，$N_b>N_w$，$K>1$，M_w最大，能产生高能量来克服静止惯性。此时的变矩比（K）多在 1.7~2.5 之间，又叫“起步变矩比”，该点叫“失速点”。了解失速点的概念有助于利用“失速试验”检验发动机和变矩器及行星齿轮系统的性能。

③ 逐渐加速时，N_w增大，M_w减小；达到耦合点时，$K=1$，$M_w=M_b$；再加速时，$M_w<$

M_b。而汽车经常使用的转速比（I）多为0.8~1，要想提高耦合区的性能，还要增设单向离合器或锁止离合器等。

2）变矩器的传动效率（η）随 N_w 的增大而增大，在转速比（I）为0.8时最高，转折点在耦合点附近（$I=0.85$ 时）。由于导轮的存在，η 为一条曲线，在 $I=0.95$ 时才迅速下降。

3）变矩器在低速区自动变矩，而在高速区传动效率降低，即出现液力损失和功率损失，两轮的转速差可达4%~5%。为进一步扩大变矩器的高效率范围，改善变矩器的使用性能（提高传动效率，降低燃料消耗），更有必要加装单向离合器或锁止离合器。

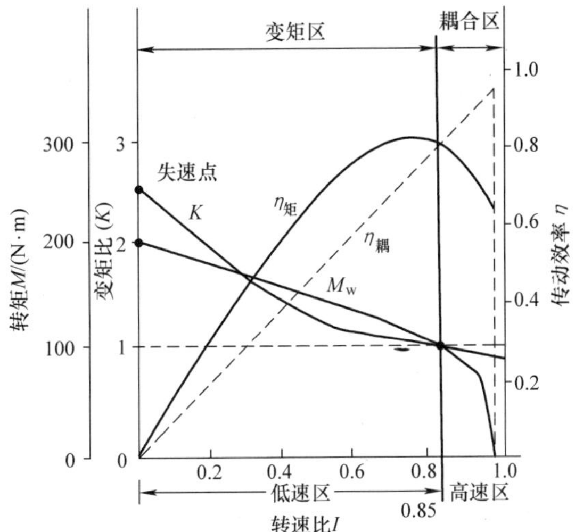

图2-20 液力传动的特性曲线（变矩与耦合）

第 3 章　行星齿轮机构

3.1　概　　述

液力变矩器的转矩变化范围小，无法满足汽车行驶中各种复杂工况的需求，因此，在液力变矩器后要再串联齿轮变速机构来扩大转矩变化范围。

自动变速器中的齿轮变速机构所采用的变速齿轮有平行轴式和行星齿轮式两种，采用平行轴式变速机构的主要是本田车系。目前，绝大多数汽车自动变速器的齿轮变速机构采用的是行星齿轮式。这种行星齿轮机构处于常啮合状态，可使换档迅速、平稳、准确，而不会产生齿轮碰撞或不完全啮合的现象。行星齿轮机构的作用是将发动机的动力传递给传动轴。本章重点讨论行星齿轮机构。

行星齿轮机构比较复杂（图 3-1），它通常由行星齿轮组和必要的换档执行元件组成。行星齿轮机构的行星排数因档位数而异。执行元件指行星齿轮机构中用于控制换档的多片摩擦式离合器、制动器及换档单向离合器。本章重点介绍行星齿轮组，换档执行元件的相关内容请参阅第 4 章。

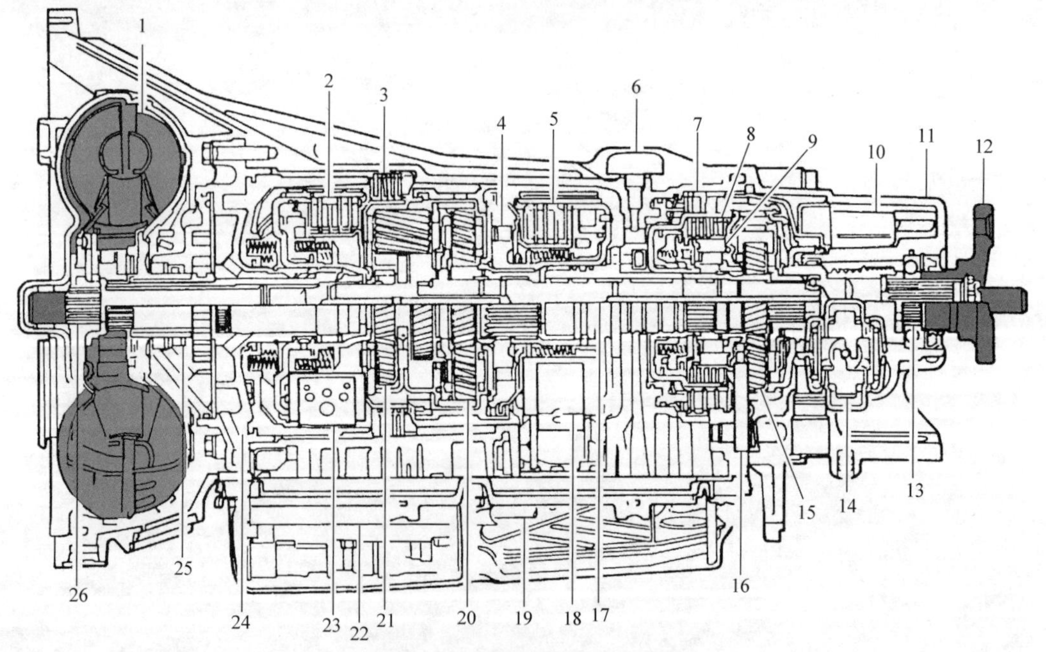

图 3-1　典型的行星齿轮变速器

1—液力变矩器　2—离合器 K－1　3—离合器 B－3　4—1 号单向离合器　5—离合器 K－2　6—通气孔　7—超速档离合器　8—超速档离合器　9—2 号单向离合器　10—油室　11—后盖　12—输出法兰盘　13—输出轴　14—调速器　15—后行星轮总成　16—驻车互锁装置　17—中间轴　18—制动带 B－2　19—滤清器　20—后行星轮　21—前行星轮　22—阀体总成　23—制动带 B－1　24—前盖　25—主油泵　26—输入轴

3.2 行星齿轮机构的结构和工作原理

3.2.1 行星齿轮机构的结构

行星齿轮机构通常由多个行星排组成，但其基本结构和工作原理，可通过最简单的单排行星齿轮机构来说明。

如图3-2所示，单排行星齿轮机构由一个太阳轮（中心轮）、一个行星架、一个齿圈和数个行星轮组成。太阳轮位于机构的中心，行星轮与其啮合。最外侧是同行星轮啮合的齿圈。通常有3~6个行星轮，它们为均匀或对称布置。各行星轮借助滚针轴承（带有或不带有保持架）和行星轮轴安装在行星架上，两端有止推垫片。工作时，行星轮除绕行星轮轴自转外，还绕太阳轮公转。这种运动与太阳系里行星的运动相似，并由此得名。行星轮绕太阳轮公转时，行星轮轴和行星架也一起绕太阳轮旋转。行星轮与太阳轮和齿圈都是常啮合的。行星轮的个数取决于变速器的设计负荷，负荷越大行星轮个数越多。

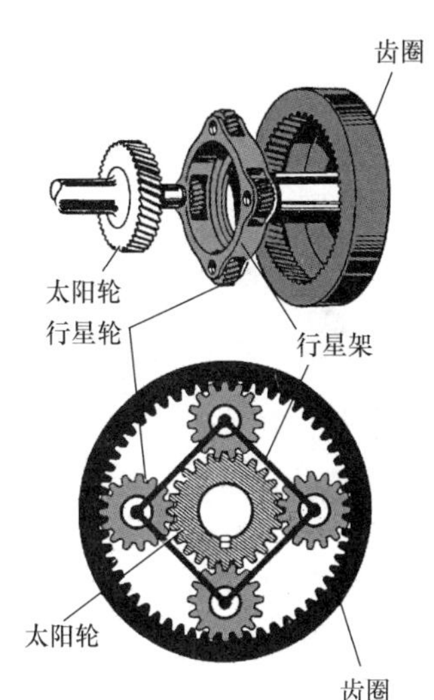

图3-2 单排行星齿轮机构

在现代汽车自动变速器中，行星齿轮机构十分复杂，且有多种类型：

1）按齿轮啮合方式不同，行星齿轮机构可分为内啮合式和外啮合式。

2）按齿轮的排数不同，行星齿轮机构可分为单排和多排。

3）按太阳轮和齿圈之间的行星轮组数不同，行星齿轮机构可分为单行星齿轮式和双行星齿轮式。

3.2.2 单排行星齿轮机构传动

行星齿轮机构可以提供减速档、超速档、直接档、倒档和空档。下面以单排行星齿轮机构为例来分析其传动过程，进而了解双排、多排或其他组合形式的行星齿轮机构的传动规律。

（1）空档

如果行星齿轮机构的所有元件都不受约束，可以自由转动，则不论从哪一个元件输入动力，都不会有动力输出，即行星齿轮机构处于空档状态。

（2）倒档

若行星架固定，以太阳轮为主动件顺时针转动（图3-3），则从动齿圈会逆时针转动，因为行星轮不能环绕与其啮合的太阳轮转动（即公转），也可以理解为，因行星架固定，行星齿轮只能绕自身轴线转动（即自转）。总之，若太阳轮驱动行星齿轮，则行星轮会驱动齿圈以相反方向转动，但转速较低。这样，行星齿轮机构就提供了倒档，且是降速传动。

若以齿圈为主动件，太阳轮为从动件，也可形成超速传动的倒档。也就是说，只要行星架固定，无论以太阳轮为主动件，还是以齿圈为主动件，都可形成反向传动。行星轮此时起惰轮作用，会以与主动件相反的方向驱动从动件。

(3) 减速档

当输出齿轮转速低于输入齿轮转速时，即实现降速传动，且输出轴上的转矩会增大。

1）通过固定太阳轮来实现降速传动。动力输入齿圈时，行星轮在行星架上自转，行星架与齿圈同向转动（图3-4）。由于太阳轮固定，自转的行星轮与行星架一起绕太阳轮公转。因为齿圈转动一整圈而行星架不能转动一整圈，所以能实现降速传动。行星架以较低的速度转动，因此输出转矩增大。

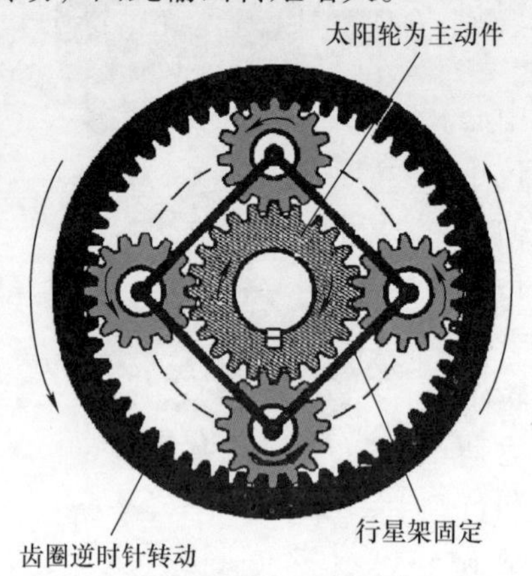

图3-3 行星齿轮机构的倒档工作状态

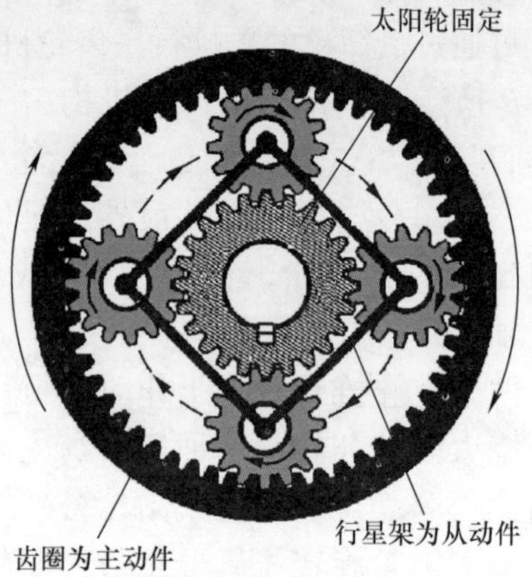

太阳轮固定
行星架为从动件
齿圈为主动件

图3-4 行星齿轮机构的减速档工作状态（太阳轮固定）

2）当齿圈固定、太阳轮作为主动件时，也可实现降速传动（图3-5）。这时行星架能绕太阳轮转动，但是与上述齿圈驱动行星架的工作情况相比，行星架的转速更低，这导致降速和增矩幅度同时增大。

综上，当行星架作为行星齿轮机构的从动件时，行星齿轮机构就会起降速增矩的作用。

(4) 直接档

若连接行星齿轮机构中的任意两个元件，并以其为主动件，使其同向同速转动，则第三个元件必然与前两者以相同的转速同向转动（图3-6）。当齿圈和太阳轮作为主动件同向同速转动时，太阳轮会使行星轮反向转动，而齿圈的内齿则有向同一方向转动行星轮的趋势，最终导致行星轮锁在齿圈与太阳轮之间，使行星齿轮机构中的所有元件像一个元件一样整体转动。主动件与从动件锁在一起并形成直接档传动，此时输入转速等于输出转速。

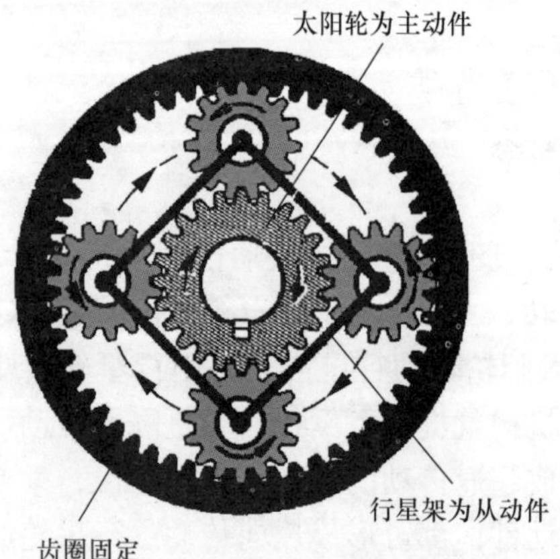

图3-5 行星齿轮机构的减速档工作状态（齿圈固定）

图3-6 行星齿轮机构的直接档工作状态

（5）超速档

1）当以行星架为主动件而太阳轮固定时，可实现超速传动（图3-7）。行星架转动时，行星轮会被迫围绕固定的太阳轮公转，同时行星轮驱动齿圈以更快的速度转动。行星架每转动一整圈，齿圈会以相同方向转一圈多，这便提供了较高的输出转速，而使输出转矩降低，这称为超速档。

2）以行星架为主动件而齿圈固定时，可提供一个更高的超速档。行星架顺时针转动，迫使行星轮环绕齿圈逆时针转动，进而驱动太阳轮与行星架同向转动。行星架每转动一整圈，太阳轮以相同方向转数圈，这使输出转速大幅提高，而输出转矩大幅降低。

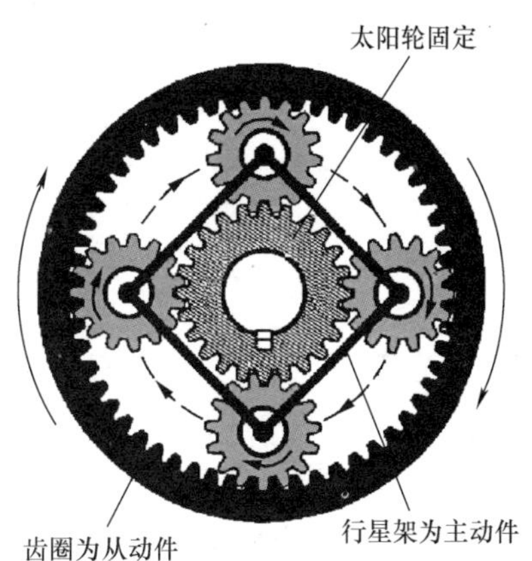

图3-7 行星齿轮机构在超速档工作

3.2.3 行星齿轮传动的基本原理

行星齿轮机构可提供空档、倒档、直接档、超速档和减速档。它的工作变化是通过执行机构中的离合器和制动器固定或释放行星齿轮机构的不同元件，改变传动方向和传动比来实现的。

由单排行星齿轮机构的传动规律，可得以下行星齿轮机构传动基本原理（表3-1）：

1）大齿轮驱动小齿轮时，输出转矩减小而输出转速升高。

2）小齿轮驱动大齿轮时，输出转矩增大而输出转速降低。

3）两个外齿轮相互啮合时，主动齿轮与从动齿轮转动方向相反。

4）一个外齿轮与一个内齿轮相啮合时，传动方向相同，传动比与两个齿轮的齿数和传动关系有关。

5）在单排行星齿轮机构中，太阳轮齿数最少，行星架的当量齿数最多，而齿圈齿数则介于两者间（注：行星架的当量齿数 = 太阳轮齿数 + 齿圈齿数）。

6）只要行星架为从动件，无论太阳轮为主动件还是齿圈为主动件，输出档位都是低速档。

7）只要行星架为主动件，输出档位就为超速档。

8）只要行星架为固定件，输出方向就与输入方向相反，输出档位为倒档。

9）若行星齿轮机构中的任意两个元件同速同向转动，则第三个元件的转速和转动方向必然与前两者相同，输出档位为直接档。

表3-1 行星齿轮机构的传动方案

方案	固定件	主动件	从动件	转速状态	旋转方向
1	齿圈	太阳轮	行星架	减速	同向
2		行星架	太阳轮	增速	
3	太阳轮	齿圈	行星架	减速	同向
4		行星架	齿圈	增速	

（续）

方案	固定件	主动件	从动件	转速状态	旋转方向
5	行星架	太阳轮	齿圈	减速	反向
6		齿圈	太阳轮	增速	
7	任意两个元件连成一体			直接档	
8	既无任一元件制动，又无任两元件连成一体			空档（不传递动力）	

3.2.4 传动比

行星齿轮的传动比计算公式为

$$传动比(i)=\frac{从动件齿数}{主动件齿数}$$

由上式可知，行星齿轮组的传动比是由行星架、齿圈及太阳轮的齿数决定的。由于行星架并非齿轮，没有轮齿，其齿数（Z_C）是虚拟的。根据三元件齿数的多少，太阳轮齿数（Z_S）、齿圈齿数（Z_R）和行星架齿数（Z_C）三者的大小关系即可确定：

$$Z_C=Z_S+Z_R$$

如图3-8所示，设太阳轮齿数（Z_S）为24、齿圈齿数（Z_R）为56。当太阳轮固定，齿圈作为主动件工作时，行星齿轮机构的传动比为：

$$i=\frac{从动件齿数}{主动件齿数}=\frac{行星架齿数}{齿圈齿数}$$

$$=\frac{Z_C}{Z_R}=\frac{Z_S+Z_R}{Z_R}=\frac{56+24}{56}=1.429$$

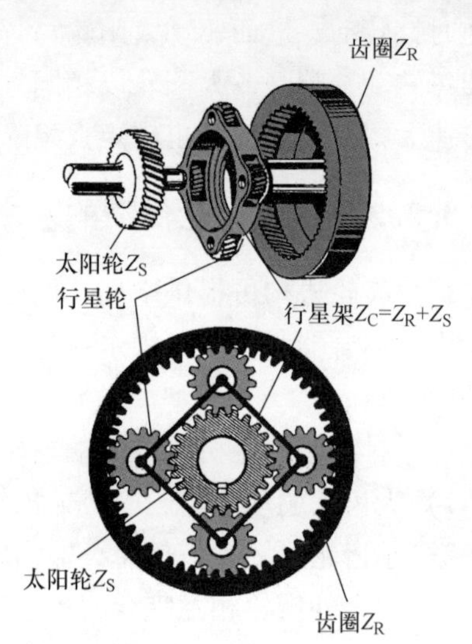

图3-8 传动行星齿轮机构组成元件

3.3 现代汽车常用的齿轮机构

现代汽车的自动变速器通常采用行星齿轮机构或非行星齿轮机构。

行星齿轮机构包括复合式行星齿轮机构和串联式行星齿轮机构。复合式行星齿轮机构的特点是两排或多排行星齿轮机构连接在一起，以满足不同行驶条件及工况下所需的传动比，常见的有两种型式：一种是辛普森式行星齿轮机构，它有两排行星轮，共用一个太阳轮；另一种是拉维娜式行星齿轮机构，它有两个太阳轮，两排行星轮共用一个齿圈。有些自动变速器附加一套单排行星齿轮机构，提供附加超速档。串联式行星齿轮机构的特点是前排行星机构的行星架与后排行星机构的齿圈为同一构件，而前排行星机构的齿圈与后排行星机构的行星架为同一构件。

除以上行星齿轮机构外，还有一种本田公司独有的平行轴式非行星齿轮机构，它采用常啮合斜齿轮和直齿轮来实现不同的传动比，传动路线类似于手动变速器。

3.3.1 辛普森（Simpson）式行星齿轮机构

辛普森式行星齿轮变速器从20世纪70年代开始就被通用、丰田等多家公司大量应用。

辛普森式行星齿轮机构的结构特点：前后两个行星排的太阳轮连接为一个整体，即公共太阳轮。另外，前行星架与后齿圈并联作为输出轴，前行星排的齿圈和太阳轮通常作为输入轴。它是应用最广泛的一种复合式行星齿轮机构，图3-9所示的机构可提供三个前进档。复合行星齿轮机构的一部分被称为前行星排，而另一部分被称为后行星排。前后行星排的尺寸或齿轮的齿数不必相同，但两者决定了复合行星齿轮机构所能实现的实际传动比。

如果在此机构的基础上再加一个单排行星组，则可形成四速行星齿轮机构。本节将介绍辛普森式三速行星齿轮机构。

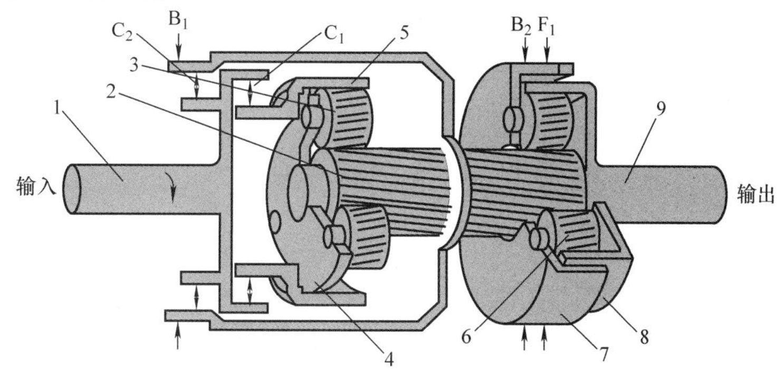

图3-9 辛普森式三速行星齿轮机构

1—输入轴 2—公共太阳轮 3—前行星轮 4—前行星架 5—前齿圈 6—后行星轮 7—后行星架 8—后齿圈 9—输出轴

C_1—前进档离合器 C_2—高倒档离合器 B_1—2档制动器 B_2—低倒档制动器 F_1—单向离合器

辛普森式行星齿轮机构中有五个换档执行元件：两个离合器、两个制动器和一个单向离合器。辛普森式三速行星齿轮机构可提供三个前进档和一个倒档，即空档、第一减速档、第二减速档、直接档和倒档。五个执行元件的布置简图如图3-10所示。辛普森式三速行星齿轮机构换档执行元件的工作规律见表3-2。

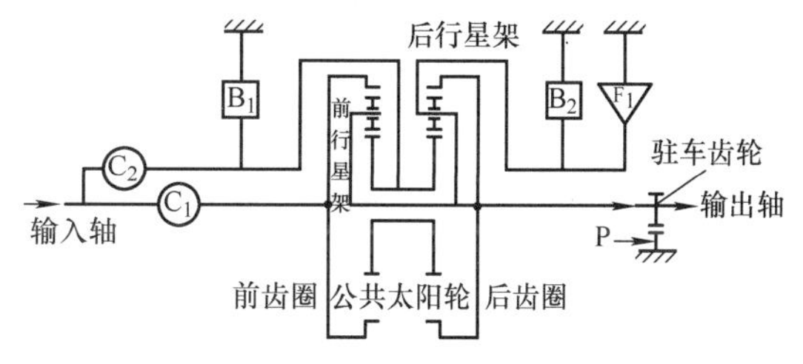

图3-10 辛普森式三速行星齿轮机构执行元件布置简图

表3-2 辛普森式三速行星齿轮机构换档执行元件工作规律

变速杆位置	档位	换档执行元件				
		C_1	C_2	B_1	B_2	F_1
P	驻车档					
R	倒档		●		●	
N	空档					
D	1档	●				●
	2档	●		●		
	3档	●	●			
S、L或2、1	1档	●			●	
	2档	●		●		

注：●表示接合、制动或锁止

由表3-2可知：当行星齿轮变速器处于除驻车档和空档外的任一档位时，五个换档执行元件中有两个处于工作状态（即接合、制动或锁止状态），其余三个不工作（即分离、释放或自由状态）。处于工作状态的两个换档执行元件中至少有一个是离合器 C_1 或 C_2，以使输入轴与行星齿轮连接；当变速器处于任一前进档时，离合器 C_1 处于接合状态。此时，输入轴与行星排的前齿圈接合，使前齿圈成为主动件。因此，离合器 C_1 也称为前进档离合器；倒档时，离合器 C_2 接合、C_1 分离，此时输入轴与公共太阳轮接合，使公共太阳轮成为主动件。另外，离合器 C_2 在3档时也接合，因此离合器 C_2 也称为高倒档离合器；制动器 B_1 仅在2档时才工作，称为2档制动器。单向离合器 F_1 与制动器 B_2 并联，作用是锁定后行星架。两者的区别在于 F_1 单向锁定，B_2 双向锁定。制动器 B_2 在一档和倒档时都工作，称为低倒档制动器。综上，换档执行元件的不同组合决定了行星齿轮变速器所处的档位。

各换档执行元件的功能见表3-3。

表3-3　辛普森式三速行星齿轮机构换档执行元件功能

换档执行元件	功　能
前进档离合器 C_1	连接输入轴和前齿圈
高倒档离合器 C_2	连接输入轴和公共太阳轮
2档制动器 B_1	制动公共太阳轮
低倒档制动器 B_2	制动后行星架，使其既不能顺时针转动，也不能逆时针转动
单向离合器 F_1	防止后行星架逆时针转动

下面分析辛普森式三速行星齿轮机构各档的动力传递情况。

（1）P位（驻车位）或N位（空档）

处于空档或驻车档时，辛普森式行星齿轮机构典型的动力传递路线：发动机的转矩通过液力变矩器的涡轮传递给变速器输入轴，由于前进档离合器 C_1 与高倒档离合器 C_2 不动作，虽然有来自输入轴的动力输入，但是没有动力输出。

此外，在驻车档时，锁止棘爪与驻车齿轮啮合，而驻车齿轮又与变速器输出轴通过花键连接在一起，导致驻车齿轮锁定在变速器外壳上，可阻止车辆移动。

（2）D位1档

变速器在D位1档工作时（图3-11），发动机的转矩通过变速器输入轴及前进档离合器 C_1 输入变速器。输入轴与前齿圈连接在一起并顺时针转动。前齿圈驱动前行星轮，也顺时针转动。前行星轮既驱动前行星架顺时针转动（输出轴的转动），又带动太阳轮逆时针转动，因此前齿圈的动力通过前行星轮被分解成两条传动路线。

由于前行星架与后齿圈为同一构件，后齿圈输出转速和转动方向与前行星架相同。

单向离合器 F_1 对后行星架在逆时针方向有锁止作用，因此后行星架被固定，同时太阳轮使后行星轮顺时针转动。后行星轮驱动后齿圈及与之相连的输出轴顺时针转动。

这一传动路线输出的是降速前进档，如图3-12所示。

汽车以该档行驶时，若驾驶人突然松开加速踏板，则发动机会立即进入怠速工况，而汽车在惯性作用下仍以原车速行驶。此时，驱动轮通过自动变速器输出轴带动行星齿轮机构反向运转，前行星架和后齿圈成为主动件，前齿圈则成为从动件。当前行星架带动前行星轮顺时针公转时，因前齿圈转速降低，前行星轮逆时针自转，进而驱动公共太阳轮以较高速度顺

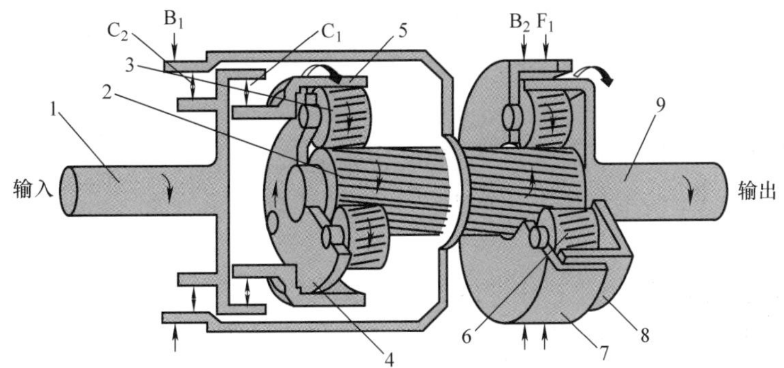

图 3-11 D 位 1 档传动图

1—输入轴 2—公共太阳轮 3—前行星轮 4—前行星架 5—前齿圈 6—后行星轮 7—后行星架 8—后齿圈 9—输出轴 C_1—前进档离合器 C_2—高倒档离合器 B_1—2 档制动器 B_2—低倒档制动器 F_1—单向离合器

时针转动，带动后行星轮逆时针自转。后行星轮在自转的同时，对后行星架产生顺时针方向的转矩。由于单向离合器 F_1 对后行星架的顺时针转动无锁止作用，后行星架在后行星轮的带动下顺时针转动。此时，行星齿轮机构的四个独立元件中有两个（后行星架和后行星轮）处于独立状态，机构失去传递动力的作用，来自变速器输出轴的反向力不能经过行星齿轮变速器传给输入轴，因此下坡时无法利用发动机的怠速运行阻力来使汽车减速，即无发动机制动。

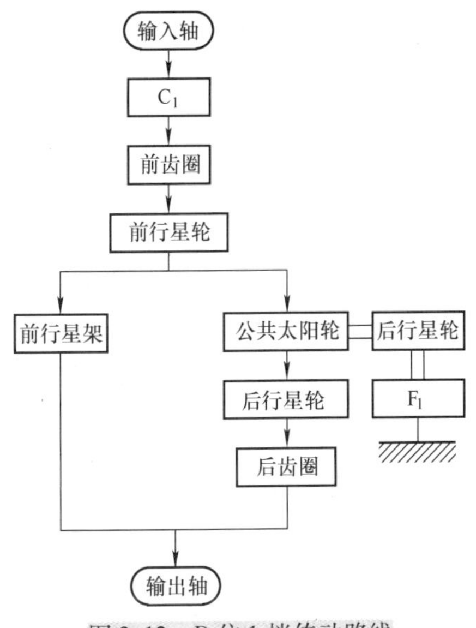

图 3-12 D 位 1 档传动路线

（3）L 位 2 档及 D 位 2 档

变速器在 2 档工作时（图 3-13），发动机转矩传给变速器输入轴，输入轴经前进档离合器 C_1 与前齿圈相连并顺时针转动。前齿圈同时驱动前行星轮顺时针转动。制动器 B_1 使太阳轮固定，因此前行星轮围绕太阳轮公转。前行星轮的公转迫使前行星架顺时针转动。

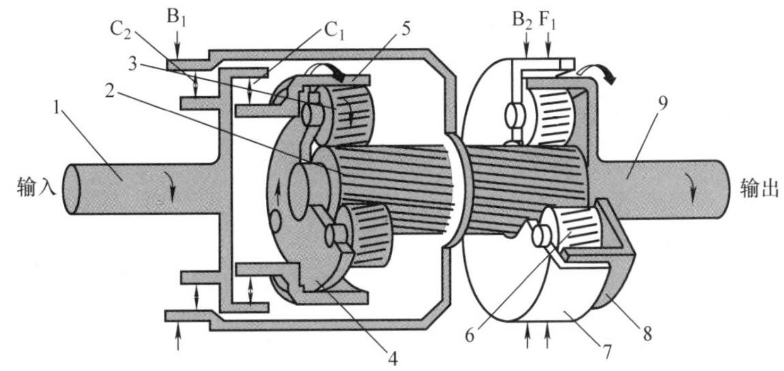

图 3-13 L 位 2 档及 D 位 2 档传动图

1—输入轴 2—公共太阳轮 3—前行星轮 4—前行星架 5—前齿圈 6—后行星轮 7—后行星架 8—后齿圈 9—输出轴 C_1—前进档离合器 C_2—高倒档离合器 B_1—2 档制动器 B_2—低倒档制动器 F_1—单向离合器

前行星架通过后齿圈与输出轴连接在一起，形成稍有降速的前进档。2 档传动路线如图 3-14 所示。

(4) D 位 3 档（直接档）

变速器在 3 档工作时（图 3-15），发动机转矩通过变速器输入轴经前进档离合器 C_1 传给前齿圈，同时经高倒档离合器 C_2 传给公共太阳轮。

根据行星齿轮机构传动规律：任意两元件同速同向转动，则第三元件的转速和转动方向必然与前两者相同，即机构锁成一整体，成为直接档。

由于公共太阳轮和前齿圈同向同速转动，前行星架被锁在前两者之间且被迫一起同向同速转动，即机构整体顺时针转动。此时，单向离合器 F_1 和后行星架处于释放状态。前行星架通过后齿圈与输出轴连接在一起，形成直接档传动，传动比为 1:1。

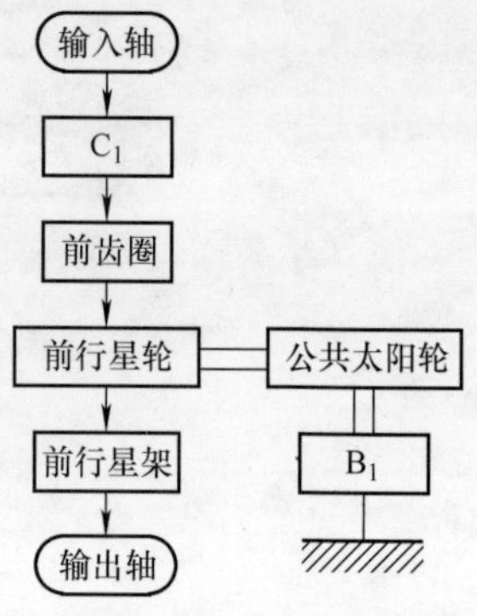

图 3-14　2 档传动路线

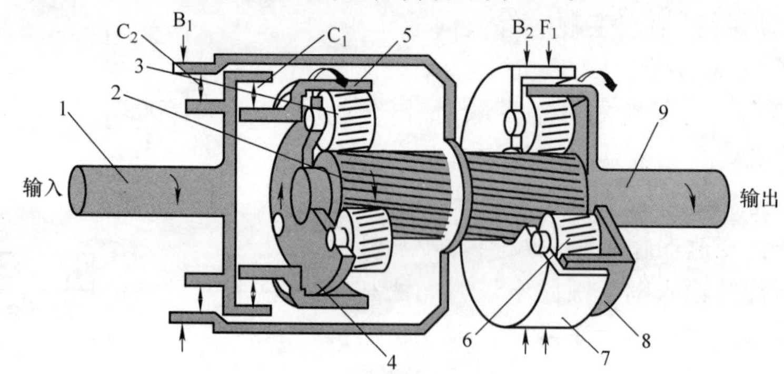

图 3-15　D 位 3 档或直接档传动图

1—输入轴　2—公共太阳轮　3—前行星轮　4—前行星架　5—前齿圈　6—后行星轮　7—后行星架　8—后齿圈　9—输出轴　C_1—前进档离合器　C_2—高倒档离合器　B_1—2 档制动器　B_2—低倒档制动器　F_1—单向离合器

3 档传动路线如图 3-16 所示。

(5) R 位（倒档）

高倒档离合器 C_2 和低倒档制动器 B_2 同时作用。高倒档离合器 C_2 接合，将动力传给公共太阳轮，制动器 B_2 使后行星架固定。发动机转矩通过输入轴传给公共太阳轮，使其顺时针转动。由于后行星架被固定，后行星轮逆时针转动。后行星轮驱动后齿圈逆时针转动，最终后齿圈带动输出轴逆时针转动，形成倒档。倒档传动比等于后齿圈齿数和太阳轮齿数之比，是大于 1 的减速传动（图 3-17）。

倒档传动路线如图 3-18 所示。

(6) 有发动机制动作用的 1 档

为有效利用发动机制动作用，可将变速器变速杆从 D 位移至 1 位，此时，低倒档制动器 B_2 动作，变速器可双向传递动力，既可由输入轴传向输出轴，又可由输出轴传向输入

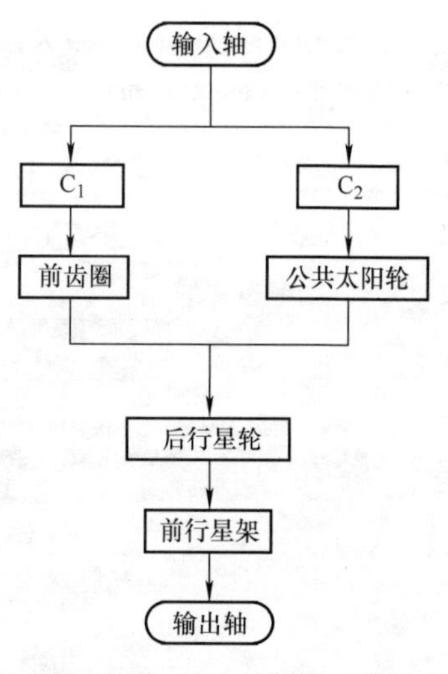

图 3-16　D 位 3 档传动路线

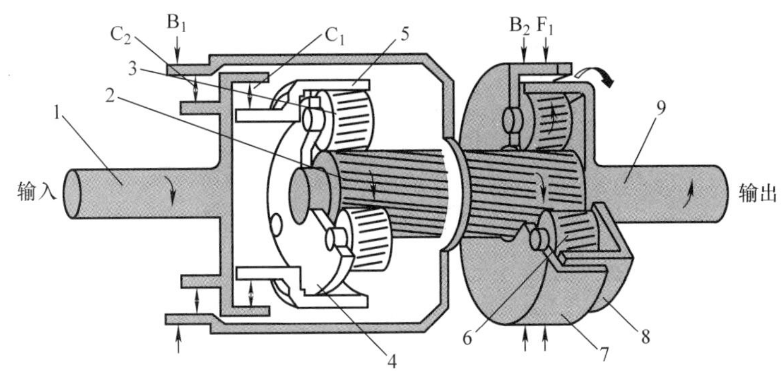

图 3-17 倒档传动图

1—输入轴 2—公共太阳轮 3—前行星轮 4—前行星架 5—前齿圈 6—后行星轮 7—后行星架 8—后齿圈 9—输出轴 C_1—前进档离合器 C_2—高倒档离合器 B_1—2 档制动器 B_2—低倒档制动器 F_1—单向离合器

轴。传动路线与变速杆置于 D 位 1 档时相同。

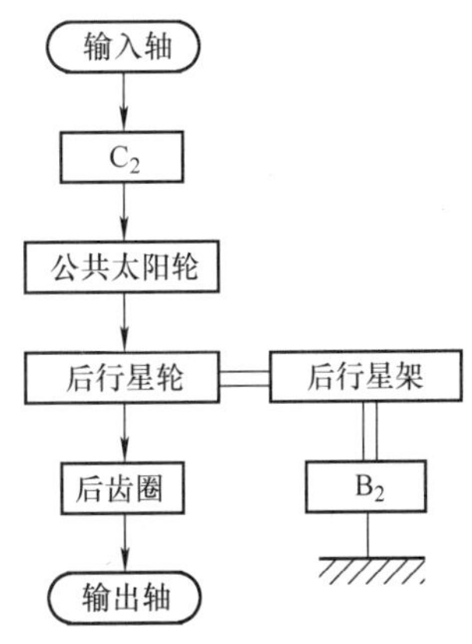

图 3-18 倒档传动路线

松开加速踏板，发动机怠速运转，而汽车在惯性作用下滑行，驱动轮通过变速器输出轴驱动行星齿轮机构。动力由变速器输出轴传至后齿圈，使其顺时针转动。后齿圈又与前行星架连为整体，来自输出轴的传动路线分为两条。

由于后行星架被低倒档制动器 B_2 制动，后齿圈驱动后行星轮，使其也顺时针转动。后行星轮驱动太阳轮逆时针转动。由于后行星架被固定，公共太阳轮驱动前行星轮顺时针转动。前行星轮驱动与输入轴连接在一起的前齿圈，并顺时针转动。传动路线如图 3-19 及图 3-20 所示。

综上，驱动轮在惯性作用下通过变速器输出轴带动行星齿轮机构运转，驱动行星齿轮机构输入轴以原来的转速旋转，导致与变速器输入轴连接的变矩器涡轮的转速高于与发动机曲轴连接的变矩器泵轮的转速，成为汽车驱动轮通过变速器反向驱动发动机曲轴的工况。发动机怠速运行阻力限制了驱动轮的转速，汽车随之减速，实现了发动机制动。

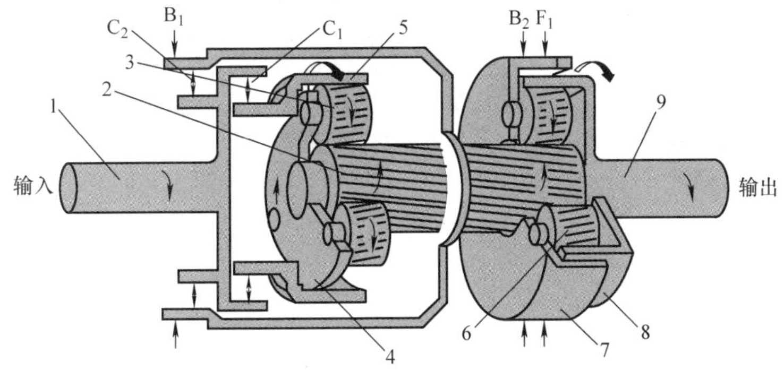

图 3-19 1 档（发动机制动）传动图

1—输入轴 2—公共太阳轮 3—前行星轮 4—前行星架 5—前齿圈 6—后行星轮 7—后行星架 8—后齿圈 9—输出轴 C_1—前进档离合器 C_2—高倒档离合器 B_1—2 档制动器 B_2—低倒档制动器 F_1—单向离合器

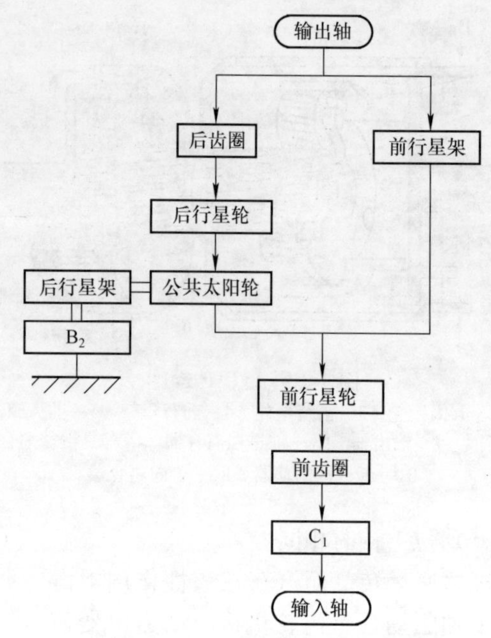

图 3-20　1 档（发动机制动）传动路线

3.3.2 拉维娜（Ravigneavx）式行星齿轮机构

与辛普森式齿轮机构一样，拉维娜式齿轮机构也能提供降速前进档、直接档、超速档、空档和倒档。拉维娜式齿轮机构有些性能比辛普森式齿轮机构更优越。拉维娜式齿轮机构更紧凑，且相互啮合的齿数较多，可以传递较大的转矩。它的缺点是相比于辛普森式结构更复杂，工作原理更难理解，如图 3-21 所示。拉维娜式齿轮机构一般用于前轮驱动式轿车的自动变速器。

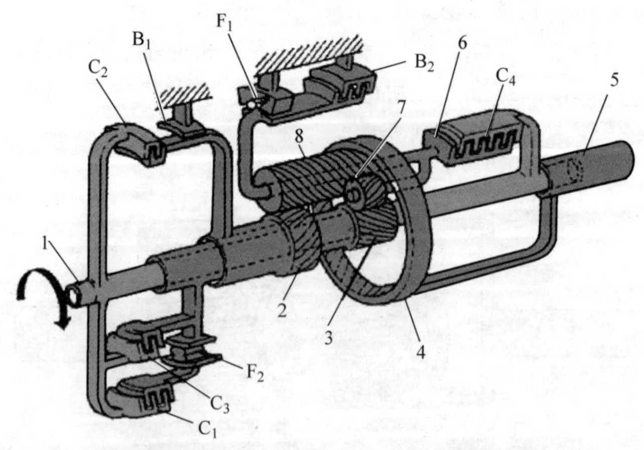

图 3-21　拉维娜式四速行星齿轮机构

1—输入轴　2—前太阳轮　3—后太阳轮　4—公共齿圈　5—输出轴　6—公共行星架　7—短行星轮　8—长行星轮　C_1—前进档离合器　C_2—倒档离合器　C_3—前进档强制离合器　C_4—高档离合器　B_1—2 档/4 档制动器　B_2—低倒档制动器　F_1—低档单向离合器　F_2—前进档单向离合器

拉维娜式齿轮机构采用一前一后两个太阳轮。短行星轮与后太阳轮啮合，长行星轮与前太阳轮和齿圈啮合，结构特点是长、短行星轮共用齿圈和行星架。前太阳轮、长行星轮、行星架及齿圈组成一个双级行星排，后太阳轮、短行星轮、行星架及齿圈组成一个单级行星排。因此它具有四个独立元件，即前太阳轮、后太阳轮、公共行星架和公共齿圈。图3-22为拉维娜式行星齿轮机构的结构示意图。

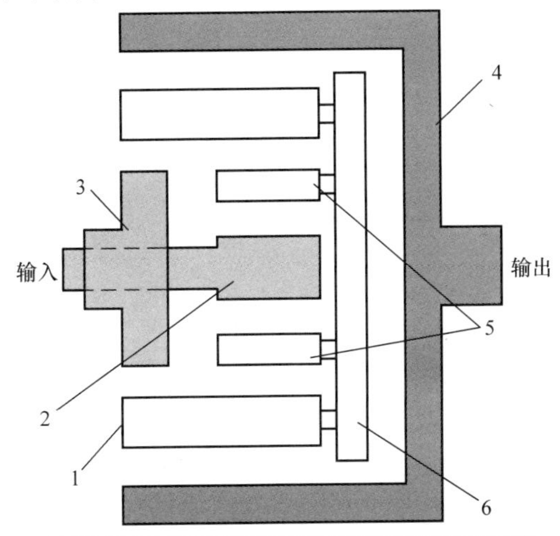

图3-22 拉维娜式行星齿轮机构结构示意图

1—长行星轮 2—后太阳轮 3—前太阳轮 4—公共齿圈 5—短行星轮 6—公共行星架

拉维娜式四速行星齿轮机构中有八个换档执行元件：四个离合器、两个制动器、两个单向离合器，它们共同构成具有四个前进档和一个倒档的行星齿轮机构。八个执行元件的布置简图如图3-23所示。各换档执行元件的功能见表3-4，各执行元件的工作规律见表3-5。

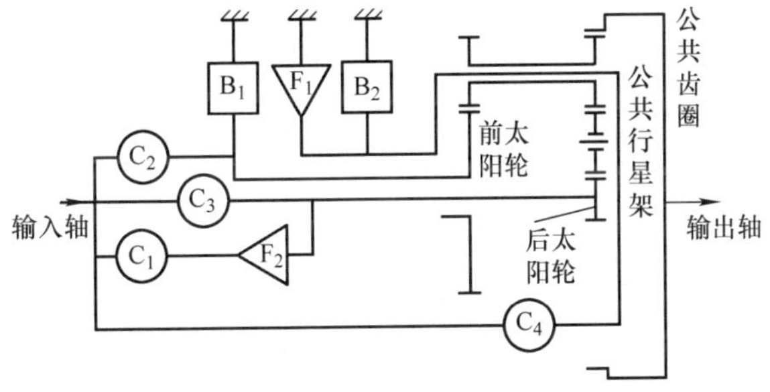

图3-23 拉维娜式四速行星齿轮机构执行元件布置简图

表3-4 各换档执行元件的功能

换档执行元件名称	功能
前进档离合器 C_1	连接输入轴和后太阳轮
倒档离合器 C_2	连接输入轴和前太阳轮
前进档强制离合器 C_3	连接输入轴和后太阳轮
高档离合器 C_4	连接输入轴和公共行星架
2档/4档制动器 B_1	固定前太阳轮
低倒档制动器 B_2	固定公共行星架，使其既不能顺时针转动又不能逆时针转动
单向离合器 F_1	对公共行星架的逆时针转动有锁止作用
前进档单向离合器 F_2	对后太阳轮的逆时针转动有锁止作用

表 3-5 各换档执行元件的工作规律

变速杆位置	档位	换档执行元件							
		C_1	C_2	C_3	C_4	B_1	B_2	F_1	F_2
P	驻车档								
R	倒档		●				●		
N	空档								
D	1 档	●						●	●
	2 档	●				●			●
	3 档	●			●				●
	超速档	○			●	●			
S，L 或 2，1	1 档			●			●		
	2 档			●		●			

注：●表示接合、制动或锁止；○表示接合或制动，但不传递动力。

下面分析拉维娜式四速行星齿轮机构各档的动力传递情况。

（1）P 位（驻车位）或 N 位（空档）

变速杆处于空档及驻车档位置时，发动机转矩通过液力变矩器涡轮轴（输入轴）驱动前进档离合器鼓。因为前进档离合器 C_1 没有接合，动力不能通过行星齿轮机构传递，所以没有动力输出。

此外，变速杆处于驻车档位置时，锁止棘爪与驻车齿轮啮合，而驻车齿轮又通过花键与变速器输出轴连接在一起，进而将驻车齿轮锁定在变速器外壳上，可阻止车辆移动，如图 3-24 及图 3-25 所示。

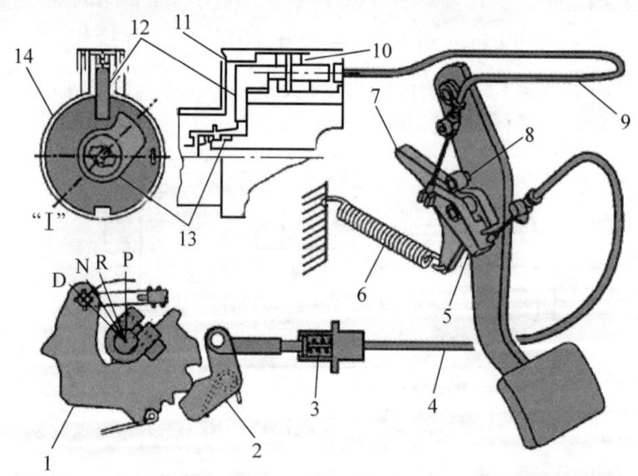

图 3-24 1996 年款奔驰 S320 驻车锁止机构（未挂入 P 位）

1—棘爪板 2—锁止棘爪 3、10—压力弹簧 4—驻车锁止/互锁拉索 5—分离杆 6—张力弹簧 7—锁止杆 8—滚轮 9—转向锁止拉索 11—点火锁适配器壳体 12—换档和锁止阀 13—锁止凸轮 14—点火锁 Ⅰ——点火开关位置 1

（2）D 位 1 档

变速器处于 D 位 1 档时，发动机转矩使前进档离合器 C_1 接合，动力经 C_1 和前进档单向离合器 F_2，驱动后太阳轮顺时针转动。

位于 1 档时（图 3-26），单向离合器 F_1 阻止行星架逆时针转动，因此后太阳轮驱动短行星轮逆时针自转。短行星轮驱动长行星轮顺时针转动，长行星轮驱动齿圈和输出轴顺时针转动，输出转速低于输入转速，形成减速档，如图 3-27 所示。

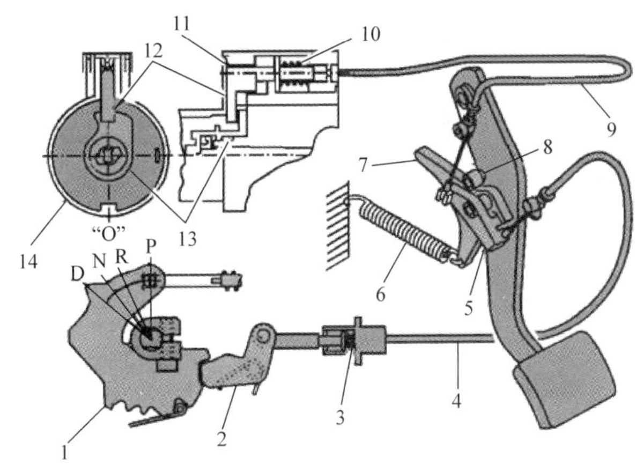

图 3-25　1996 年款奔驰 S320 驻车锁止机构（挂入 P 位）

1—棘爪板　2—锁止棘爪　3、10—压力弹簧　4—驻车锁止/互锁拉索　5—分离杆　6—张力弹簧　7—锁止杆　8—滚轮　9—转向锁止拉索　11—点火锁适配器壳体　12—换档和锁止阀　13—锁止凸轮　14—点火锁　O—点火开关位置 O

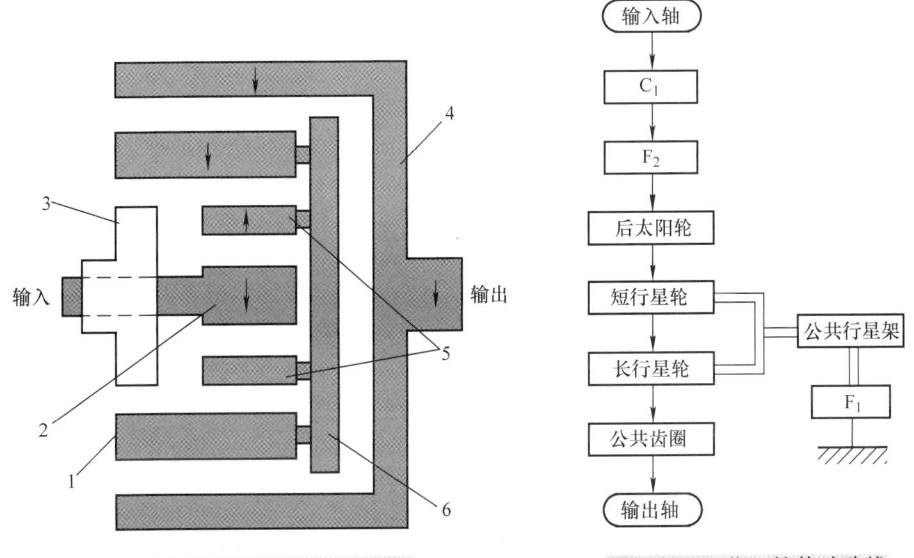

图 3-26　D 位 1 档传动示意图

1—长行星轮　2—后太阳轮　3—前太阳轮　4—公共齿圈　5—短行星轮　6—公共行星架（固定）

图 3-27　D 位 1 档传动路线

与辛普森式行星齿轮机构类似，当发动机怠速、汽车滑行时，输出轴反向驱动拉维娜式行星齿轮机构，齿圈通过长行星轮对行星架产生顺时针方向力矩。此时，单向离合器 F_2 的锁止作用解除，后太阳轮可顺时针自由转动，行星齿轮机构失去传递动力作用，因此 D 位 1 档无法利用发动机制动。

（3）D 位 2 档

变速器位于 D 位 2 档时，发动机驱动前进档离合器鼓。前进档离合器 C_1 接合，动力经 C_1 和前进档单向离合器 F_2，驱动后太阳轮顺时针转动。

位于 2 档时（图 3-28），后太阳轮驱动短行星轮逆时针转动。短行星轮驱动长行星轮顺时针转动。由于前太阳轮被 2 档/4 档制动器 B_1 固定，长行星轮在顺时针自转的同时，还绕不动的前太阳轮顺时针公转，进而带动齿圈和输出轴以较快速度顺时针转动，如图 3-29 所示，这一过程为降速传动。

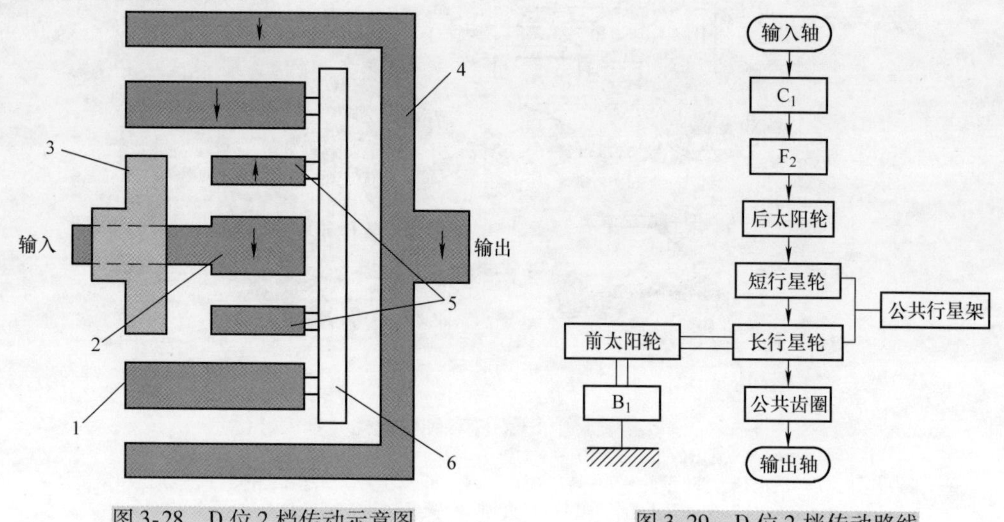

图 3-28　D 位 2 档传动示意图

1—长行星轮　2—后太阳轮　3—前太阳轮（固定）
4—公共齿圈　5—短行星轮　6—公共行星架

图 3-29　D 位 2 档传动路线

汽车滑行时，单向离合器 F_2 处于分离状态，后太阳轮可顺时针自由转动，行星齿轮机构失去传递动力的作用，D 位 2 档无法利用发动机制动。

（4）D 位 3 档

变速器处于 D 位 3 档（图 3-30）时，行星齿轮机构有两个输入元件，即公共行星架和后太阳轮。同在其他前进档一样，前进档离合器 C_1 和前进档单向离合器 F_2 接合，液力变矩器的输入轴驱动后太阳轮顺时针转动。同时，高档离合器 C_4 接合，输入轴驱动公共行星架顺时针转动。由于行星齿轮机构的两个元件被同速驱动，公共行星架和后太阳轮连接成一体。长行星轮驱动齿圈和输出轴顺时针转动，形成直接档传动，如图 3-31 所示。

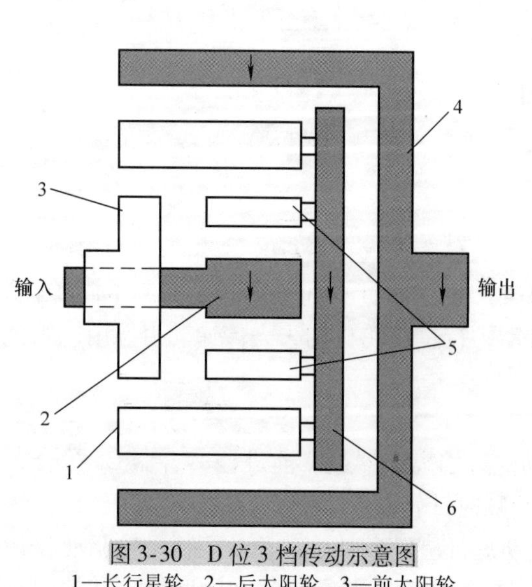

图 3-30　D 位 3 档传动示意图

1—长行星轮　2—后太阳轮　3—前太阳轮
4—公共齿圈　5—短行星轮　6—公共行星架
（与后太阳轮同速同向转动）

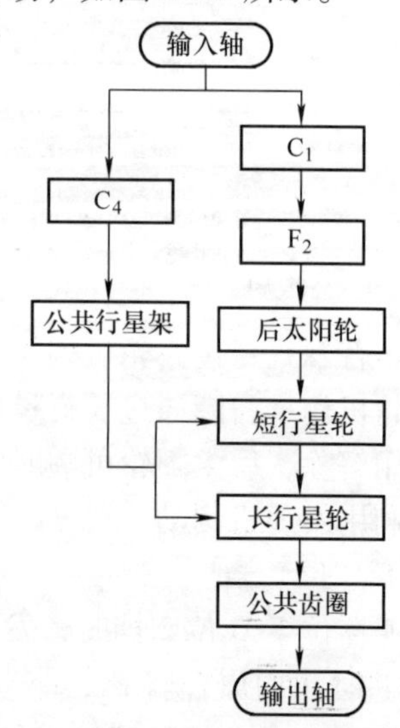

图 3-31　D 位 3 档传动路线

(5) D位4档（超速档）

变速器在D位4档时（图3-32），动力只能从液力变矩器涡轮轴（输入轴）经高档离合器C_4输入行星齿轮机构。虽然此时离合器C_1也接合，但单向离合器F_2不工作，因此不传递动力。高档离合器C_4接合，驱动行星架顺时针转动。由于制动器B_1锁定前太阳轮，长行星轮在自转的同时绕不动的前太阳轮顺时针公转，并驱动齿圈和输出轴顺时针旋转，其传动比小于1，为超速档，如图3-33所示。

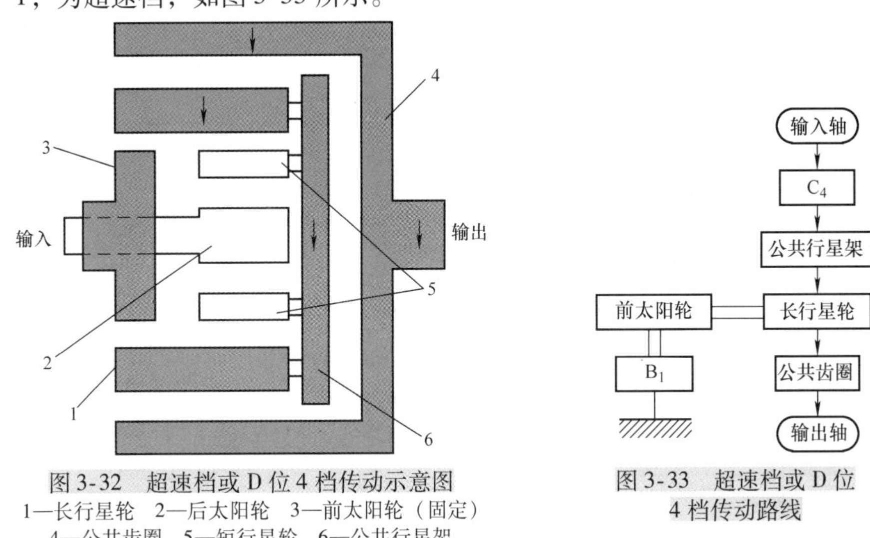

图3-32 超速档或D位4档传动示意图

1—长行星轮 2—后太阳轮 3—前太阳轮（固定） 4—公共齿圈 5—短行星轮 6—公共行星架

图3-33 超速档或D位4档传动路线

(6) L位（1、2位或L、S位）1档

前进档强制离合器C_3接合，液力变矩器的涡轮轴（输入轴）与后太阳轮接合，驱动后太阳轮顺时针转动。

变速器在L位1档时，低档及倒档制动器B_2工作，行星架固定。变速器驱动车轮时，传动路线与D位1档相同，但汽车滑行时可利用发动机制动。L位1档传动路线如图3-34及图3-35所示。

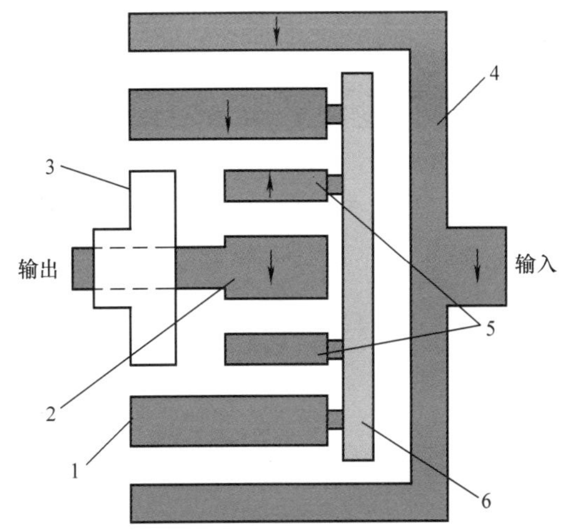

图3-34 L位1档（发动机制动）传动示意图

1—长行星轮 2—后太阳轮 3—前太阳轮 4—公共齿圈 5—短行星轮 6—公共行星架（固定）

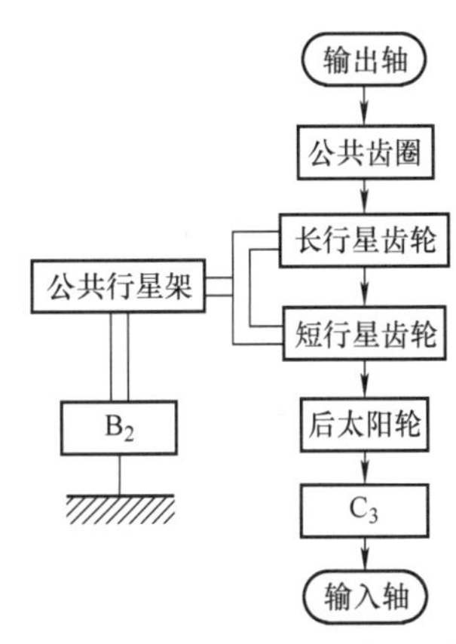

图3-35 L位1档（发动机制动）传动路线

(7) L位(1、2位或L、S位)2档

前进档强制离合器 C_3 接合，液力变矩器的涡轮轴（输入轴）与后太阳轮接合，驱动后太阳轮顺时针转动。

变速器在L位2档时，2档/4档制动器 B_1 工作，前太阳轮制动，传动路线与D位2档相同。汽车滑行时，同样可利用发动机制动。L位2档传动路线如图3-36及图3-37所示。

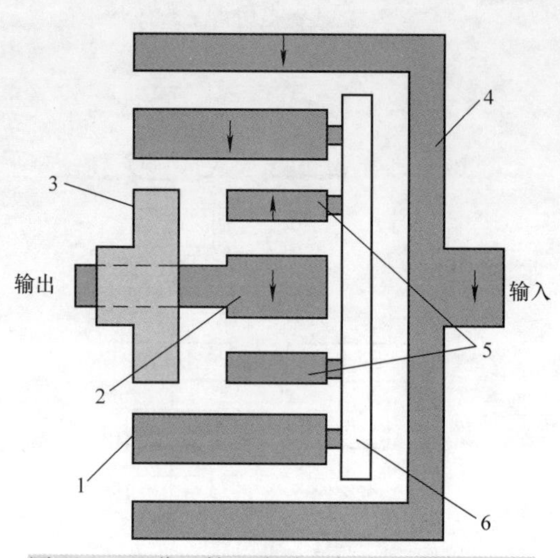

图3-36　L位2档（发动机制动）传动示意图

1—长行星齿轮　2—后太阳轮　3—前太阳轮（固定）
4—公共齿圈　5—短行星齿轮　6—公共行星架

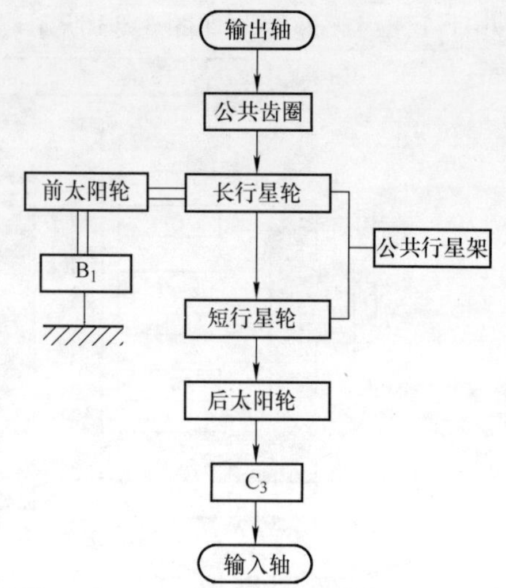

图3-37　L位2档（发动机制动）传动路线

(8) R位（倒档）

变速器在倒档时，发动机转矩通过液力变矩器涡轮轴（输入轴）经倒档离合器 C_2 传递给行星齿轮机构。倒档离合器 C_2 处于接合状态，输入轴与前太阳轮接合。低倒档制动器 B_2 产生制动作用，使公共行星架固定。前太阳轮顺时针转动，驱动长行星齿轮逆时针转动。长行星齿轮驱动齿圈和输出轴逆时针转动，如图3-38及图3-39所示，这一过程为降速传动。

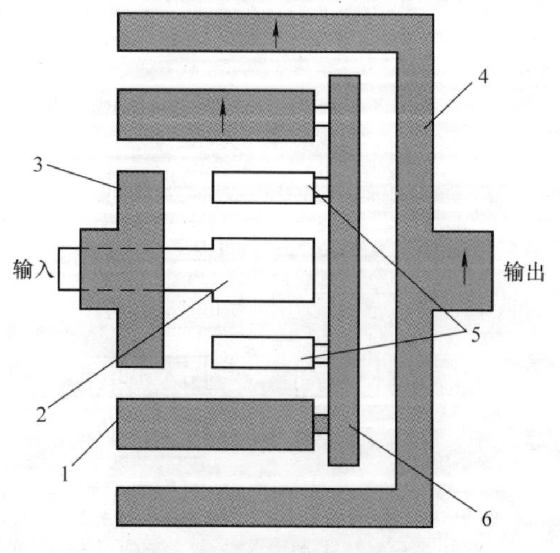

图3-38　倒档传动示意图

1—长行星齿轮　2—后太阳轮　3—前太阳轮
4—公共齿圈　5—短行星齿轮　6—公共行星架（固定）

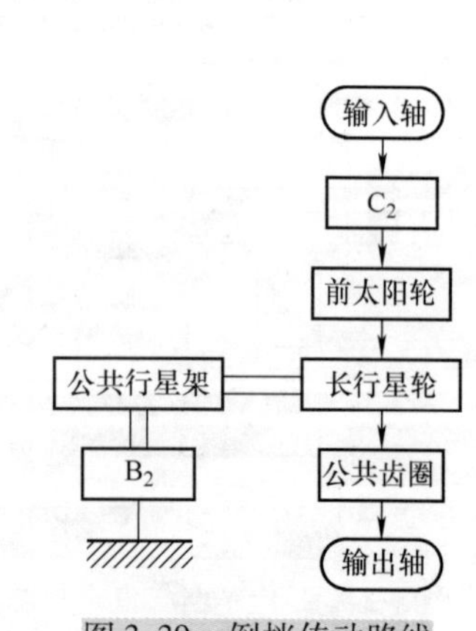

图3-39　倒档传动路线

倒档同样具有反向传递动力的作用，可实现发动机制动。

3.3.3 串联式行星齿轮机构

有些自动变速器采用两个串联的简单行星齿轮组，而非复合式行星齿轮机构。这种传动方案中，行星齿轮机构间没有共用元件，而是通过固定装置，将行星齿轮机构的不同元件固定在一起。前行星架常与后齿圈锁在一起，前齿圈则与后行星架锁在一起。

串联式行星齿轮机构应用在美国通用汽车公司的 4T60E 和 4T65E 型自动变速器中，另外，福特汽车公司的 AXOD 型自动变速器也采用这种结构。

下面以 4T65E 变速器的行星齿轮机构为例，说明各档动力传递路线。

4T65E 变速器如图 3-40 所示，行星齿轮机构有前后两个行星组，由 10 个换档执行元件操纵，构成具有四个前进档和一个倒档的行星齿轮变速器，将转矩传递给驱动轴。它的四个主要部件分别是前太阳轮、前排行星架和后齿圈、后排行星架和前齿圈、后太阳轮和毂。

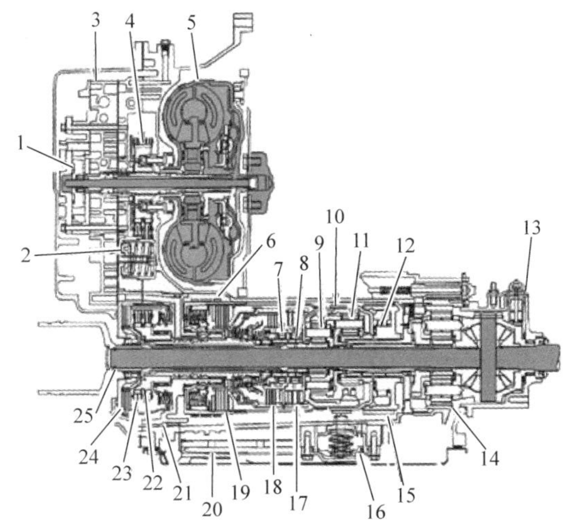

图 3-40 4T65E 变速器剖视图

1—油泵总成 2—壳体盖总成 3—控制阀体 4—主动链轮 5—液力变矩器 6—倒档制动带 7—3 档离合器楔块总成 8—输入离合器楔块总成 9—前行星架总成 10—2－1 档手动制动带 11—后行星架总成 12—1－2 档滚柱单向离合器总成 13—车速传感器 14—主传动/差速器行星架 15—前进档制动带 16—2－1 档制动带伺服缸 17—输入离合器总成 18—3 档离合器总成 19—2 档离合器总成 20—滤清器 21—从动链轮支架（HHI） 22—从动链轮 23—传动链总成 24—4 档离合器总成 25—输出轴

该变速器为电控自动变速器，共有三排行星齿轮机构，其中一排用作主减速器。主减速器的输入元件为太阳轮，输出元件为行星架，齿圈为固定元件。另两排为串联式行星齿轮机构。该变速器中共设置了 10 个执行元件（四个多片离合器、三个制动带、三个单向离合器），行星齿轮机构的输入轴与发动机曲轴平行并列布置，发动机动力通过链轮传递给变速器的输入轴。各执行元件的布置简图如图 3-41 所示。

各执行元件的功能如下：

1）当输入多片离合器接合时，连接输入轴和输入支柱单向离合器外圈。

2）当 2 档多片离合器接合时，连接输入轴和前行星架及后齿圈。

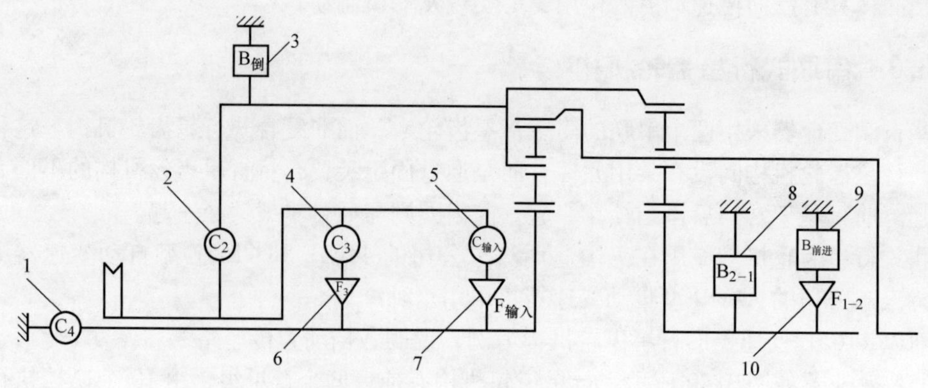

图 3-41　4T65E 变速器行星齿轮机构各执行元件布置简图

1—4 档离合器　2—2 档离合器　3—倒档制动带　4—3 档离合器　5—输入离合器　6—3 档支柱单向离合器　7—输入楔块单向离合器　8—2-1 档制动带　9—前进档制动带　10—1-2 档滚柱单向离合器

3）当 3 档多片离合器接合时，连接输入轴和 3 档支柱单向离合器外圈。

4）当 4 档多片离合器接合时，将前输入太阳轮固定，同时固定输入支柱单向离合器内圈和 3 档支柱单向离合器内圈。

5）当 2-1 档制动带作用时，固定后太阳轮。

6）当倒档制动带作用时，固定前行星架和后齿圈。

7）当输入支柱单向离合器锁止时，连接输入轴和前输入太阳轮。

8）当 3 档支柱单向离合器锁止时，连接输入轴和前输入太阳轮（不传递动力）。

9）当前进档制动带作用时，将来自后太阳轮的输入动力传递给 1-2 档滚柱单向离合器外圈。

10）当 1-2 档滚柱单向离合器锁止（前进制动带同时作用）时，防止太阳轮逆时针转动。

各换档执行元件的工作规律见表 3-6，下面分析行星齿轮机构各档的传动路线。

表 3-6　执行元件在各档位的工作规律

变速杆位置	档位	1-2、3-4 档换档电磁阀	2-3 档换档电磁阀	4 档离合器	倒档制动带	2 档离合器	3 档离合器	3 档支柱单向离合器	输入离合器	输入支柱单向离合器	2-1 档制动带	1-2 档滚柱单向离合器	前进档制动带
P	驻车档	ON	ON						*	*			
R	倒档	ON	ON		箍紧				接合	锁止			
N	空档	ON	ON						*	*			
D超速档	1 档	ON	ON						接合	锁止		锁止	箍紧
	2 档	OFF	ON			接合			*	超越		锁止	箍紧
	3 档	OFF	OFF			接合	接合	锁止				超越	*
	4 档	ON	OFF	接合		接合	*	超越				超越	*

（续）

变速杆位置	档位	1－2，3－4档换档电磁阀	2－3档换档电磁阀	4档离合器	倒档制动带	2档离合器	3档离合器	3档支柱单向离合器	输入离合器	输入支柱单向离合器	2－1档制动带	1－2档滚柱单向离合器	前进档制动带
D手动档	3档	@OFF	@OFF			接合	接合	锁止	接合	锁止		超越	*
	2档	@OFF	@ON			接合			*	超越		锁止	箍紧
	1档	@ON	@ON						接合	锁止		锁止	箍紧
2	2档	@OFF	@ON			接合			*	超越	箍紧	锁止	箍紧
	1档	@ ON	@ON						接合	锁止	箍紧	锁止	箍紧
1	1档	@ ON	@ON				接合	锁止	接合	锁止	箍紧	锁止	箍紧

注：*—接合但不传递动力

ON—电磁阀通电

OFF—电磁阀断电

@—电磁阀的状态取决于车速、节气门开度和所选档位

（1）P位（驻车档）

变速杆位于P位时，如图3-42所示，来自液力变矩器涡轮的动力传递给与输入轴相连的从动链轮。输入离合器接合，使单向离合器转动。当转矩来自发动机时，输入支柱单向离合器锁止；当转矩来自车轮时，该离合器进入超越工况，使车辆滑行。来自单向离合器的动力传递至前太阳轮，前太阳轮与前行星齿轮啮合，使其转动。前齿圈与后行星架锁在一起，同时与主减速器的太阳轮轴相连，因此被与主减速器太阳轮轴相连的驻车齿轮所固定。前行星轮转动但前齿圈/后行星架锁定，动力传递终止。

来自车轮的转矩经差速器传递给主减速器行星轮。由于在此档位下主减速器的齿圈固定在箱体上，而其太阳轮被驻车齿轮（驻车齿轮被驻车棘爪固定）锁住，无动力输出。

同时，后行星轮驱动其太阳轮和制动鼓一起转动，1－2档滚子单向离合器的外圈与后太阳轮/制动鼓相连，并锁住该离合器，使1－2档支座及制动鼓一起转动。换入超速档时，前进制动带是唯一需要接合，使车辆向前运动的元件。

（2）N位（空档）

变速杆位于N位时，如图3-43所示，传动过程与P位相似，主要差别是其驻车齿轮与棘爪并不啮合，因此主减速器太阳轮输入轴可向任一方向自由转动。位于水平路面时，车辆自重使该轴固定，动力通过变速器的传递路线与P位相同。

（3）R位（倒档）

变速杆位于R位时，如图3-44所示，驻车棘爪与驻车齿轮脱开，允许主减速器太阳轮轴转动。

来自液力变矩器的动力经从动链轮传递至输入轴，使输入轴与从动链轮同速转动。输入离合器接合，并锁止输入单向楔块离合器外圈，使输入离合器转动。发动机转矩传入时，输入单向离合器锁止；车轮传矩传入时，超越离合器（OVERRUNS）脱开，使车辆滑行。

动力经输入单向离合器传至前太阳轮，再传递给前行星齿轮并使之转动。倒档制动带接合，并抱住2档离合器壳。由于倒档制动鼓的一端与2档离合器壳相连，另一端与前排行星

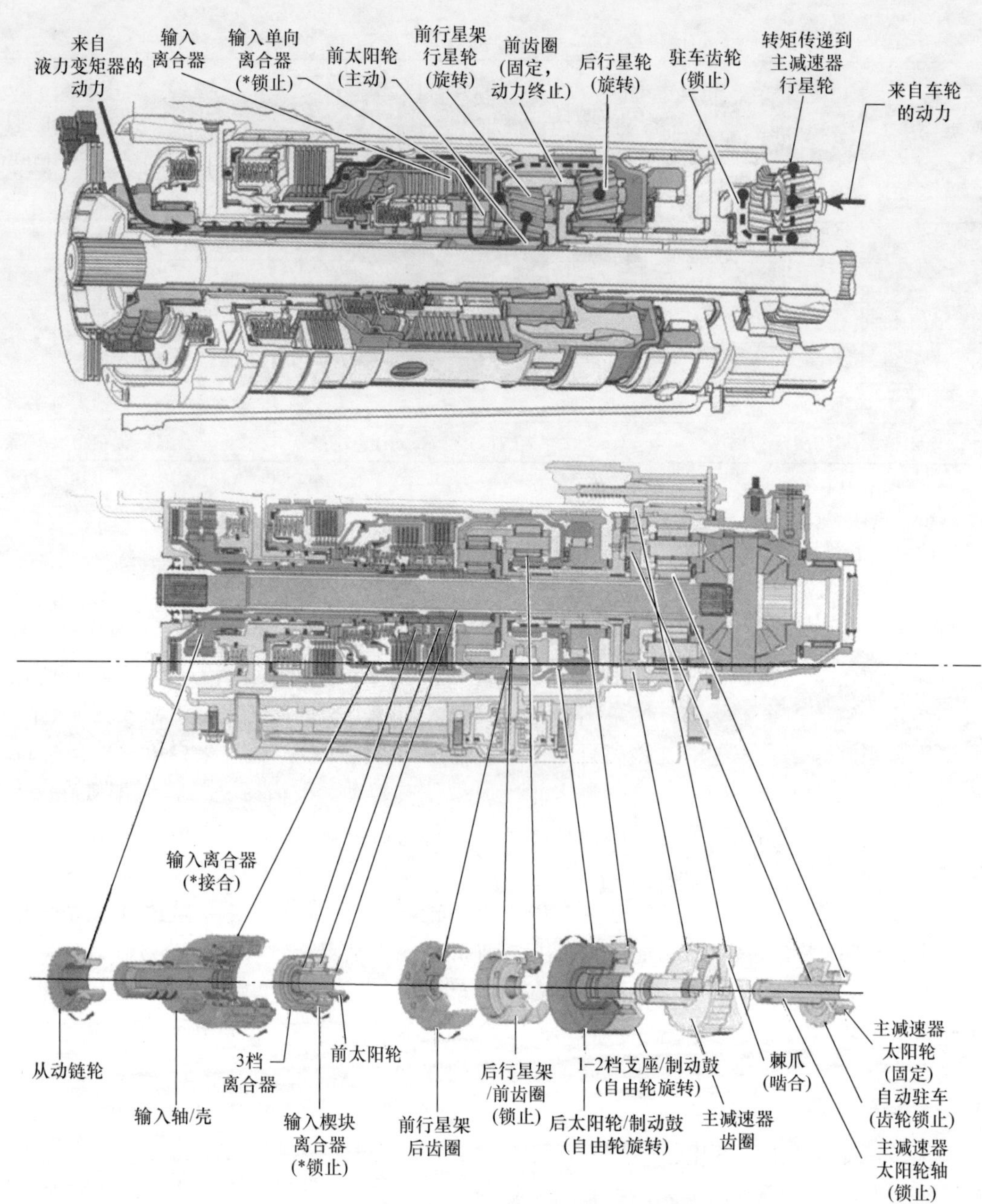

图 3-42　驻车档传动示意图

架相连，制动鼓锁住以防止前排行星架转动。由于前太阳轮与前排行星架上的行星轮啮合，驱动行星齿轮和前齿圈以防止前齿圈/后排行星架在前进档时沿相反方向转动。主减速器轴的一端与后排行星架相连，另一端与主减速器太阳轮啮合，动力传递至主减速器，驱动差速器以倒档方向旋转。

（4）超速档档位——第 1 档

车速提高时，为提高发动机效率，只需较小转矩，将变速器换入超速档。

变速器处于超速档第 1 档时，发动机转矩经液力变矩器增矩传到传动轴，行星齿轮机构减速传动，所得 1 档的传动比为 2. 921∶1，传动路线如图 3-45 所示。

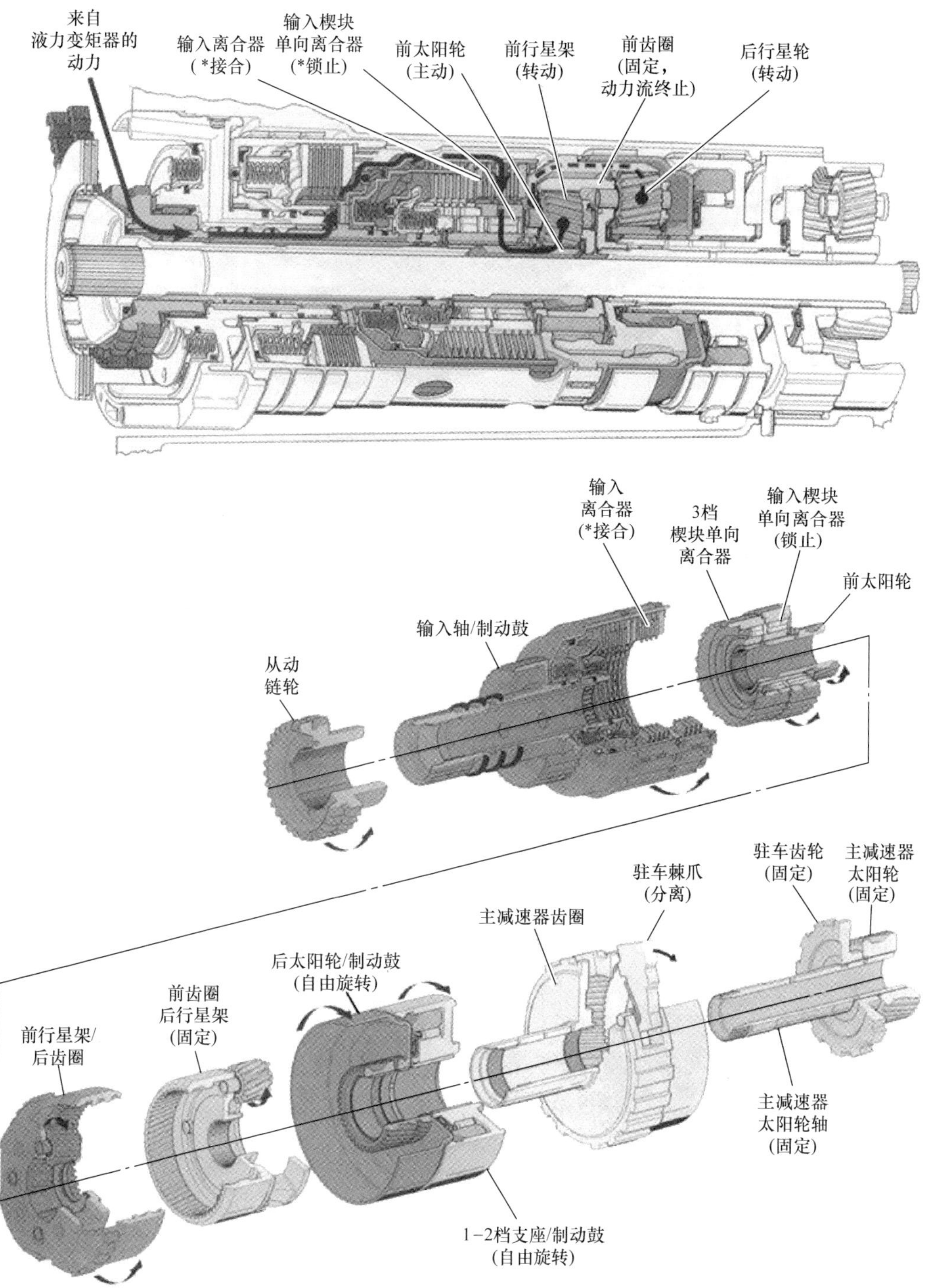

图 3-43　空档传动示意图

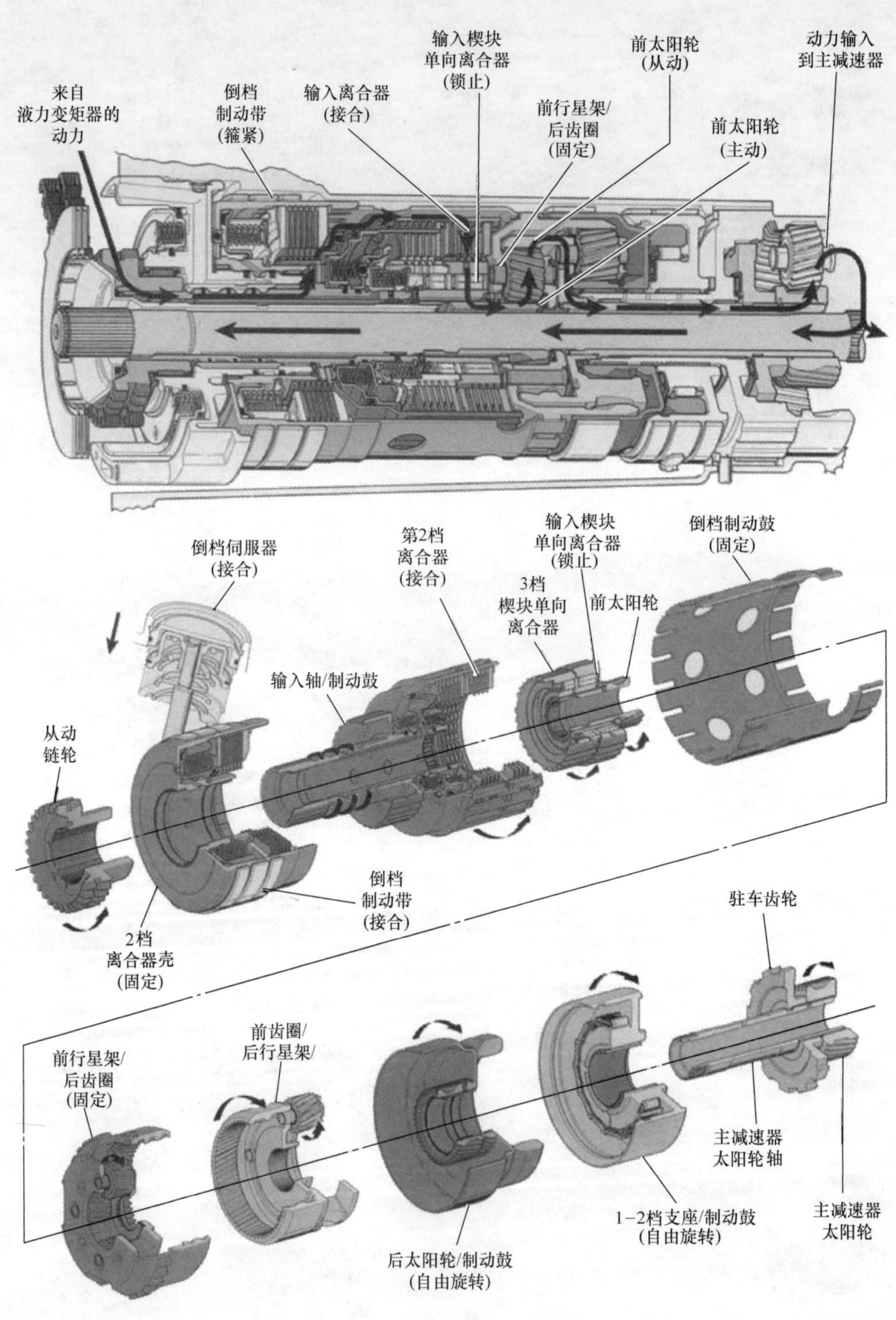

图 3-44　倒档传动示意图

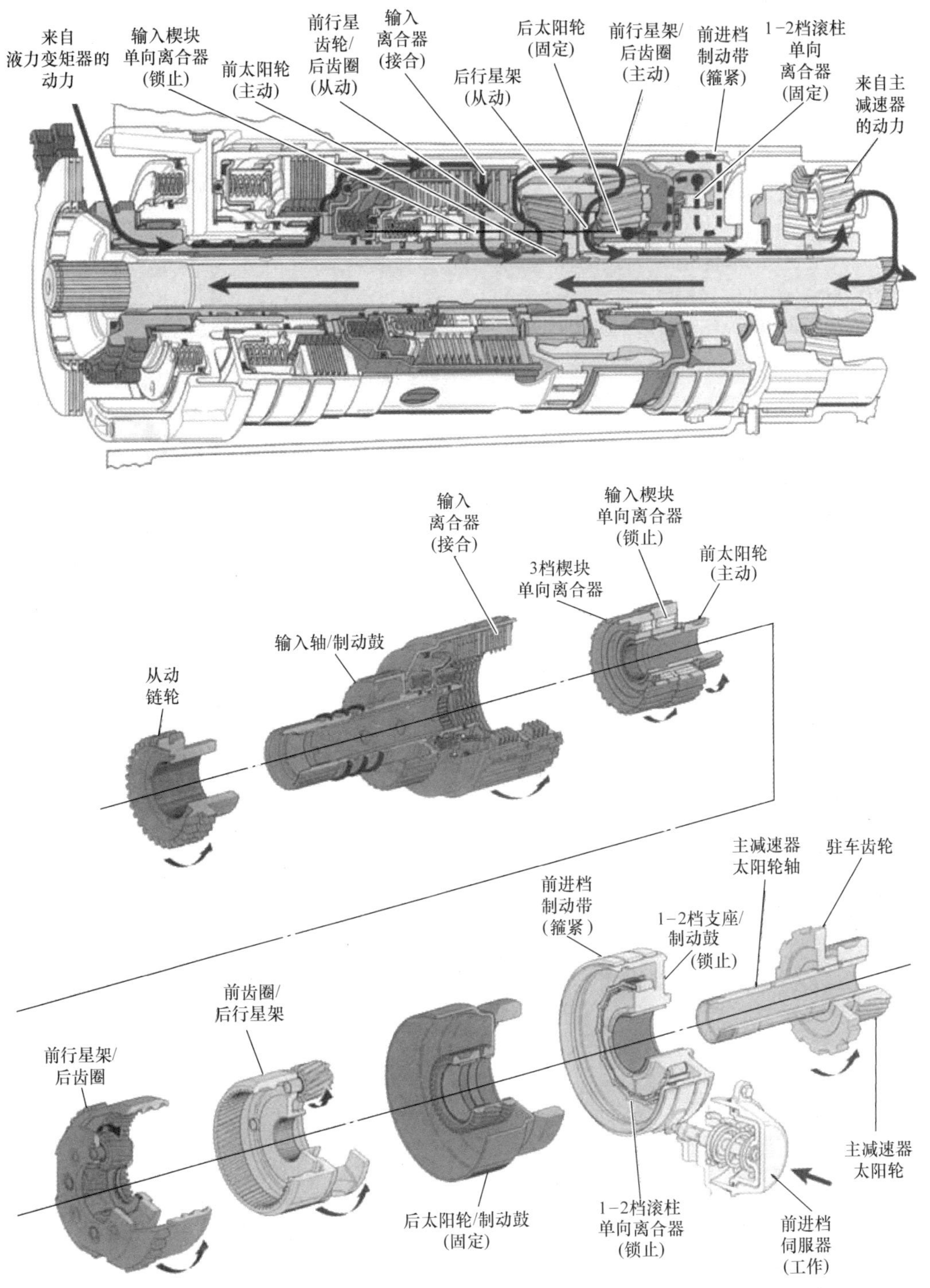

图3-45 超速档档位——第1档传动示意图

来自液力变矩器的动力经涡轮传至从动链轮，带动输入轴转动。输入离合器接合并抱住输入楔块单向离合器的外圈，带动楔块单向离合器一起转动。发动机转矩传入时，楔块单向离合器锁止；车轮转矩传入时，楔块单向离合器处于超越工况。

动力经楔块单向离合器传至前太阳轮，驱动前行星轮，行星轮带动前行星架转动。后齿圈与前行星架锁定，又与后行星轮啮合，行星轮带动行星架绕后太阳轮转动。

后行星架的转动迫使后太阳轮向相反的方向转动。前进档制动带接合，抱住1－2档滚柱单向离合器，使后太阳轮壳锁止，因此后太阳轮固定。后行星架与主减速器太阳轮轴相连，将动力经主减速器太阳轮传至差速器。

转矩经主减速器太阳轮传至行星齿轮，主减速器行星轮在齿圈内转动，而齿圈与箱体固定连接，动力传至差速器半轴齿轮及与差速器半轴齿轮连接的输出轴，使动力平均分配给左右半轴。

（5）超速档档位－第2档

随车速提高，来自车速传感器（VSS）、节气门开度传感器（TPS）及其他传感器的信号输入控制电脑（PCM）。当变速器从1档换入2档时，PCM根据这些信号调节发动机转矩。

变速器处于第2档时，行星齿轮机构减速传动，传动比为1.57∶1。传动路线如图3-46所示。

来自液力变矩器的动力经涡轮传至从动链轮，带动输入轴转动。

2档离合器接合，由于倒档制动鼓分别与2档离合器壳及后齿圈相连，动力传递至后行星轮。后行星轮带动后齿圈转动，而后齿圈与前行星架锁定。同时，输入离合器接合，输入楔块单向离合器处于超越工况（超越工况发生在前行星轮带动太阳轮以高于行星架的转速转动时），动力传至输入支柱单向离合器后终断。

后齿圈与行星轮啮合，使后行星架绕其太阳轮转动。

在超速档1档时，后行星架的转动迫使后太阳轮向相反方向转动，但由于前进档制动带接合，抱住1－2档滚柱单向离合器，使后太阳轮壳锁止，后太阳轮固定。后行星架与主减速器太阳轮轴相连，将动力经主减速器太阳轮传至差速器。

（6）超速档档位－第3档

随车速提高，来自车速传感器（VSS）、节气门开度传感器（TPS）和其他传感器的信号输入控制电脑（PCM）。当变速器从2档换入3档时，PCM根据这些信号调节发动机转矩。变速器处于第3档时，两排行星齿轮均以相同转速转动，传动比为1∶1。动力传递路线如图3-47所示。

来自液力变矩器的动力经涡轮传至从动链轮，带动输入轴转动。

2档离合器接合，动力经倒档制动鼓传至前行星架，使前行星架转动。

3档离合器接合，3档离合器片与3档楔块离合器外圈相连，迫使3档支柱单向离合器锁止。3档支柱单向离合器的内圈与前太阳轮相连，动力传至前太阳轮，使其以与输入轴相同的转速转动。前行星架被倒档制动鼓和前太阳轮驱动。前齿圈转动，因其与后行星架锁定，使后行星架以相同的转速转动，此时不存在齿轮机构的减速运动。后太阳轮在后行星轮驱动下以相同转速转动。前进档制动带接合，箍紧1－2档滚柱单向离合器外圈。由于1－2档滚柱单向离合器是后太阳轮壳的一部分，离合器处于超越工况。

后行星架与主减速器太阳轮轴相连，动力传递至主减速器太阳轮。

变速器在超速档3档时，松开加速踏板，此时车速不变而发动机转速下降，这会导致3档楔块单向离合器内圈的转矩下降，前行星架和滚柱单向离合器自由转动，此时无法进行发动机制动。

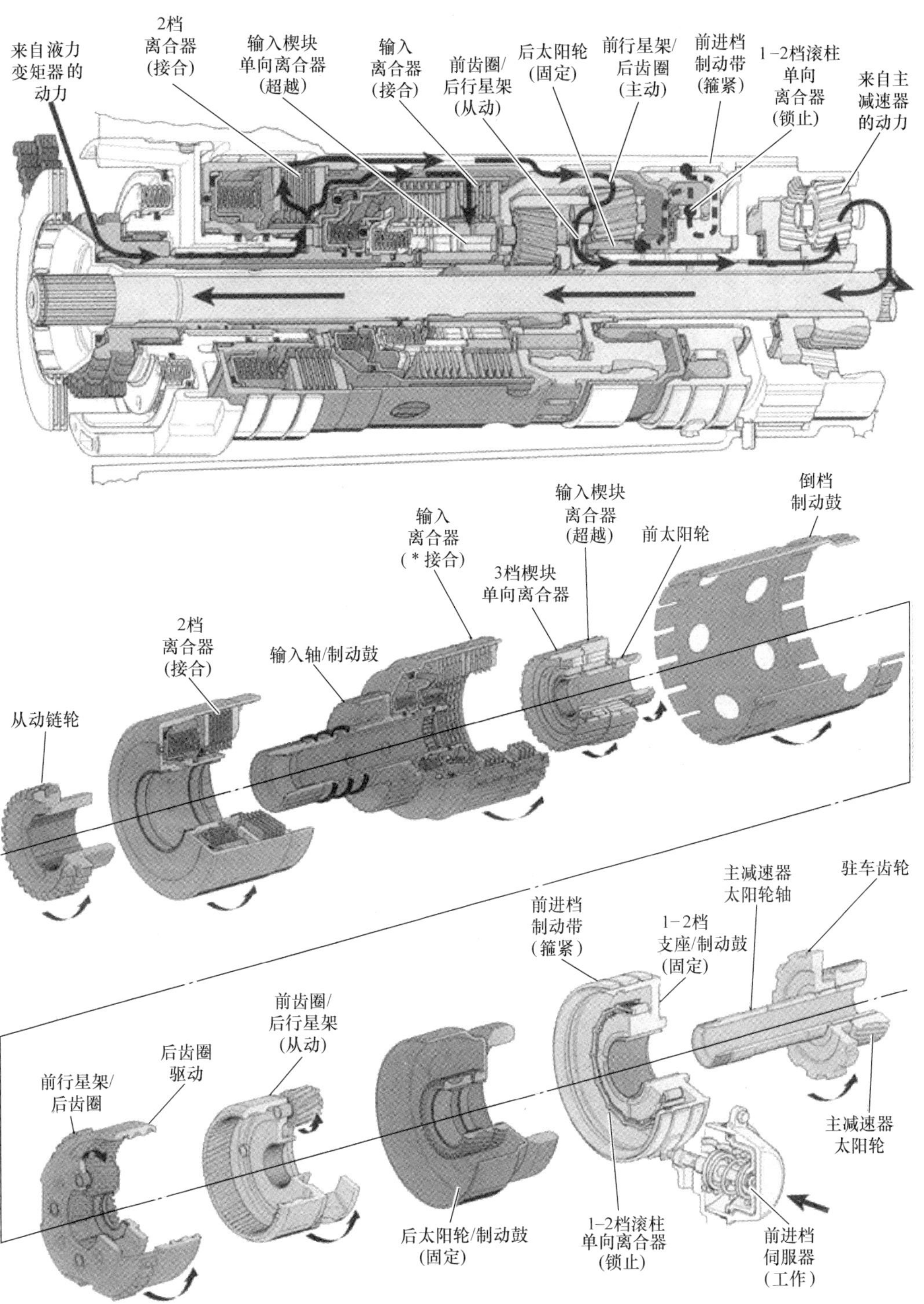

图3-46 超速档档位——第2档传动示意图

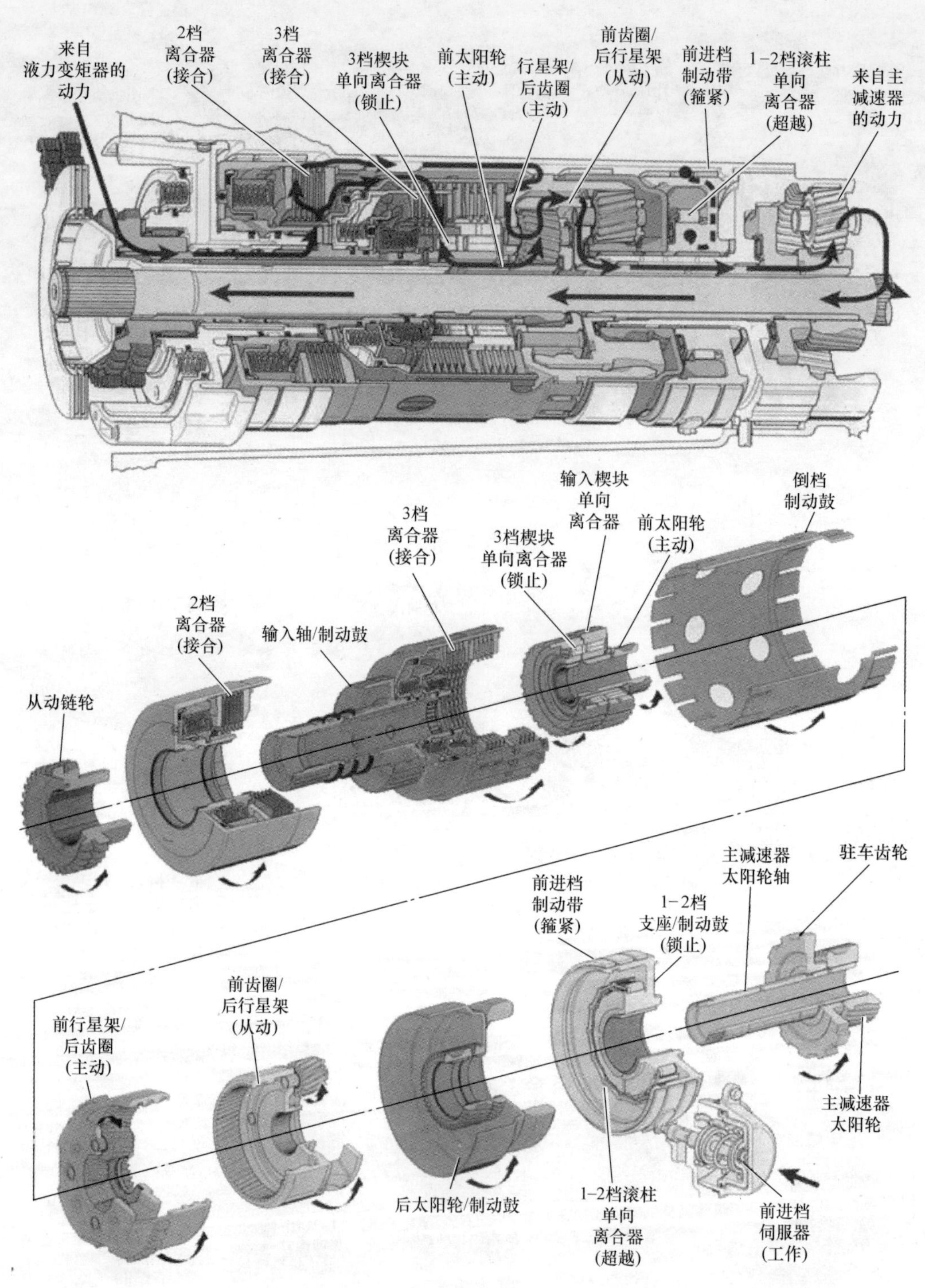

图 3-47　超速档档位——第 3 档传动示意图

(7) 超速档档位——第 4 档

随车速提高，来自车速传感器（VSS）、节气门开度传感器（TPS）和其他传感器的信号输入控制电脑 PCM。根据这些信号，PCM 确定换入 4 档的最佳时刻。变速器处于第 4 档时，行星齿轮机构增速传动，传动比为 0. 71∶1，动力传递路线如图 3-48 所示。

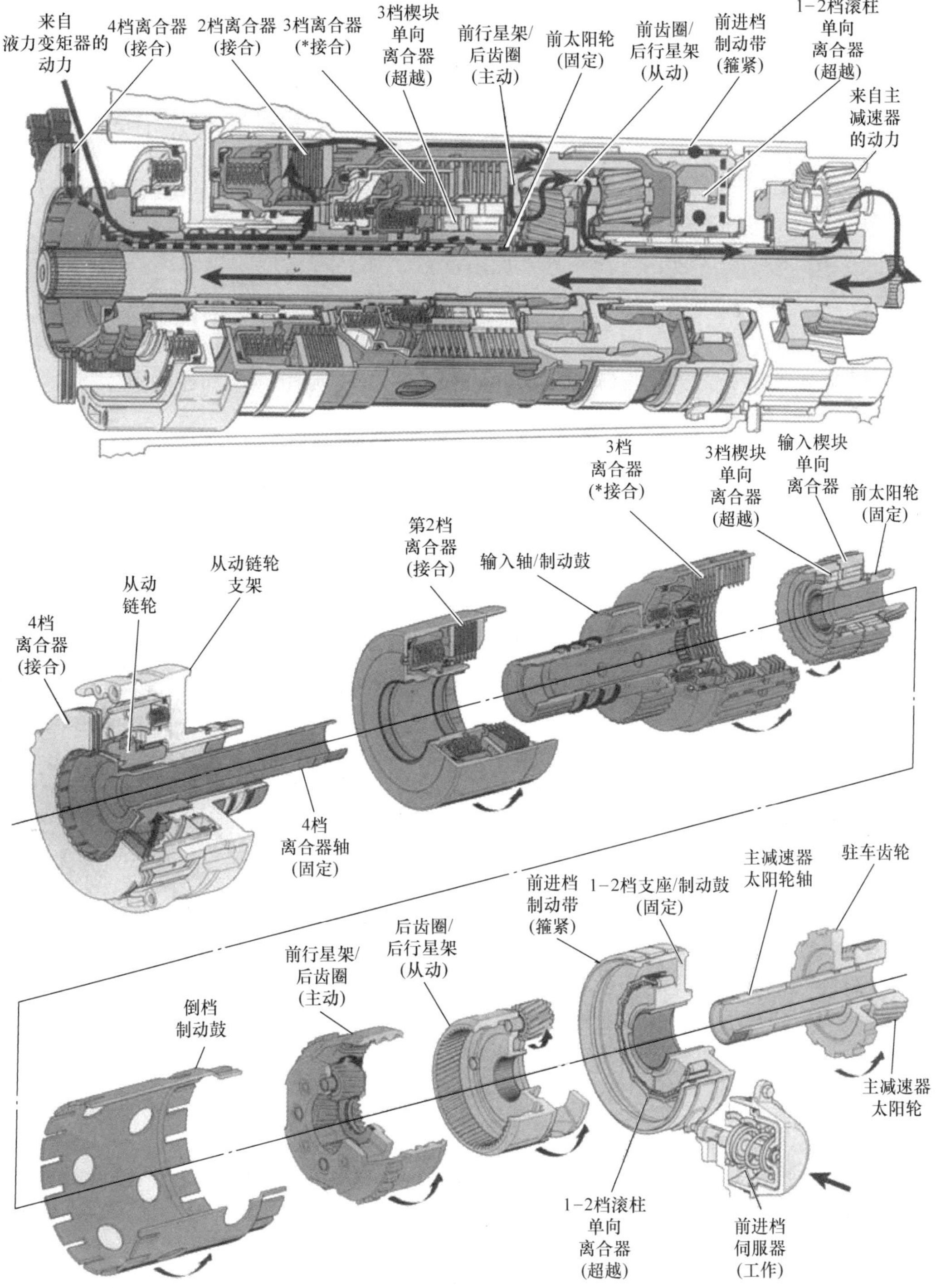

图 3-48 超速档档位——第 4 档传动示意图

来自液力变矩器的动力经涡轮传至从动链轮，带动输入轴转动。

2 档离合器接合，动力经倒档制动鼓传至前行星架，使前行星架转动。

4 档离合器接合，锁定前太阳轮。前行星架绕锁定的前太阳轮转动，前行星轮带动前齿圈/后行星架同向转动，但转速更快。后太阳轮在后行星轮驱动下以相同速度转动。

前进档制动带接合，箍紧 1－2 档滚柱单向离合器外圈。由于 1－2 档滚柱单向离合器是后太阳轮壳的一部分，离合器处于超越工况。

后行星架与主减速器太阳轮轴相连，动力传递至主减速器太阳轮。

在超速档 4 档及 3 档，前进档制动带的工作仅用于降至 2 档，其接合会使换档更容易。

（8）驾驶档档位——手动第 3 档

手动 3 档适用于以下车辆工作条件：城市运行（车速通常低于 72km/h），拖曳车辆或爬坡，沿小坡度下行，手动 3 档可提供发动机缓速制动。传动比为 1:1。

选择手动 3 档后，变速器能在 1、2、3 档之间自动升、降档。但在这种模式下，变速器不能升至 4 档。变速器处于超速档 4 档时，为实现发动机缓速制动而选择手动 3 档，变速器会立即换入 3 档。除输入滚柱单向离合器工作外，加速时手动 3 档与超速 3 档的动力传递路线相同。

下面将分析减速过程，即如何实现发动机制动。动力传递路线与超速 3 档正好相反，即来自车轮的动力传向液力变矩器，动力传递路线如图 3-49 所示。

来自车轮的动力通过传动链末端的差速器传到主减速器太阳轮轴，再传到与主减速器太阳轮轴相连的前齿圈/后行星架。前齿圈驱动前行星轮，带动前行星架/后齿圈转动。同时，前行星轮又驱动前太阳轮转动。减速过程中，从车轮传至变速器的转矩，使前太阳轮有反向转动的趋势，但输入支柱单向离合器被锁定，迫使前太阳轮以相同的方向和转速旋转。此时，发动机为车轮提供了缓速制动。3 档楔块单向离合器超越转动，使输入支柱单向离合器降低前太阳轮的转速。

虽然 3 档离合器接合，但减速时 3 档楔块单向离合器超越转动，没有动力传递到 3 档离合器压盘。

输入离合器接合，将转矩传至输入轴。

2 档离合器接合，动力从前行星架通过倒档制动鼓经 2 档离合器传到输入轴。输入轴的动力作用于液力变矩器，用于发动机制动。

（9）驾驶档档位——手动第 2 档

手动 2 档在某些路况和车辆运行工况下是必要的，如下陡坡（需发动机缓速制动）或爬陡坡（需发动机增矩）时。变速杆位于手动 2 档时，变速器会在 1、2 档之间升降档，而不能升至 3、4 档。此时，变速器若运行在手动 3 档或超速档 4 档，则会立即降档至 2 档（车速低于 113km/h）。动力传递路线与超速档 2 档情况相同。

通过手动 2 档来使车辆减速时，转矩从车轮输入，通过变速器试图超过发动机转速，在 2－1 档制动带的作用下使发动机缓速制动，降低车速。传动比为 1. 57:1，动力传递路线如图 3-50 所示。

来自车轮的动力通过传动链末端的差速器传到主减速器太阳轮轴，再传递到与主减速器太阳轮轴相连的后行星架。手动 2－1 档制动带接合，锁止后太阳轮，以发挥发动机制动作用。后行星架驱动后行星轮围绕固定的后太阳轮转动，同时带动后齿圈转动。由于前行星架

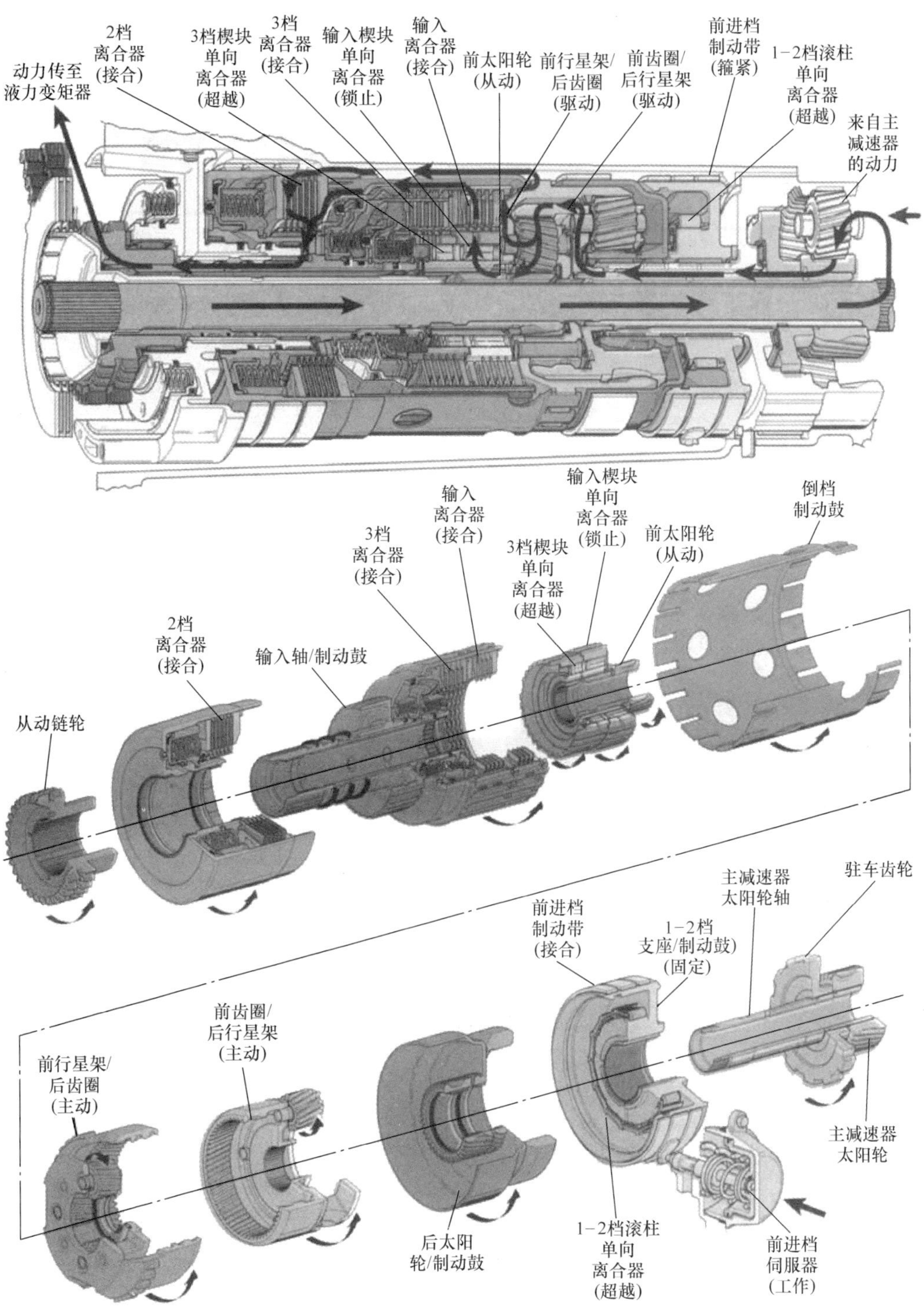

图 3-49 驾驶档档位——手动第 3 档传动示意图

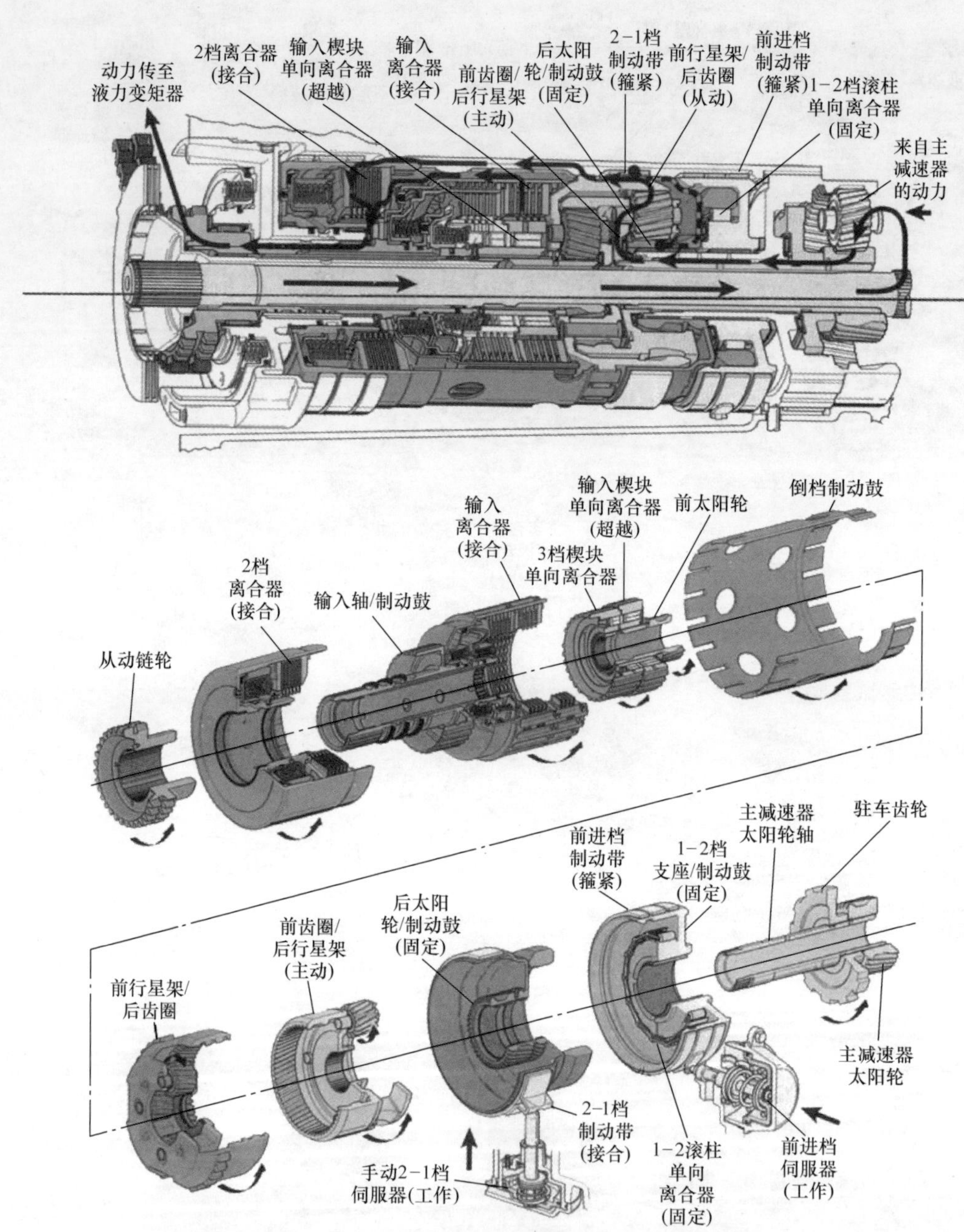

图3-50　驾驶档档位——手动第2档传动示意图

与后齿圈锁定在一起，动力经前行星架经倒档制动鼓作用到2档离合器，将动力传递给输入轴。同时，前行星轮将动力传给与输入楔块单向离合器通过内圈花键相连的前太阳轮。减速过程中，来自车轮的转矩输入液力变矩器，迫使前太阳轮以高于输入轴的转速转动。输入离合器接合并锁止楔块离合器的外圈，但该离合器处于超越工况，因此输入离合器不起作用。

前进档制动带接合，锁止1－2档滚柱单向离合器，但不起作用。

传递到输入轴的动力作用于液力变矩器，使发动机缓速制动。

（10）驾驶档档位 - 手动第 1 档

变速器处于前进档时，为最大程度利用发动机缓速制动或利用发动机最大转矩驱动车辆，可采用手动 1 档。该档适用的车辆工作条件是下陡坡（最大程度发挥发动机缓速制动作用）或爬坡（使发动机输出最大功率）。此外，手动 1 档还应用在牵引重物时起动车辆。

处于手动 1 档时，变速器能升入 2 档（61km/h）和 3 档（113km/h），每档均可利用发动机制动。变速器工作在任何前进档时，如果变速杆被强制推入 1 档，则变速器不会立即降入 1 档，直到车速低于 56km/h。除 3 档离合器和 2 - 1 档制动带接合外，手动 1 档的动力传递路线与超速档 1 档相同。

下面分析减速时发动机缓速制动的动力传递路线，如图 3-51 所示。

来自车轮的动力通过差速器传到主减速器太阳轮轴，再传递到与主减速器太阳轮轴相连的后行星架。

2 - 1 档制动带接合，锁定后太阳轮，以发挥发动机制动作用。若太阳轮未锁定，则 1 - 2滚柱单向离合器允许车辆滑行。前进档制动带接合，锁止 1 - 2 档滚柱单向离合器，但不起作用。

后行星架驱动后齿圈绕固定的后太阳轮转动，由于前行星架与后齿圈锁定，前行星架上的行星轮带动前太阳轮转动。

3 档离合器接合，锁止 3 档支柱单向离合器的外圈。减速时，3 档楔块离合器锁止并阻止前太阳轮转速超过输入轴转速，由此发挥发动机制动作用。输入轴的动力传递至液力变矩器，使发动机缓速制动。

输入离合器接合，但减速时输入楔块离合器对发动机制动不起作用。加速时输入楔块离合器锁止，将发动机转矩传递至前太阳轮，并使其转动。

3.3.4 双离合式非行星齿轮机构

双离合变速器的英文全称为 Dual Clutch Transmission，简称 DCT，它以类似手动变速器的方式，通过常啮合斜齿轮和直齿轮（图 3-52）来提供不同的传动比。目前市场上较有代表性的双离合变速器包括宝马的 M - DCT、保时捷的 PDK、沃尔沃的 Powershift 和大众的 DSG 等。

（1）结构特点

双离合变速器结合了手动变速器和传统自动变速器的优点，它不使用液力变矩器，转而采用两套离合器，通过两套离合器的交替工作，实现无间隙换档。两组离合器分别控制奇数档与偶数档。车辆行驶过程中，双离合变速器预先将下一档位齿轮啮合，在得到换档指令后，控制器迅速向发动机发出指令，使发动机转速升高。此时，先前啮合的齿轮迅速结合，同时第一组离合器完全放开，完成一次升档动作。

由于取消了液力变矩器，发动机的动力得以完全释放。同时，两组离合器交替工作，使得换档时间极短，发动机的动力断层现象也不再明显。驾驶人最直接的感受是换档动作迅速且平顺，动力传输过程几乎没有间断，车辆动力性能得以完全发挥。与采用液力变矩器的传统自动变速器相比，双离合变速器的换档更直接，动力损失更小，因此其燃油消耗量可降低 10% 以上。

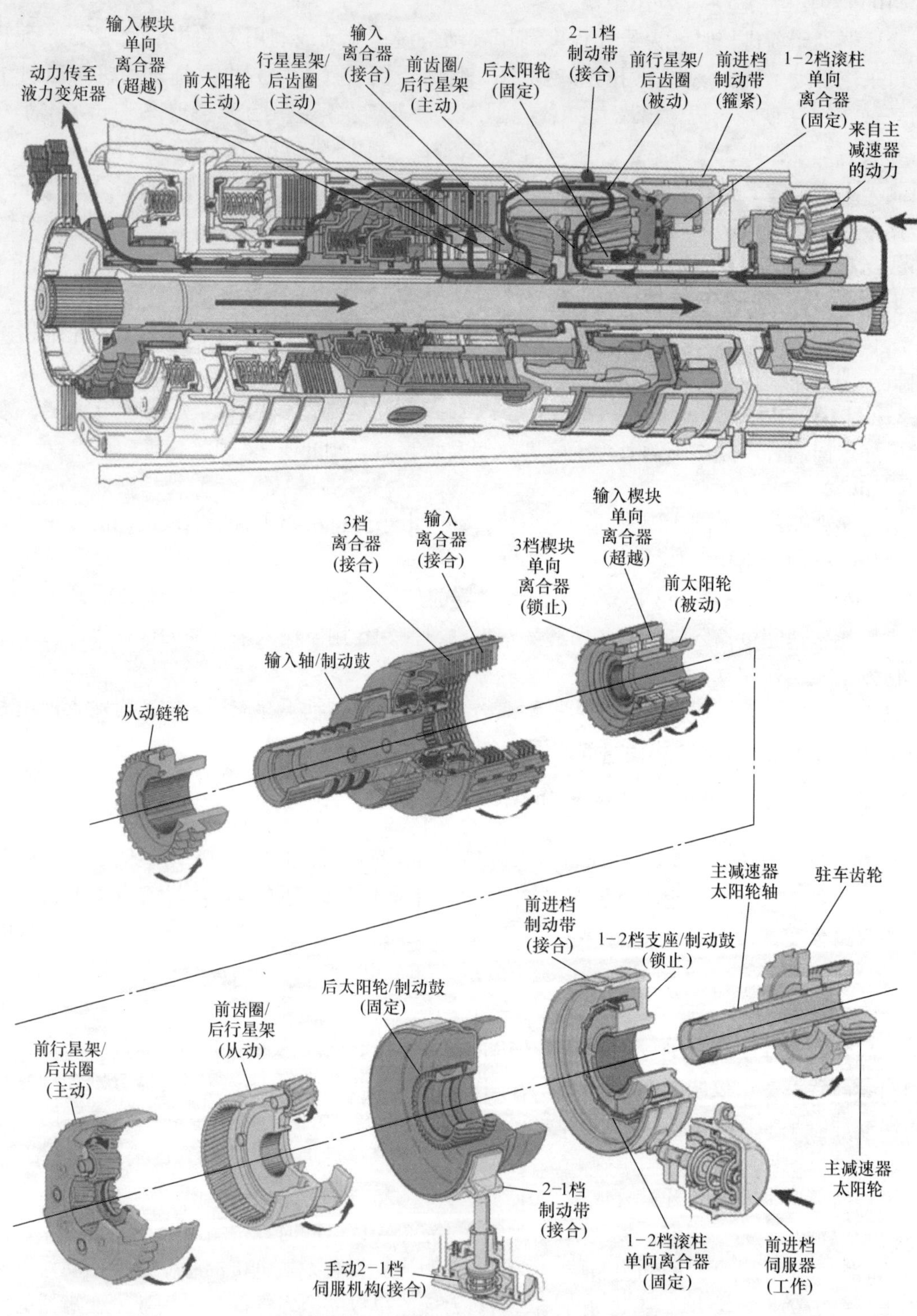

图3-51 驾驶档档位——手动第1档传动示意图

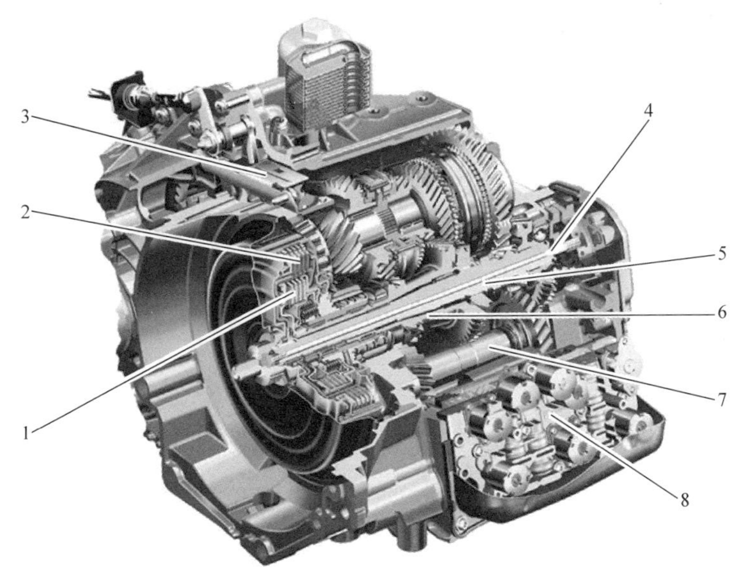

图 3-52 双离合变速器结构示意图

1—内离合器 K2 2—外离合器 K1 3—驻车闭锁机构 4—油泵驱动轴
5—驱动轴 1 6—驱动轴 2 7—倒车齿轮轴 8—机电控制单元

（2）换档执行元件

如图 3-53 所示，电控制单元通过电磁阀控制液压系统，使变速器油进入换档拨叉的液压缸，通过活塞推动与之相连的换档拨叉和接合套，使齿轮啮合，并通过行程传感器将换档机构的准确位置反馈给电控制单元，形成闭环控制。同手动变速器一样，双离合变速器通过同步器使将要啮合的齿轮达到一致的转速，进而顺利啮合，并设有止动装置。

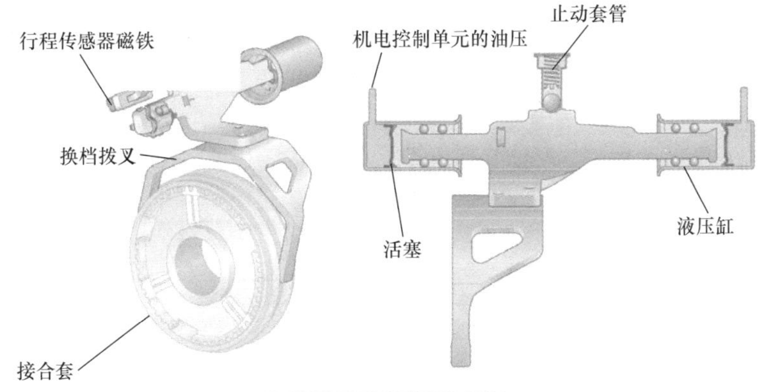

图 3-53 换档执行元件

（3）各档动力传递路线

1）1 档。双离合变速器处于 1 档时，电控系统控制液压系统，使 1 档/3 档拨叉和接合套右移，1 档主、被动齿轮啮合。离合器 K1 接合工作。来自发动机的动力经离合器 K1 传至输入轴 1，再经输入轴 1 上的 1 档/R 档齿轮、输出轴 1 上的 1 档齿轮、1 档/3 档接合套、1 档/3 档花键毂，最终由输出轴 1 输出，如图 3-54 所示。

2）1 档工作（2 档准备）。双离合变速器准备由 1 档升入 2 档时，电控系统控制液压系统，使2档/4档换档拨叉和接合套右移，挂入2档。此时，离合器K2未工作，2档主、被动齿轮处于啮合状态，不传递动力，为升入2档做准备。1档/3档接合套仍被自锁装置保持在1档接合位置。离合器K1仍保持工作，继续通过1档传递动力。达到2档所需车速后，离合器K2接合，离合器K1退出工作，完成1档升2档，如图3-55所示。

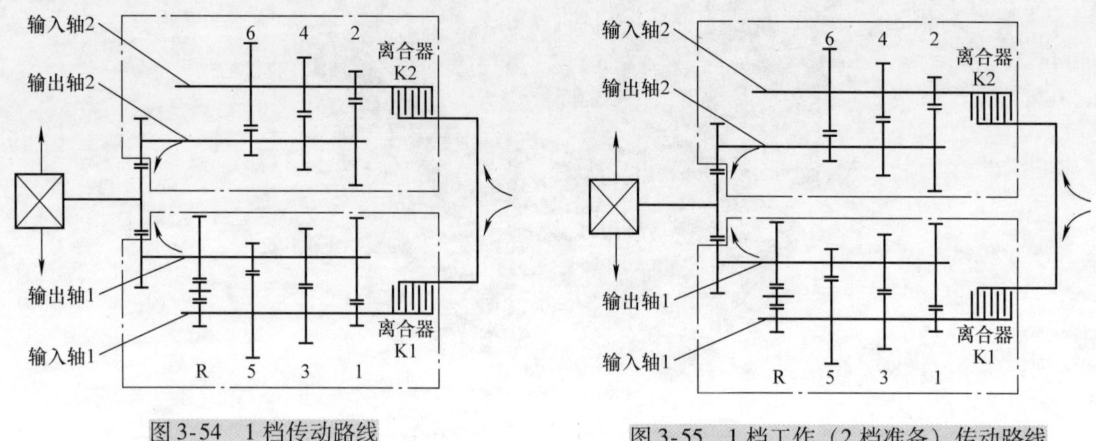

图3-54　1档传动路线

图3-55　1档工作（2档准备）传动路线

3）2档油路（3档准备）。双离合变速器准备由2档升3档时，电控系统控制液压系统，使1档/3档换档拨叉和接合套左移，3档主、被动齿轮啮合，挂入3档。离合器K1不工作，因此3档并不传递动力，只是为升入3档做好准备。达到升入3档所需车速后，离合器K1接合，离合器K2退出工作，完成2档升3档，如图3-56所示。

4）3档油路（4档准备）。双离合变速器准备由3档升4档时，电控系统控制液压系统，使2档/4档换档拨叉和结合套左移，4档主、被动齿轮啮合，挂入4档。离合器K2不工作，因此4档并不传递动力，只是为升入4档做好准备。达到升4档所需车速后，离合器K2接合，离合器K1退出工作，完成3档升4档，如图3-57所示。

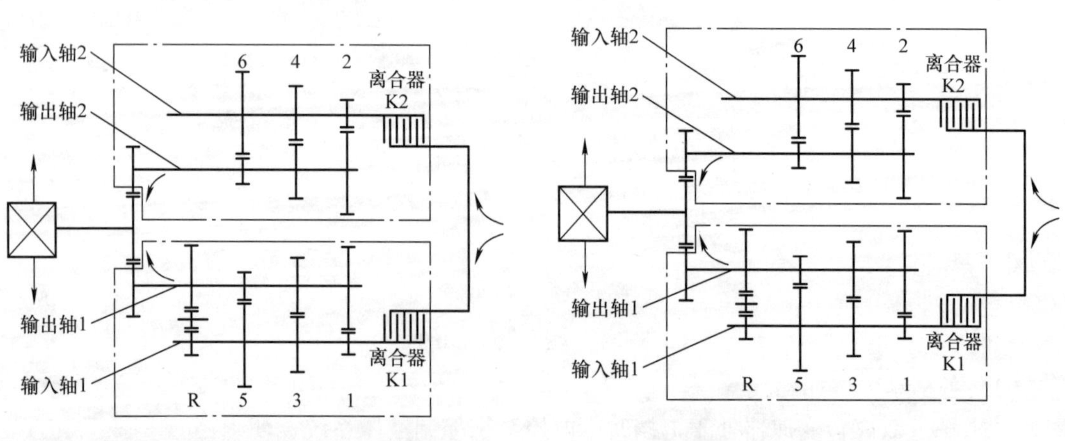

图3-56　2档油路（3档准备）传动路线

图3-57　3档油路（4档准备）

5）4档油路（3档退出）。车辆提速过程中，双离合变速器升入4档后将准备5档。由4档准备升5档的转换过程中，先将3档退出啮合。

退3档工况时，2档/4档接合套被自锁装置保持在4档接合位置，离合器K2工作，车辆保持 4 档运行。电控系统控制液压系统，使 1 档/3 档换档拨叉和接合套右移至空位置，3 档退出啮合，如图 3-58 所示。

6）4 档（5 档准备）。双离合变速器准备由 4 档升 5 档时，2 档/4 档接合套仍被自锁装置保持在 4 档接合位置，离合器 K2 工作，车辆保持 4 档运行。电控系统控制液压系统，使 N 位/5 档换档拨叉和接合套右移，5 档主、被动齿轮啮合，挂入 5 档。离合器 K1 不工作，因此 5 档并不传递动力，只是为升入 5 档做好准备。

达到升 5 档所需车速后，离合器 K1 接合，离合器 K2 退出工作，完成 4 档升 5 档，如图 3-59 所示 。

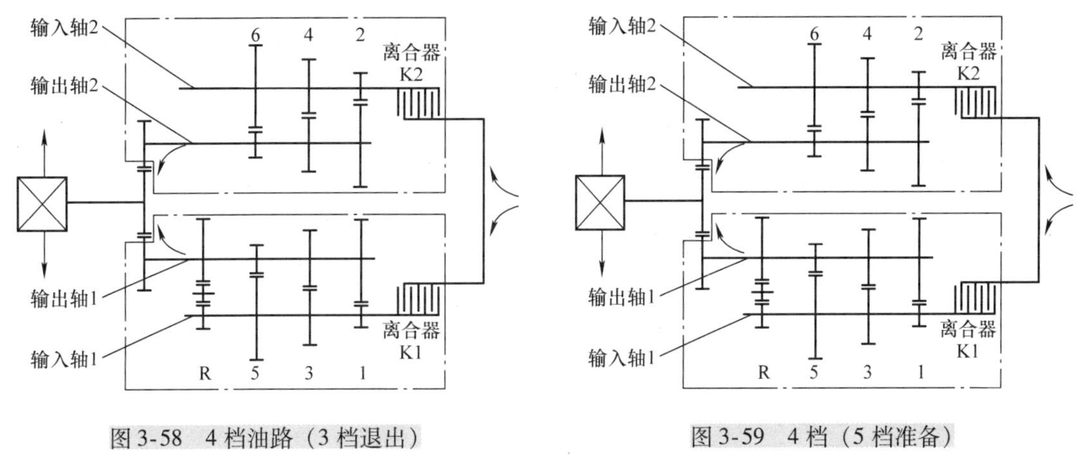

图 3-58　4 档油路（3 档退出）

图 3-59　4 档（5 档准备）

7）5 档（4 档退出）。双离合变速器处于 5 档退 4 档工况时，电控系统控制液压系统，使 2 档/4 档拨叉和接合套右移至空档位置，4 档退出啮合，N 位/5 档接合套仍被自锁装置保持在 5 档接合位置。离合器 K1 工作，车辆保持 5 档运行，如图 3-60 所示。

8）5 档油路（6 档准备）。双离合变速器准备由 5 档升 6 档时，N 位/5 档接合套仍被自锁装置保持在 5 档接合位置。离合器 K1 工作，车辆保持 5 档运行。电控系统控制液压系统，使 R 位/6 档换档拨叉和接合套右移，6 档主、被动齿轮啮合，挂入 6 档。离合器 K2 不工作，因此 6 档并不传递动力，只是为升入 6 档做好准备。

达到升 6 档所需车速后，离合器 K2 接合，离合器 K1 退出工作，完成 5 档升 6 档，如图 3-61 所示。

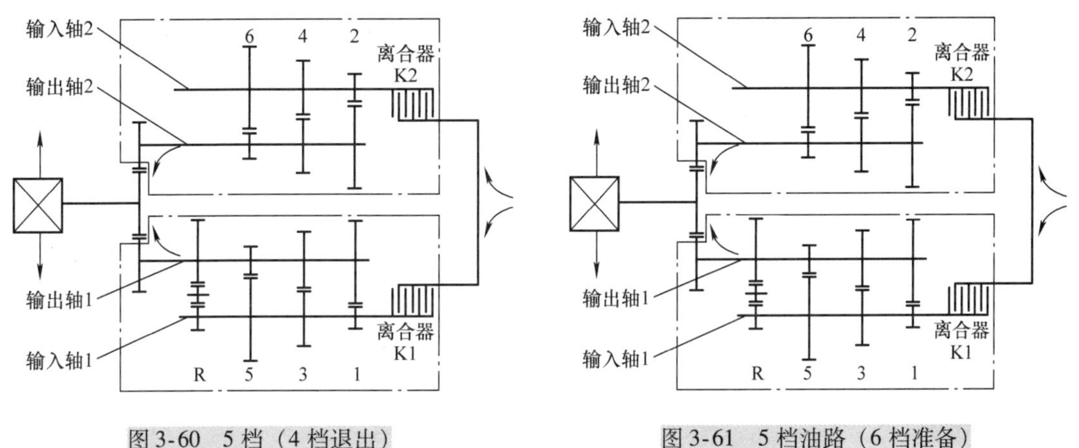

图 3-60　5 档（4 档退出）

图 3-61　5 档油路（6 档准备）

9）6 档油路。双离合变速器处于 6 档时，离合器 K2 保持工作状态，R 位/6 档接合套被自锁装置保持在 6 档位置，车辆保持 6 档运行。N 位/5 档接合套被自锁装置保持在 5 档位置，由于离合器 K1 并不工作，5 档只是预啮合，并不传递动力，如图 3-62 所示。

10）倒档油路。双离合变速器处于倒档时，电控系统控制液压系统，使 R 位/6 档换档拨叉和接合套左移，R 位主、被动齿轮啮合，挂入 R 位，实现倒档动力输出，如图 3-63 所示。

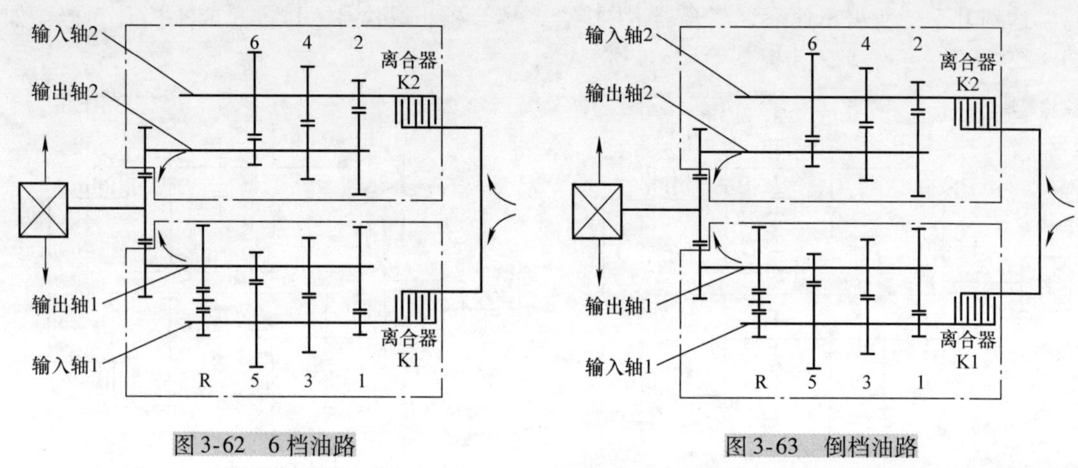

图 3-62　6 档油路

图 3-63　倒档油路

第4章 液压控制系统

4.1 概 述

本章将详细介绍自动变速器的液压控制系统。自动变速器的控制系统根据发动机负荷、车速及其他行驶条件，通过离合器、制动器等液压执行元件来实现自动换档。液压控制系统的主要作用是建立起适当的主油路油压，并通过各种液压控制阀将油压传递给相应的离合器或制动器等执行元件，以实现复杂的自动变速功能。早期的自动变速器完全采用液压原理来实现换档，近年来，电子技术已经大量应用于自动变速器的控制系统。本章内容在实际维修和故障诊断中占有较大比例，是维修自动变速器的基础知识。

4.2 流体力学基础知识

自动变速器的液压控制系统以油液为工作介质实现能量传递，即利用液体传动来驱动各种控制阀。因此，只有掌握流体力学的基础知识，才能理解自动变速器的自动换档原理，从而更好地解决自动变速器的故障。

4.2.1 帕斯卡定律

液体和气体统称为流体，流体没有固定的形状，其形状与容纳它们的容器相同。气体与液体的主要区别在于，气体总要充满封闭的容器，而液体则不一定。

气体的状态（压强、体积和温度）变化规律比较复杂，可用气体状态方程来描述。简而言之，在温度一定的前提下，当作用在密闭气体上的压力发生变化时，气体的体积会发生较大的变化（膨胀或压缩）。而液体的体积受压力的影响不大，即具有不可压缩性，因此可利用液压来传递动力和做功。

帕斯卡定律是液力学中的一个基本定律，是由17世纪的法国科学家布莱斯·帕斯卡（Blaise Pascal）经实验发现的。这是理解液压传动和自动变速器液压系统工作原理的基础知识，因此汽车维修技师必须正确理解帕斯卡定律。

帕斯卡定律：加在密闭液体上的压强，能够大小不变地被液体向各个方向传递，这一液体传递压强的规律称作帕斯卡定律。

帕斯卡定律中涉及压强的概念。日常工作中，我们经常将压强与压力的概念混淆，例如我们常见的大气压力实际上指的是压强。压强与压力的关系可用下式表示：

$$压强(P) = 压力(F)/受力面积(S)$$

在国际单位制中，压强的单位是帕斯卡（Pa），常用的非法定计量单位还有：N/m^2、巴（bar）和Psi（磅/平方英寸）等。它们之间的换算关系如下：

$1Pa = 1N/m^2$

$1kPa = 1000Pa$

$1bar = 1.0 \times 10^5 Pa$

1psi = 0.06805atm（标准大气压）

$1atm = 1.01325 \times 10^5 Pa$

$1mmHg = 133.322Pa$

帕斯卡定律说明了密闭受压液体的两个重要特性：

1）作用在液体上的力大小不变地向各个方向传递。

2）容器内各处的压强大小相等。

根据帕斯卡定律，我们可以较容易地理解自动变速器液压系统中各种控制阀、蓄能器和伺服器的工作机理。自动变速器油经油泵产生压力后输送到各液压控制装置。当油压升高到足以使液压执行元件作用时，液压执行元件会约束行星齿轮机构的某一元件以实现换档。

4.2.2 帕斯卡定律的应用

机械、电子和液压一体化是现代汽车的发展趋势，液压系统的应用越来越广泛，如发动机中的液压挺柱、自动变速器中的液压控制系统、ABS、动力转向系统和悬架系统等。同样，汽车的维修设备中也大量应用了液压装置，如液压千斤顶、举升机等。为了更好地应用帕斯卡定律来理解这些相对复杂的系统，我们先讲解一个实验。

图4-1所示为典型的液力传动装置，它是一个连通器，两个连通的缸筒（A和B）内充满了不可压缩的液体。为防止液体向缸外泄漏及空气进入缸内，要对活塞和缸壁进行密封。当缸筒A内$10cm^2$的活塞上有1kgf外力作用［即在液体上产生$0.1kg/cm^2$的压强p（$p = F/S = 1kg/10cm^2 = 0.1kg/cm^2$）］时，根据帕斯卡定律，该压强通过连通器内的液体大小不变地向各处传递，使缸筒B内的活塞底部也产生$0.1kg/cm^2$的压强，且方向向上。缸筒B的活塞面积S为$100cm^2$，因此可产生10kg的向上压力F（$F = pS = 100cm^2 \times 0.1kg/cm^2 = 10kg$）。这可使活塞B上的10kg重物向上移动。该实验表明：利用液力传动装置，可使液力增大，像杠杆一样将重物举起。通过加大受压活塞的面积或直接增大作用于施压活塞上的力，都可实现液压系统对液力的增大作用，进而以较小的力推动较重的物体。

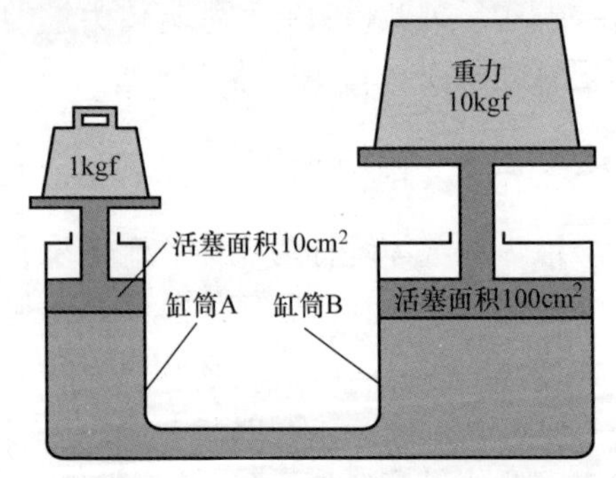

图4-1 液压传动实验装置简图

上述装置中，若两个活塞上的重物产生的压强不相等，则活塞会在压力作用下移动，直到两个活塞的压强相等为止（如利用弹簧或施加外力）。汽车中的各种液压系统虽然看上去比上述实验装置复杂，但工作原理基本相同。图4-2所示为自动变速器中常用的滑阀移动原理示意图。

图4-2中的滑阀有大小两个截面，直径分别为D_1和D_2。根据帕斯卡定律可计算出作用在截面上的压力。$F_1 = p_1 D_1^2 \pi/4$，$F_2 = p_2 (D_1^2 - D_2^2) \pi/4$，$F_s$为弹簧弹力。当$F_1 < F_2 + F_s$时，滑阀向左移动，关闭C油道；当$F_1 > F_2 + F_s$时，滑阀向右移动，打开C油道。滑阀利

用两端受力的不同来左右移动，从而打开或关闭相应的油道，实现油路转换。自动变速器中应用了大量滑阀，其工作原理都是如此。

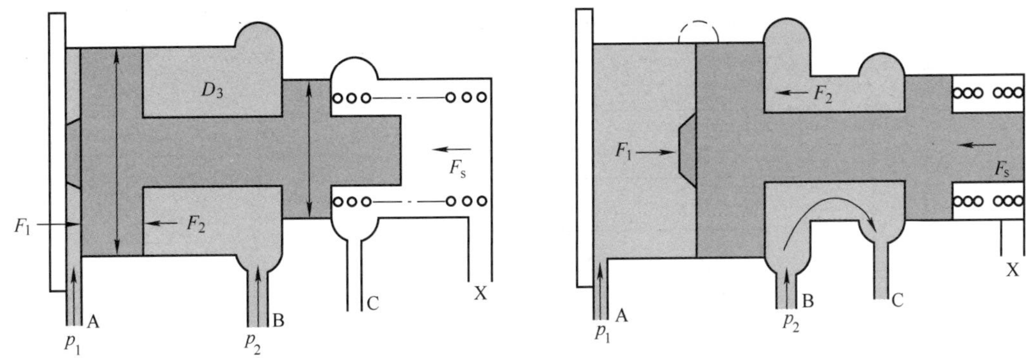

图4-2　滑阀移动原理示意图

4.3　液压控制系统的组成和功能

4.3.1　液压控制系统的控制形式

液压控制系统按控制形式的不同分为两种，即全液式和电液式。

（1）全液式控制系统

全液式控制系统完全利用液压元件和液压原理来实现换档控制，换档的主要参数——节气门开度（负荷）和车速（速度）以机械方式传入液压控制系统，并转化为相应的液压控制信号，变速器主要根据这两个液压控制信号的变化进行自动换档控制（图4-3）。

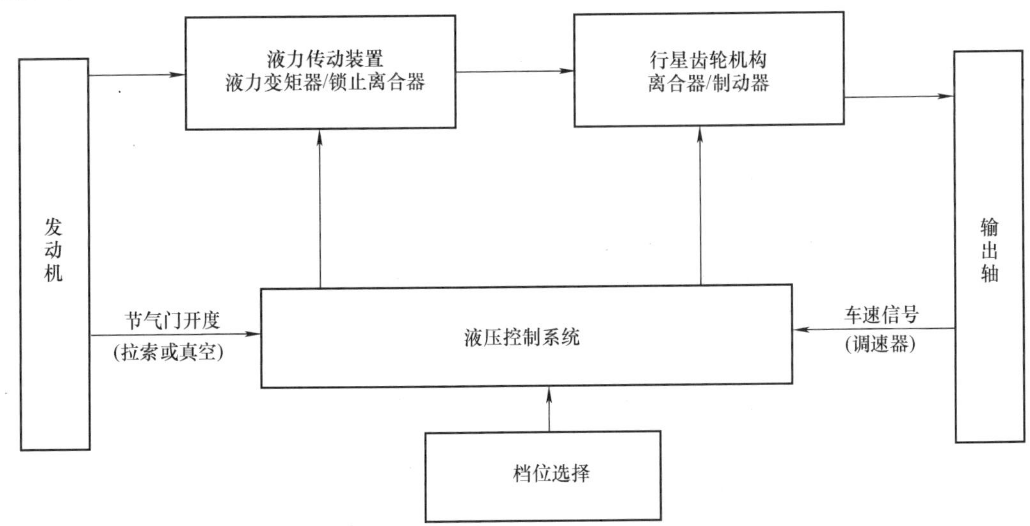

图4-3　全液式控制系统示意图

（2）电液式控制系统

电液式控制系统是机、电、液一体化的综合控制系统，它充分利用了电子自动控制器的优势。由传感器将汽车的各种运行参数转变为电信号，并通过电路传送给控制电脑。控制单元根据这些电信号，按照设定的控制程序，向各种电磁阀（换档电磁阀、油压电磁阀和锁止电磁阀等）发出相应的控制信号，通过打开或关闭电磁阀来切换油路并操纵换档阀，从而实现自动换档控制（图4-4）。

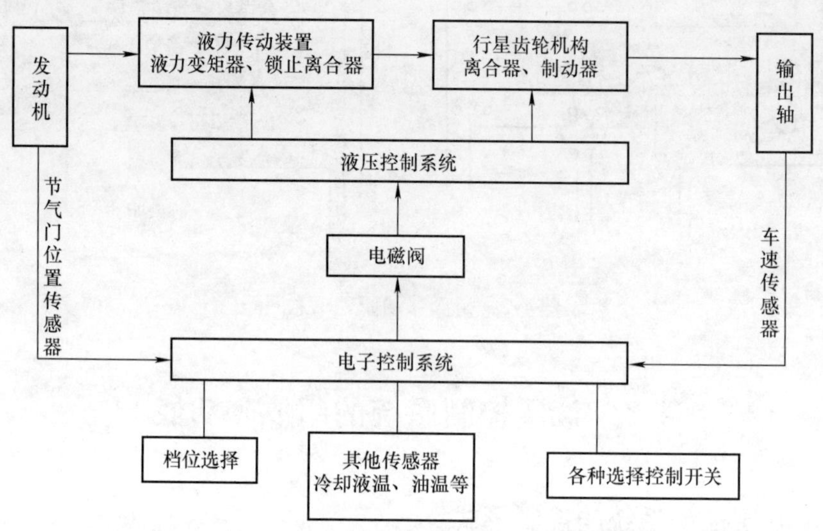

图4-4 电液式控制系统示意图

与全液控制自动变速器相比，电液控制自动变速器具有以下优点：

1）节气门开度信号是由节气门位置传感器发出的电信号，车速信号是由车速传感器发出的电脉冲信号。而在全液式控制系统中，这两个信号分别是由节气门发出的节气门油压信号和由速控阀发出的速控油压信号。采用精确的电信号，提高了自动变速器的控制精度和性能。

2）在液压控制系统中加入了电磁阀，电磁阀根据控制单元发出的指令，控制液压油路的通断或切换，实现换档时刻的精确控制，减少了换档时的振动和冲击。同时，也简化了液压回路和液压控制阀，降低了制造和维修成本。

3）变速杆不仅与手动阀相连，还与档位选择开关相连。控制电脑与手动阀油路共同控制P、R、N、D和L等档位的选档范围，选档开关将档位信号送入控制单元，再由控制单元来控制电磁阀的动作。提高了换档响应速度和驾驶的可靠性。

4）控制单元能存储多个行驶模式，模式开关可选择不同的换档规律。驾驶人可选择最适合的行驶模式。

5）控制单元能精确控制换档正时及锁止离合器正时。此外，锁止离合器在低速范围内也可作用，从而降低了油耗，提高了燃油经济性。

6）控制单元提供的自诊断系统可监测各传感器的工作状态，辅助故障诊断分析和故障警报，降低故障的发生概率，且便于维修。虽然通过电子诊断设备读取控制单元和传感器数据即可诊断出大部分故障，但要求维修人员具备丰富的电子技术、液压控制技术和机械基础知识。

4.3.2 液压控制系统的结构和功能

液压控制系统是自动变速器的重要组成部分，其结构部件主要分为油压调节控制装置、换档控制装置和变矩器锁止控制装置三部分。液压控制系统在自动变速器中的工作过程如图4-5所示。

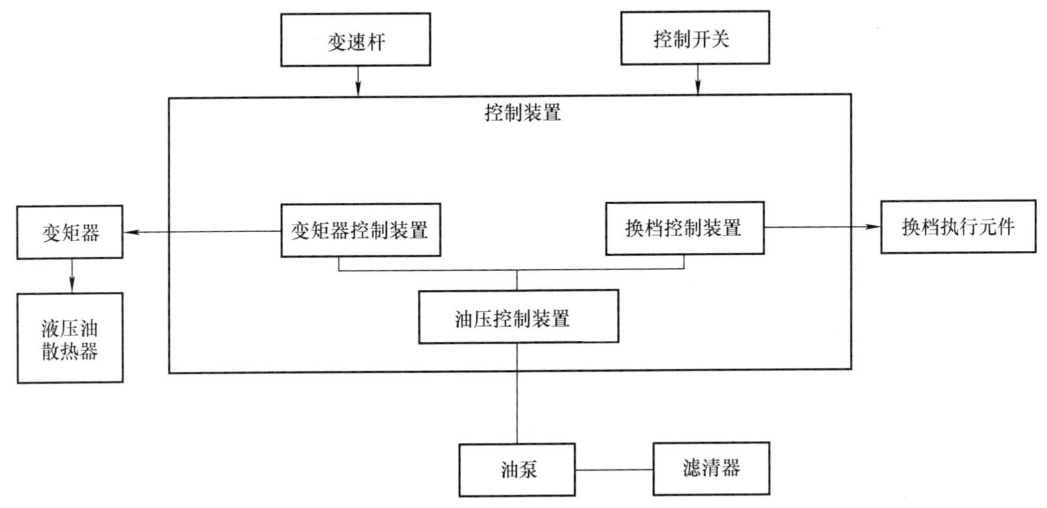

图4-5 液压控制系统工作过程示意图

液压控制系统的组成部件较多（图4-6），按功能来分主要有主油路（含油泵、主调压阀和次调压阀）、润滑冷却（含散热器和冷却器）、控制信号（含节气门阀、速控阀和手动阀）、换档控制（换档阀）、换档品质（含节流阀、缓冲阀、正时阀和蓄能器等）、执行元件（含离合器和制动器）及锁止控制（含锁止信号阀和中继阀等）等部分。

（1）主油路

主油路是整个液压控制系统的动力源，它主要由油泵和调压阀组成，向液压控制系统提供足够压力和流量的工作介质（自动变速器油）。自动变速器的供油系统，除给整个液压控制系统提供主油压外，还要润滑各齿轮、轴承，同时进行冷却散热，保证自动变速器工作温度在标准范围内。润滑冷却系统油压通常由一个次调压阀控制，但有时也由主调压阀直接控制。

（2）控制信号

控制信号是换档的依据，主要由三个方面决定是否换档：①节气门开度；②车速；③变速杆的位置。

在全液式控制换档系统中，负荷信号由节气门阀提供，车速信号则由速控阀提供。在电液式控制换档系统中，负荷信号由节气门位置传感器提供，而车速信号则由车速传感器提供，但某些车型上保留了节气门阀或速控阀。不论在哪种控制系统中，变速杆位置信号都是由与变速杆联动的手动阀提供的。手动阀与变速杆相连，而节气门阀和速控阀则分别与节气门轴和变速器输出轴相连。

（3）换档时刻控制

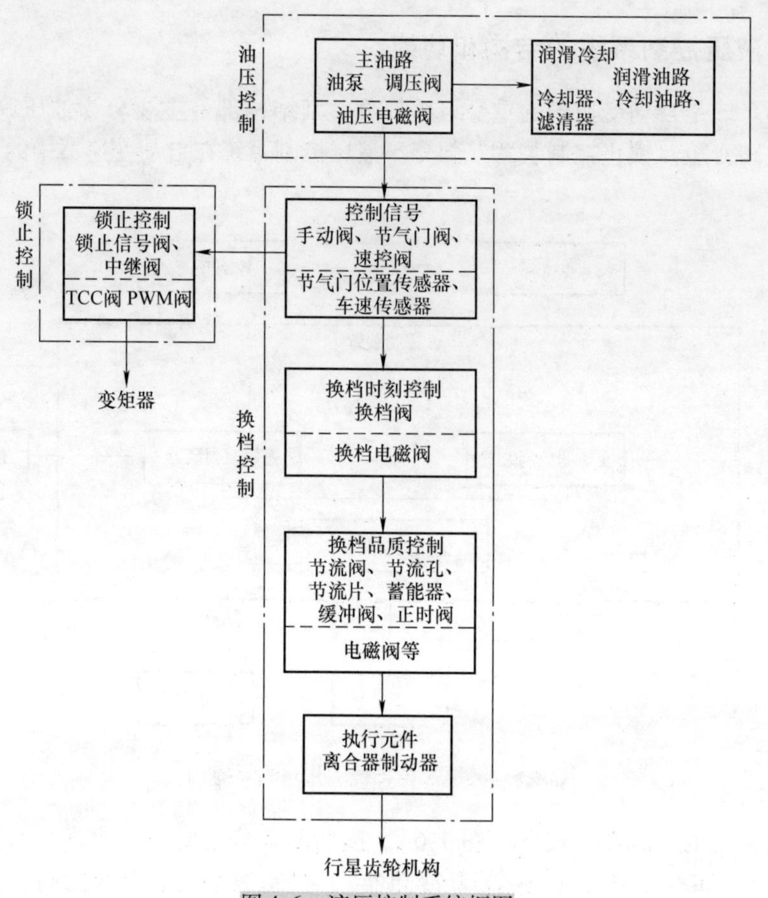

图4-6　液压控制系统框图

换档时刻控制是由若干个换档控制阀实现的。换档控制阀实际上是一个油路开关装置，根据控制信号实现油路的转换，进而达到升降档的目的。换档控制阀有两种不同的操纵方式（即全液式和电液式），其工作过程有很大差异。

全液式换档控制阀受节气门油压和车速油压的控制，在这两个控制信号的作用下接通或切断液压油路。

电液式换档阀的动作是由换档电磁阀控制的。电磁阀根据来自控制电脑的信号打开或关闭，通过对油液的加压或泄压控制来操纵换档阀。

（4）换档品质控制

换档品质指换档过程的平顺性，而换档品质控制是自动变速器液压控制系统的重要功能。造成换档冲击的原因主要包括：换档过程中各执行元件之间的动作不协调造成的延时；转动部件惯性能量引起的冲击；执行元件摩擦力矩剧变产生的不平顺等。为减轻换档过程中的冲击，液压控制系统采取了缓冲控制、定时控制及油压控制三种方式来改善换档品质。

1）缓冲控制。对施加在执行元件上的作用油压进行减缓上升速度的控制。这一控制过程主要由节流孔、节流球、节流阀、限流阀、缓冲阀和蓄能器等装置完成。

2）定时控制。常用的方法是采用定时阀装置，其作用是协调执行元件的作用时间。当一个执行元件分离时，另一个执行元件应正好接合。最理想的换档过程是同步换档，即从低档换到高档，车辆受惯性作用，车速变化不大，变速器的输入轴转速在换入高档前减速，在接近用高档得到该档车速时换入高档。反之，高档换入低档时，在接近用低档得到该档车速时换入低档。

3）油压控制。为使作用在执行元件上的执行油压能随加速踏板位置的变化而变化，以满足车辆传动系统力矩的变化，需通过调节主油压和最大执行油压两种方法来控制。调节主油压是由调压阀实现的。

4）执行元件。执行元件主要指离合器和制动器（带式和片式）。液压控制系统最终要通过执行元件才能实现齿轮机构的档位变换。执行元件虽然安装在行星齿轮机构中，但它是液压控制系统的组成部分。

5）锁止控制。锁止控制的目的是提高液力变矩器的传动效率。锁止控制通过离合器的接合与分离来完成。锁止控制的作用是在特定档位下达到一定车速时，使液力变矩器的泵轮和涡轮之间不再通过液力耦合的方式传递动力，而是直接接合（相当于钢性连接），使传动效率达到100%，同时可降低自动变速器油温（图4-7）。

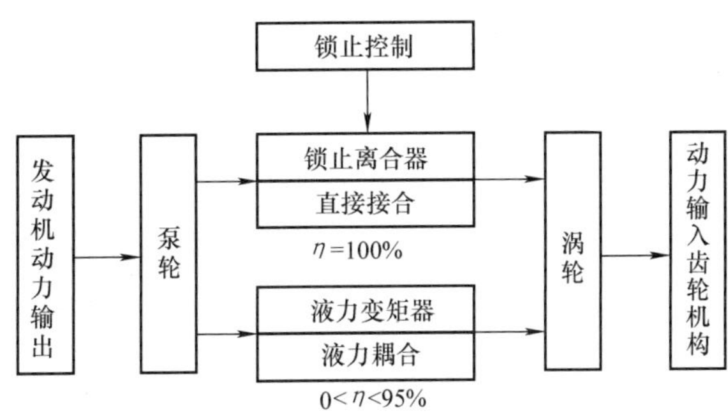

图4-7　锁止控制工作流程图

锁止控制有两种不同的操纵方式（即全液式和电液式），其工作过程有很大差异（详见液压元件中的锁止控制）。

全液式锁止控制由锁止信号阀和锁止中继阀（不同车型有不同的控制阀）等来完成，通过信号油压打开或切断锁止离合器的油路，使离合器接合或分离。

电液式锁止控制通过电磁阀来控制锁止信号阀的动作。电磁阀根据来自控制单元的信号打开或关闭，通过对油液的加压或泄压控制来操纵锁止信号阀。

4.4　液压元件的结构及工作原理

4.4.1　阀体

自动变速器的液压控制系统中，除执行元件外，大部分控制阀都集中安装在一块或几块组合在一起的阀板上，控制阀和阀板的总成称为阀体。电控变速器的电磁阀通常装在阀体上。阀体的作用是根据发动机的负荷和驾驶人的需要，控制输出到不同执行机构的油压。

多数阀体是由铝或铁铸造而成的。阀体上有许多精加工的油孔和油道（图4-8）。油液通过一定的油道和油孔流入或流出阀体。多数油道和油孔加工在阀体上，少数加工在变速器壳和油泵壳上。阀体控制阀的作用是控制通过变速器的油液的通断并调节油液的流向。可通过一个阀或多个阀控制流经油道和油孔的油液。

4.4.2　主油路

（1）油泵

油泵的作用是使液压油具有一定的压力和流量，供给液力变矩器和液力操纵系统，并保

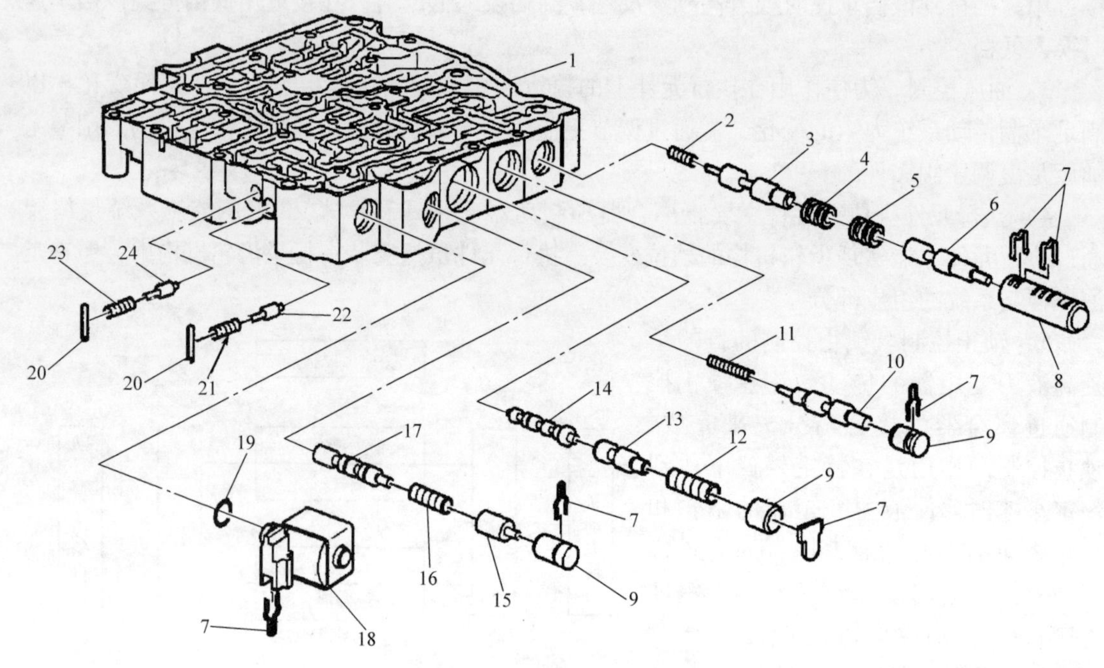

图 4-8　4T65E 阀体部件分解图

1—控制阀体　2—3－4 档蓄能阀弹簧　3—3－4 档蓄能阀　4—3－4 档蓄能阀孔插头　5—2－3 档蓄能阀孔插头　6—2－3 档蓄能阀　7—阀固定件　8—2－3 档蓄能阀补套　9—阀孔插头　10—1－2 档蓄能阀　11—1－2 档蓄能阀弹簧　12—3－2 档手动换档阀弹簧　13—3－2 档手动换档阀　14—2－3 档换档阀　15—4－3 档手动换档阀　16—4－3 档手动换档阀弹簧　17—3－4 档换档阀　18—1－2 档和 3－4 档换档电磁阀　19—O 形圈　20—调节器增压阀孔针　21—倒档伺服调节器增压阀弹簧　22—倒档伺服调节器增压阀　23—前部伺服调节器增压阀弹簧　24—前部伺服调节器增压阀

证行星齿轮机构及摩擦副的润滑。油泵技术的状况对液力自动变速器的使用性能及使用寿命有很大影响。

自动变速器中常见的油泵有三种型式：内啮合齿轮泵、转子泵和叶片泵。目前，内啮合齿轮泵应用最普遍。

1）内啮合齿轮泵。内啮合齿轮泵主要由主动齿轮、从动齿轮、月牙、壳体和油封等组成（图 4-9）。从动齿轮为环形齿圈。泵体的内齿轮槽内有一月牙，将主、从动齿轮不啮合的部分隔开，形成两个工作腔，分别为吸油腔和压油腔。吸油腔与泵体上的进油口相通，压油腔与泵体上的出油口相通。进油口通过油道与滤油网相连吸油，出油口通过油道与阀体上相应的液压控制阀相连输出液压油。在主动齿轮的内圈上有两个对称的凸键，它们与液力变矩器中泵轮轴端的键槽相啮合。因此，只要发动机曲轴转动，油泵便与液力变矩器一起转动供油。

内啮合齿轮泵工作过程中，主动齿轮带动从动齿轮转动，齿轮脱离啮合（吸油腔）的一端容积不断增大，产生吸力，将油液从油盘经滤油网吸进油泵。在齿轮进入啮合（压油腔）时，容积不断减小，油压升高，将油液通过泵油孔挤压出去。内啮合齿轮泵这样不停地转动，就会形成有一定压力的油液，供给自动变速器。

内啮合齿轮泵的结构紧凑，由于两齿轮旋转方向相同，它具有齿轮滑移少和运行噪声小等特点，但磨损较大。决定内啮合齿轮泵使用性能的主要是下列油泵齿轮的工作间隙：

a. 端面间隙。即主、从动齿轮的端面和油泵体端面的间隙，用深度千分尺可测量端面间隙。

b. 侧隙。从动齿轮外圆与油泵体之间的间隙，可用塞尺测量。

c. 齿隙。主动齿轮与从动齿轮之间的间隙，可用塞尺测量。

上述三个间隙中，油泵齿轮端面间隙对泵的性能影响最大，具体数值应查询维修数据。

2）转子泵。转子泵其实也是一种内啮合齿轮泵，但它的内外转子齿轮是一种摆线式转子轮，其工作原理如图4-10所示。内外转子紧密接触，形成了密闭的工作腔。当工作腔从进油口处转过时，容积增大并形成真空，吸油；当工作腔转到出油口侧时，容积减小，油液受到挤压，由出油口处排出，泵油。

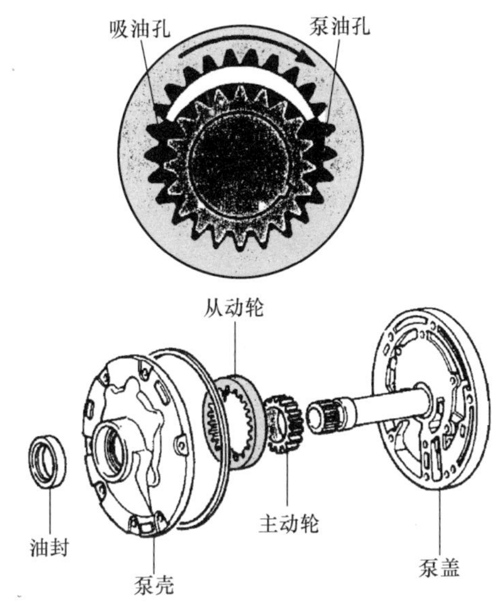

图4-9 内啮合齿轮泵解体图

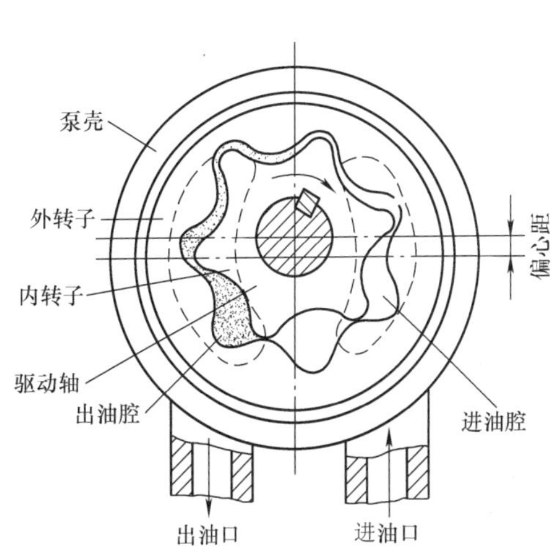

图4-10 转子泵工作原理示意图

3）叶片泵（图4-11）。在叶片泵中，变矩器驱动叶片转子。叶片转子上装有滑动叶片，滑动叶片与安装在泵体中的定子密封。与转子泵一样，当叶片转子转动时，叶片受离心力作用向外甩出并紧靠在定子的内壁上。当这些叶片沿定子的轮廓滑动时，在叶片与定子内壁之间形成月牙形工作腔，其容积不断地增大或减小。当工作腔的容积开始减小时，油液被压出油孔，供给自动变速器的液压系统。

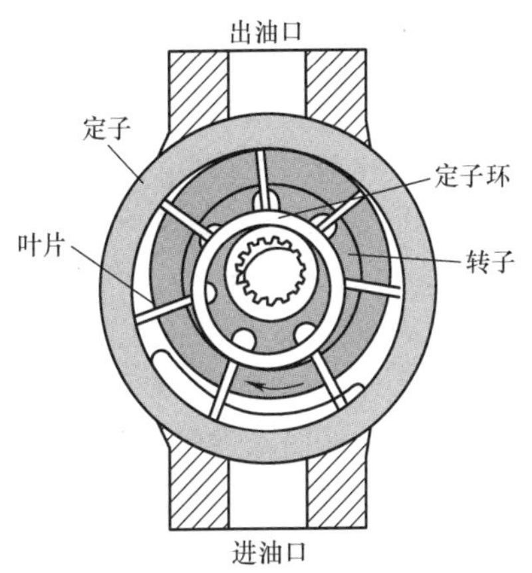

图4-11 叶片泵示意图

4）可变流量叶片泵（图4-12）。目前，自动变速器多装备可变流量叶片泵，它属于可变工作容积泵。不需要高油压时，可以减小油泵的输出流量。为监控油泵的输出压力，使输出油压信号作用在定子背面，借助定子背面的压力克服紧贴定子的弹簧力，进而改变定子与叶片转子的相对位置。这样，在进油孔和出油孔处便控制了工作腔的容积，从而控制了油泵的输出流量。

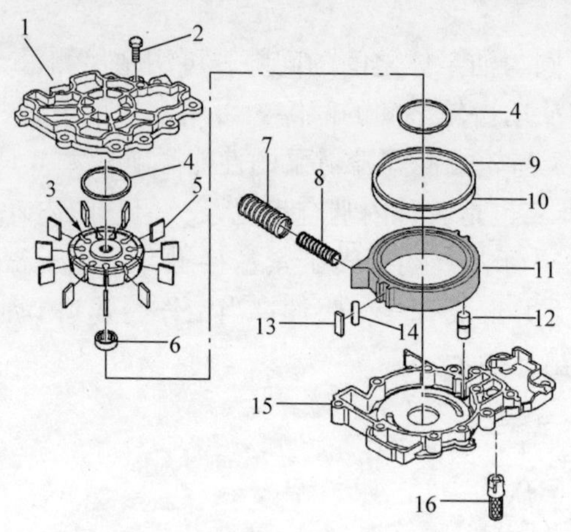

图 4-12　4T65E 可变流量叶片泵

1—泵盖　2—螺栓　3—转子　4—导流环　5—叶片　6—传动轴轴承
7—输出弹簧　8—内部弹簧　9—定子油密封圈　10—定子 O 形密封圈　11—定子
12—定子转向节主销　13—定子密封块　14—定子密封块支架　15—油泵体　16—出口屏蔽

可变流量叶片泵的转子和叶片装在定子孔内。定子可在销轴上回转摆动，其摆动位置决定了油泵的输出流量。当定子克服弹簧力，处于完全伸开位置时，定子和叶片处于最大输出位置。当转子和叶片在定子孔内转动时，由于工作腔的容积从大到小变化，形成的油压从低压变为高压。从进油孔吸入叶片间的油液输送到出油口，当定子从完全伸开位置朝中心或反向远离中心摆动时，大量的油液可从出口侧流回入口侧。当定子与转子同心时，油泵不能输出。定子随接收到的输出油信号回转摆动，因此它能处于任何位置，包括空转和不输出位置。变量泵的输出取决于自动变速器的需要，而不取决于发动机的转速，因此它比定量泵节省能量。在油泵转速低，而又需要油液流量大时，变量泵能实现大流量输出。反之，当油泵转速高，而需要的流量较小时，变量泵可相应地减小输出。一旦满足变速器的需要，变量泵就仅输出保持调节油压所需的流量。

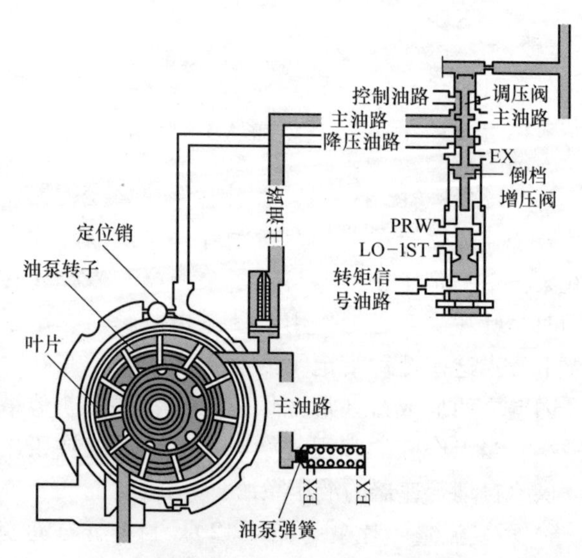

图 4-13　4T65E 油泵工作原理

下面讲解 4T65E 可变流量叶片泵的工作过程。如图 4-13 所示，油泵安装在油泵壳体内。当发动机曲轴转动时，与变矩器壳相连的油泵驱动轴带动油泵以发动机曲轴转速转动。油泵转子和叶片开始转动，叶片中的油液体积在油泵吸油时达到最大以产生真空。

来自变速器油底壳的油液被吸入滤油器，进入油泵输出回路。随后，油液绕油泵定子流向油泵出口处。此时，油泵定子与油泵转子之间的间隙减小，油液从油泵中挤出并产生主油压，为各执行元件提供主要供油。在多数情况下不需要最大输出，用于减压的调压阀使油泵定子移动，降低的压力克服弹簧压力推动定子，使油泵输出量减小。当油泵弹簧被压缩，油泵定子与油泵壳接触时，获得最小输出。

通过以上内容可知，装自动变速器的汽车不能推车起动，因为发动机不运转时油泵也不工作，变速器内不能建立起油压，即使在 D 位或 R 位也无法起动发动机，此时输出轴实际上是在空转。

装自动变速器的汽车也不能长距离拖行，一般规定拖行距离不超过 80km，最高车速不超过 30km/h。拖行车辆时，发动机不工作，油泵也不工作，因此没有油压。如果长距离拖行车辆，会导致变速器在无润滑的情况下工作，加剧磨损。因此拖车时，最好将驱动轮悬空架起。若无法将驱动轮架起且拖行距离较远时，应拆下传动轴或驱动半轴。

（2）调压阀

控制油压的主要元件是调压阀。调压阀主要分为主调压阀和次调压阀。主调压阀用于调节油泵油压，将调节后的主油压送到各执行元件和换档阀处。次调压阀用于调节变矩器锁止油压和润滑油压。下面对全液式及电液式控制系统分别举例说明。

1）A132L 型全液式自动变速器。如图 4-14 所示，节气门油压作用在主调压阀滑阀下部并产生向上的力。节气门开度越大，节气油压越高。主油路调压阀所调节的主油路油压随之升高，作用在主调压阀滑阀上部的来自油泵的油压产生向下的力，因此主油路油压等于这两个作用力之差。

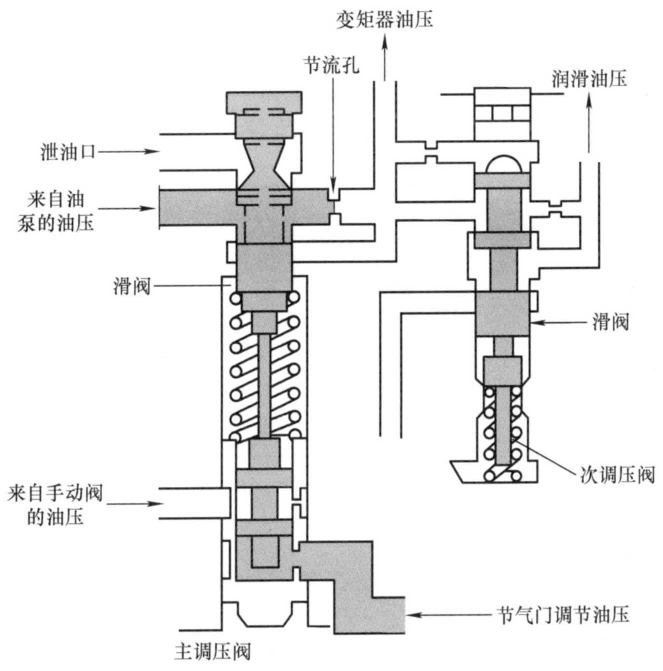

图 4-14　A132L 型自动变速器 D 位主调压阀和次调压阀工作过程

次调压阀调节变矩器油压和润滑油压。次调压阀滑阀下部的弹簧力向上作用，由主调压阀节流过的油压在滑阀上部向下作用，两者之差为变矩器油压和润滑油压。

油泵开始转动时，来自油泵的油液进入主调压阀滑阀。由于系统中的油液阻力初期很小，滑阀底部的弹簧作用力向上，在油压低于规定压力时，泄油口关闭，油液全部流经整个变速器。当油压升高到超过预定值时，滑阀克服弹簧力移动，打开通向变矩器的附加出油口，使系统的油压降低。

随着油液流入变矩器回路，变矩器油压升高。一旦变矩器油压升高，主油路油压便可能再次升高。因此，必须再打开另外一个泄油口，以调节来自油泵的油压。来自变矩器的高压油推动次调压阀打开泄油口，将变速器不需要的所有液压油泄回油底壳。

油压作用在调压阀的一端，而弹簧力作用在另一端，因此调压阀处于平衡位置。如果油压小于弹簧力，则调压阀会移动，油压将再次升高。变速器工作时，这一过程是持续进行的。调压阀不断往复滑动，维持系统的压力不变，用调压阀的弹簧来调节主油路油压。如果油压开始降低，则弹簧会推动调压阀，阻止油液流回油底壳，以保持所需要的主油路油压；如果油压增高，则调压阀会再次移动，从而再次打开回油底壳的泄油口。

如图 4-15 所示，自动变速器挂入倒档后，来自手动阀的倒档油路压力油进入滑阀下部，增加了作用在滑阀上的向上推力，主油路调压阀所调节的主油路油压也随之升高。此时的主油路油压大于 D 位的油液压力，且满足了倒档对主油路油压的需要。因此主油路油压称为倒档油压。

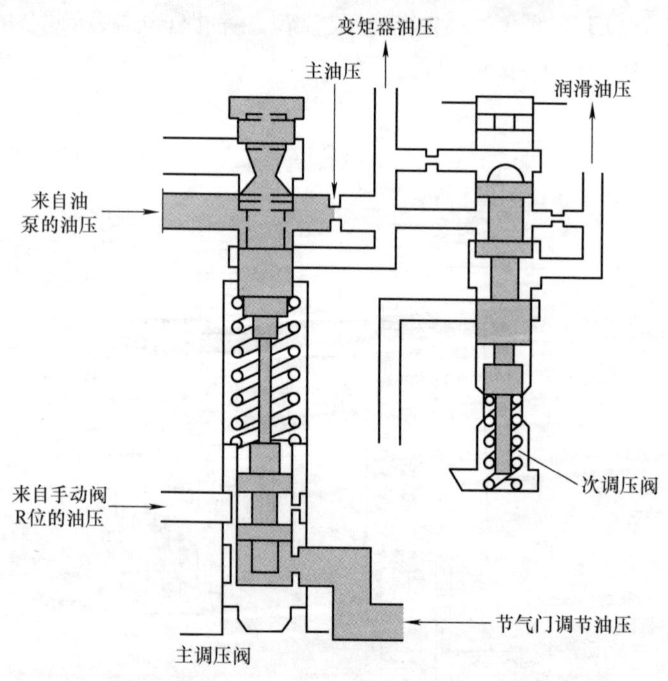

图 4-15　A132L 型 R 位主调压阀和次调压阀工作过程

2）4T65E 型电液式自动变速器　如图 4-16 所示，当油泵输出流量最大时，来自油泵的油压克服弹簧力推动调压阀。这样，主油路油压迅速充满变矩器进油管路并开始泄压，泄油压力作用在油泵滑动座上并克服弹簧力，以推动滑动座。滑动座的移动降低了油泵的输出能力，以维持正常的主油路压力。

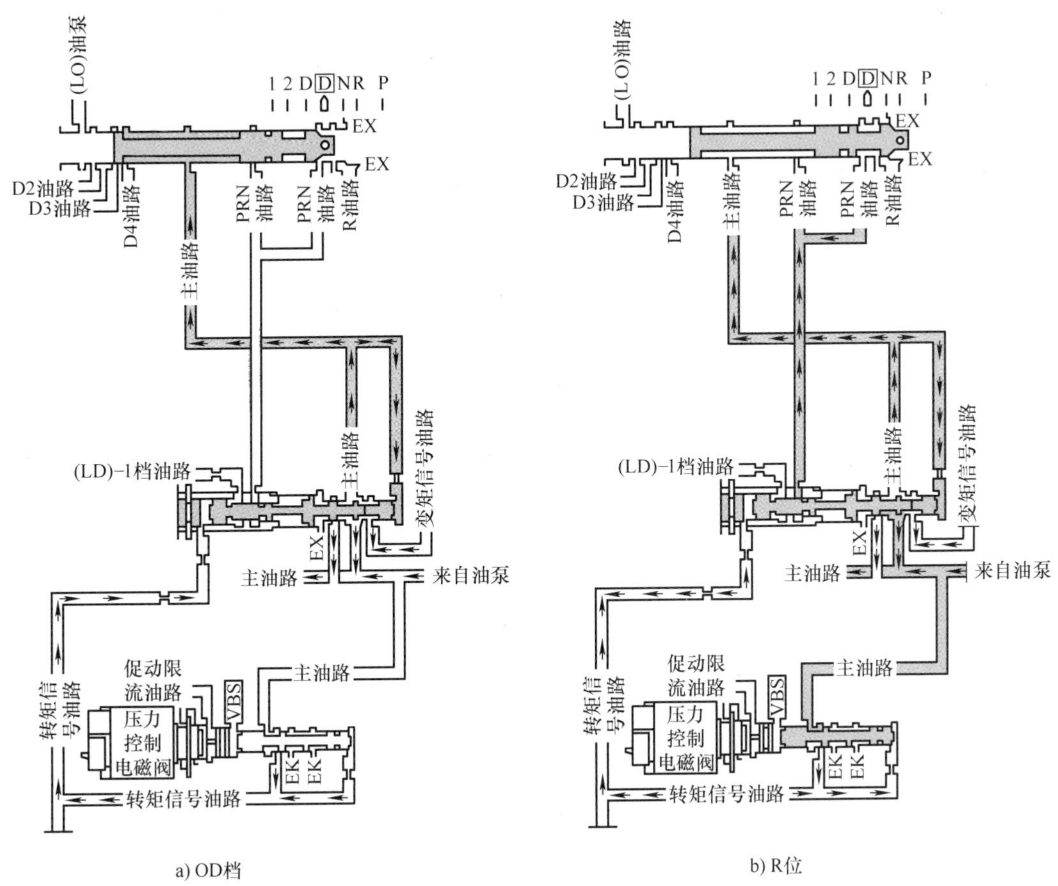

图4-16 OD档及R位调压阀动作油路图

滑动座和调压阀位置的变化取决于节气门开度及发动机转矩，而接合离合器和制动带所需的油压变化也与节气门开度及发动机转矩有关。压力控制电磁阀和转矩信号调节阀可根据PCM的命令调节主油路压力。

（3）润滑与冷却

1）滤清器。自动变速器油（ATF）在变速器中是循环流动的，而变速器内部零件在工作中必然会产生杂质和金属颗粒，它们随着油液的流动会到达变速器油路的各个部位，这可能造成阀门堵塞和变速器早期磨损，因此自动变速器都装有变速器油滤清器，它一般位于变速器壳内部的油泵进油口与油底壳之间，如图4-17所示。

目前，自动变速器装用的滤清器有滤网滤清器、纸质滤清器和毡质滤清器。滤网滤清器使用精细的金属丝网过滤变速器中的污物，这种滤清器通常称为表面滤清器。其滤孔相对较大，虽然不能除去油液中的所有污物，但能防止滤网很快堵塞，有助于保持正常的油流。

纸质滤清器也是表面滤清器，它由纤维或聚脂纤维织物制成。这种滤清器的滤清效果好，但是其滤孔非常小，可能很快被堵塞，导致通过变速器的油流减小。因此一些装用纸质滤清器的变速器设有旁通回路，当油流被堵塞时，油液可通过旁通回路直接流回变速器。

自动变速器目前最常用的是毡质滤清器，它同时利用表面和内部过滤污物，因此属于深层滤清器。毡质滤芯一般由具有无规则空隙的聚脂材料制成，它能同时滤除较大的和细小的颗粒，而且不易堵塞。

为保护重要的变速器油路和元件，多数变速器在其油路中装有二次滤清器，可进一步防止污物进入油泵、阀体和电磁阀。二次滤清器通常指安装在通道或孔内的简单小滤网。

2）冷却装置（图 4-18）油液在自动变速器中循环流动时，会吸收变速器齿轮、离合器、制动器和变矩器等产生的热量，后经散热器进行冷却。

自动变速器壳体上设有连接变速器油散热器的管路。这些油管直接将从变矩器流出的热油液输送到位于发

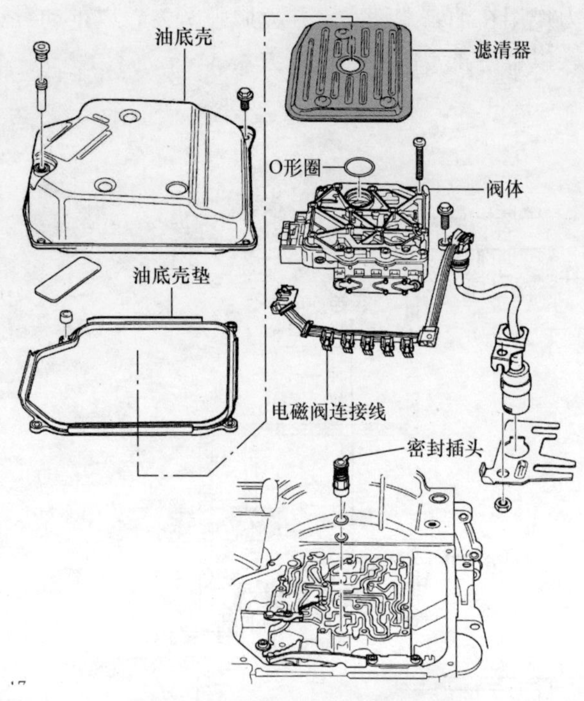

图 4-17　01M 自动变速器滤清器

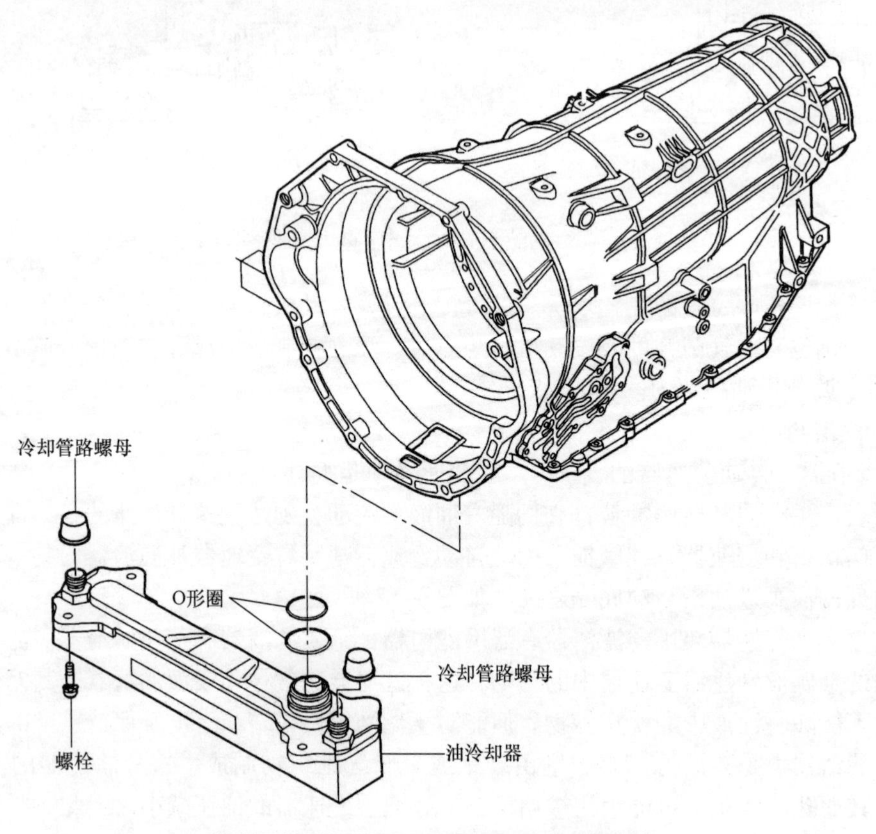

图 4-18　宝马 5HP－30 自动变速器冷却装置

动机散热器中的自动变速器散热器中，再将冷却后的油液送回自动变速器。有些自动变速器中，冷却后的油液直接送到自动变速器的轴承、衬套和齿轮上，再通过自动变速器的其余部分循环。而另外一些自动变速器中，冷却后的油液先回油底壳，再吸入油泵通过自动变速器循环。

有些汽车除在发动机散热器中设有自动变速器散热器外，还设有自动变速器油辅助散热器，即油液被送回自动变速器前，先通过辅助散热器进一步冷却。

4.4.3 控制信号

（1）手动阀

手动阀实质上是驾驶人通过手动变速杆操纵的一个油路开关，它的作用是提供变速杆的位置信号，并根据该信号控制液压系统的油路开关。不论在全液式还是电液式控制系统中，都是由与变速杆联动的手动阀提供手动变速杆位置信号的。

不同自动变速器的手动阀的基本原理是一样的。当手动阀在变速杆的带动下移至相应位置时，主油路会与相应的控制油路或执行元件连通，并使不工作的油路与泄油孔接通，从而使自动变速器处于相应的档位。

下面以A132L型变速器（图4-19）为例，说明手动阀的工作状况。该变速器的手动阀位置有P、R、D、L和2。

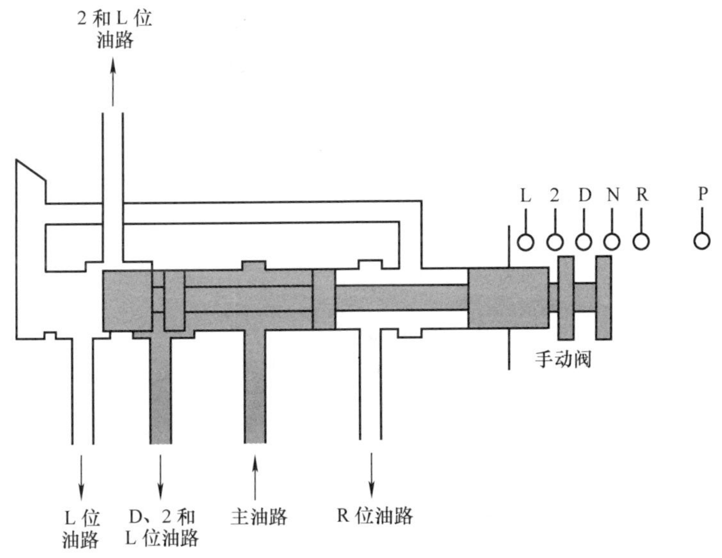

图4-19 A132L型自动变速器的手动阀

（2）节气门阀

节气门阀根据发动机负荷（节气门开度）的大小将主油路油压改变为节气门油压，节气门油压与负荷（节气门开度）成正比。在全液式控制换档系统中，负荷信号由节气门阀提供，而在电液式控制系统中，虽然某些车型，例如丰田A140E，仍由节气门阀提供负荷信号，但大多数电液式控制系统的负荷信号是由节气门位置传感器提供的，即取消了节气门阀，以节气门开度信号代替，而电脑控制电磁阀动作以获得节气门油压。

1）控制方式。节气门阀有两种控制方式，即机械控制式和真空控制式。

机械控制式（图 4-20）通过节气门拉索来带动节气门阀动作。其工作状态如下：当节气门关闭时，节气门阀同时切断主油路通道，使节气门油压输出为零；当节气门稍开时，节气门阀在节气门拉索和弹簧力的作用下左移，主油路油压（输入）进入节气门阀，产生节气门油压（输出）。由于节气门阀开度较小，节气门油压也较低；当节气门全开时，节气门阀移至最左端，节气门油压达到最大值。

真空控制通过真空膜片带动节气阀来动作，如图 4-21 所示。其工作状态如下：当节气门关闭时，进气真空度最大，膜片在真空吸力作用下右移，压缩弹簧使节气门阀右移至关闭主油路位置，此时节气门油压为零；当节气门稍开时，进气真空度减小，膜片在弹簧力作用下顶动推杆，使节气门阀左移，打开部分主油路。此时节气门阀开始产生节气门油压，但因节气门阀并未全开，节气门油压还不太高；当节气门全开时，进气真空度为零，膜片在弹力作用下左移，带动推杆及节气门阀移至最左端，此时节气门阀全开，节气门油压达最大值。

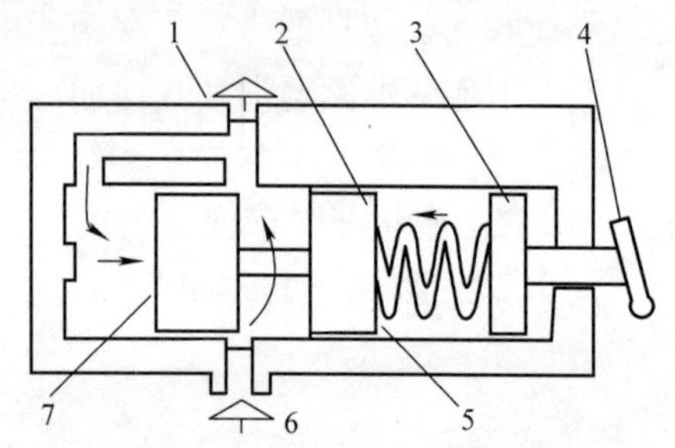

图 4-20　机械控制式节气门阀（节气门稍开时）

1—节气门油压（输出）　2—节气门阀　3—柱塞
4—节气门拉索　5—弹簧力
6—主油路压力（输入）　7—节气门油压

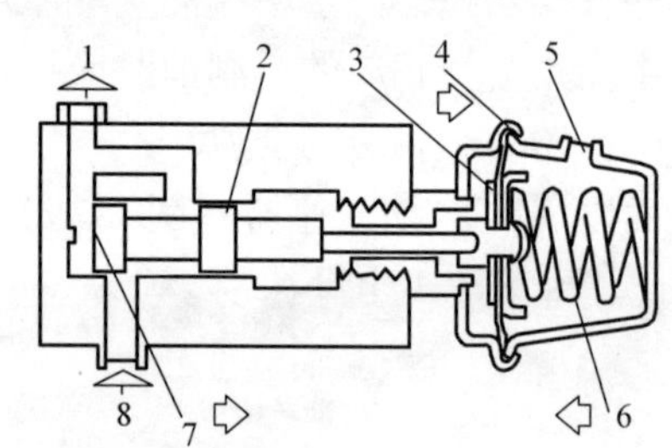

图 4-21　真空控制式节气门阀（节气门稍开时）

1—节气门油压　2—节气门阀　3—大气压
4—膜片　5—进气真空接口　6—弹簧力
7—节气门油压　8—主油路油压

2）节气门阀动作。下面以 A132L 型变速器为例说明全液式控制系统节气门阀的动作（图 4-22）。

踩下加速踏板时，通过节气门拉索和节气门凸轮的作用使节气门阀柱塞向上移动，柱塞被弹簧向上推移，主油路打开。主油压从进油口进入节气门阀，从出油口送出节气门油压。该节气门油压与柱塞上方相通，当节气门油压升高时，作用在柱塞上方 B 处的油压又推动柱塞向下移动，如图 4-23 所示。

注意：节气门调节阀是由速控液压和节气门油压控制的，调节作用于节气门阀上的调节油压，可降低节气门油压。速控液压作用于调节阀上部，施加向下的作用力。当调节阀向下移动时，与节气门阀相通的油路打开，形成调节油压。

来自调节阀的油压作用于节气门阀上方 A 处，并产生向下的推力，使节气门阀继续缓慢向下移动。当向下推动节气门阀的作用力与弹簧作用力平衡时，节气门阀会关闭主油路。节气门油压是由向上和向下推动节气门阀的作用力之差决定，即由发动机节气门开度和车速决定。

（3）速控阀

速控阀的作用是根据车速将主油路油压改变为速控油压，速控油压与车速成正比。在全液式控制系统中，车速信号由速控阀提供。而在电液式控制系统中，车速信号由车速传感器

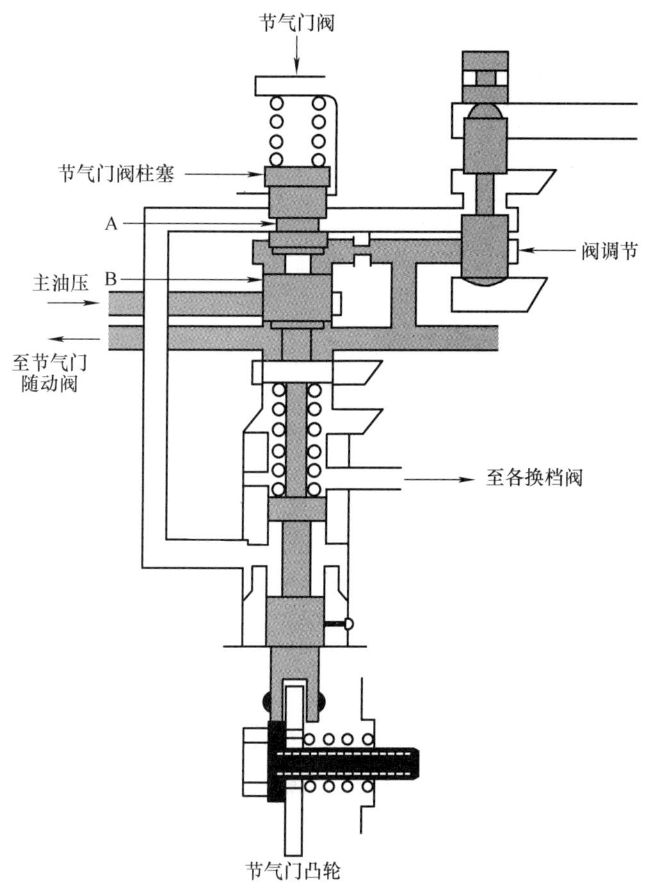

图 4-22 A132L 型自动变速器 P 位节气门阀动作

提供，即取消了速控阀，以车速信号代替，由电脑控制电磁阀动作。但在某些电液式控制系统中仍保留有速控阀。

速控阀的结构有很多种，其原理都是通过旋转重块产生的离心力来反应车速的变化，并转变为速控油压。

输出轴型速控阀安装在输出轴上，它结构简单、工作可靠。发动机前置、后轮驱动车型的自动变速器都采用这种布置方式的速控阀。

箱装型速控阀安装在变速器壳体上，速控阀轴通过齿轮与输出轴相连。其特点是拆装方便，前轮驱动车型的自动变速器通常采用这种布置方式的速控阀。

1）输出轴型速控阀。低速转动时，输出轴型速控阀在离心力作用下与滑阀一起上移，打开油道使主油路油压进入滑阀中间，产生速控油压输出。由于滑阀上下存在面积差，油压力使滑阀下移，然后又打开泄油油道，使速控油压下降，随后滑阀又上升，使速控油压回升。滑阀上下摆动使速控油压在离心力和油压力的双重作用下稳定在一定值，且随离心力（车速）的增大而增大。

高速转动时（图 4-24），离心力进一步增大，使速控阀轴的凸缘接触到壳体的止动爪，此后速控阀轴不再随转速升高而上移，只有滑阀继续在离心力作用下上移。因此，速控油压随转速的升高而缓慢增大，这使速控阀输出的速控油压与车速的变化关系分为两级。

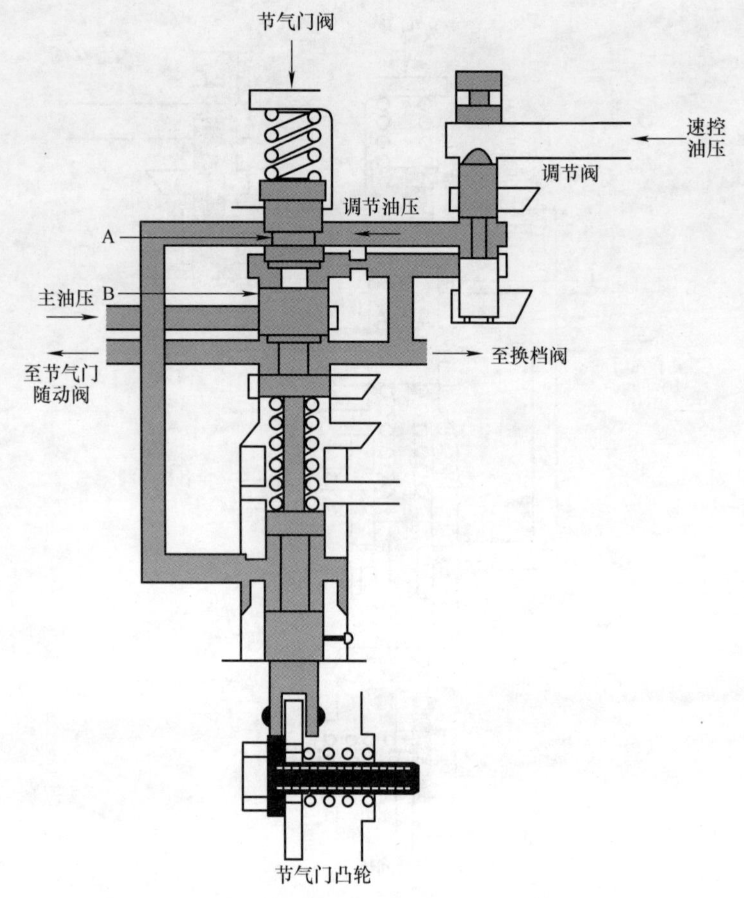

图 4-23 A132L 型自动变速器 D 位节气门阀动作

2）箱装型速控阀

① 滑阀式。滑阀式速控阀（图 4-25）由驱动齿轮、进油孔、出油孔、初级重锤、弹簧、滑阀和次级重锤等组成。

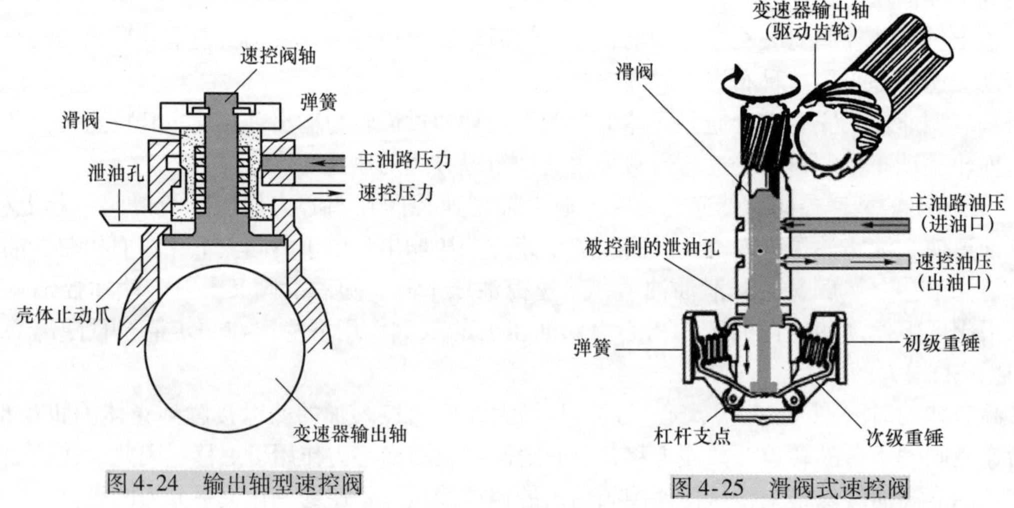

图 4-24 输出轴型速控阀

图 4-25 滑阀式速控阀

A132L 型变速器的速控阀就是一种滑阀式速控阀。它与差速器小齿轮相啮合，在齿轮驱动下转动，产生与主动小齿轮转速（车速）相关的油压（速控油压）。此油压和来自手动阀的主油压与速控阀重锤的离心力相平衡，产生与车速成正比的油压。

输出轴静止时，速控阀主油路入口关闭或微开，速控油压出口及泄油孔全开。此时，速控阀无速控油压输出。输出轴转动后，离心力使重锤外甩，进而压缩弹簧带动次级重锤使滑阀上移，打开主油路油压入口并关闭泄油孔，速控阀开始输出速控油压。重锤被限位器止动后，第一级调压达到最大值。若输出轴转速继续升高（图 4-25），则离心力只能使次级重锤张开，滑阀进一步上升。逐渐关闭泄油孔，打开主油路油压入口，速控油压进一步上升，但上升速度降低，形成第二级调压。当次级重锤完全张开，顶住初级重锤内侧时，主油路油压进入口完全打开，泄油孔完全关闭，速控油压达到最大值。

② 球阀式。球阀式速控阀由初级重锤和次级重锤分别控制两个泄油孔球阀的开度，以调节速控油压（图 4-26）。

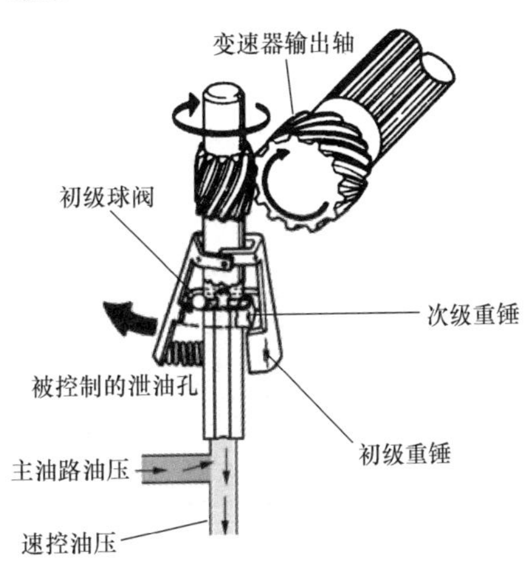

图 4-26 球阀式速控阀

当输出轴转动时，初级重锤在离心力和弹簧力的共同作用下向外张开，并使球阀关小泄油孔，使油道压力上升，形成速控油压。

两个重锤质量及弹簧力不同，因此可使速控阀在高速区和低速区具有不同的工作特性。在低速工作区，由于速控油压低，次级重锤在弹簧力的作用下将次级球阀关闭。此时，速控油压完全由初级重锤带动初级球阀来调节。由于初级重锤质量大，随转速上升，离心力迅速增大，速控油压随车速增加而迅速升高，形成第一级调压。在高速工作区，由于初级重锤离心力较大，初级球阀关闭，直至次级重锤推开次级球阀，使速控油压转由次级重锤控制。由于次级重锤质量较小，速控油压随车速增加而缓慢升高，形成第二级调压。

4.4.4 换档控制

（1）换档阀

液压控制系统中的换档控制由换档阀来完成，换档阀实质上是一个由换档控制信号操纵的油路开关。它负责给换档执行元件（离合器和制动器）加压或泄压，以实现齿轮变速装置的档位切换。

换档阀有两种不同操纵方式（全液式和电液式），两者工作过程略有差异，下面分别讲解。

1）全液式操纵方式换档阀。全液式操纵方式换档阀在节气门油压和车速油压的控制下接通或切断液压油路。

下面以 A132L 型自动变速器为例说明换档阀的动作。

1－2 档换档阀根据速控油压和节气门油压，控制 1 档与 2 档间的转换。当手动阀处于 D 位，速控油压低而节气门油压高时，换档阀被向下推。由于第 2 档制动器的油路关闭，变速器换至 1 档（图 4-27）；速控油压高而节气门油压低时，换档阀被向上推，通向第 2 档制动器活塞的油路 B2 打开，变速器换至 2 档（图 4-28）。当换档阀向上推时，节气门油压油路关闭，1－2 档换档阀换档时出现滞后现象。油路关闭后，由 2 档换到 1 档仅靠弹簧力和速控油压的作用，即在设定的车速下才发生换档动作。

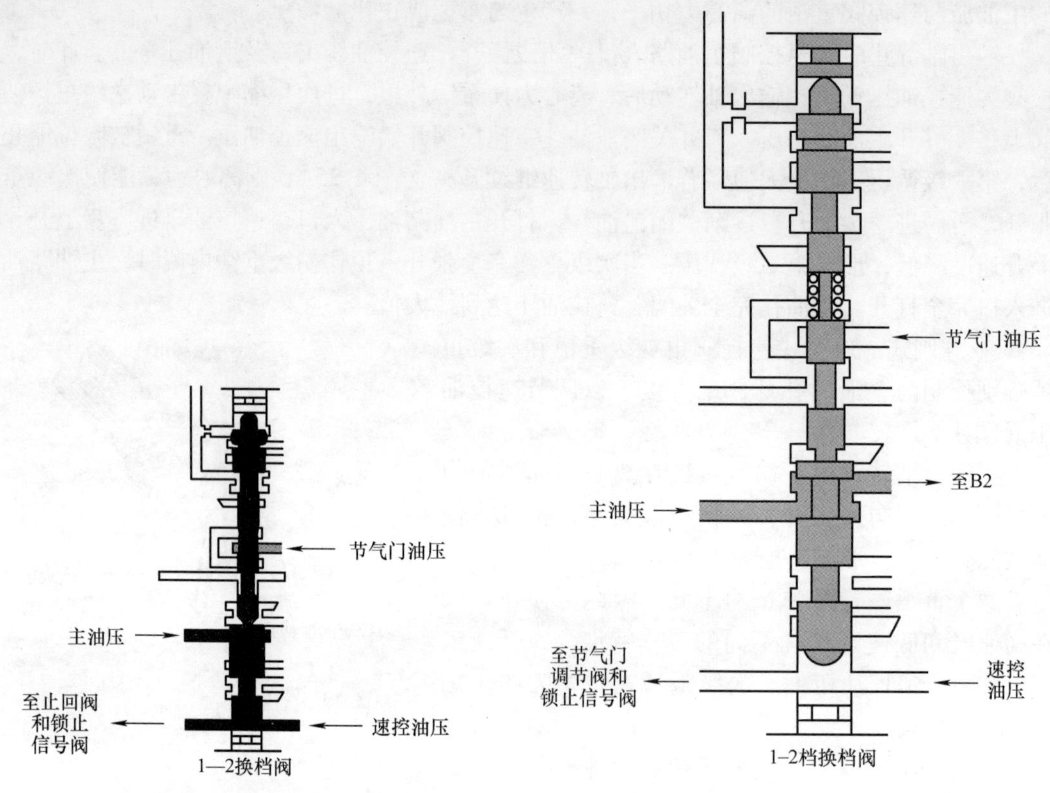

图 4-27　A132L 型自动变速器 D1 位 1－2 档换档阀

图 4-28　A132L 型自动变速器 D2 位 1－2 档换档阀

同理，如图 4-29 所示，2－3 档换档阀根据速控油压和节气门油压，控制 2 档与 3 档间的转换。如图 4-30 所示，当速控液压高时，换档阀克服节气门油压和弹簧力上移，打开通

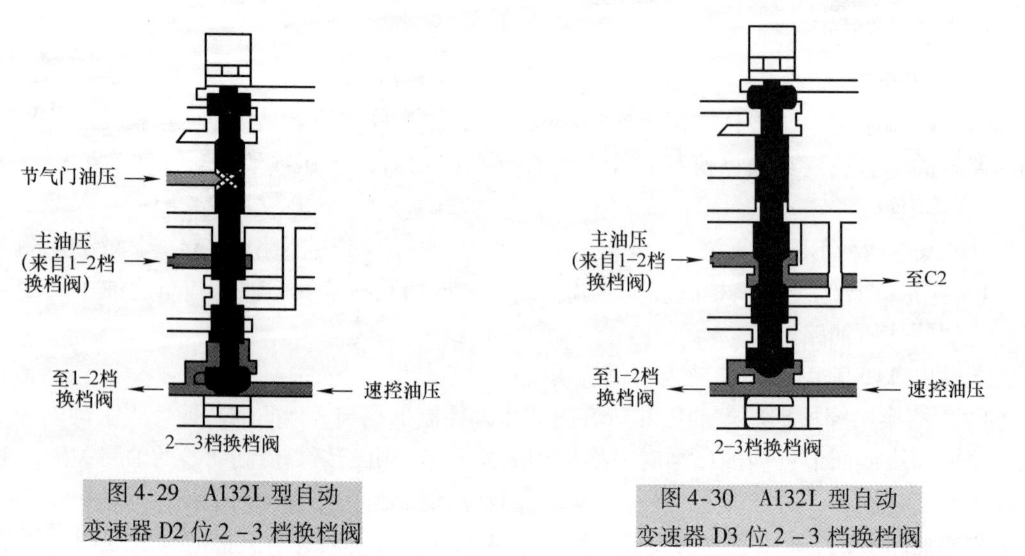

图 4-29　A132L 型自动变速器 D2 位 2－3 档换档阀

图 4-30　A132L 型自动变速器 D3 位 2－3 档换档阀

往离合器活塞C2的油路，从而换到第3档；当速控液压低时，换档阀下移，关闭通往离合器活塞C2的油路，从而换到第2档。

2）电液式操纵方式换档阀。电液式操纵方式换档阀的动作是由换档电磁阀来控制的。换档电磁阀根据来自电脑的信号打开或关闭，操纵换档阀切换油路，打开通往变矩器、离合器和制动器的油路，控制变矩器和行星齿轮机构。换档电磁阀控制换档阀的方式有两种，即加压控制和泄压控制（有关电磁阀的讲解请参见第5章）。

下面以4T65E型自动变速器为例讲解换档电磁阀控制下的换档阀工作情况。

4T65E使用两个相同的电磁阀控制升档和降档。电磁阀工作时以ON或OFF的顺序组合形式控制流经各换档阀的油路。动力控制模块（PCM）检测输入信号，并通过电磁线圈的开关组合决定所需的档位，油液流通到不同位置并完成换档，表4-1为不同档位时各电磁阀的组合状态。

表4-1　不同档位时各电磁阀的组合状态

档位	1-2，3-4档换档电磁阀	2-3档换档电磁阀
停/倒/空	ON	ON
1	ON	ON
2	OFF	ON
3	OFF	OFF
4	ON	OFF

换档电磁阀不通电（OFF）时，电磁阀内的钢珠未堵住进油口，使1-2、2-3或3-4档信号油液推开钢球并泄压；换档电磁阀通电（NO）时，电磁阀内的进油口被钢珠堵住，使1-2、2-3或3-4档信号油路中产生油压。

如图4-31所示，1-2、3-4档电磁阀位于1-2档换档阀后，用来控制1-2和3-4档换档阀。在P、R、N及1位时，电磁阀通电（ON），在1-2、3-4档信号压力油路中产生油压，同时克服弹簧力，将1-2档换档阀保持在降档位置。

在2档和3档时，1-2、3-4档换档电磁阀断电（OFF），1-2、3-4档信号油液流经电磁阀旁路，作用在1-2档换档阀上的弹簧力使1-2档换档阀保持在升档位置，同时弹簧力使3-4档换档阀保持在降档位置。

2-3档电磁阀控制2-3、3-4档和4-3档换档阀。在1、2档时，电磁阀通电（ON），堵住2-3档信号油路，在2-3档信号油路中产生油压。2-3档信号压力克服主油压，使2-3档换档阀处于升档位置。同时，2-3档信号油液进入4-3档手动降档阀，使其处于升档位置。

在3档和4档时，2-3档换档电磁阀断电（OFF），弹簧力使2-3档换档阀保持在降档位置，而3-4档换档阀的位置则由1-2、3-4档电磁阀的状态决定。

（2）强制降档阀

强制降档阀的作用是在节气门全开或接近全开时，强制将档位降低一档，增大输出转矩，以获得良好的加速性能。车速较高时，液力变矩器已达耦合或锁止状态，无增矩作用，即使加速踏板踩到底，也不能获得良好的加速性能，不能满足短时超车需要，因此将档位降低一档，增大输出转矩，可满足短时加速需求。

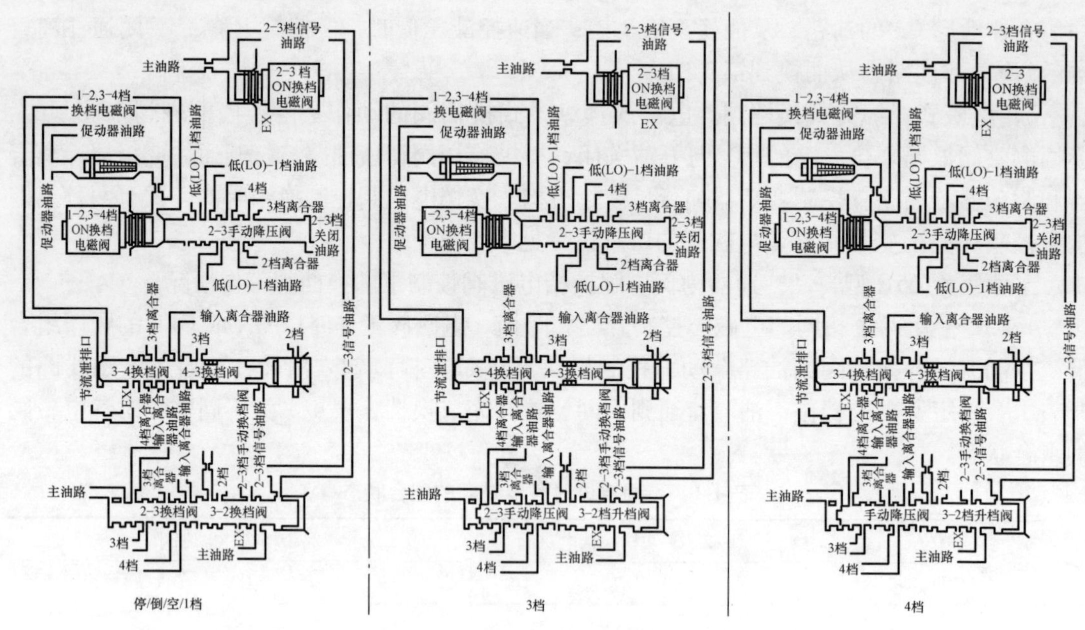

图 4-31　换档电磁阀工作图

常用的强制降档阀有两种类型，即滚轮式和电磁式。

1）滚轮式强制降档阀。节气门拉索和节气门凸轮控制强制降档阀工作，如图 4-32a 所示，在节气门接近全开时，节气门拉索通过节气门阀凸轮推动强制降档阀，接通相应的换档阀油路，迫使换档阀移至低档位置，降低档位。

2）电磁式强制降档阀。如图 4-32b 所示，电磁式强制降档阀由安装在加速踏板上的强制降档开关控制。踩下加速踏板时，强制降档开关闭合，强制降档阀通电，作用在阀杆上的推力消失，阀芯在弹簧力作用下右移，接通油路，使主油路压力油进入各换档阀受节气门油压作用的一端，迫使换档阀移动，降低档位。

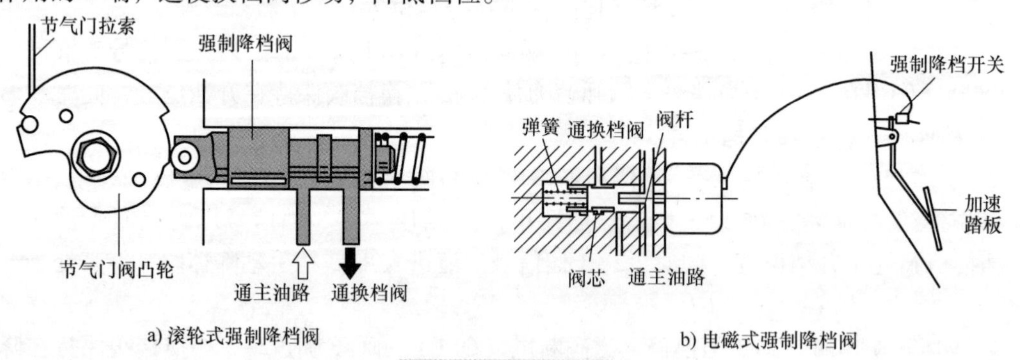

图 4-32　强制降档阀

4.4.5　换档品质控制

（1）节流阀

1）球阀式节流阀。球阀式节流阀结构简单，但缓冲效果不可调节，因此常与单向阀配合使用。如图 4-33 所示，油压升高时，单向阀关闭，油液只能通过节流孔进入油缸，控制油压上升速度即可使离合器平衡接合；离合器分离时，单向阀打开，迅速泄压，使离合器快速分离。

2）柱阀式节流阀。柱阀式节流阀（图4-33）由弹簧、柱阀及节流孔组成。油压升高时，压紧并关闭柱阀，油液必须经过阀上的节流孔才能进入离合器液压缸，由此起到节流作用；泄压时，回油压力将柱阀打开，迅速回油泄压，离合器分离。

（2）缓冲调节阀

缓冲调节阀利用滑阀控制出油口的截面，进而控制出油压力的上升速度，达到缓冲调节的作用，一般利用节流原理来控制。

图4-34所示为一种节流型缓冲阀，它由滑阀、阀体和弹簧等部件组成，在油路中串联。阀体上有四个油道，进油方向为主压力油进油方向，并通过内部油道和滑阀与进油口形成的节流孔和出油方向的油道相通。出油方向为主压力油的出油道，通往换档执行机构，使换档执行机构接合，调节油压为节气门调节油压。经节流后的主油压作用在滑阀右端，节气门调节油压作用在滑阀左端。换档时，主油压经节流孔油道进入滑阀中间，并克服变化的节气门调节油压的作用力和弹簧力，使滑阀左移，节制并减缓了换档执行机构油压的升高。

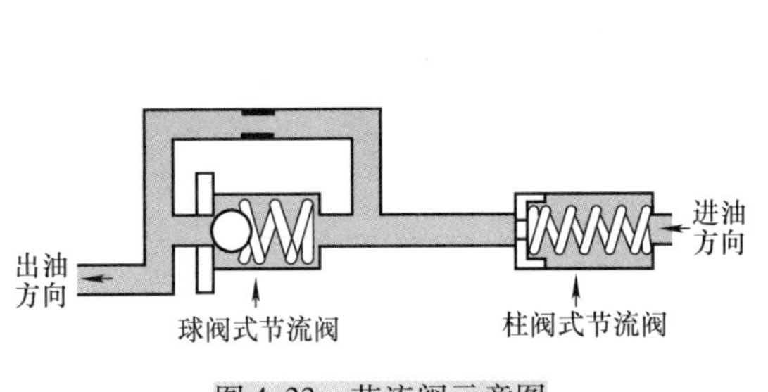

图4-33 节流阀示意图

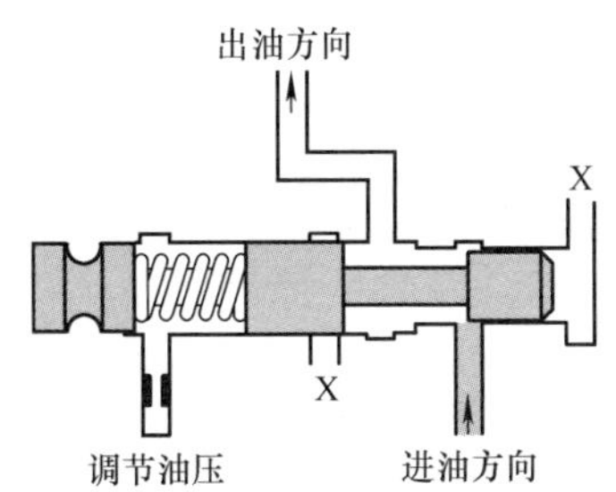

图4-34 节流型缓冲阀

（3）蓄能器

自动变速器一般采用弹簧式蓄能器。它用于储存少量压力油液，在换档时使压力油液迅速流到换档执行机构的液压缸，并吸收和平缓所输送油压的压力波动。弹簧压缩时储存能量，弹簧伸长时释放能量。

蓄能器可在活塞无弹簧的一侧进油，也可从活塞两侧同时进油。图4-35所示的蓄能器与执行元件控制油路并联。换档阀开启时，油液流进离合器和蓄能器油路。油液以初始流量流动，克服弹簧力，使离合器活塞移动足够长的距离，以消除离合器摩擦片的间隙。进一步压缩摩擦片时，油路压力快速升高。

达到最大主油路压力前一刻，蓄能器活塞克服弹簧力移动。此时，离合器油路压力的积聚是暂时的，可对离合器起到缓冲作用。

蓄能器的调节油压可以是换档阀上的节气门（TV）油压，或主油压调节油压，也可以是主油压。由于节气门油压是随发动机节气门开度增大而增大的，蓄能器在不同的节气门开度下，能相应地改变缓冲作用。例如，当发动机负荷不大、节气门油压小时，蓄能器使离合器的接合较缓和；当发动机负荷大、节气门油压大时，蓄能器的缓冲作用降低，离合器的接合较“硬”，即快速且牢固，可防止打滑。

下面以4T65E型自动变速器的1－2档蓄能器及蓄能器阀为例进行说明。

蓄能器用于在 2、3、4 档离合器接合时控制换档进程。它通过对弹簧施加一定的油压，并根据发动机转矩使离合器接合时产生的油压克服弹簧力和转矩信号油压。

1－2 档换档进程和 2 档离合器的接合过程很大程度上取决于 2 档离合器上用于接合的油压。为控制 2 档离合器油压和换档进程，1－2 档蓄能器及其压力作用在 2 档离合器波纹板上。主油路压力在 1－2 档蓄能器阀中被转矩信号压力和弹簧力调节时，1－2 档蓄能器进油口建立起压力。油压直接进入 1－2 档蓄能器进油口，同时油压经 2 号节流孔进入蓄能器阀的另一端，与转矩信号压力和弹簧力平衡，以调节 1－2 档蓄能器阀压力。

2 档离合器在 1－2 档接合时，离合器压力进入 1－2 档蓄能器，并推动活塞压缩 1－2 档蓄能器弹簧。此时，油液被挤出蓄能器壳，返回到 1－2 档蓄能器阀旁路。转矩信号油压和弹簧力调节蓄能器阀的旁路，控制 2 档离合器的接合（图 4-36）。

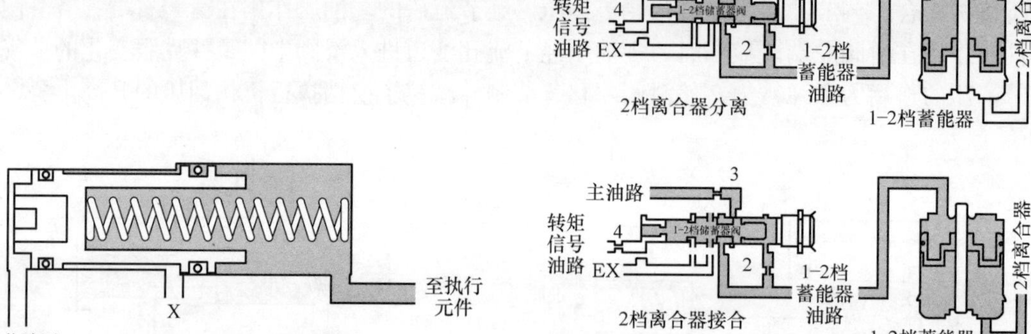

图 4-35　蓄能器的缓冲作用

图 4-36　1－2 档蓄能器

（4）升降档定时阀

图 4-37 所示为用于自动变速器的 3－2 档定时阀，出油方向通 3 档离合器，进油方向与换档油路相通。节流孔与定时阀并联，滑阀上端与油门信号油路相通，并提供调节油压。

由 3 档降到 2 档时，调节油压决定滑阀的节流开度。开度大时，油路中的压力油快速通过定时阀，表现为快速换档；节流开度小时，油路中的压力油必须通过节流阀，油液的流速变缓，表现为缓慢换档。升降档定时阀可适应不同工况的需要，减小换档冲击，改善换档的平顺性，满足高品质换档需求。

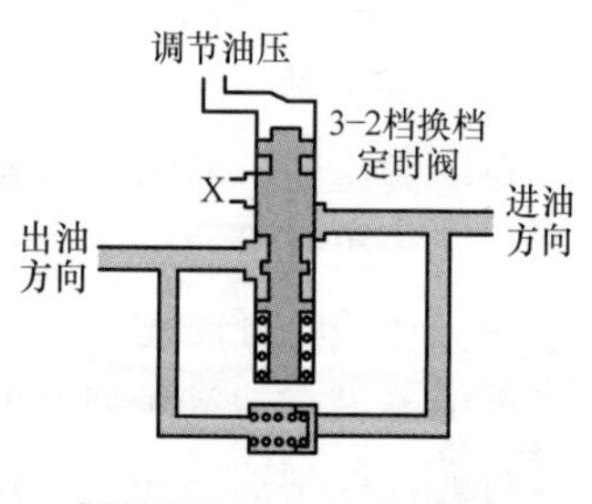

图 4-37　升降档定时阀

4.4.6　执行元件

执行元件的作用是对行星齿轮机构中的运动部件进行连接或制动。自动变速器中的执行元件主要有离合器、制动器和单向离合器。其中，单向离合器是纯机械装置，而离合器和制动器是液压控制装置。

（1）离合器

自动变速器中通常使用多片式离合器，它由离合器鼓、摩擦片、钢片、回位弹簧、回位弹簧座、油封、压盘和挡圈等组成（图 4-38）。离合器片的摩擦工作面上有粗糙的摩擦材料，而钢片的工作面是光滑的。油液压力使离合器鼓内的活塞将离合器摩擦片压紧在一起，离合器处于接合状态。如果液油排出，则回位弹簧使活塞回位，离合器处于分离状态。离合器有多片摩擦片，因此有较大的工作面积，从而具有更大的固定能力。

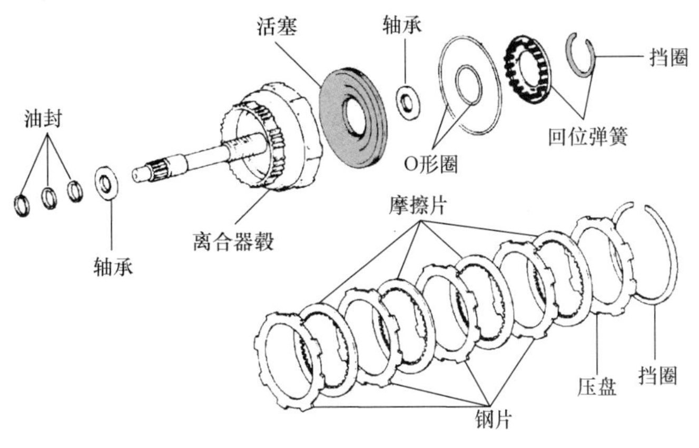

图4-38 多片式离合器分解图

离合器摩擦片是在一个基础钢片的两面衬上摩擦材料制成的。其摩擦材料分为金属性、半金属性和纸质基础的材料。纸质纤维是最常用的摩擦材料，它可以提供较大的摩擦力，且没有金属材料的磨损大。摩擦片上常加工有油槽以利于冷却，这可提高其工作效率和使用耐久性。

离合器接合时，由油封密封液压油。压盘是用于压紧离合器片的承载金属盘，它位于离合器主从动片的一端或两端。挡圈用于将离合器零件固定在一起。在典型的离合器中，位于离合器鼓后部的施力活塞，通过回位弹簧和弹簧座被挡圈固定在适当位置，油液压力使活塞克服回位弹簧的力并通过压盘压紧离合器片。主从动片间的摩擦力将两者锁在一起，成为一个整体。其中一组离合器片的内缘有花键，而另一组离合器片的外缘有花键。每一组离合器片的花键可与轴、离合器毂、行星齿轮机构元件或变速器壳上的花键配合。离合器处于接合状态时，与离合器主从动片花键相配合的部件被机械地连接在一起。多片离合器是作为固定装置，还是作为驱动装置，取决于离合器主从动片花键所连接的部件。

多片式离合器的工作原理如图4-39所示。活塞左侧无液体压力时，在回位弹簧作用下左移，放松对离合器盘和片的压紧力，离合器处于分离状态。活塞在液体压力作用下右移时，压紧离合器盘片，使与离合器盘相接的离合器毂与同离合器片相接的离合器壳接合，离合器处于接合状态。

活塞左侧的液压受滑阀控制。滑阀处于上端位置时，液压油流入缸体；滑阀处于下端位置时，液压油从缸体排出。离合器旋转时，受离心力作用，液压油会压向活塞的外径方向。离心力会使液压油滞留在活塞缸内。泄压时，离合器不能迅速分离。为此在活塞上装一单向球阀，离合器压紧接合时，在液压作用下，球阀关闭，离合器正常接合。离合器泄压时，球阀在离心力作用下开启泄油孔，使活塞左侧的液压迅速下降，并从离合器盘片处泄出，使离合器快速、完全分离。

（2）制动器

常见的制动器有带式制动器和片式制动器两种，其作用是对行星排、太阳轮和齿轮行星

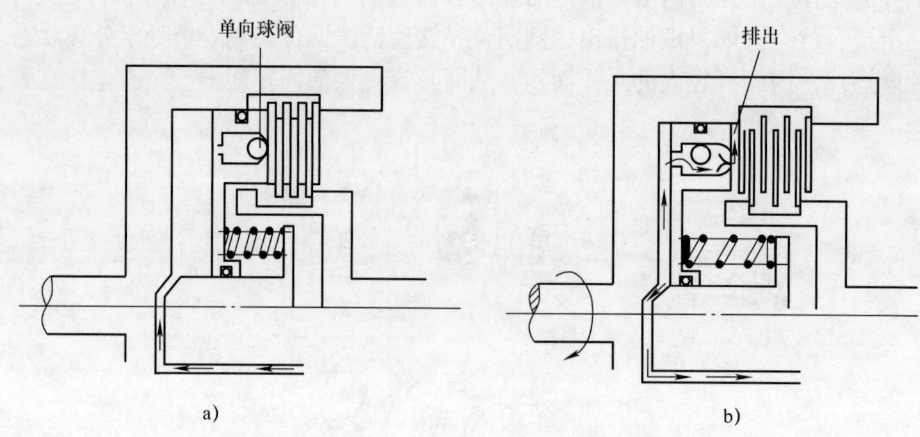

图 4-39 离合器活塞工作过程

架中的一个进行固定，使其不能旋转，以产生不同的方向或传动比，下面分别介绍。

1）带式制动器。带式制动器主要由制动带、制动鼓、液压缸及活塞等组成（图 4-40）。带式制动器的制动带夹紧驱动装置有三种型式：直杆式、杠杆式和钳形杆式，下面介绍直杆式制动器的工作原理。

制动带通过活塞的位移，改变制动带的直径，使其与制动鼓抱紧或放松。制动带的一端支承在自动变速器壳体或制动带支架调节螺钉上，另一端与液压缸活塞上的推杆连接。液压缸被活塞分隔为施压腔和释放腔两部分，分别与各自的控制油路相连。当两个腔都无油时，在回位弹簧作用下，制动带处于放松状态，制动鼓不受制动带限制。当施压腔有油压时，活塞推动推杆，使制动带抱死制动鼓，不能旋转，处于制动状态。当液压油进入释放腔，活塞面积大且有回位弹簧作用时，活塞发生位移，制动带放松，由制动状态变为释放状态（图 4-41）。

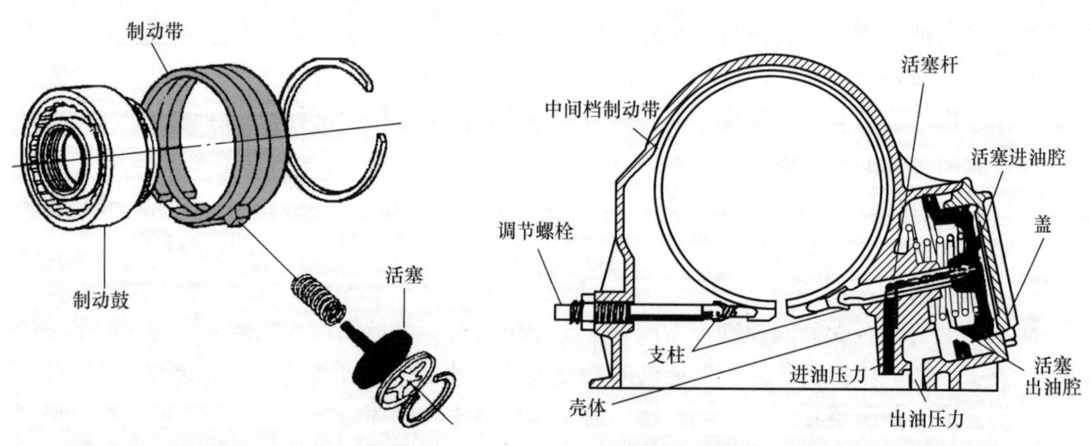

图 4-40 带式制动器示意图

图 4-41 带式制动器实际应用结构

2）片式制动器。片式制动器由制动鼓、制动活塞、回位弹簧、锯片和摩擦片等组成。片式制动器的制动鼓（相当于离合器毂）通过钢片的外花键固定在变速器壳体上，其工作原理与多片湿式摩擦片离合器基本相同，在此不做详细讲解。

(3) 单向离合器

单向离合器是行星齿轮机构中的主要执行元件，它不受液压系统控制，作用是在两运动部件间单向传递动力。与之相连的工作元件受力方向发生变化时，瞬间便会接合或脱离。单向离合器分为滚柱式和楔块式两种。

1) 滚柱式单向离合器。滚柱式单向离合器由外圈、滚柱、弹簧和内圈组成（图4-42），滚柱通常为6~8个。工作过程中，若单向离合器的外圈和内圈逆时针转动，则滚柱在凸轮型开口槽中向大端移动并压缩弹簧。此时，单向离合器不会出现锁止现象，允许外圈转动，即单向离合器总是允许其外圈相对于内圈顺时针转动。

当单向离合器的外圈有相对于内圈逆时针旋转的趋势时，滚柱在开口槽中向小端移动，楔入内圈和外圈之间，将两者锁住，相当于在两者间传递转矩。此时，单向离合器锁止，即不允许其外圈相对于内圈逆时针转动。

2) 楔块式单向离合器。楔块式单向离合器由外圈、楔块、保持弹簧和内圈组成（图4-43）。其楔块的工作方式与滚柱式单向离合器中滚柱的工作方式类似。当内圈相对于外圈顺时针转动时，楔块被推动并发生倾斜，在内、外圈之间让出一定空间，不会锁止离合器，即总是允许其内圈相对于外圈顺时针旋转。

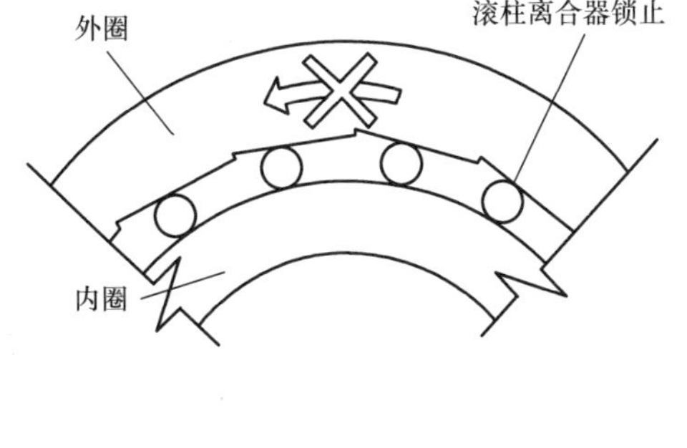

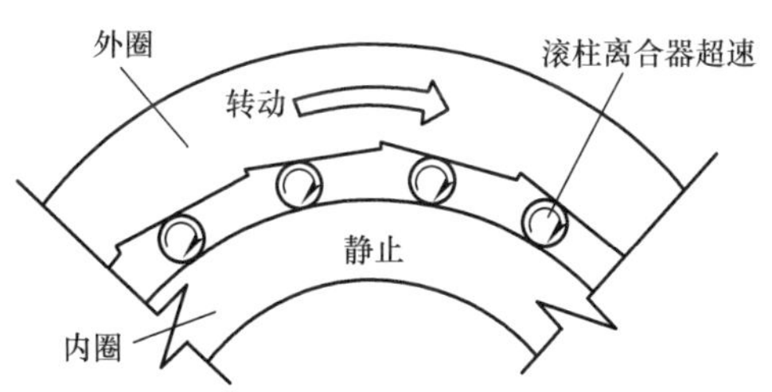

图4-42 滚柱式单向离合器工作过程示意

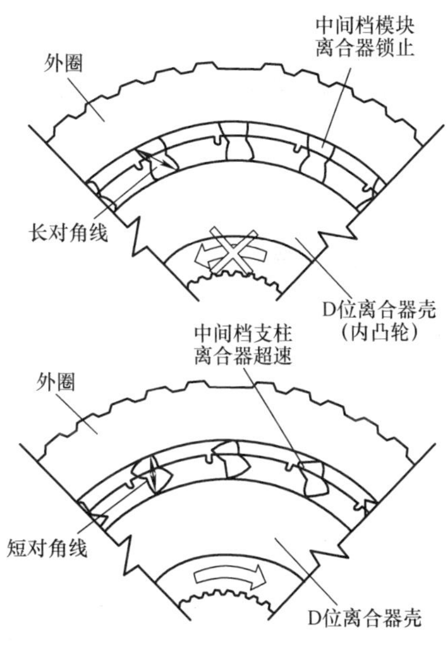

图4-43 楔块式单向离合器工作过程示意

内圈有相对于外圈逆时针转动的趋势时，楔块受制于几何尺寸，会卡在内、外圈之间无法活动，从而将两者锁死在一起。此时，单向离合器锁止，内圈无法相对于外圈逆时针转动。为保证楔块尽可能牢固地楔住内、外圈，这种单向离合器中装有一根保持弹簧，使楔块能阻止内、外圈向任何方向转动，并始终保持一点倾斜。

4.4.7 锁止控制

锁止控制即锁止状态和解除锁止状态。锁止离合器左、右两侧产生压差时压紧，由于泵轮与液力变矩器壳内侧连为一体，此时相当于泵轮与涡轮完全锁止，即泵轮将动力直接传给输出轴，液力变矩器进入锁止状态；锁止离合器左右两侧油压相等时分离，泵轮与涡轮的直接连接断开，只能通过液力耦合方式接合，液力变矩器解除锁止状态。锁止控制分为全液式控制和电液式控制两种，其工作过程有很大差异，下面分别讲解。

(1) 全液式锁止控制

以 A132L 型自动变速器为例讲解锁止中继阀和锁止信号阀的锁止控制过程。

锁止中继阀在弹簧作用下落到最低位置。从主油路主调压阀来的油液经锁止中继阀上部通道，从锁止离合器左侧进入液力变矩器。液力变矩器内的油液经锁止中继阀下部通道流向散热器。此时，锁止离合器左右两侧油压相等，锁止离合器解除锁止（图 4-44）。

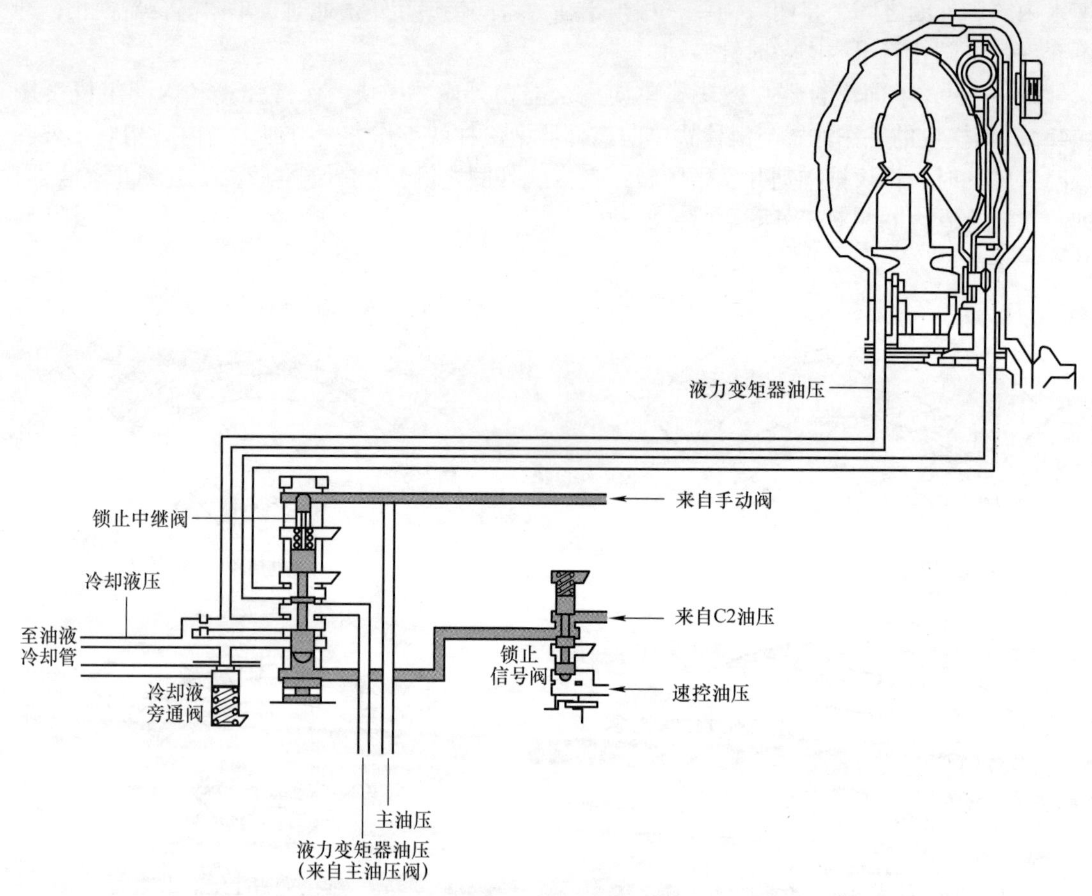

图 4-44　A132L 型自动变速器 D3 位锁止控制

车速逐渐升高后，来自速控阀的油压进入锁止信号阀上部，克服锁止信号阀的弹簧力，使锁止信号阀柱下移，打开锁止信号阀中部的油路通道，将来自 3－4 档换档阀的油压送到锁止中继阀的底部，使锁止中继阀柱塞上移。待其上移后，来自主油路主调压阀的油液改道，从右侧进入液力变矩器。此时，液力变矩器中的油液不再送往散热器。另外，柱塞上移后还使液力变矩器左侧的油道泄压，导致锁止离合器右侧的压力大于左侧，锁止离合器压紧，进入锁止状态。

若车速下降，则离心速控阀油压降低，锁止信号阀在其回位弹簧的作用下回到上位，锁止中继阀柱塞也回下位，锁止离合器左侧油腔压力升高，离合器解锁，处于分离状态。为防止锁止离合器因车速在锁止点附近变化而出现反复半锁、解锁工况，必须使锁止点与解锁点的车速不同，即其中一个滞后。滞后实现方式为：锁止信号阀中段上部直径小于下部，设上部的面积为 A，下部的面积为 B，则 $B>A$。作用在锁止信号阀上端的速控阀油压大于弹簧力，锁止信号阀柱塞下移，锁止离合器进入锁止状态（图 4-45）。此时锁止信号阀中部作用有来自超速档换档阀的油压，作用力大小等于 $(B-A)\ P_0$（P_0为超速档油压），方向向下。在此油压作用下，即使车速较锁止点略低，锁止信号阀的回位弹簧也不能将柱塞推往上位。只有当回位弹簧能克服其柱塞中部超速档压力和上端的速控阀油压力时，锁止信号阀才会上移，而此时的车速较锁止点已经低得多了，这就避免了锁止离合器频繁地锁止或解锁。

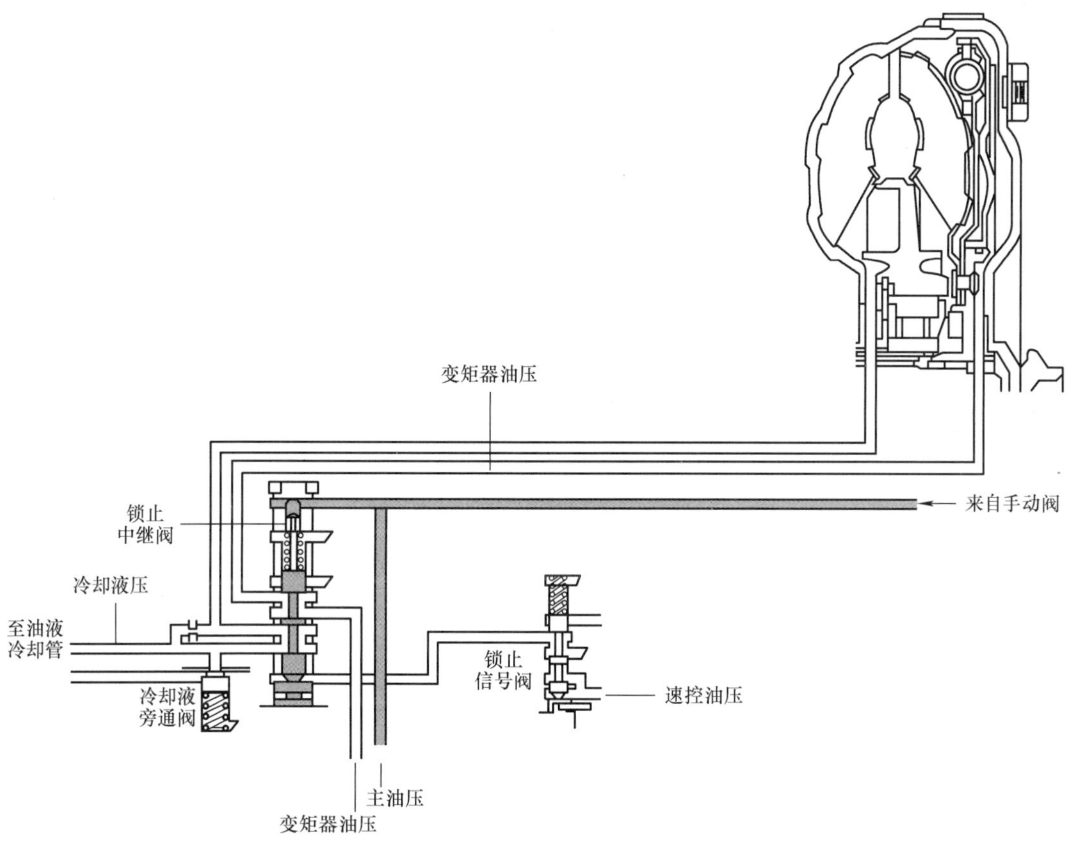

图 4-45　A132L 型自动变速器 D3 位锁止状态（锁止中继阀和锁止信号阀）

（2）电液式锁止控制

以 4T65E 型自动变速器为例讲解 PWM 控制电磁阀及 TCC 控制阀实现锁止控制的过程。

如图 4-46 所示，PWM 控制电磁阀是脉冲式电磁阀，不工作时处于常闭状态。控制电脑利用脉冲信号占空比的大小，通过 TCC 控制阀控制变矩器锁止与否。同时，通过 TCC 调节工作阀控制变矩器油压，从而控制 TCC 的接合或分离速度（图 4-47）。

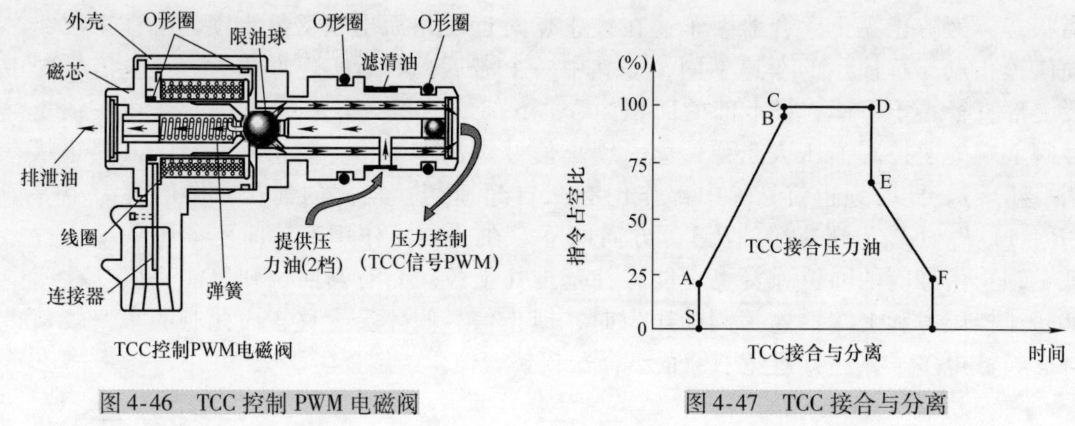

图 4-46　TCC 控制 PWM 电磁阀　　　图 4-47　TCC 接合与分离

如图 4-48 所示，当车辆所处工况需要 TCC 锁止接合时，PWM 控制电磁阀以一定的脉冲频率开启 TCC 信号油路，并调节 TCC 调节工作阀的左端油压。主油压经过 TCC 调节工作阀的调节，形成变矩器工作油压。

同时，PWM 控制电磁阀调节 TCC 控制阀左端的油压，打开接合油路，关闭分离油路，使变速器处于接合状态。

PWM 控制电磁阀断电时，TCC 控制阀处于分离位置。此时，变矩器油压进入 TCC 分离油路，油液经 TCC 控制阀流入冷却油路，变矩器进入解除锁止状态。

这种控制方式的优点在于，控制电脑在控制锁止离合器接合时，可通过 PWM 控制电磁阀来调节接合的速度，脉冲信号的占空比越大，锁止离合器左右两端的油压差越大，则锁止离合器的接合力也越大，接合力逐渐增大可使接合过程柔和并减少冲击。

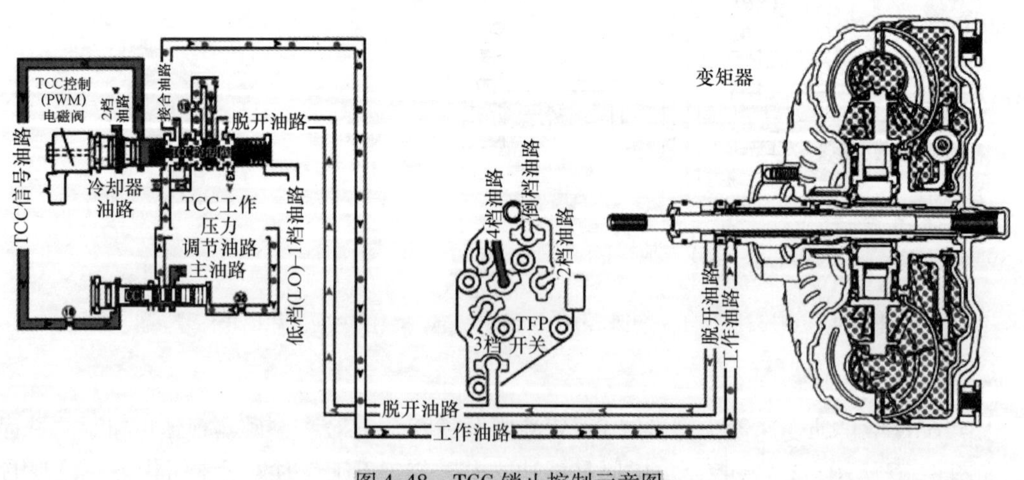

图 4-48　TCC 锁止控制示意图

第5章　电子控制系统

5.1　概　　述

汽车上的电子控制系统越来越复杂，从发动机、变速器和悬架控制系统到空调、巡航、气囊和防盗等车身控制系统，车载电脑的数量也因此逐渐增多，各系统的控制电脑之间用光纤或高速电缆连接，形成了内部局域网。维修人员必须掌握控制电脑的基本结构和工作原理，及其与各种传感器和执行器间的协同工作机制。

对习惯于维修机械系统的维修人员来说，车载电脑可能显得难以琢磨，因为其内部的工作过程和状态“看不见、摸不着”。其实，车载电脑并非“深不可测”，它们虽然看上去与日常生活中的台式电脑或笔记本电脑不同，但其基本结构和工作原理与后者相差无几，区别仅在于运算速度、存储器容量、输入和输出设备及内部程序。车载电脑从输入设备（节气门位置传感器等）接收输入信号，根据内部程序的计算和分析获得输出数据，并控制相应的执行元件（换档电磁阀等）。就自动变速器控制电脑而言，最基本的输入信号是车速传感器的车速信号和节气门位置传感器的发动机负荷信号，接收输出信号的执行元件是各种电磁阀（换档电磁阀、油压电磁阀和锁止电磁阀等）。

自动变速器电子控制系统的结构如图5-1所示，它由输入设备和接口、中央处理器

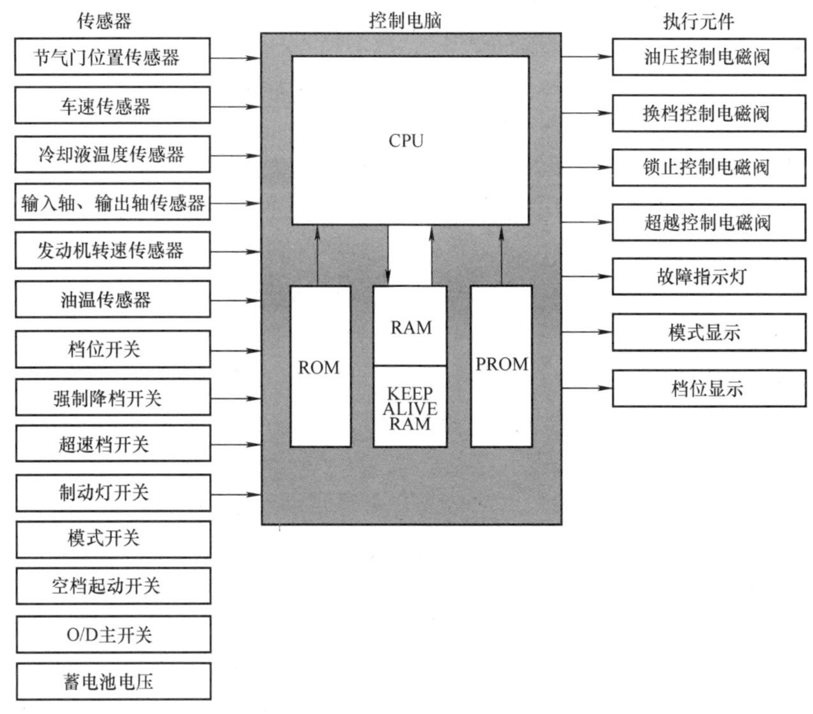

图5-1　自动变速器电子控制系统结构

(CPU)、输出接口和输出设备组成。输入设备是各种传感器，如节气门位置传感器(TPS)、冷却液温度传感器和车速传感器(VSS)等。输出设备是各种执行器，如换档控制电磁阀、故障指示灯等，它们在车上的位置如图5-2所示。这些输入和输出设备分模拟式和数字式两种，而CPU只能处理数字信号，因此在输入、输出设备与CPU之间有输入或输出接口电路，起到模-数（A-D）或数-模（D-A）转换的作用。

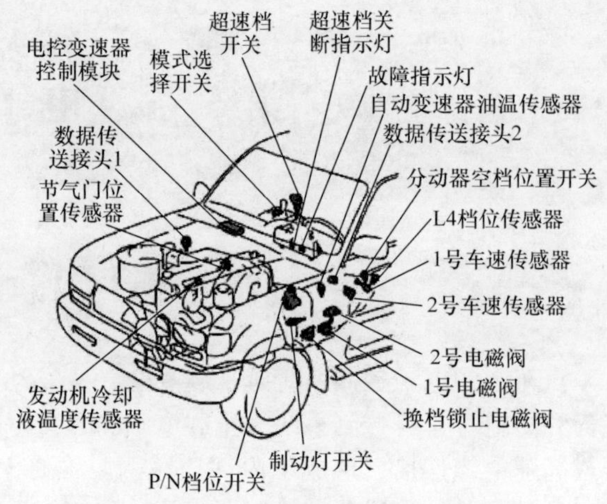

图5-2　自动变速器电控系统元件位置

目前国产轿车上装备的自动变速器，均采用电子控制系统。在实际的维修工作中，这方面的故障率比较高，也是维修诊断的重点部分，本章将详细讲解电子控制系统的结构和工作原理。

5.2　电子控制元件的结构和工作原理

5.2.1　控制电脑

控制电脑是自动变速器电子控制系统的中枢，其作用如下：

1）数据采集和存储：采集并存储各种传感器的信号。

2）数据分析和计算：根据设定的程序，对各种传感器的信号进行分析和计算，掌握车辆运行状况，确定最佳的换档时间和变矩器锁止时间。

3）指令控制：向各执行元件发出工作指令，操纵电磁阀的通断以实现自动换档。

4）故障监测：实时监测整个电控系统的工作状况，一旦发现有异常状况，如某个传感器的信号超出预先设置的范围，则以故障码的形式在存储器中记录故障，同时通过故障指示灯发出故障提示，情况严重时还会使变速器进入故障保护模式。

5）通信功能：包括与诊断仪通信和与其他系统的控制电脑通信。维修人员将故障诊断仪接到诊断插座上即可调取电脑中存储的故障码，也可在车辆行驶过程中读取电脑发出的数据流，这对判断间歇性故障十分有用。变速器控制电脑还不断与发动机、ABS等控制电脑通信，以实现更精确的全车综合控制。

从是否与发动机控制模块集成角度来分类，可将自动变速器控制电脑分为单独控制式和集成控制式。如图5-3所示，单独控制式指发动机和变速器分别由发动机控制模块（ECM）和变速器控制模块（TCM）控制。如图5-4所示，集成控制式指发动机和变速器的控制功能集成在一个电脑中，该电脑称为动力控制模块（PCM）。动力控制模块既控制与发动机有关的点火、燃油和排放物控制设备，又控制变速器的升档和降档过程。

控制电脑由硬件和软件两部分构成，硬件主要指微处理器（CPU）和存储器、输入转换电路（A-D）、输出驱动电路（D-A）和稳定电源，软件则指电脑中存储的控制程序和数

图 5-3 单独控制式

据，控制装置一般输入电路如图 5-5 所示。

(1) 微处理器

微处理器是控制电脑的计算和决策芯片，又称中央处理器（CPU）。实际上，CPU 执行的工作并不复杂，它只是极快地完成成千上万次简单运算，运算的执行顺序则由内部时钟控制。CPU 可分为控制部分、算术和逻辑部分、寄存器部分。控制部分按照编制好的指令控制电脑的基本工作，如电脑内部的数据传输、数据输入和输出、算术计算、运算中断和程序跳转等。算术和逻辑部分承担实际的数据处理工作，包括算术和逻辑运算。寄存器部分用于暂时存储数据和程序，直到将它们输入算术和逻辑部分或控制部分。CPU 的所有工作都是由程序控制的，我们只需通过设定程序和数据就可实现特定的功能。

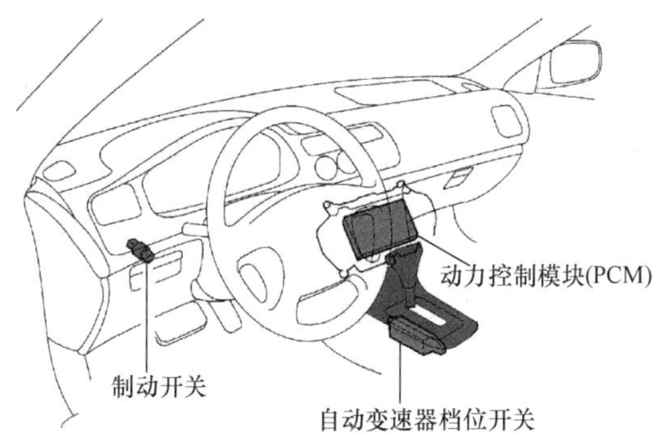

图 5-4 集成控制式

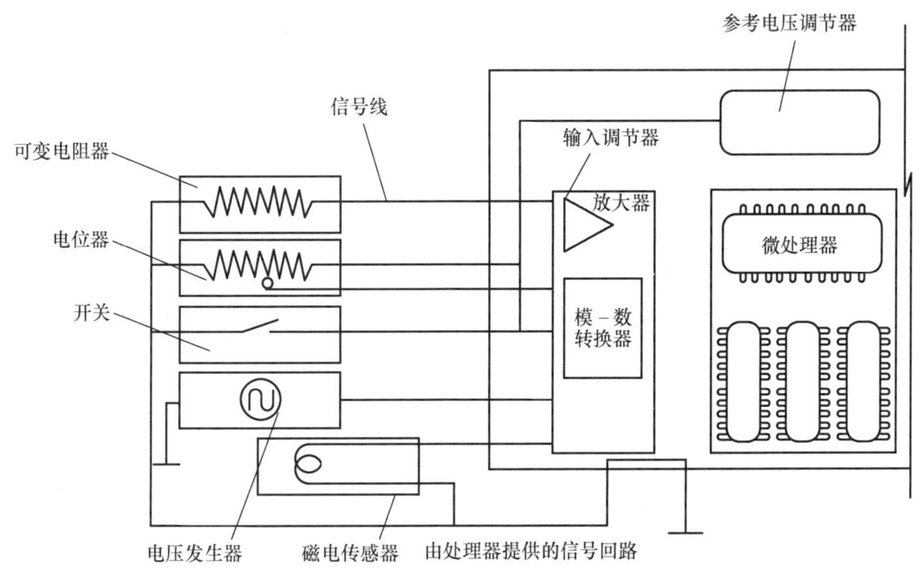

图 5-5 变速器控制装置一般输入电路图

存储器是存储电脑程序和数据的内部电路，分为多个地址，电脑根据这些地址存取相应的数据。存储器分为随机存储器（RAM）和只读存储器（ROM）两种。

RAM 是一种可读写存储器，电脑将接收到的各种传感器数据，如车速信号、冷却液温度信号等存储在 RAM 中。RAM 中存储的数据都是二进制的（0 和 1），就像许多分别处于开或关（代表 0 或 1）状态的开关。断电后 RAM 中的数据会丢失。在很多车型上，RAM 分成两部分，一部分从点火开关获得电源，存储车辆运行参数，如车速、冷却液温度等。另一部分直接从蓄电池获得电源，称为常有电存储器（Keep Alive Memory），用于存储故障码信息，即使关断点火开关，这些信息仍能保存。

ROM 用于存储电脑程序，程序代码由制造商写入芯片，不能更改。控制电脑只能读取 ROM 中的数据，而不能写入数据。ROM 中的信息断电后不会丢失。PROM（可编程只读存储器）和 ROM 相似，控制电脑只能读取 PROM 中的数据而不能写入数据，但用专用设备可将数据重新写入一次。通常，PROM 中存储了控制电脑专用程序和标定数据，如发动机的正时标定曲线、自动变速器的换档点等。EPROM（可擦可编程只读存储器）和 EEPROM（电可擦可编程只读存储器）均可多次擦写，不同的是，EPROM 需用紫外光擦写，EEPROM 则用电子设备擦写。PROM 的特点是即插即用，可提高电控单元的通用性。例如，1994 年以前生产的通用汽车可通过官方发布的升级版 PROM 来修正和改善性能，很多故障可通过更换新的 PROM 来修复，它无需更换整个控制电脑。详细信息可查阅通用维修手册或中车云商网数据库。

另外，还有一种永久性存储器（Non - Volatile Memory），断电后仍能保持记忆，其记忆信息只能通过特殊的步骤才能擦除。

（2）输入转换电路（A/D）

控制电脑只能处理二进制数（数字信号），但很多传感器（电阻型）只能提供不断变化的电压信号（模拟信号），因此需要模/数（A/D）转换电路将这些模拟信号转换为数字信号才能为控制电脑所用。输入转换电路是微处理器与外界联系的通道，一部分用来不定期地接收模拟信号，如连续变化的电压信号，同时进行模 - 数转换，另一部分则用来接收数字信号，如开关信号、脉冲信号等。但有些数字信号也要进行处理，通过电平转换，使其成为微处理器可以处理的信号。

（3）输出驱动电路（D/A）

控制电脑的输出信号也是二进制的（数字信号），但接收这些信号的执行器有数字式和模拟式两种。输出驱动电路的作用是将控制电脑的输出信号处理成执行器所需的信号。若执行器是数字式的，如步进电动机、继电器和电磁阀，则只有两种状态（开和关），控制电脑只需指令其开启或关闭即可。若执行器是模拟式的，如空调鼓风机电动机的速度控制，则需要连续变化的电压信号，这需要 D/A 转换电路将控制电脑的数字输出信号转换为模拟信号，并将转换之后的信号功率放大，才能驱动执行器。

（4）软件

控制电脑的软件可分为控制程序和数据两部分。控制程序是厂家根据汽车的性能要求编制的指令集，存储在 ROM 或 PROM 中。控制程序根据各种传感器提供的信号，计算出最佳控制方案，使汽车的点火、喷油等系统都以最佳工况工作。数据是厂家经过大量实验获得的标定参数，包括发动机的喷油和点火特性曲线、变速器换档点等。数据与程序的特定部分联系，并在控制系统自检时保持不变。程序通常包含以下部分。

1）软件与硬件的匹配部分：包括输入输出调制和滤波、驱动功率放大、电控单元初始化、操作系统软件之间的内部服务等。现代车用控制电脑采用批量生产形式以降低成本，针对不同车型及不同装备，在控制电脑本身硬件不变的情况下，内部安装多套运行程序分别设为不同的编码（Coding）。使用时，需用专用仪器根据不同的车型及配置进行控制单元编码（确定使用程序）。例如宝来、帕萨特等车型的“安全气囊电脑”，因碰撞更换新电脑时必须用专用仪器进行正确编码，系统才能正常工作，并使故障灯熄灭。

2）安全保险功能部分：输入信号异常时确定替代值、电路发生短路的处理程序、设置软件检测程序。数据分为与系统特性相关的固定数据和与系统可变特性相关的校正数据两类。为保证控制的实时性和准确性，在存储容量足够的前提下，汽车电脑控制系统可将被控制系统的特性图以数据表的形式存储在控制电脑的存储器中，并在汽车行驶时供微处理器调用。软件结构如图5-6所示。

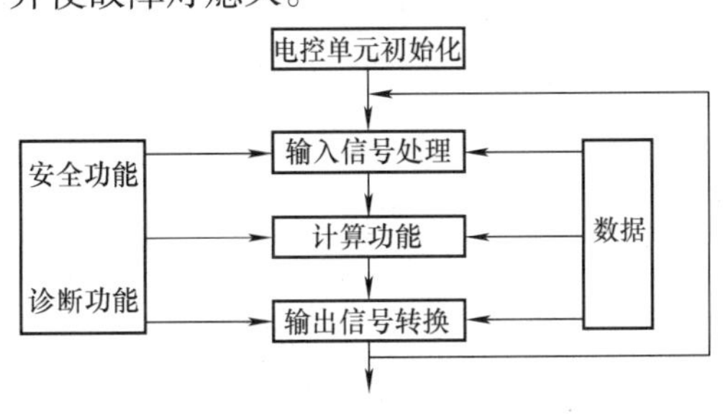

图5-6 控制电脑的软件结构

电脑的工作过程：微处理器接收传感器发送的数据，经计算处理后，向输出装置发出指令。多数控制系统都设有监控装置，其功能是检查指令的执行状态及执行的结果。如果微处理器发出的指令不是系统所要求的，则电脑会自动发出修正指令，直至达到所要求的结果。

（5）汽车控制电脑的故障与维修

目前，汽车控制电脑技术已经成熟，在正常使用情况下电脑本身不易出故障。据统计，维修厂换下来的控制电脑中，50%以上是没有故障的。这源于很多维修人员不按维修手册规定的程序诊断故障，在几次尝试仍未能解决变速器或发动机故障后，便将故障归咎于控制电脑。控制电脑的故障一般由以下原因引起：

1）环境因素：水是最主要的影响因素。如果控制电脑中进水，则会造成短路和不可恢复的腐蚀、接头损坏等故障。此外还会引起过热和振动，并在线路板中引起微小的裂纹（可修复）。

2）电压超载：通常由电磁阀或执行器电路内的短路引起。如果短路的电磁阀或执行器未被发现并修复，则其所造成的超载电压还可能损坏新换的控制电脑。因此在更换新控制电脑前，一定要彻底查清原控制电脑损坏的原因。

3）不规范的操作：例如在拆装过程中未采取静电防护措施，安装控制电脑前未断开蓄电池负极，用内阻较小的电阻表测量其端子等。

工作正常的控制电脑，需要所有传感器输入正确的信号、蓄电池电压正常且搭铁良好。因此在确定控制电脑本身有故障前，应先检查并确认以上方面是否异常。

一般的控制电脑不可修复，确认有故障后必须更换，更换新控制电脑时必须注意以下方面。

1）准确识别：控制电脑种类繁多，准确识别是正确更换的前提。许多控制电脑表面上看完全一样（外壳大小和接头都相同），但其内部的电路和标定可能不完全一样。如果安装了错误的控制电脑，则汽车可能仍可行驶，但性能状态不佳。正确识别控制电脑不仅需要车辆的年、厂、型和发动机排量，还要知道控制电脑上标明的 OEM 零件号，而多数供货商都有这两种分类表。因此如果不能确定，则可找出控制电脑上的 OEM 号，通过 OEM 号在供货商的交叉索引中查找所需的控制电脑。标定芯片和 PROM 中存储有针对不同车型的程序，因此通常情况下不与控制电脑一起销售。许多新车型使用了闪存或 EEPROM。如果新换的 PROM 没有按所修车型正确编程，则安装后必须重新编程。

2）更换技巧：有些车型的控制电脑可能不易更换，因为它通常安装在仪表板、气候控制系统或控制台中其他零件的下部或后部，还有的装在座椅下部，需拆下座椅才能更换。无论控制电脑安装在哪，拆卸旧控制电脑和安装新控制电脑前都应断开蓄电池负极。许多控制电脑在安装后或断开电源后必须经过“再学习”过程。对于某些车型，可能要经过特定程序才能使发动机建立基本怠速。而有些车型可能需要经过短时间的驾驶来让控制电脑自主调整。具体要求可参阅相应的维修手册。多数控制电脑还会在车辆行驶过程中继续学习并对燃油混合气和其他功能进行调整。如果控制电脑同时控制变速器，则还要重新学习驾驶人的驾驶习惯，而完成学习前，变速器的换档规律可能与维修前不完全相同。

注意：控制电脑更换成本较高，且很多零配件商都规定售出的电子器件不能退货，因此订货前一定要确认原控制电脑确实已损坏且必须更换。

5.2.2 传感器

自动变速器电子控制系统中常用的传感器包括节气门位置传感器（TPS）、车速传感器（VSS）、输入轴转速传感器、输出轴转速传感器、冷却液温度传感器（ECT）和变速器油温传感器等。

（1）节气门位置传感器（TPS）

节气门是由驾驶人通过加速踏板来操纵的，它根据不同的行驶条件控制发动机的负荷。例如，上坡或加速时节气门开度要大，而下坡或匀速行驶时节气门开度要小。节气门位置传感器用于获得节气门开度大小的信号，向发动机和自动变速器控制电脑提供发动机负荷信号，以控制怠速、喷油量、点火和自动换档等。节气门位置传感器通常安装在节气门体上。对于装有电子节气门的车型，如奔驰 S320，节气门位置传感器装在电子节气门控制执行器内。

节气门位置传感器有多种类型，最常用的是线性电位计式，它由一个线性电位计和一个怠速开关组成（图 5-7）。

节气门轴带动线性电位计及怠速开关的滑动触点。节气门关闭时，怠速开关接通；节气门开启时，怠速开关断开。节气门开度不同则电位计的电阻不同。这样，节气门开度的变化就被转换为电阻或电压信号（模拟信号）。

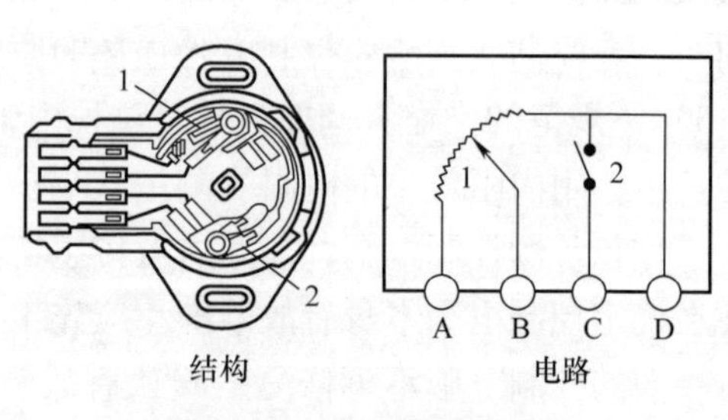

图 5-7 节气门位置传感器

1—线性电位计滑动触点 2—怠速开关 A—基准电压 B—节气门开度信号 C—怠速信号 D—搭铁

（2）车速传感器（VSS）

车速传感器安装在自动变速器输出轴附近，用于检测自动变速器输出轴的转速（图5-8）。控制电脑根据车速传感器的电信号计算出当前车速，并作为其换档控制的依据。

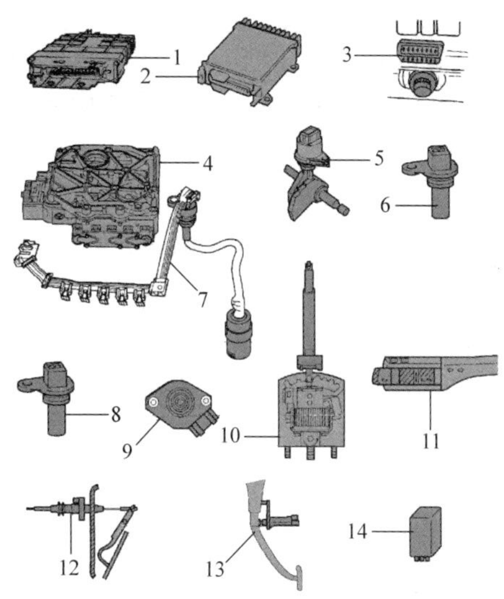

图5-8 车速传感器

1—变速器控制模块（TCM） 2—动力总成控制模块（PCM） 3—数据传送接头（DLC） 4—阀体 5—变速器档位（TR）开关 6—车速传感器（VSS） 7—连接导线（用于综合的变速器油温传感器） 8—车速传感器（VSS） 9—节气门位置（TP）传感器 10—换档锁止电磁阀 11—巡航控制电磁阀 12—降档开关 13—制动灯开关 14—驻车/空档位置继电器

常见的车速传感器是电磁感应式传感器（图5-9），它由永久磁铁和电磁感应线圈组成。输出轴转动时，停车锁止齿轮或感应转子的凸齿不断地靠近或离开车速传感器，使感应线圈的磁通量发生变化，从而产生交流感应电压（图5-10）。车速越高，输出轴的转速越高，感应电压的脉冲频率也越高。控制电脑根据感应电压脉冲频率计算出车速。

另一种常见的车速传感器是笛簧开关式传感器（图5-11）。笛簧开关式传感器由小玻璃管内安装的两个细长触头构成，其触头由铁、镍等磁性材料制成。受玻璃管外磁极控制，触头可因互相吸引而闭合，也可因互相排斥而断开，从而实现触头的开关作用。输出轴带动磁铁旋转时，N、S极靠近或离开笛簧开关的触头。N、S极逐渐离开笛簧开关时，上下两个触头变为不同极性磁极，触点互相吸引，开关变为闭合状态。当N、S极接近笛簧开关时，上下两个触头变为同极性磁极，触点互相排斥，开关变为断开状态。笛簧开关所用磁铁一般是四极式，因此其每旋转一周产生四个脉冲信号。控制电脑根据脉冲信号计算出车速。

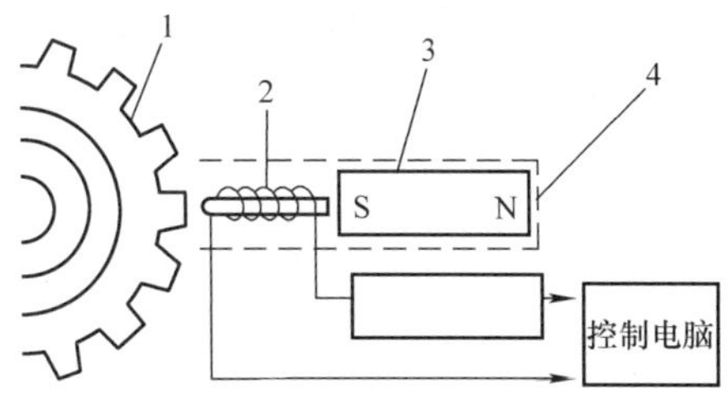

图5-9 车速传感器工作原理

1—停车锁止齿轮 2—感应线圈 3—永久磁铁 4—车速传感器

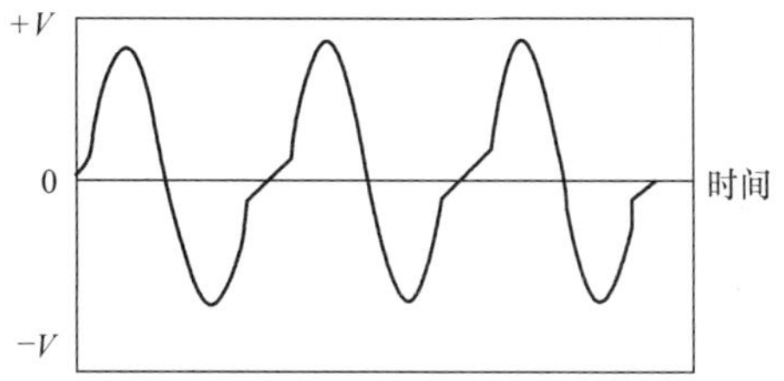

图5-10 车速传感器感应电压曲线

（3）冷却液温度传感器（ECT）

在某些车型上，冷却液温度传感器也作为变速器控制的输入装置，向变速器控制电脑提供信号（图5-12）。

冷却液温度传感器向控制电脑指示发动机冷却液温度。发动机冷却液温度较低时，控制电脑会略微延迟升档以改善驾驶性能。发动机达到正常工作温度前，控制电脑会阻止液力变矩器锁止；发动机冷却液温度较高时，控制电脑会将液力变矩器锁止，以帮助发动机冷却，从而防止变速驱动桥过热。

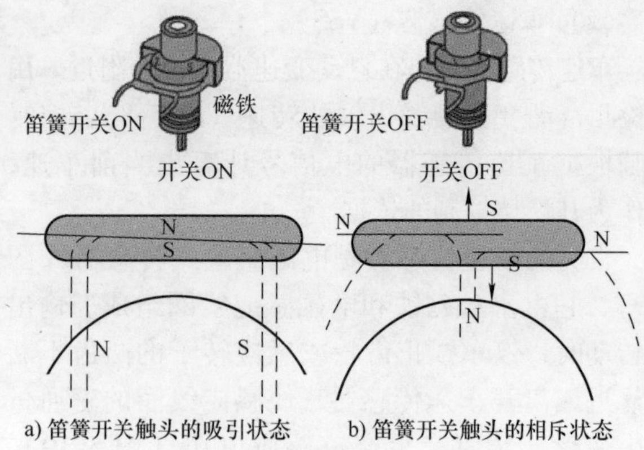

图 5-11　笛簧开关的工作原理

冷却液温度传感器是一种热敏电阻元件，它随温度的变化而变化。温度升高时，施加在冷却液温度传感器可动膜片上的压力增加。随着膜片的移动，传感器的阻值增大。这样，发动机冷却液温度的变化便转化为电阻或电压信号传送至控制电脑。

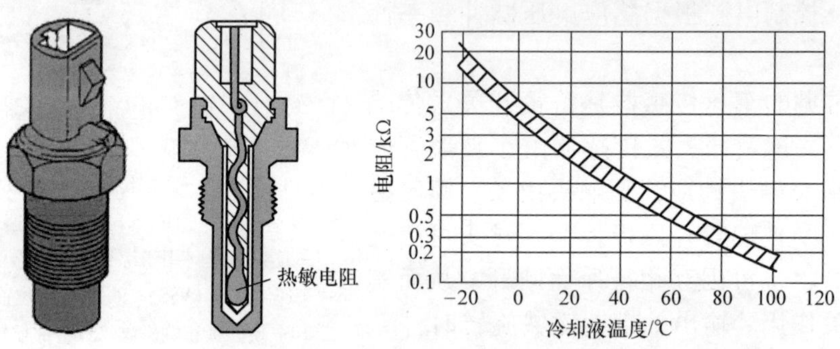

图 5-12　典型的冷却液温度传感器

（4）输入轴转速传感器

某些车型会装备输入轴转速传感器作为输入装置。输入轴转速传感器安装在行星齿轮机构的输入轴，或与输入轴连接的离合器毂附近的壳体上，用于检测输入轴转速，并将信号送入控制电脑，使控制电脑更精确地控制换档过程。图 5-13 所示为道奇捷龙的 41TE 型电控自动变速器传感器位置。

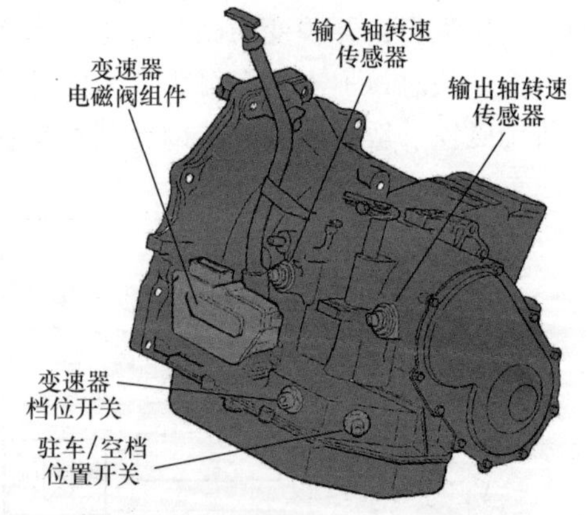

图 5-13　变速器传感器位置

控制电脑会将输入轴转速信号与来自发动机控制系统的发动机转速信号进行比较，计算出液力变矩器的传动比，使油路压力控制过程和锁止离合器的控制过程进一步优化，以减小换档冲击，提高汽车行驶性能。

输入轴转速传感器也是电磁感应式传感器，其工作原理与车速传感器相同。

（5）输出轴转速传感器

某些车型会装备输出轴转速传感器作为输入装置，其安装位置如图 5-13 所示。

输出轴转速传感器是电磁感应式传感器，它利用耦合线圈产生交流感应电压，由此获得输出轴转速。控制电脑会将输出轴转速信号与输入轴转速信号进行比较，以判断传动比和离合器是否打滑。输出轴转速传感器信号还用来与节气门位置传感器信号比较，以判断自动变速器的换档正时。有些车型的输出轴转速传感器信号还用于确定车速。

（6）发动机转速传感器

通常使用脉冲信号式转速传感器测量发动机转速。发动机转速传感器还可测量发动机曲轴转角。如图5-14所示，转速传感器由装在分电器内的信号转子、永久磁铁和线圈组成。信号转子上带有凸起，转子旋转时，它与线圈铁心之间的间隙是变化的。因此在信号线圈的磁通量发生变化时产生了感应电压。感应电压的频率与发动机的转速成正比。此感应交流电压作为输入信号输入转速表时，经IC电路放大整形后可使转速表指示出发动机转速。

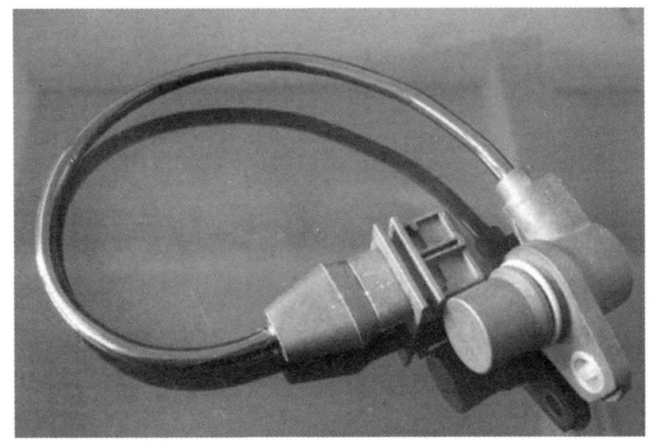

图5-14　脉冲信号式转速传感器的信号发生装置

（7）变速器油温传感器

某些车型会装备变速器油温传感器作为输入装置。变速器油温传感器安装在自动变速器油底壳内的阀板上，用于检测自动变速器油的温度。

汽车起步或低速大负荷行驶时，液力变矩器传动比小、效率低且发热严重，易造成油温高。若变速器油温超过预定的温度界限，则变速器要在较高的发动机转速下才开始换档。

变速器油温传感器是负温度系统热敏电阻元件，即温度越高，它的电阻阻值越低，控制电脑根据其阻值的变化测得自动变速器油的温度。

（8）档位传感器

以奥迪A8的09E型变速器为例，档位传感器指示的是液压控制单元的选档滑阀位置，它是计算变速杆位置的依据。

档位传感器由四个霍尔传感器组成，霍尔传感器间通过一个永久磁铁来切换，而永久磁铁由液压控制单元的选档滑阀直接操纵。

变速杆位置信息用于起动锁控制、倒车灯控制和变速杆锁控制。

5.2.3　控制开关

（1）空档起动开关（P/N位开关）

空档起动开关（图5-15）位于自动变速器手动阀摇臂轴上或变速杆下方，用于检测变速杆的位置。它由多个触点构成，变速杆位于不同位置时，相应的触点闭合。控制电脑根据触点的闭合情况测得变速杆的位置，从而按照不同的程序控制自动变速器的工作。

空档起动开关的位置信息利用开关的编码线路传给变速器控制模块。图5-16所示的空档起动开关位置信号电路中，开关触点2、3和4分别与变速器控制模块的插头50、14和33相连。三个触点的闭合与断开可构成多种组合，分别表示档位P、R、N、D、3、2和1。

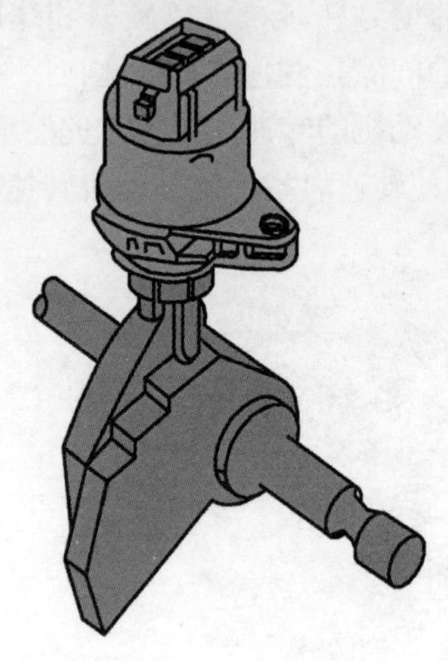

图5-15　空档起动开关

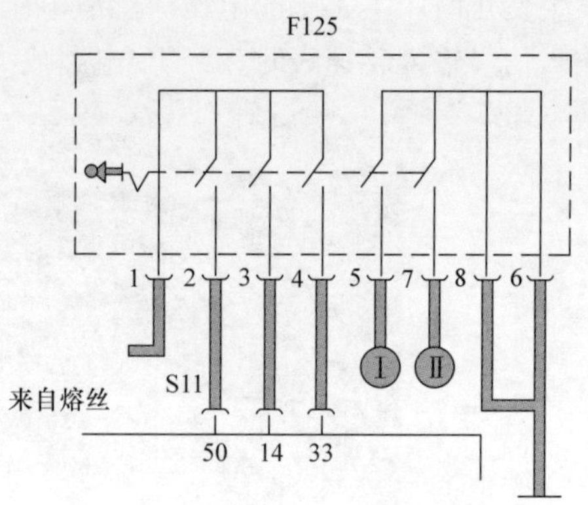

图5-16　空档起动开关位置信号电路

（2）强制降档开关

强制降档开关的作用是检测加速踏板是否超过节气门全开位置。加速踏板超过节气门全开位置时，强制降档开关接通，并向自动变速器控制模块传送信号。此时，控制模块按预设的程序控制换档，并使变速器自动降一个档位，从而提高汽车的加速性能。如果强制降档开关短路，则控制模块将忽略其信号，按变速杆位置控制换档。

（3）制动灯开关

制动灯开关用来判断制动踏板是否被踩下。如果制动踏板被踩下，则制动灯开关将信号发送给控制模块，以解除锁止离合器的接合，防止突然制动时发动机熄火。

（4）超速档开关

超速档开关（图5-17）用来控制自动变速器的超速档。超速档开关闭合后，超速档控制电路接通，此时若变速杆位于D位，则随车速提高，自动变速器最高可升至4档（即超速档）。超速档开关断开后，超速档控制电路断开，仪表板上的“O/D OFF”指示灯点亮（表示限制超速档的使用），自动变速器随车速提高而升档时，最高只能升至3档，不能升至超速档。

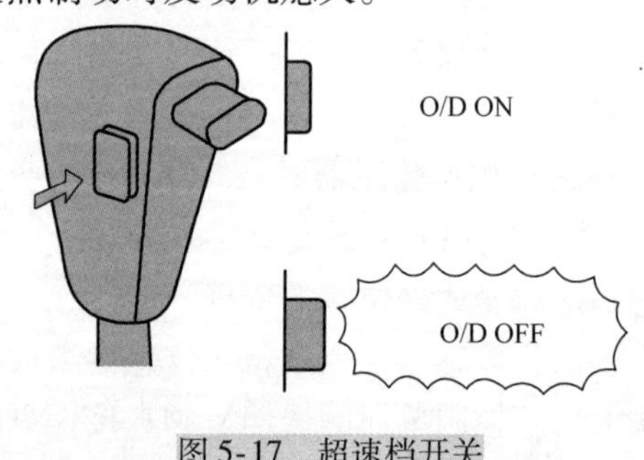

图5-17　超速档开关

（5）模式开关

大部分电子控制自动变速器都有一个模式开关（图5-18），用来选择自动变速器的控制模式，从而满足不同的使用要求。控制模式主要指自动变速器的换档规律。常见的自动变速器控制模式如下。

1）经济模式（Economic）。经济模式以汽车获得最佳的燃油经济性为目标来设计换档规律。自动变速器在经济模式工作时，其换档规律应能使发动机转速经常处于经济转速范围内，即以较低的发动机负荷来控制汽车行驶换档，从而提高燃油经济性。

2）运动模式（Sport）。运动模式以汽车获得最佳的动力性能为目标来设计换档规律。在运动模式下，自动变速器的换档规律能使发动机经常在大功率范围内运转，即以较高的发动机负荷来控制汽车行驶换档，从而提高汽车的动力性能和爬坡能力。

由图5-19可知，运动模式比经济模式的换档车速高。

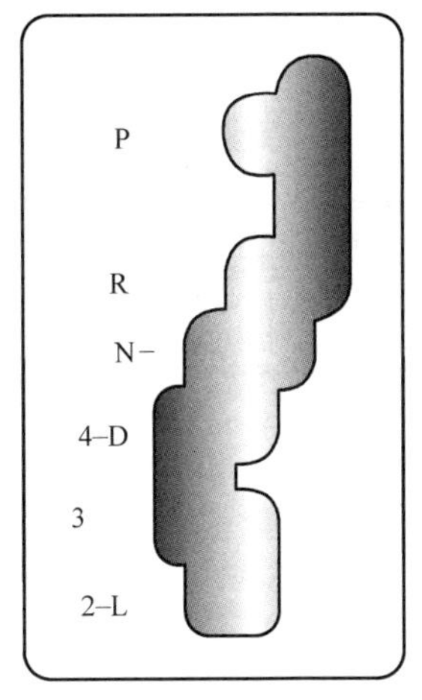

图5-18 模式开关

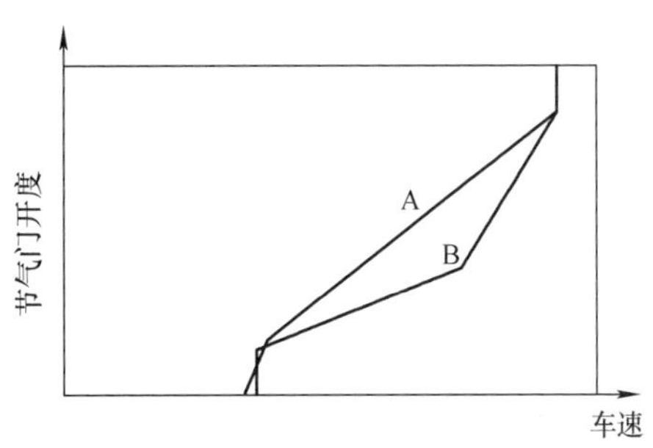

图5-19 运动模式和经济模式对比

3）标准模式（Standard）。标准模式是换档规律介于经济模式和运动模式之间的一种换档模式，它兼顾了动力性和经济性，使汽车既拥有一定的动力性，又有较佳的燃油经济性。

4）雪地模式（Snow）。雪地模式适于在雪地行驶时使用。变速杆位于2位时，自动变速器保持在2档工作。而变速杆位于1位时，自动变速器保持在1档工作。如果初始位置在2档，则车速降至1档后不再升档。变速杆位于D位时，自动变速器只有3档，以减小驱动力，防止车轮打滑。

上述控制模式并不是所有电子控制自动变速器必备的，自动变速器通常只具备这些模式中的若干项，有些甚至只有一种模式固化于电脑程序中，因此没有模式开关。

（6）变速器油温开关

变速器油温开关的作用是为装有电子制动力分配/驱动力控制模块（EBD/TRAC）的自动变速器提供输入信号。如图5-20所示，变速器油温较高时，变速器油温开关断开，使制动/驱动力控制系统暂时停止工作，“TRACTION OFF”指示灯点亮，制动器和变速器冷却。油温低于某一设定值时，变速器油温开关重新接通。

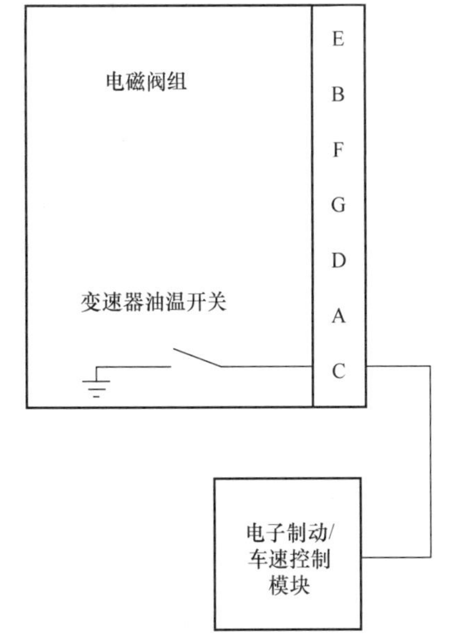

图5-20 变速器油温开关

5.2.4 执行器

（1）开关式电磁阀

开关式电磁阀的作用是开启和关闭变速器油路，它可用于控制换档阀及液力变矩器的锁止离合器锁止阀。

开关式电磁阀由电磁线圈、骨架、阀芯和回位弹簧等组成（图5-21）。它只有两种工作状态，即全开或全关。线圈不通电时，阀芯被油压推开，打开泄油孔，该油路的压力油经电磁阀泄压，油路压力为零；线圈通电时，电磁力使阀芯下移，关闭泄油孔，油路压力上升。

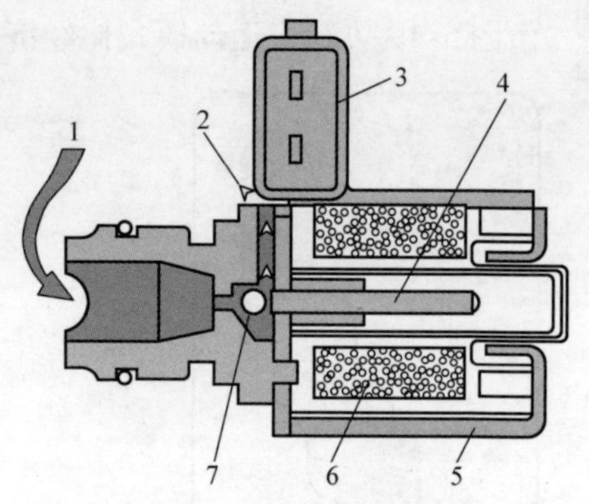

图5-21 开关式电磁阀

1—液压油入口 2—泄压口 3—接线插座
4—阀芯 5—骨架 6—线圈 7—限流钢球

（2）脉冲式电磁阀

脉冲式电磁阀的结构与开关式电磁阀相似，它也由电磁线圈、骨架和阀芯等组成（图5-22），其作用是控制油路中油压的大小。与开关式电磁阀不同，控制脉冲式电磁阀工作的电信号不是恒定不变的电压信号，而是一个频率固定的脉冲电信号。电磁阀在脉冲信号的作用下，不断反复地开启和关闭泄油孔。控制电脑通过改变脉冲宽度，即通过每个脉冲周期内电流接通和断开的占空比来改变电磁阀开启和关闭的占空比，从而达到控制油路压力的目的。占空比越大，经电磁阀泄出的变速器油越多，油路压力就越低；占空比越小，油路压力就越高（图5-23）。

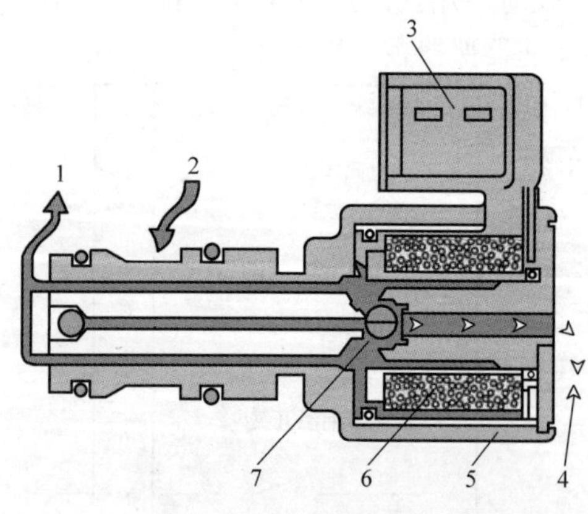

图5-22 脉冲式电磁阀

1—变速器油出口 2—变速器油入口 3—接线插座
4—泄压口 5—骨架 6—线圈 7—限流钢球

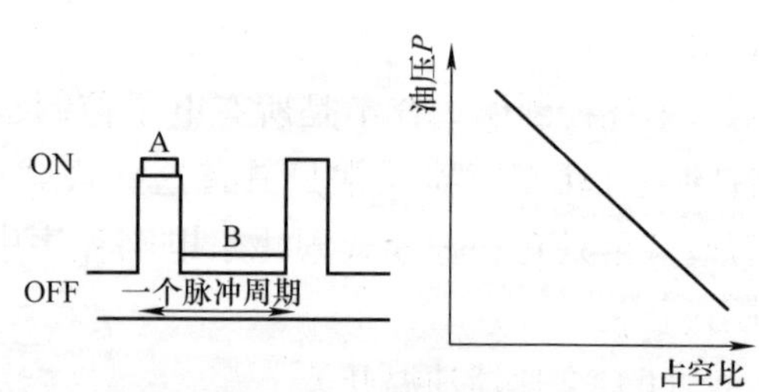

图5-23 脉冲式电磁阀的工作原理

脉冲式电磁阀一般安装在主油路或蓄能器背压油路中，由控制电脑控制，在变速器自动升档及降档瞬间，或在锁止及解锁动作开始时使油压下降，以减少换档和锁止、解锁的冲击，使车辆行驶平稳。

5.3 自动变速器的电子控制

5.3.1 换档正时控制

自动变速器换档控制是控制系统最重要的控制功能之一。汽车在每一特定行驶工况下，都应有一个与之对应的最佳换档时刻。控制电脑可在汽车的任何行驶条件下，使自动变速器按最佳换档时刻换档，从而使汽车的动力性和经济性等指标达到最佳。

液压控制自动变速器主要根据节气门开度的大小和车速高低来进行换档控制，而对电子控制自动变速器而言，则由节气门位置传感器和车速传感器来提供这两个重要信号。控制电脑依据存储在存储器中的换档规律，适时地向换档电磁阀发出换档命令，实现换档控制，其控制原理如图5-24所示。

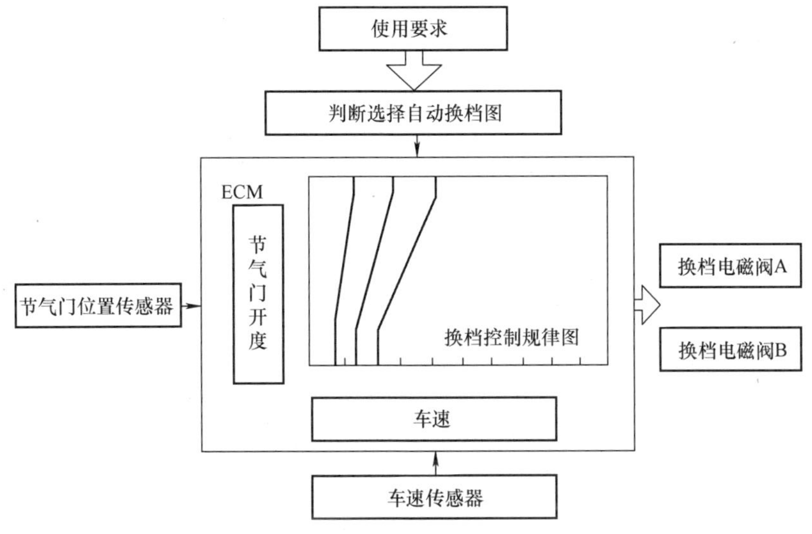

图5-24 自动换档控制框图

换档规律曲线图有阶梯式（图5-25）和连续式（图5-26）两种，这主要由节气门位置传感器的类型来决定。节气门位置传感器的输出参数呈阶梯状变化，换档规律也呈阶梯状变化。而节气门位置传感器输出参数为连续变化，换档规律也为连续变化。

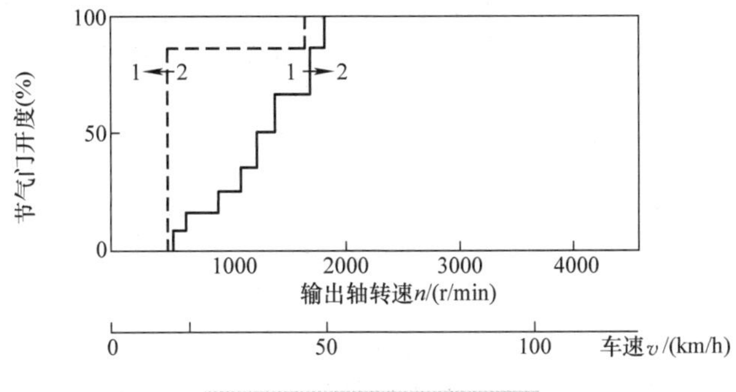

图5-25 阶梯式换档曲线图

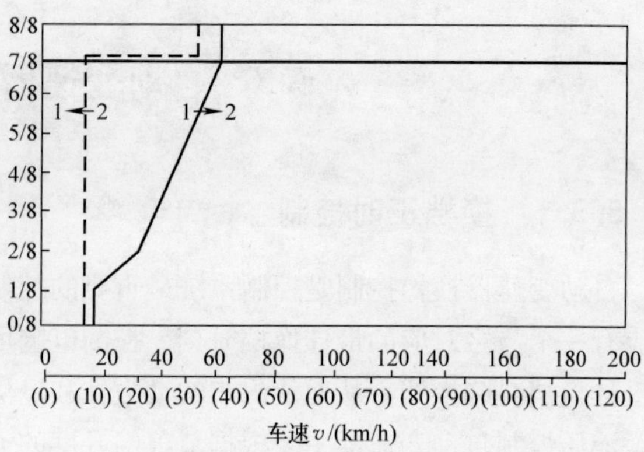

(实线为1档进2档的升档曲轴，虚线为2档降1档的降档曲线)

图 5-26　连续式换档曲线图

由图 5-27 可知，从 1 档进入 2 档时，节气门开度越大，进入 2 档的车速就越高，而降档时的车速比升档时的车速低，这就是换档规律的特征。

带有模式开关的电子控制自动变速器在模式开关处于不同位置时，对汽车的使用要求不同，其换档规律也不同，一般有普通、经济和动力等模式的换档规律。当变速杆在 D 位，节气门开度相同时，动力模式的各档升档车速及降档车速都比经济模式高。升档车速越高，加速动力性越好，而升档车速越低，则燃油经济性越好。图 5-27a、图 5-27b 和图 5-27c 分别为自动变速器在 D 位时的普通模式、经济模式和运动模式换档规律（阶梯式）。

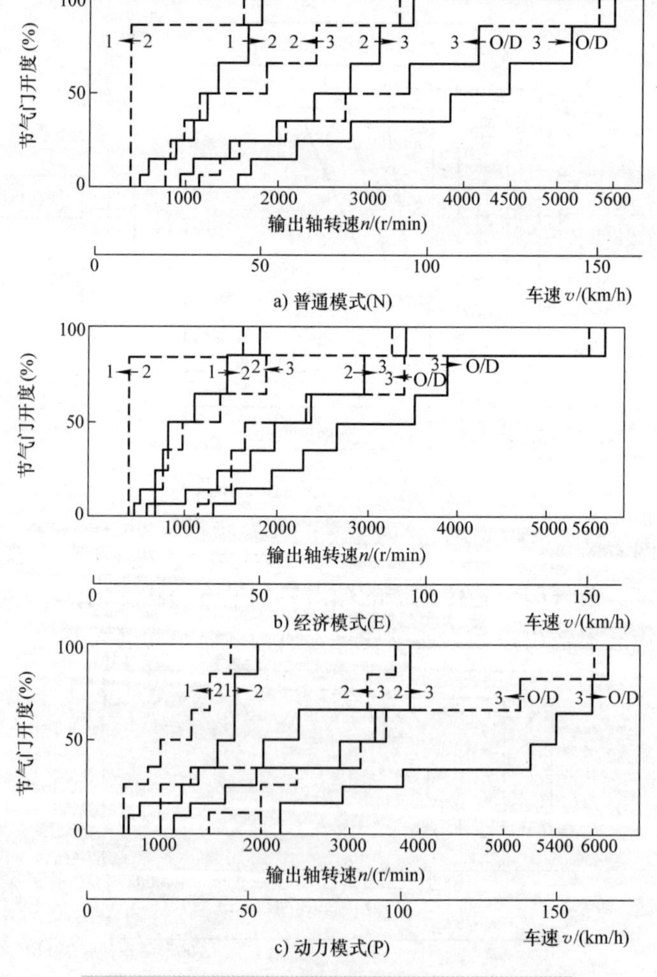

图 5-27　变速杆在 D 位时的换档规律（阶梯式）

连续式换档规律（动力模式和舒适模式）的比较如图5-28a和图5-28b所示。四个前进档的自动变速器通常有三个换档阀。这三个换档阀可分别由三个换档电磁阀来控制，也可由两个换档电磁阀来控制，并通过三个换档阀间油路的互锁作用来实现四个档位间的变换。目前，大部分电子控制自动变速器采用由两个换档电磁阀控制三个换档阀的控制方式，工作原理如图5-29所示，采用泄压控制方式。由图5-29可知，1－2档换档阀和3－4档换档阀由换档电磁阀A控制，2－3档换档阀则由换档电磁阀B控制。换档电磁阀不通电时，泄油孔关闭，来自手动阀的主油路压力油流经节流孔后作用在各换档阀右端，使阀芯克服弹簧力左移；换档电磁阀通电时，泄油孔开启，换档阀右端压力油泄空，阀芯在左端弹簧的作用下右移。

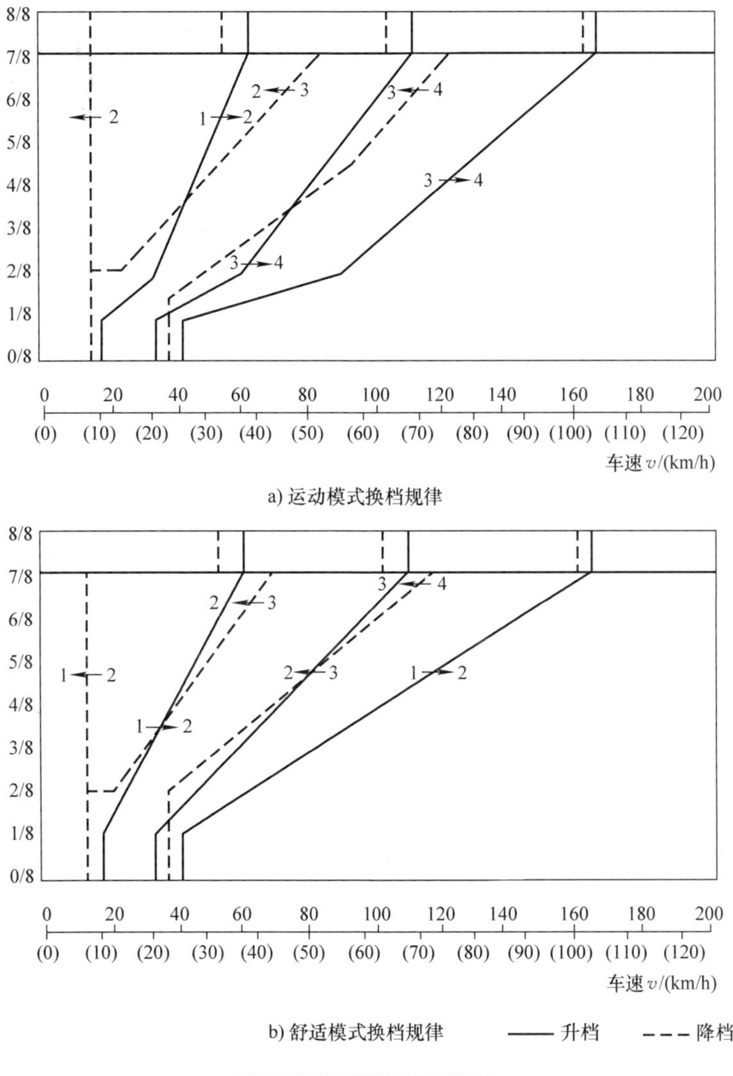

a) 运动模式换档规律

b) 舒适模式换档规律

图5-28 连续式换档规律

图5-29a为1档，此时换档电磁阀A断电，换档电磁阀B通电，1－2档换档阀阀芯左移，关闭2档油路；2－3档换档阀阀芯右移，关闭3档油路，同时使主油路油压作用在3－

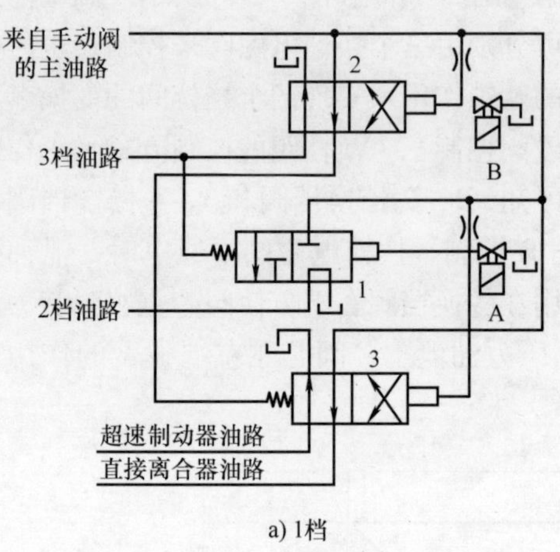

a) 1档

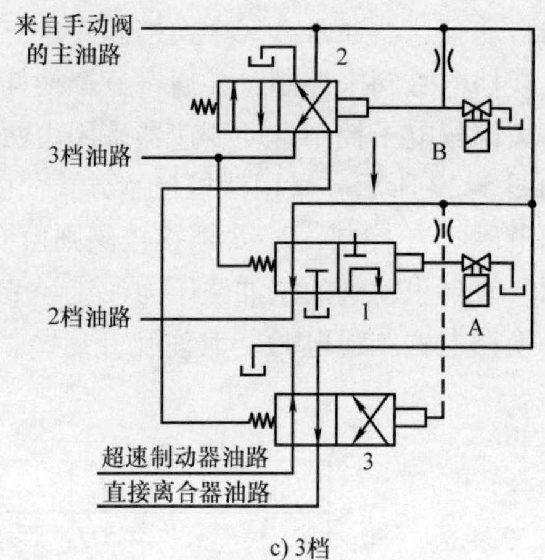

c) 3档

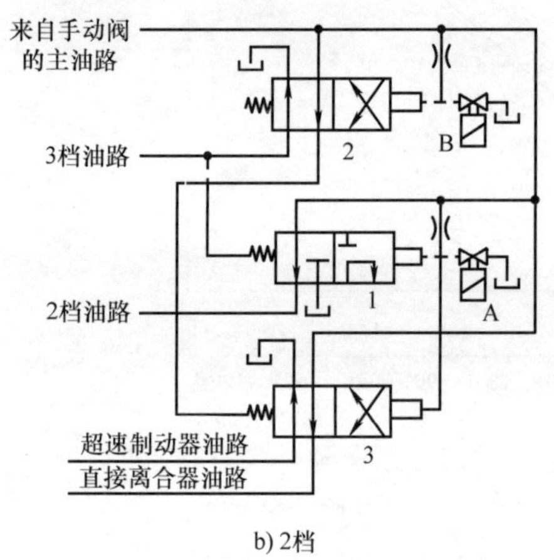

b) 2档

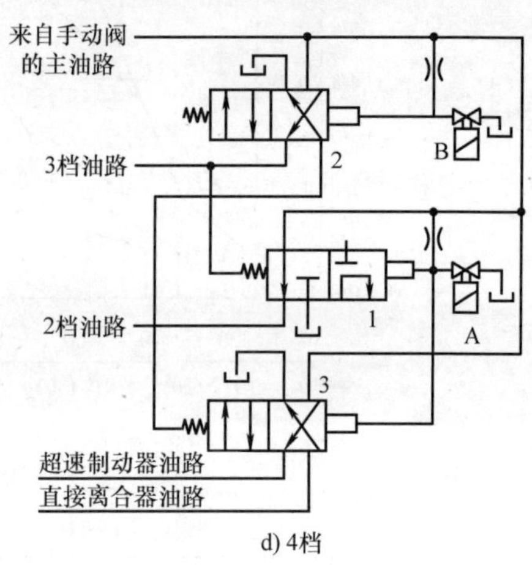

d) 4档

图 5-29　电控自动变速器换档液压系统工作原理

A、B—换档电磁阀　1—1－2 档换档阀　2—2－3 档换档阀　3—3－4 档换档阀

4 档换档阀阀芯左端，3－4 档换档阀阀芯停留在右端。

图 5-29b 为 2 档，此时换档电磁阀 A 和换档电磁阀 B 同时通电，1－2 档换档阀右端油压下降，阀芯右移，打开 2 档油路。

图 5-29c 为 3 档，此时换档电磁阀 A 通电，换档电磁阀 B 断电，2－3 档换档阀右端油压上升，阀芯左移，打开 3 档油路，同时使主油路油压作用在 1－2 档换档阀左端，3－4 档换档阀阀芯左端控制压力泄空。

图 5-29d 为 4 档，此时换档电磁阀 A 和换档电磁阀 B 均不通电，3－4 档换档阀阀芯右端控制压力上升，阀芯左移，关闭直接离合器油路，接通超速档制动器油路。1－2 档换档阀阀芯左端作用有主油路油压，虽然右端也有压力油作用，但阀芯仍保持在右端而不能左移。

两个换档电磁阀的开关可组合成四种，并构成四个档位。车型不同，其组合方式也不尽相同，常见的日系车型换档电磁阀开关组合与档位的关系，见表 5-1。

表 5-1 自动变速器换档电磁阀的组合工作状况

丰田 A140E/A240E/A42DE					日产 RE4R01A				
	1档	2档	3档	4档		1档	2档	3档	4档
电磁阀1	○	○	×	×	电磁阀A	○	×	×	○
电磁阀2	×	○	○	×	电磁阀B	○	○	×	×
三菱 F4A22					本田 PX4B				
	1档	2档	3档	4档		1档	2档	3档	4档
电磁阀A	○	×	×	○	电磁阀A	×	○	○	×
电磁阀B	○	○	×	×	电磁阀B	○	○	×	×

5.3.2 油压控制

电子控制自动变速器的主油路油压也是由主油路调压阀调节的，且主油路油压应随发动机负荷增大而增高，以满足传递大转矩时对离合器、制动器等执行元件液压缸工作压力的要求。一些早期的电子控制自动变速器还处于技术过渡阶段，其控制系统中还保留有液压控制系统中由节气门拉索或节气门真空罐控制的节气门阀。节气门阀产生的节气门油压除控制换档阀外还控制主油路调压阀，使主油路油压随发动机负荷增大而增高。

目前的电子控制自动变速器的控制系统已完全取消了由节气门拉索或节气门真空罐控制的节气门阀，而用油压电磁阀来产生节气门油压。油压电磁阀为脉冲式电磁阀，控制电脑根据节气门位置传感器测定的节气门开度，控制发送给油压电磁阀的脉冲信号的占空比，以改变油压电磁阀泄油孔的开度，从而使主油路油压随节气门开度变化。节气门开度越大，脉冲电信号的占空比越小，油压电磁阀的泄油孔开度越小，节气门油压越大。该节气门油压作为控制油压反馈到主油路调压阀，作为主油路调压阀的控制压力，使主油路调压阀根据节气门开度的变化调节主油路油压，以获得不同发动机负荷下的最佳主油路油压。图 5-30 为主油路油压随节气门开度变化而变化的情况。由于倒档使用的时间较少，为减小自动变速器体积，通常将倒档执行机构的尺寸设计得较小，要传递同样大小的转矩，油压就要较其他档位高。这一过程是由控制电脑根据空档起动开关的信号发出指令来完成的。

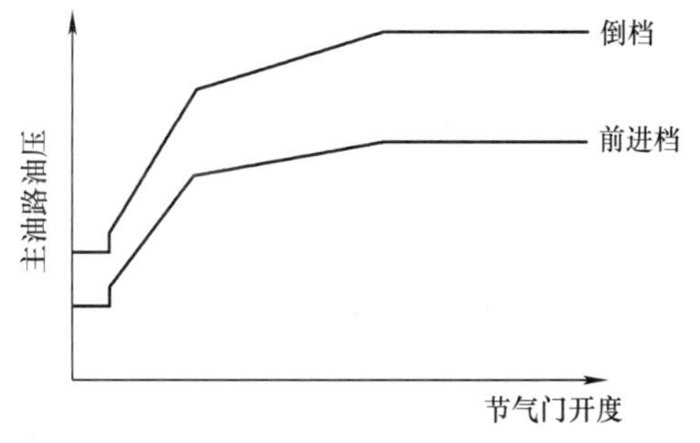

图 5-30 主油路油压特性

除正常的主油路油压控制外，控制电脑还可根据各传感器测得的自动变速器工作状况，在一些特殊情况下，对主油路油压进行适当修正，使主油路油压控制获得最佳的效果。例如，变速杆位于前进低档（S、L 或 2、1 位）时，由于发动机的驱动力较大，控制电脑自动使主油路油压高于前进档（D 位）时的油压，以满足动力传递的需要。为减小换档冲击，在自动变速器换档过程中，控制电脑还按照换档时节气门开度的大小，通过油压电磁阀适当降低主油路油压，以改善换档品质。控制电脑还可根据变速器油温传感器的信号，在变速器油温度未达正常工作温度（低于 60℃）时，将主油路油压调至低于正常值，如图 5-31a 所示，以防止因油温低、黏度大而产生换档冲击。当变速器油温过低（低于 -30℃）时，控制电脑使主油路油压升到最大值，以加速离合器、制动器的接合，防止温度过低时因变速器油黏度过大而使换档过程过于缓慢，如图5-31b所示。在海拔较高的地区时，发动机输出功率降低，控制电脑将主油路油压调至低于正常值，以防止换档时产生冲击。

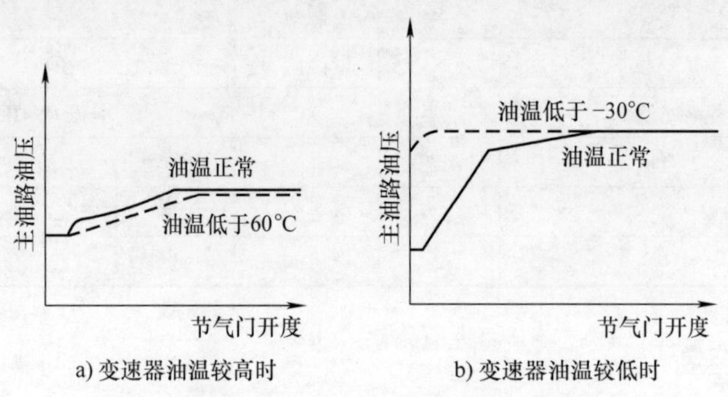

图5-31 变速器油温不同时的主油路油压曲线图

5.3.3 锁止控制

电子控制自动速器中，液力变矩器的锁止离合器也是由控制电脑控制的。控制电脑按设定好的控制程序，通过锁止电磁阀来控制锁止离合器的接合和分离。自动变速器在各种工作条件下的最佳锁止离合器控制程序预先储存在控制电脑的存储器内，控制电脑根据自动变速器的档位、控制模式等工作条件，从存储器中选取相应的锁止控制程序，再将车速、节气门开度与锁止控制程序进行比较。

当车速足够高，且其他因素均满足锁止要求时，控制电脑向锁止电磁阀发出电信号，使锁止离合器接合，即液力变矩器锁止。

控制电脑在进行锁止离合器控制时，还根据自动变速器的工作条件，在一些特殊工况下禁止锁止离合器接合，以保证汽车的行驶性能。禁止锁止的条件为变速器油温低于60℃或车速低于140km/h，且怠速开关接通。此外，在制动踏板踩下时，通常将已锁止的离合器分离，以切断发动机与传动系统的机械连接，防止发动机熄火。

目前，新型电子控制自动变速器多采用脉冲式电磁阀作为锁止电磁阀。控制电脑在控制锁止离合器接合时，通过改变脉冲电信号的占空比，使锁止电磁阀的开度逐渐增大，以减小锁止离合器接合时产生的冲击，使锁止离合器的接合过程变得平稳。

5.3.4 换档品质控制

（1）换档油压控制

在升档或降档瞬间，控制电脑通过油压电磁阀适当降低主油路油压，以减小换档冲击，达到改善换档品质的目的。还有一些控制系统在换档时通过电磁阀来减小蓄能器活塞的背压，以降低离合器或制动器液压缸内油压的升高速度，达到减小换档冲击的目的。

（2）减转矩控制

在换档瞬间，通过延迟发动机的点火时间或减少喷油量，暂时减小发动机的输出转矩，以减少换档冲击和汽车加速度出现的波动。控制过程：自动变速器控制电脑在自动变速器升档或降档瞬间，向发动机控制电脑发出减转矩控制信号，发动机控制电脑接收到这一信号后，立即延迟发动机的点火时间或减少喷油量，执行减转矩控制（图 5-32），由图中可看出，减转矩控制明显地降低了换档过程中发动机转速和汽车加速度的变化，这也就改善了乘坐的舒适性。

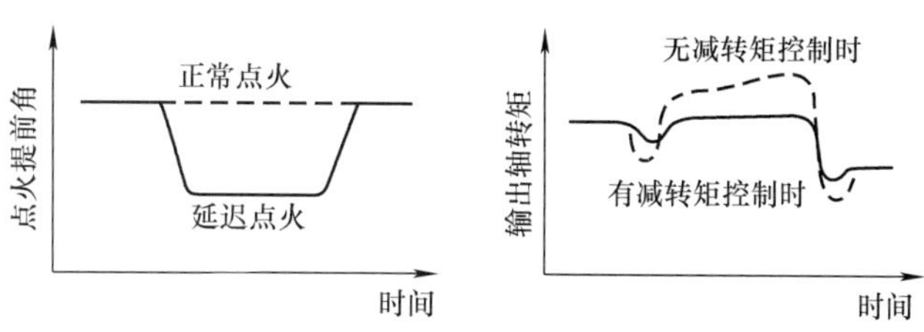

图 5-32 发动机的减转矩控制示意图

（3）N－D 换档控制

N－D 换档控制是在变速杆由 P/N 位换至 D/R 位，或由 D/R 位换至 P/N 位时，通过调整发动机喷油量，将发动机转速的变化降至最小程度，以改善换档质量。

如果没有 N－D 换档控制，则变速杆由 P/N 位换至 D/R 位时，由于发动机负荷增加，转速会下降；由 D/R 位换至 P/N 位时，由于发动机负荷减小，转速会上升。具有N－D 换档控制功能的自动变速器在进行上述操作时，若输入传感器测得的输入轴转速变化超过规定值，则变速器控制电脑向发动机控制电脑发出 N－D 换档控制信号，发动机控制电脑根据这一信号发出增加或减少喷油量指令，以防止发动机转速变化过大（图 5-33）。

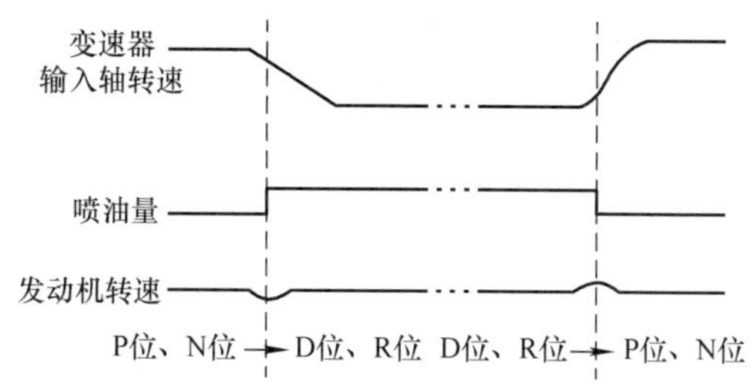

图 5-33 N－D 换档控制示意图

（4）输入轴转速传感器的控制

目前，一些新型电子控制自动变速器装有输入轴转速传感器，控制电脑通过该传感器可检测自动变速器输入轴的转速，并据此计算液力变矩器的传动比（即泵轮和涡轮的转速比）及自动变速器的传动比，从而更精确地控制自动变速器的工作状态。特别是控制电脑在进行换档油压控制、减转矩控制和锁止离合器控制时，利用该参数进行计算，可使控制时间更准确，从而获得最佳的换档质量和乘坐舒适性。

5.3.5 发动机制动控制

一些新型电子控制自动变速器的超越离合器（为利用发动机的制动作用而设置的执行元件）也是由控制电脑通过电磁阀来控制的。控制电脑按照设定的发动机制动控制程序，在变速杆位置、车速和节气门开度等满足一定条件（如变速杆位于前进低档位，且车速高于 10km/h，节气门开度小于 1/8）时，向超越离合器电磁阀发出电信号，打开超越离合器控制油路，使离合器（或制动器）动作，并使自动变速器具有反向传递动力的能力，从而在汽车滑行时实现发动机制动。

5.3.6 自诊断功能

电子控制自动变速器的控制电脑连续采集汽车工作状态下的全部信息，并根据各传感器测得的信号，按预先设定的控制程序向各执行器发出相应的控制命令。如果电子控制装置中的某个传感器出现故障，不能向控制电脑传送信号，或某个执行器损坏，不能完成控制电脑的控制指令，变速器便不能正常工作。为此，在控制电脑内设有专门的故障自诊断电路，它在汽车行驶过程中，不停地监测自动变速器电子控制系统中所有传感器和执行器的工作情况。发现某个传感器或执行器有故障或工作不正常时，仪表板上的自动变速器故障警告灯会点亮，以提醒驾驶人立即将汽车送至修理厂维修。

目前，大部分日系车型以超速档指示灯“O/D OFF”作为自动变速器故障警告灯。若超速档指示灯点亮，拨动超速档开关也不能将其熄灭，则说明电子控制装置出现故障。而一些欧系车型，则用变速杆位置指示灯作为自动变速器故障警告灯。

将检测到的故障内容以故障码的形式储存在控制电脑的存储器内，只要不拆除汽车蓄电池，已存储的故障码就会一直存在。即使汽车行驶中只偶尔出现一次故障，控制电脑也会及时地检测到并记录下来。

为确定故障码，可将诊断仪插入数据传送接头（DLC）内。诊断仪能检索存储在存储器中的全部信息。汽车在路试中，通过诊断仪能监测控制电脑的全部输入信息，这有助于判断故障的成因。诊断仪的使用方法请参见第6章相关内容。

5.3.7 故障保护

电子控制自动变速器故障保护的含义是：不管由何种原因引起变速器电子控制系统故障，变速器仍能维持基本的工作条件。例如在控制电脑完全失电的状态下，自动变速器至少还能提供一个前进档位，让汽车能继续行驶。在自动变速器电子控制系统故障或部分故障的情况下，控制电脑处理器会发送下列工作指令。

1）提供最大主油路油压。在电子控制自动变速器中，主油路的设定油压由两部分组成：一是通过调压阀设置的额定油压；二是通过压力控制电磁阀根据发动机负荷信号提供的附加偏置油压。如果控制电脑处于失电状态，则压力控制电磁阀无法接收控制电脑的输出信号。这种情况下，压力控制电磁阀的输入电流为零，但要求压力控制电磁阀有最大调节油压输出。液压系统能提供最大主油路油压，这可防止多片离合器和制动带在大负荷情况下打滑。此时，发动机的负荷信号已无法让控制电脑接收。

2）换档电磁阀都处于断电状态。电子控制自动变速器设置有两个换档电磁阀。如果控制电脑失电或电子控制装置出现故障，则两个电磁阀只能处于断电状态。在电子控制自动变速器设计中，总会存在一个应急前进档位，该档位工作时，两个电磁阀都处于断电状态。一般将应急档位设置在2档或3档。

3）液力变矩器锁止离合器处于分离状态。电子控制自动变速器处于故障保护状态时，汽车只能以2档或3档起步。如果在这种情况下锁止离合器仍起作用，则要求锁止离合器控制电磁阀断电，即锁止离合器分离。

5.3.8 自动模式选择控制

在使用有模式开关的电子控制自动变速器时，驾驶人可通过该开关改变自动变速器的控制模式，在经济模式、动力模式和普通模式间自主选择。不同模式下，自动变速器的换档规律有所不同，以满足不同的行驶要求。例如，经济模式以获得最低的燃油消耗量为目的进行换档控制，因此换档车速相对较低，动力性能指标有所降低；动力模式则以满足最大动力性为目的进行换档控制，经济性被放在次要地位，因此换档车速相对较高，油耗也稍有增加。目前，一些新型电子控制自动变速器的控制电脑具有很强的运算和控制能力，并具有一定的智能控制功能，因此可取消模式开关，由控制电脑进行自动模式选择控制。控制电脑通过各传感器测得汽车行驶状况和驾驶人操作方式，经过运算分析，自动选择换档控制模式。

控制电脑在进行自动模式选择控制时，主要参考变速杆的位置及加速踏板被踩下的速度，以判断驾驶人的操作目的。当变速杆位于前进低档（S、L位或1、2位）时，控制电脑只选择动力模式；当变速杆位于前进档（D位），且加速踏板被踩下的速度较低时，控制电脑选择经济模式；当加速踏板被踩下的速度超过控制程序中所设定的速度时，控制电脑由经济模式转换为动力模式。在上述选择控制中，控制电脑将车速和节气门开度的组合分为一定数量的区域（图5-34），每个区域有不同节气门开启速度的程序设定值。当驾驶人踩下加速踏板的速度高于汽车车速和节气门开度所对应区域的节气开启速度设定值时，控制电脑选择动力模式。当踩下加速踏板的速度小于车速和节气门开度所对应区域的节气门开启速度设定值时，控制电脑选择经济模式。在这些区域中，节气门开启速度设定值的分布规律是：车速越低或节气门开度越大时，设定值越小，即控制电脑越容易选择动力模式；在前进档（D位）且处于动力模式时，一旦节气门开度低于1/8，换档规律便由动力模式转换为经济模式。

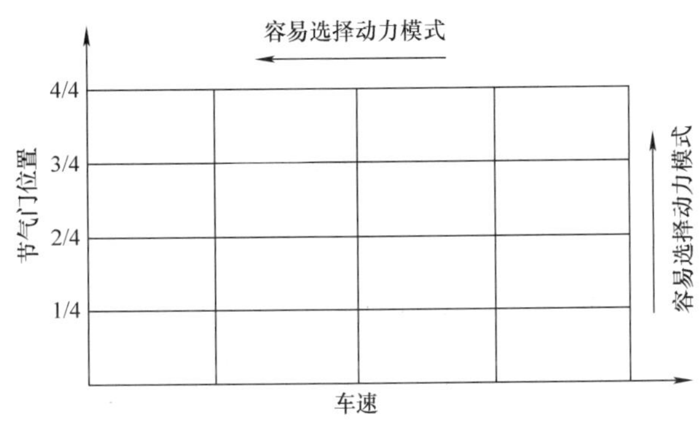

图5-34 自动模式选择方式

5.3.9 巡航控制

巡航控制系统能自动控制车速，使汽车在选定的速度下稳定行驶，无需驾驶人踩加速踏板。当然，必要时也可脱开巡航控制，转由驾驶人控制车速。

巡航控制系统由控制电脑和真空执行机构组成。真空执行机构包括真空调节器、节气门驱动伺服膜盒、车速控制开关和制动踏板上的真空解除开关等部分（图5-35）。控制电脑按车速传感器提供的车速信号控制真

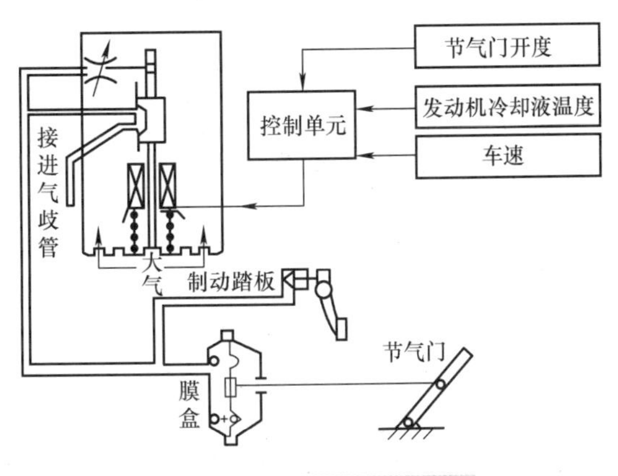

图5-35 巡航控制系统组成

空机构工作。根据控制电脑的输出信号，电磁阀可调节进入真空机构的新鲜空气量，从而控制作用于伺服膜盒内的真空度。车速低时，真空调节器供给的空气量减少，使伺服膜盒内的真空度增加，并通过膜片的移动使节气门开增大；车速高于控制车速时，真空调节器供给的空气量增加，伺服膜盒内的真空度降低，使节气门开度减小。

汽车正常行驶时，在发动机进气歧管负压和真空调节器供给定量空气的共同作用下，伺服膜盒内保持一定的真空度，控制汽车按预定速度稳定行驶。真空机构工作时，如果驾驶人踩下制动踏板，则首先使真空解除阀动作，切断系统电源。电磁阀断电后，真空调节器内部与大气相通，负压消失。踩下制动踏板的同时，真空解除阀也使真空机构和大气相通。

5.4 CAN 数据传输系统

（1）CAN 数据传输系统概述

1）CAN 系统应用的必要性。20 世纪 90 年代以来，随着集成电路和单片机在汽车上的广泛应用，各控制电脑之间需要共享的数据量也越来越大。控制系统复杂程度增加时，交换数据的信号线连接也会变得更加复杂，且电控单元的端子数量将明显增加，导致费用提高、故障率增高及维修困难等问题。应用 CAN 技术是解决这些问题的最佳途径。通过数据总线连接发动机控制电脑、车身（如车门和天窗）控制电脑、空调控制电脑、照明控制电脑及娱乐系统控制电脑等，即可实现传感器数据和电脑数据之间的共享，简化结构、提高控制效率。图 5-36 为奔驰 S320（W220 底盘）轿车使用的 CAN 系统。

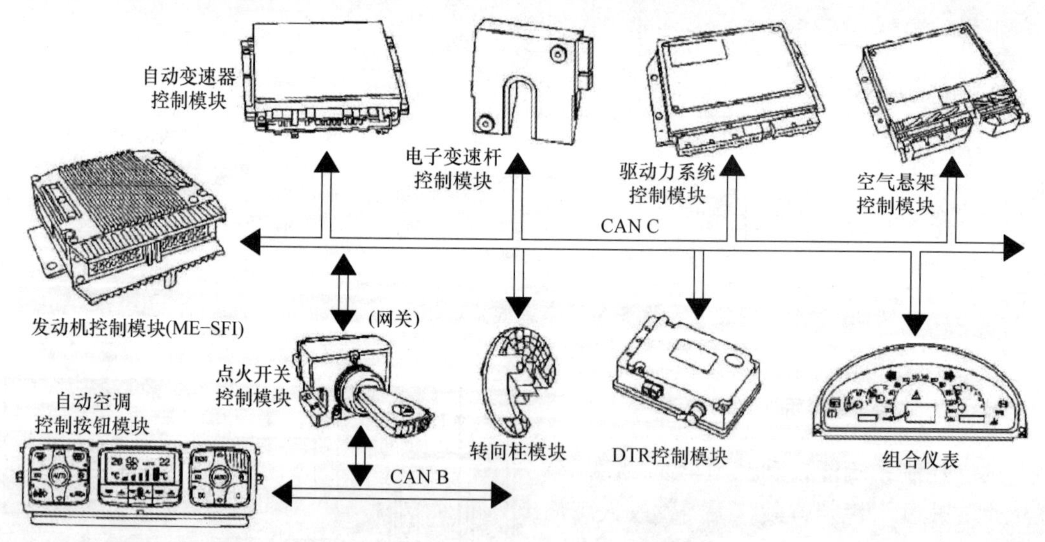

图 5-36　奔驰 S320 轿车 CAN 系统示意图

2）CAN 数据传输系统简介。CAN 是“Controller Area Network（控制器区域网络）”的缩写，意为控制器通过网络交换数据。一辆汽车无论有多少控制电脑，信息容量有多大，每个控制电脑都只需引出两条线接在两个节点上，这两条导线称作数据总线（BUS）。数据总线上搭载了多种信息，这些信息由不同的部件发出，传输给其他部件。

3）CAN 协议的定义。为使不同厂家生产的零部件能在同一辆汽车上协调工作，必须制定相应的标准。各控制电脑必须使用和解读相同的电子代码（相当于人类的“语言”），该代码称为“协议”。CAN 协议由博世（Bosch）公司开发，英特尔（Intel）公司和菲利普（Philips）公司则负责开发芯片，成品于1992年首先应用于奔驰轿车。1993年，国际标准化组织（ISO）颁布了ISO 11898标准，CAN协议称为国际标准。除CAN协议本身外，还在ISO 16845－2004标准中定义了CAN协议的一致性测试，以保证不同CAN芯片之间的互换性。

4）CAN数据传输系统的优点。数据总线与其他部件组合在一起就成为数据传输系统，CAN数据传输系统的优点如下：

① 将传感器信号线数量减至最少，使传感器信号能进行高速数据传输和共享。

② 控制电脑和控制电脑端子最小化，节省控制电脑内部空间。

③ 由于CAN总线面向内容编址，很容易建立高水准的控制系统，并可灵活配置。

④ 各控制电脑对所连接CAN总线进行实时监测，如出现故障则控制电脑会存储故障码。

⑤ CAN数据总线必须符合ISO 11898标准，因此不同厂家的控制电脑在汽车上能进行数据交换。

（2）CAN数据传输系统的组成及工作原理

1）CAN数据传输系统构成。CAN数据传输系统中的每个控制电脑内部都增加了一个CAN控制器和一个CAN收发器，每个控制电脑外部连接了两条CAN数据总线。在系统中作为终端的两个控制电脑，其内部还装有一个数据传递终端（数据传递终端有时安装在控制电脑外部）。

2）各部件功能

① CAN控制器。它的作用是接收控制电脑中微处理器发出的数据，处理数据并传给CAN收发器。同时，它也接收收发器收到的数据，处理数据并传给微处理器。

② CAN收发器。它是发送器和接收器的组合，将CAN控制器提供的数据转化为电信号并通过数据总线发送出去。同时，它也能接收总线数据，并将数据传到CAN控制器。

③ 数据传递终端。它实际是一个电阻器，作用是避免数据传输到终端后发生反射，因为反射波可能会破坏数据。

④ CAN数据总线。它是用来传输数据的双向数据线，分为CAN高位（CAN－high）和CAN低位（CAN－low）数据线。数据没有指定接收器，通过数据总线发送给各控制单元，各控制单元接收后进行计算。为防止外界电磁波干扰和向外辐射，两条CAN总线缠绕在一起，且两者电位相反，电压总和等于常值。这能使CAN总线免受外界电磁场的干扰，同时CAN总线向外辐射也保持中性。

3）数据传输过程。下面举例说明数据传递的过程（图5-37）。假设发动机控制电脑向某控制电脑CAN收发器发送数据，该收发器接收到数据后，对信号进行转换并传给自身的控制器。CAN数据传输系统的其他控制电脑收发器均会接收到此数据，同时检查此数据是否是所需的数据，如果不是则将其忽略。

（3）驱动CAN数据传输系统的组成

驱动系统CAN数据总线的主要连接对象是发动机控制器（ECU）、加速防滑调节（ASR）及防抱死制动系统（ABS）控制器、安全气囊控制器和组合仪表等。数据总线以

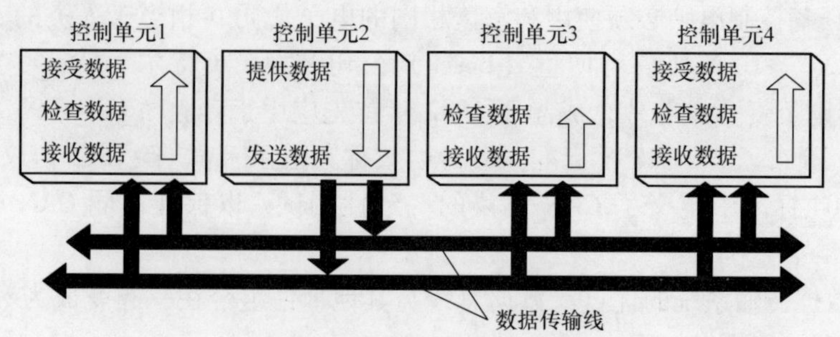

图 5-37　数据传输过程

500kbit/s 的速度传输数据，各控制电脑每隔 7 ~ 20ms 发送一次数据。优先权顺序为 ABS/EDL 控制电脑→发动机控制电脑→自动变速器控制电脑。

在驱动系统中，数据传输速度应尽可能快以便及时利用，因此需要一个高性能的发送器。高速发送器会加快点火系统内部的数据传输速度，这使接收到的数据立即应用到下一个点火脉冲中。CAN 数据总线的连接点通常置于控制电脑外部的线束中，在特殊情况下连接点也可能设在发动机电脑控制内部。

（4）车身 CAN 数据传输系统组成

车身 CAN 数据总线的主要连接对象是中控锁、电动车窗、外后视镜和车内照明灯等，它能传输中控锁、电动车窗、照明开关、外后视镜加热系统的数据且具有自诊断功能。控制电脑的各条传输线以星形汇聚于一点，采用星状拓扑结构。它的优点是某个控制电脑发生故障时，其他控制电脑仍可发送数据。

星状结构使经过车门的导线数量减少，线路简单。如果线路中某处出现对搭铁短路、对正极短路或线路间短路，则 CAN 系统会立即转为应急模式运行或转为单线模式运行。

数据总线以 100kbit/s 的速度传输数据，每一组数据传输大约需要 1ms，每个控制电脑 20ms 发送一次数据。优先权顺序为中央控制电脑→驾驶人侧车门控制电脑→前排乘客侧车门控制电脑→左后车门控制电脑→右后车门控制电脑。由于车身系统中的数据采用较低的速度传输，其发送器性能比动力传动系统的发送器低。

（5）其他 CAN 数据传输系统

在有些新型轿车中，除上述两条 CAN 数据总线外，还有负责卫星导航及智能通信系统的 CAN 数据总线。

第6章　冷却控制系统

6.1　冷却控制系统的作用及工作原理

（1）冷却控制系统的作用

过热是自动变速器的“天敌”，自动变速器油过热会导致其内部油封、离合器、制动器等部件损坏。

自动变速器冷却系统如图6-1所示，它用于控制自动变速器油的温度，是自动变速器的重要组成部分。

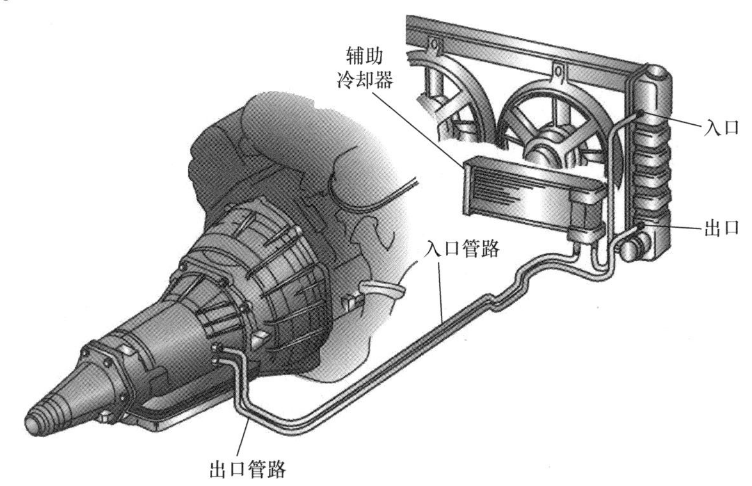

图6-1　自动变速器冷却系统

（2）冷却控制系统的工作原理

如图6-2所示，自动变速器中的高温油，经冷却管路进入位于散热器中的冷却器，经冷

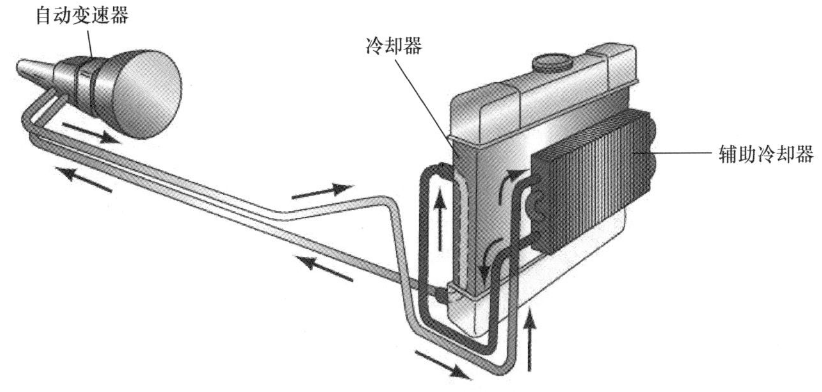

图6-2　自动变速器冷却系统工作原理

却器冷却后返回自动变速器，持续不断地冷却、润滑衬套、轴承、齿轮等零件，最终返回油底壳。一些重型汽车还装有辅助冷却器，以提高冷却效果。

6.2 冷却系统的电子控制装置

6.2.1 概述

如图 6-3 所示，油温传感器监测自动变速器油的温度。传感器信号显示自动变速器油过热时，为防止自动变速器损坏，自动变速器控制模块（TCM）将只允许自动变速器在特定方式下工作，即降温工作方式。变速器油温传感器信号显示油温回归正常范围后，TCM 允许自动变速器执行正常的换档程序。

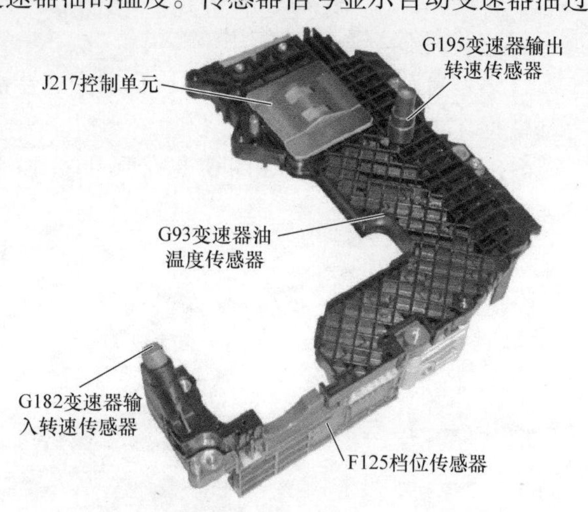

图 6-3 冷却系统的电子控制装置

变速器油温传感器的主要部件是一个热敏电阻，其阻值随变速器油温的变化而变化。TCM 的冷却保护功能在 20°C 以上时开始起作用。一般情况下，当变速器油温达到 122°C 时，TCM 控制液力变矩器锁止离合器工作，并将变速器锁档至 2、3 或 4 档。如果变速器油温继续上升至 150℃，TCM 会控制液力变矩器锁止离合器分离，以防止其高温损坏。如果变速器油温仍然继续上升至 154℃，TCM 会记录变速器油温高故障码，换档程序计算中的油温信号会用一个固定值代替。

6.2.2 奥迪 09E 变速器油（ATF）冷却装置

奥迪 A8 轿车使用的 09E 自动变速器采用独立式冷却器，取消了自动变速器油（ATF）管路，减少了密封问题导致的缺陷。

09E 自动变速器设置了带有截止阀 N82 的 ATF 冷却装置，如图 6-4 所示。由控制单元对截止阀 N82 进行冷却液流量控制。ATF 温度为 80℃ 时，截止阀 N82 处于关闭状态，截断从发动机到 ATF 冷却器的冷却液流动，发动机的热量无法传递给 ATF，发动机很快达到工作温度，同时自动变速器也可尽快升温。

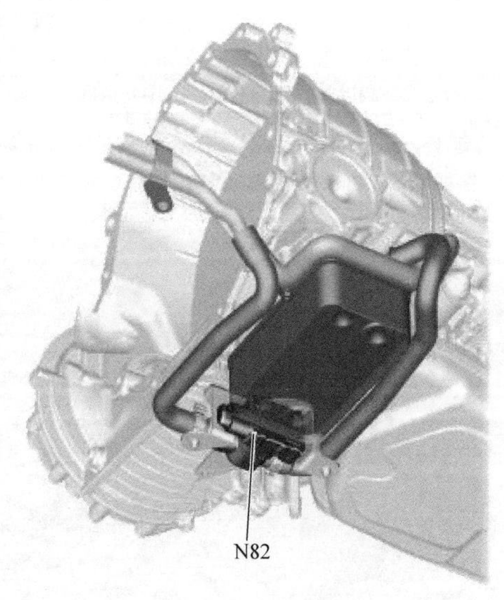

图 6-4 截止阀 N82 的安装位置

控制单元通过 15 号端子和 31 号端子向截止阀 N82 供电，如图 6-5 所示。集成在开关电子元件上的滑动触点和一个小开关定位板控制电动机。电动机借助一个小型变速器推动旋转滑阀改变工作位置，这决定了是否接通去往冷却器的发动机冷却液。

如图6-6所示，截止阀N82出口（有压力无控制）的旋转滑阀处，PIN 8通到变速器的插接件处于打开状态。若N82（PIN3）的输入信号与搭铁线相连，则电动机（由滑动触点和电子变速控制）驱动旋转滑阀旋转90°。进入关闭位置后，发动机冷却液不能进入ATF冷却器。若搭铁线断开，则电动机驱动旋转滑阀继续旋转90°，再次处于打开位置。此时，发动机冷却液能进入ATF冷却器进行冷却循环控制。旋转滑阀每次都沿相同方向转动90°。信号线断开时，截止阀N82保持打开状态，保持ATF冷却器的冷却功能；在搭铁线短路时，截止阀N82始终关闭，ATF冷却器处于断开状态，发动机冷却液不能进入ATF冷却器，因此导致自动变速器过热。

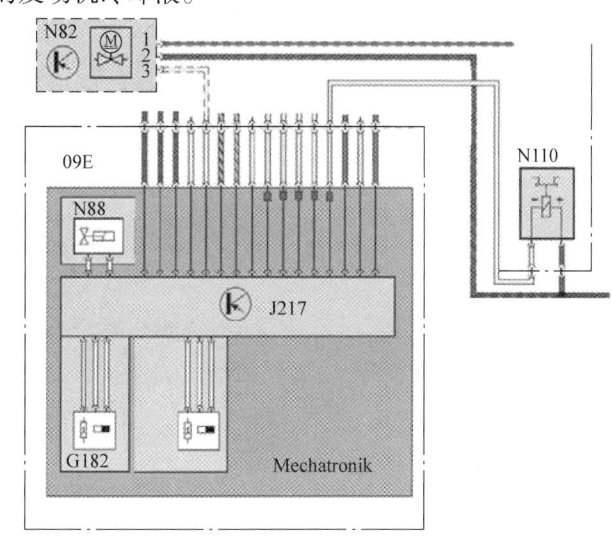

图6-5 截止阀N82的控制电路

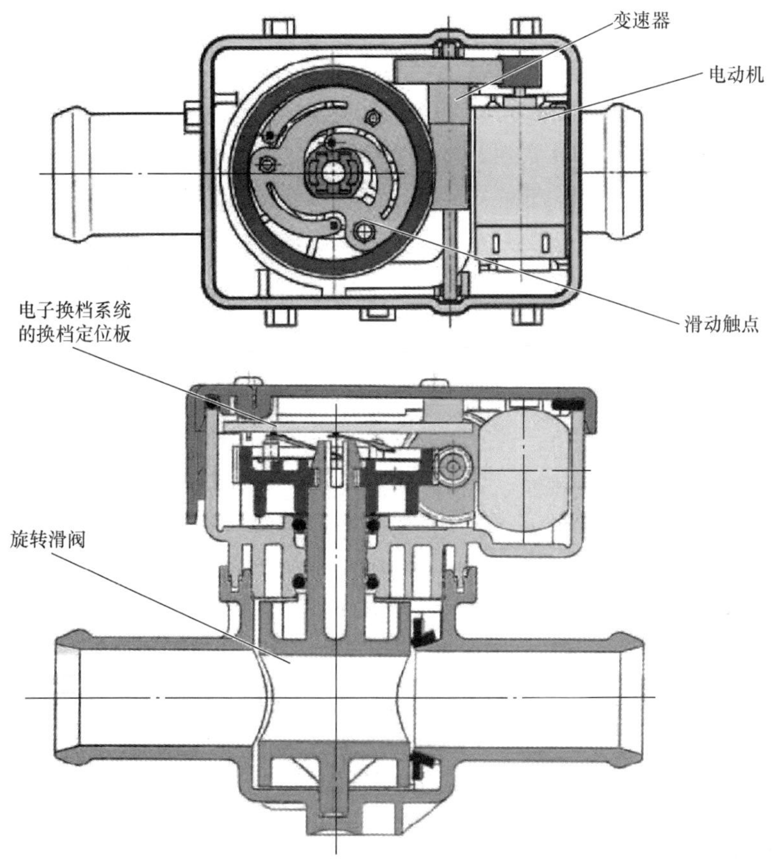

图6-6 旋转滑阀

第 7 章　无级变速器（CVT）

7.1 概　　述

无级变速器（CVT，Continuously Variable Transmission）采用传动带和工作直径可变的主、从动轮来传递动力，可实现传动比的连续改变，从而实现传动系统与发动机工况的最佳匹配。

无级变速器主要有以下形式。

- 机械式：有多种形式，目前常见的是锥块金属 V 带式传动，用于轿车。
- 液压传动式（Hydrostatic Transmission）：用于工程车辆和农业机械。
- 电力式：用于电动汽车（Electric Vehicle）。

德国奔驰公司最早在汽车上采用无级变速器，该公司于 1886 年将橡胶 V 带式无级变速器安装在汽油机汽车上。1958 年，荷兰 DAF 公司的 H. Van Doorne 博士研制出名为 Variomatic 的橡胶双 V 带式无级变速器，并装备 Daffodil 轿车，该车销量超过 100 万辆。但是橡胶双 V 带式无级变速器存在一系列缺陷，如转矩局限于 135N · m 以下，离合器工作不稳定，液压泵、传动带和夹紧机构的能量损失较大，因此没有被汽车行业普遍接受。

有关提高传动带性能和无级变速器传递转矩极限的研究一直在进行，主要包括以下方面：将液力变矩器集成到无级变速器系统中；主、从动带轮的夹紧力实现电子化控制；在无级变速器中采用节能泵；用金属传动带代替传统橡胶传动带等。新技术克服了早期无级变速器系统的技术缺陷，促进了无级变速器的发展。

进入 20 世纪 90 年代，汽车行业对无级变速器技术的研发日益重视，特别是在微型汽车领域，无级变速器成为关键技术。

日产公司最先将无级变速器应用在 2. 0L 排量的轿车上，这种名为 Hyper 的无级变速器可使车辆在完全没有换档冲击的同时获得优良的加速性能，而油耗与自动变速器车型相比减少了 20%。Hyper 首次使用了能增大发动机转矩的传动装置——液力变矩器，因此能使车辆迅速起步、加速并平稳行驶，即使在斜坡起步、超低速行驶、倒车入库和纵向停车时也能获得令人满意的驾驶感受。

1997 年 5 月，富士重工在 Vistro 微型汽车上装配了计算机控制式无级变速器（拥有 6 档手动换档模式）。驾驶人无须操作离合器就可进行 6 档变速控制。随后，富士重工又在 Pleo 微型汽车上采用了具有锁止功能的电控无级变速器，它通过小范围锁止可使液力变矩器的滑动保持在最小值，同时利用行星齿轮机构可实现前进档/倒档的切换。

从橡胶 V 带无级变速器到金属 V 带无级变速器，再到滚轮转盘式无级变速器，对机械传动无级变速器的研究已持续了一个世纪。这说明汽车厂商对无级变速器的研究都拥有很高的热情，很重视无级变速器在汽车领域的实用化进程。

目前，日本 JATCO 是全球最大的无级变速器制造商，而日本爱信（AISIN）和德国 ZF、博世，比利时邦奇等公司也或多或少涉足无级变速器研发领域。国内一些自主品牌汽车企业也拥有研发无级变速器的能力，如奇瑞汽车。

（1）无级变速器的优点

1）提高燃油经济性。汽车的油耗有最佳范围。车辆在道路上以 80km/h 行驶，发动机转速保持在 2500r/min 左右时，既能维持最小限度的功率输出又不会浪费燃油，发动机处于最佳运转状态。无级变速器可在相当宽的范围内实现无级变速，从而实现传动系统与发动机工况的最佳匹配，提高整车的燃油经济性。另外，无级变速器的传动比范围宽，能使发动机以最佳工况运行，从而有效改善燃油的燃烧过程，降低废气排放量。

2）提高动力性能。发动机的储备功率决定了汽车的爬坡能力和加速能力。无级变速器能实现输出储备功率所需的最大传动比，因此无级变速器车型的动力性能明显优于机械变速器（MT）和自动变速器（AT）车型。

3）改善驾驶性能。使用无级变速器，可保证发动机具有最佳动力性能，同时实现无级变速，使驾驶人真正享受轻松驾驶的乐趣。

（2）无级变速器的缺点

1）传递转矩的能力仍需进一步提高。

2）无级变速器在变速过程中，金属带的轴向偏移会造成主、从动带轮的中心不在同一平面上。这种现象会使金属带在运转过程中发生扭曲，在带轮的入端和出端造成冲击，使噪声增大，传动过程变得不平稳，同时使金属带的寿命急剧下降。

3）起步和低速行驶时可能有特殊的滞涩、不顺滑感。紧急停车后再起步时，偶尔会发生无法起步的现象。

7.2 无级变速器的结构和原理

7.2.1 钢带式无级变速器

钢带式无级变速器主要分为以下部分。

1）起步装置。主要有以下三种形式：

① 电磁离合器。重量及尺寸大，热负荷能力低，一般仅用于微型车辆。

② 电子控制湿式摩擦离合器。结构尺寸小，响应快，能量损失少，应用于轿车。

③ 液力变矩器：起步转矩大，坡道起步性能好，易操作，微动性能好（进出车库），能消除发动机转矩不均匀所引起的振动和冲击。

2）无级变速装置。前进/后退换向机构有行星齿轮式和定轴式两种，其核心部分是无级变速装置。该装置由两个带轮和钢带组成，钢带套在两个带轮上。带轮由两块呈八字形的轮壁组成，两片轮壁中间的凹槽形成一个 V 形，其中一边的轮壁由液压控制机构操纵。工作时，发动机输出轴输出的动力首先传递给无级变速器的主动轮，然后通过 V 形传动钢带传递到从动轮，最后经减速器、差速器传递给车轮。通过主动轮与从动轮的可动盘做轴向移动来改变主动轮、从动轮锥面与 V 带间的啮合工作半径，从而达到改变传动比的目的。两个带轮可实现反向调节，即其中一个带轮凹槽逐渐变宽时，另一个带轮凹槽会逐渐变窄。主动轮和从动轮的工作半径可连续调节，进而实现无级变速功能。无级变速装置的具体结构如

图 7-1 所示。

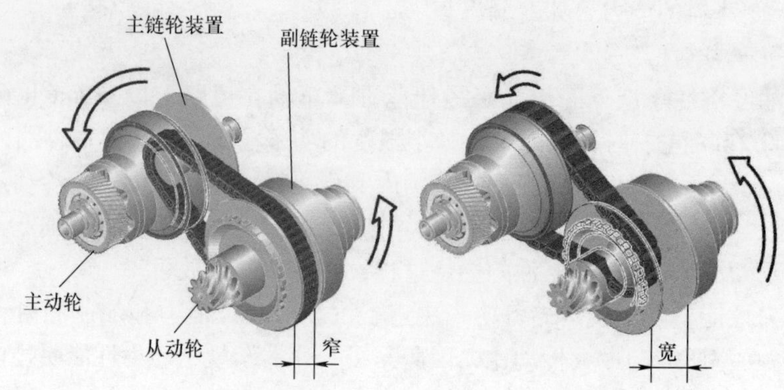

图 7-1 奥迪 01J 金属带式无级变速器结构

7.2.2 滚轮式无级变速器

(1) Extroid CVT 的结构及动力传递路线

日产研发的 Extroid CVT 是一款为后驱车设计的滚轮式无级变速器。Extroid CVT 的核心部分由两个相同的单元组成，每个单元有左右两个圆盘，每个单元中间的两个滚轮用于传递转矩。输入盘（左右最外侧）通过中间的横轴相连，而输出盘套在输入盘连接轴上，中间有一个齿轮用来连接传动轴。通过改变滚轮的角度使圆盘不同部位和滚轮接触，达到改变转矩和转速的目的。中间滚轮的角度是由电脑控制的，这使两个滚轮能完成同速、同转矩输出。

如图 7-2 所示，Extroid CVT 的动力传递路线为发动机→输入盘→滚轮→输出盘→输出轴。

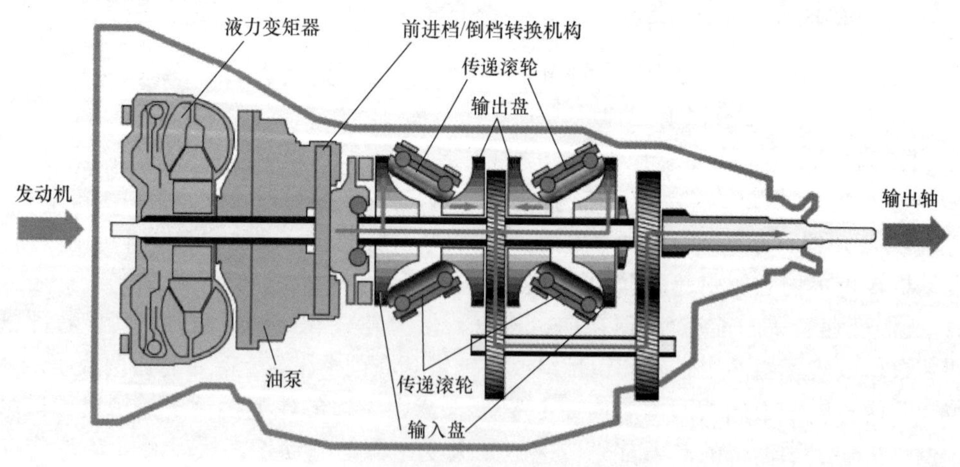

图 7-2 Extroid CVT 动力传递路线

(2) Extroid CVT 变速原理

电脑控制滚轮旋转角，使其同时与输入盘和输出盘接触。在图 7-3a 所示的状态下，即汽车起步或急加速的状态，输入盘转速高（发动机转速高），输出盘转速低（起步状态），这会产生增大转矩的效果，且转矩增大的比例等于接触点与输入盘轴心距离的比。

汽车在高速巡航状态下，不需要发动机输出很高转矩，且要求发动机转速较低以达到节油目的。滚轮调整到图7-3b所示的位置，使输入盘在外圈接触，输出盘在内圈接触。这样在发动机转速较低的情况下仍可使车轮保持较高转速。

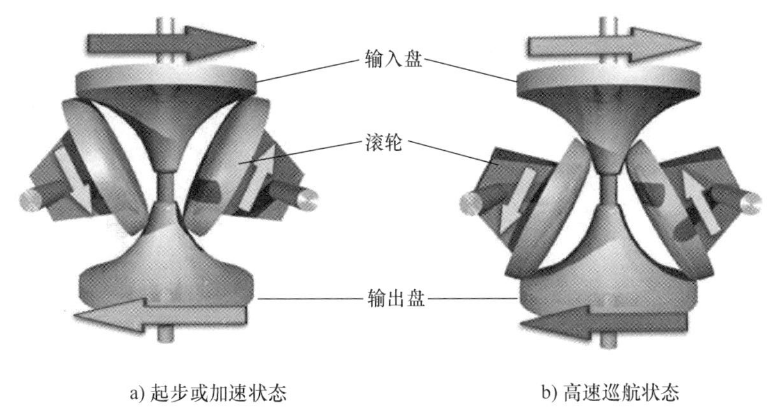

a) 起步或加速状态　　b) 高速巡航状态

图7-3　Extroid CVT变速原理

7.2.3　01J无级变速器机械系统

奥迪01J变速器的结构如图7-4所示，发动机的动力通过飞轮减振装置传递给起动离合器。起动离合器有两个，分别为前进档离合器和倒档离合器，两者均为湿式离合器。通过起动离合器，发动机的动力传递到辅助减速齿轮、传动链变速装置和终传动装置。

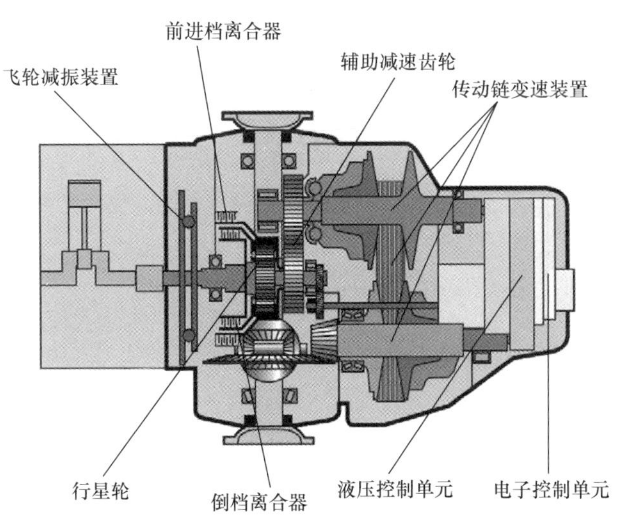

图7-4　奥迪01J无级变速器原理图

（1）飞轮减振装置

对于往复式内燃机，不均匀的燃烧会引起曲轴的扭振。扭振传递到变速器，可能引起共振、噪声和变速器部件过载。飞轮减振装置可减缓扭振并保证发动机以较低噪声运转，如图 7-5 所示。

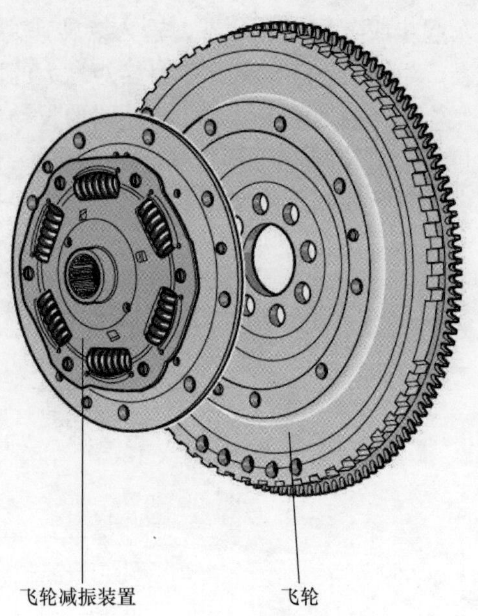

图 7-5　飞轮减振装置

（2）前进档离合器/倒档离合器

与有级自动变速器使用液力变矩器传递转矩不同，01J 变速器中，前进档和倒档采用湿式钢片离合器传递转矩。湿式钢片离合器用于起步和将转矩传递给辅助减速齿轮档，起步和转矩传递过程中，由电子液压单元监控和调整，如图 7-6 所示。

电子液压单元控制的钢片离合器与液力变矩器相比有如下优点：

- 重量轻。
- 安装所需空间小。
- 使起动特性适应驾驶状态。
- 使爬坡转矩适应驾驶状态。

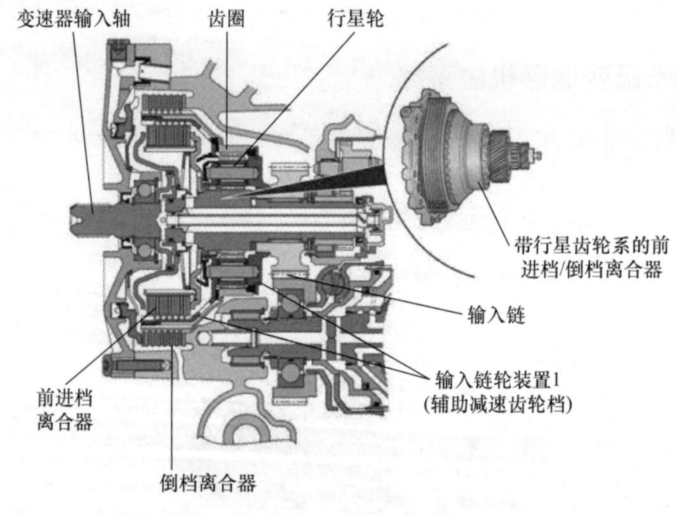

图 7-6　前进档离合器/倒档离合器

- 在过载或非正常使用的情况下具有保护功能。

（3）行星齿轮系

行星齿轮系的功能是倒档时改变变速器输出轴的旋转方向。

行星齿轮系各部件作用如下（图 7-7）：

- 太阳轮：太阳轮（输入）与变速器输入轴和前进档离合器钢片连接。
- 行星架：行星齿轮支架（输出）与辅助变速齿轮档主动齿轮和倒档离合器钢片连接。
- 齿圈：齿圈与行星轮和倒档离合器钢片连接。

1）车辆静止时的传动路径。转矩通过与输入轴相连的太阳轮传递到行星轮架，并驱动行星轮 1。车辆未起步时，作为辅助减速档输入部分的行星齿轮架是静止的。行星轮 1 驱动

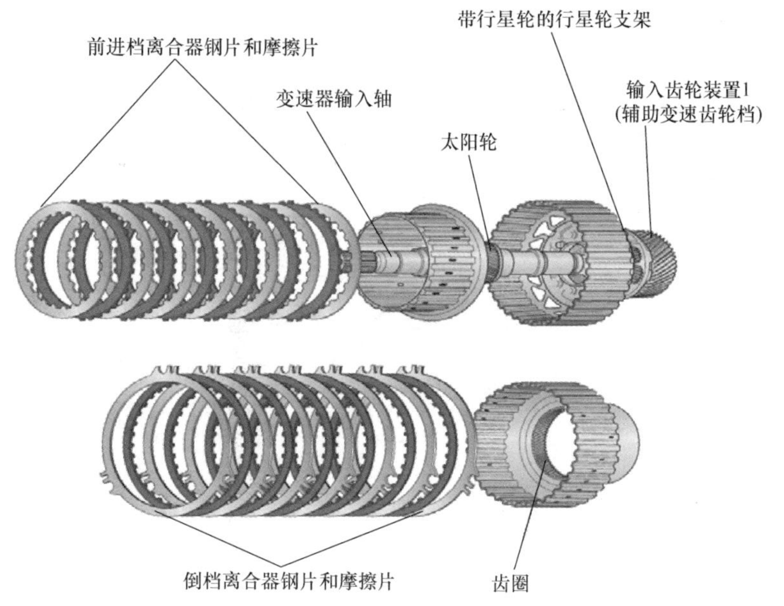

图7-7 行星齿轮系

行星轮2，行星齿轮2与齿圈啮合。齿圈以1/2发动机转速转动，旋转方向与发动机曲轴相同，如图7-8所示。

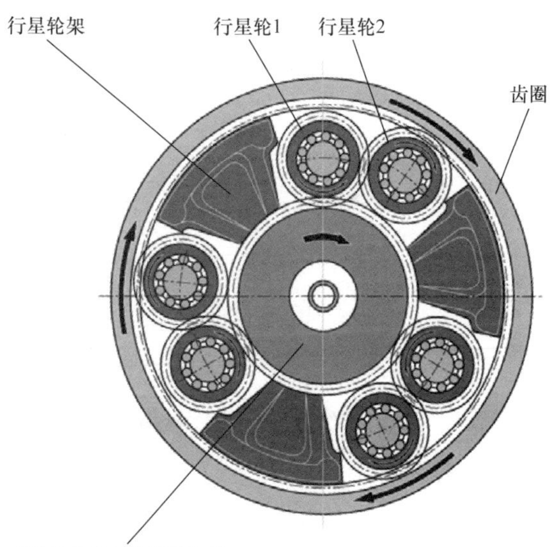

图7-8 发动机运转且汽车静止时的部件旋转方向

2）车辆前进时的传动路径。前进档离合器钢片与太阳轮连接，摩擦片与行星轮架相连。

前进档离合器动作（啮合）时，变速器输入轴与行星架（输出）连接，行星齿轮系锁死，并与发动机曲轴的转动方向相同，传动比为1∶1，如图7-9所示。

3）倒档时的传动路径。倒档离合器摩擦片与齿圈相连，钢片与变速器壳体相连。

如图7-10所示，倒档离合器动作（啮合）时，齿圈固定。起动时，齿圈与壳体固定在一起不能转动。转矩传递到行星轮架，行星轮架以与发动机曲轴相反的方向转动，车辆向后行驶。

倒车时，变速器保持起动时的传动比，车速由电子装置限制。

（4）离合器控制

起动过程中，发动机转速是离合器控制的主要依据。根据起动特性，变速器控制单元标定了发动机目标转速，该转速是随离合器转矩变化而变化的。其中，发动机起动特性是由驾驶人输入信号和变速器控制单元内部参数决定的，如图7-11所示。

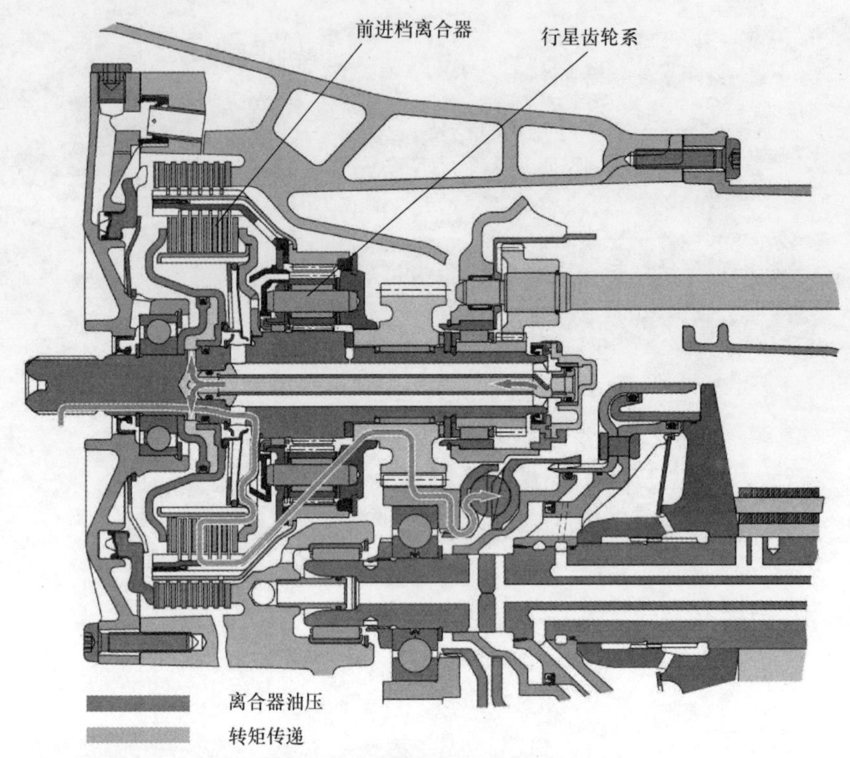

图 7-9　车辆前进时的传动路径

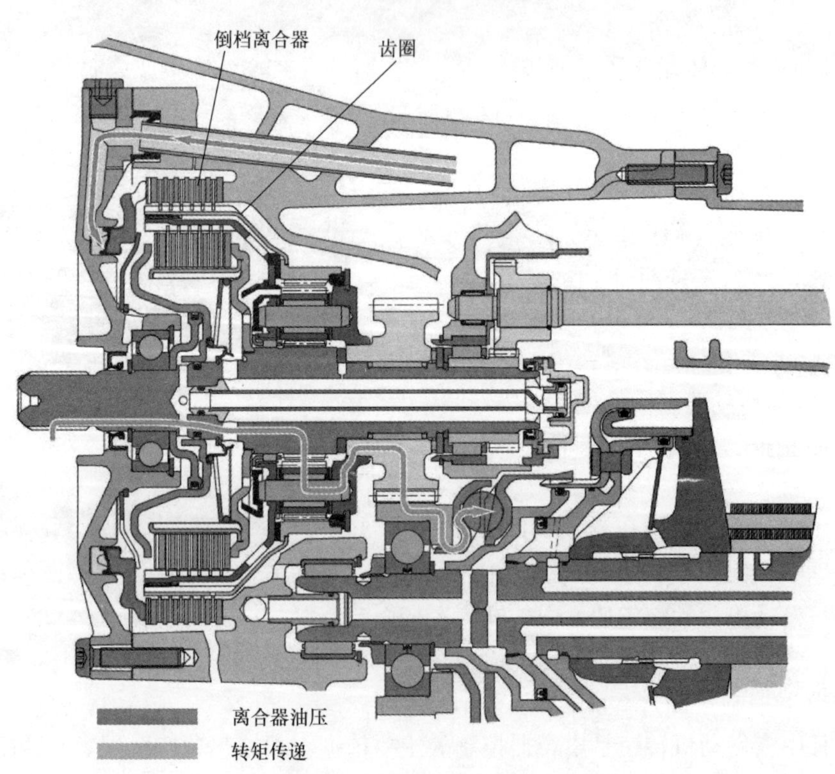

图 7-10　倒档时的传动路径

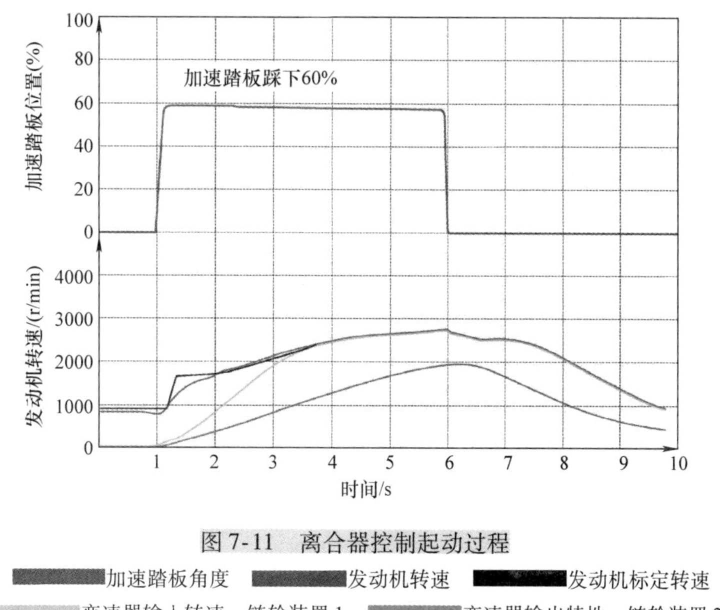

图 7-11 离合器控制起动过程

加速踏板角度　发动机转速　发动机标定转速
变速器输入转速，链轮装置 1　变速器输出特性，链轮装置 2

如图 7-12 所示，经济驾驶模式的特点是起步时加速踏板踩下的角度很小。此时，发动机由怠速运转到起步转速的变化是在低转速下完成。离合器打滑时间短，发动机转速低，这确保了较高的燃油经济性。

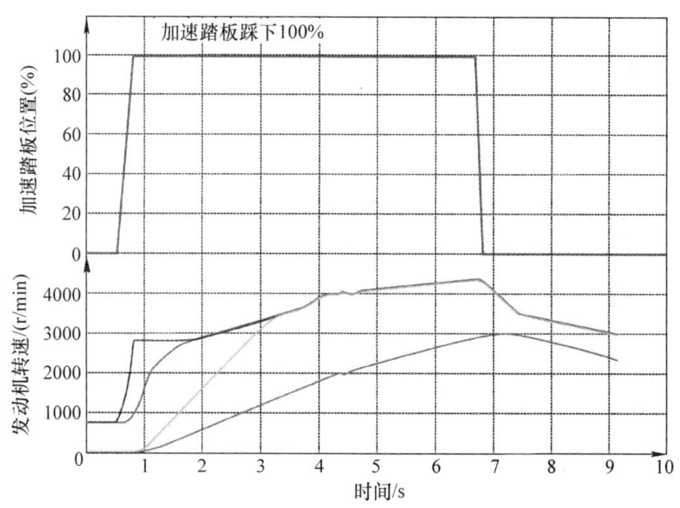

图 7-12 经济驾驶模式

与经济驾驶模式相反，运动模式时，发动机怠速运转到起步转速的变化是在高转速下完成的。此时，发动机输出的转矩大，汽车加速性能好，如图 7-13 所示。

1）离合器的电子控制（图 7-14）。影响离合器控制的信号如下：

- 发动机转速。
- 变速器输入转速。

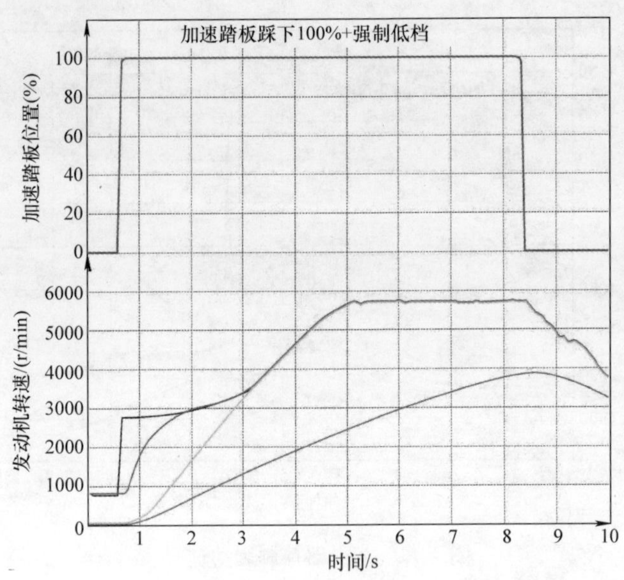

图 7-13　运动驾驶模式

- 加速踏板位置。
- 发动机转矩。
- 制动力。
- 变速器油温。

变速器控制单元通过这些参数计算出离合器的额定压力，并确定压力调节阀 N215 的控制电流。因此，离合器压力和离合器传递的发动机转矩也会随控制电流变化而变化（参考液压控制部分）。

液压传感器 G193 检测液压控制部分中的离合器压力（实际离合器压力），再将实际离合器压力与变速器控制单元计算的额定压力不断比较。实际压力与额定压力的差值超过一定范围，变速器控制单元便会进行修正（参阅安全切断部分）。同时，为防止过热，变速器控制单元会监控离合器温度（参阅离合器冷却部分）。

2）离合器的液压控制。离合器压力与发动机转矩成正比，而与系统压力无关。

如图 7-15 所示，先导压力阀（VSTV）为压力调整阀 N215 提供约为 500kPa 的常压。根据变速器控制单元计算的控制电流值，N215 产生控制压力，控制离合器控制阀（KSV）位置。控制电流越大，控制压力越高。

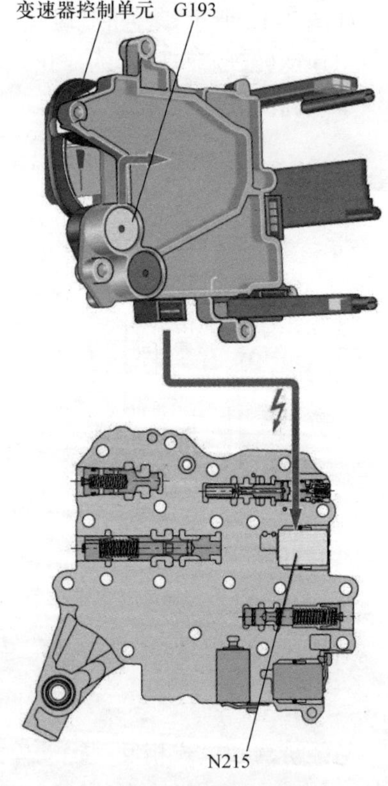

图 7-14　离合器电子控制

离合器控制阀（KSV）控制离合器压力，即调整待传递的发动机转矩。

离合器控制阀（KSV）的压力由系统压力提供，KSV 根据 N215 的触发信号产生离合器控制压力。N215 的控制压力越大，KSV 产生的离合器压力就越高。

离合器压力通过安全阀（SIV）传到手动换档阀（HS）。根据变速杆位置，手动换档阀将离合器压力传到前进档离合器（D 位）或倒档离合器（R 位），没有压力油传递过来的倒档离合器或前进档离合器与油底壳相通。变速杆位于 N 位或 P 位时，手动换档阀切断供油，两组离合器都与油底壳相通。

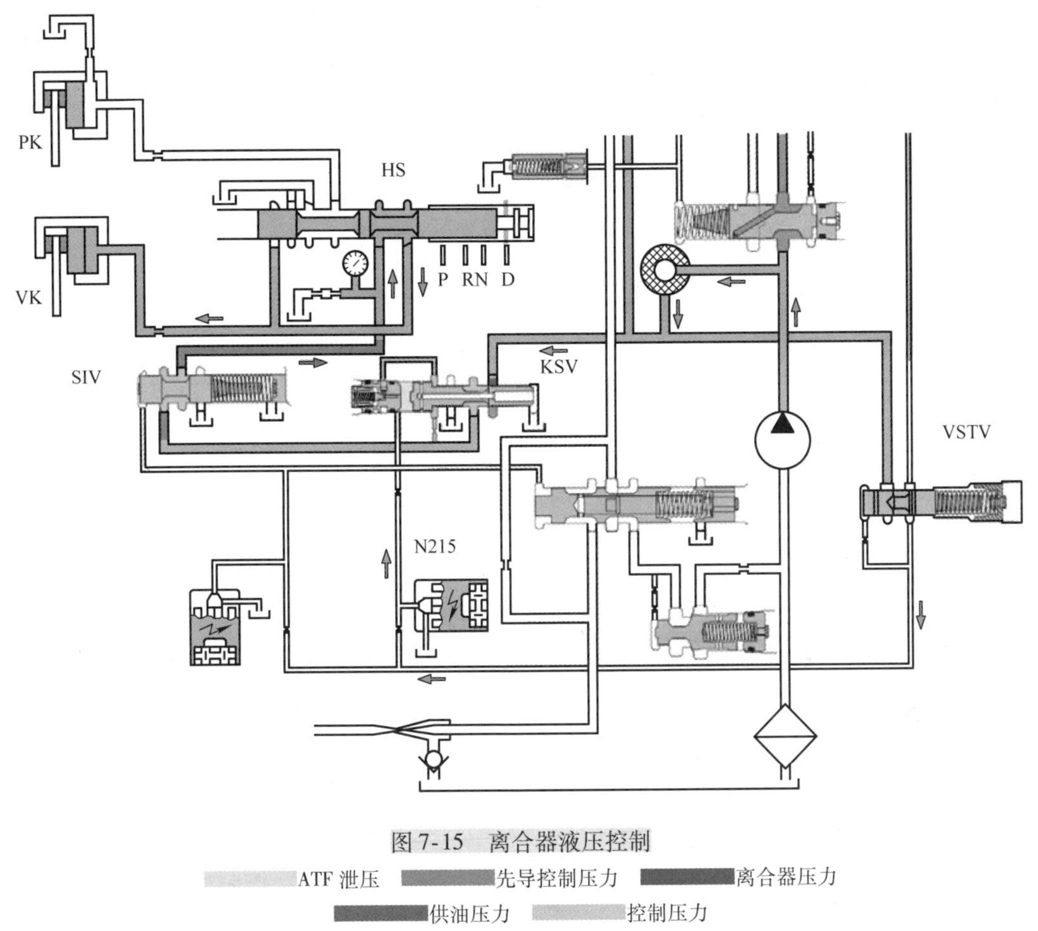

图 7-15　离合器液压控制

ATF 泄压　先导控制压力　离合器压力

供油压力　控制压力

3）离合器的安全切断。若离合器实际压力明显高于离合器额定压力，则会进入安全紧急故障状态。在这种情况下，不论手动换档阀处于何位置，离合器都需要泄压，即所谓的离合器安全切断。

如图 7-16 所示，离合器的安全切断由安全控制阀（SIV）实现，它可确保离合器快速分离。SIV 由电磁阀 N88 控制。控制压力上升到 400kPa 时，到离合器控制阀（KSV）的供油被切断，油底壳与手动换档阀间的连接通道打开，两个离合器均处于泄压状态。

4）离合器的过载保护。根据内置的计算模型，变速器控制单元计算出离合器打滑温度、待传递的发动机转矩及变速器油温。若测得的离合器温度因离合器过载而超出标定界限，则发动机转矩减小。

发动机转矩减小到发动机怠速转速上限时，短时间内，发动机对加速踏板信号可能无反应。离合器冷却系统确保短时间内降温，此后又迅速重新提供发动机最大转矩。因此，对

01J 变速器而言，离合器过载几乎不可能发生。

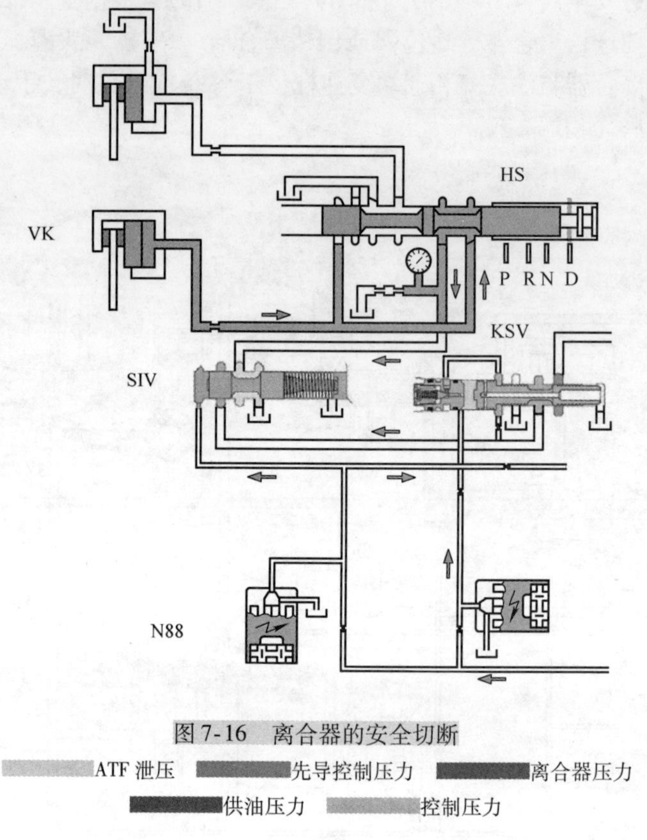

图 7-16 离合器的安全切断

ATF 泄压 先导控制压力 离合器压力

供油压力 控制压力

5）离合器的爬坡控制。爬坡控制指车辆静止时的离合器控制。通常，爬坡控制的功能是指：选择前进档时，即使不踩加速踏板也不会溜车。爬坡功能得以实现的关键是离合器压力与输入转矩互相协调。此时，发动机怠速运转，爬坡控制功能给离合器设定额定的打滑转矩（离合器转矩）。

由于接触压力与链轮装置处的发动机输入转矩成正比，变速器控制单元利用 G194 可精确计算和控制离合器转矩。

爬坡控制特点：车辆静止时，制动器作用，减小爬坡转矩，如图 7-17 所示。

汽车停于坡道上，制动压力不足且回溜时，离合器压力增大，使汽车停止（坡道驻车）。变速器控制单元通过两个变速器输出速度传感器 G195 和 G196 来区分汽车是向前行驶还是向后行驶的。

6）离合器的微量打滑控制。离合器的微量打滑控制是为适应离合器传矩传递控制，并减小发动机产生的扭振。离合器打滑量被控制在很小范围内，因此不必担心离合器烧蚀和燃油经济性。

变速器控制单元将变速器输入转速传感器 G182 提供的信号与发动机转速信号进行对比。在部分负荷状态下，离合器传矩传递特性被调整到与发动机转矩为 160N · m 的状态相适应。发动机转速上升到约 1800r/min，转矩达到约 220N · m 时，离合器工作在微量打滑模式下，如图 7-18 所示。

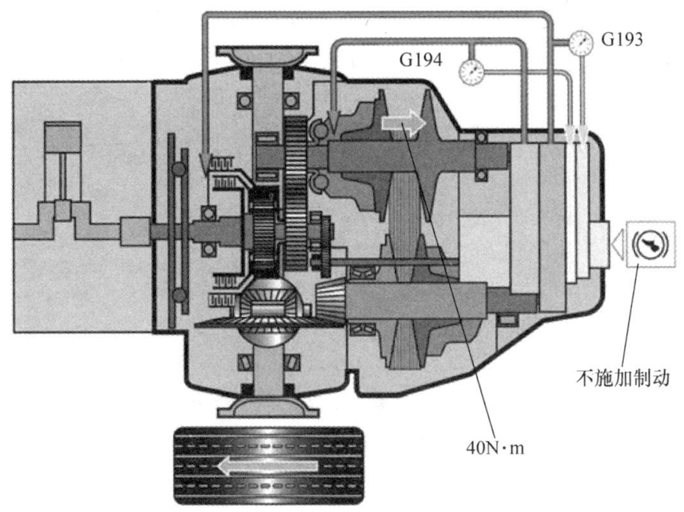

图7-17 离合器的爬坡控制

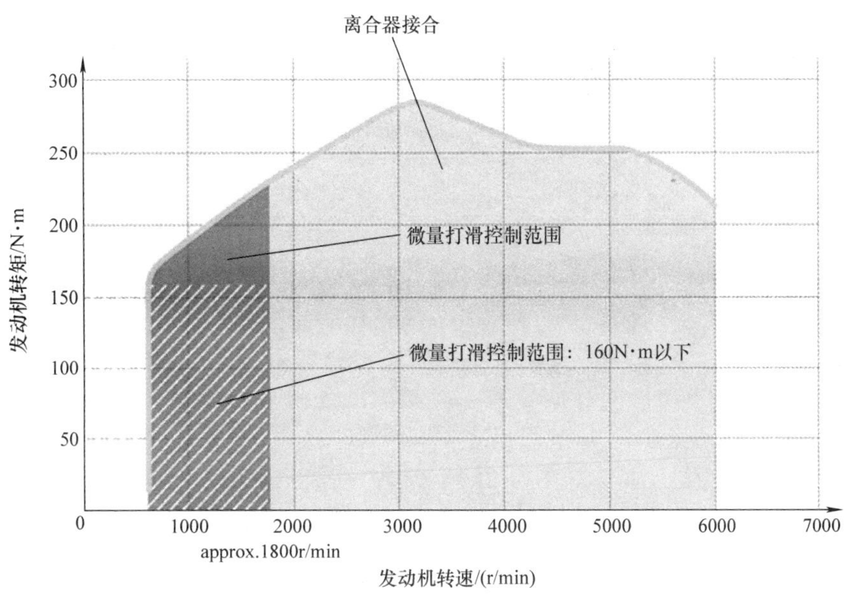

图7-18 离合器的微量打滑控制

7）离合器的控制匹配。离合器传递的转矩大小取决于离合器压力和摩擦系数。摩擦系数并不是一个固定值，它与变速器油（质量、老化、损耗）、变速器油温、离合器温度和离合器打滑相关。变速器控制单元在摩擦系数发生变化时，通过调整压力调整阀N215的电流，控制离合器控制阀（KSV）的开口度，从而控制离合器压力，达到补偿摩擦系数的作用。变速器控制单元并不直接监控摩擦系数变化，而是通过监测压力调整阀N215的电流和压力传感器G194的数据，计算出新的控制电流。

8）离合器的冷却系统。为避免在恶劣条件下行驶时，离合器工作温度过高，需用单独的油路来冷却。冷却液控制单元集成在阀体上，只有在需要的情况下，控制单元才会打开冷却回路，这可减少离合器冷却时的动力损失。冷却流量可通过吸气喷射泵增加，而不必对油泵容量有过高要求。为优化离合器冷却性能，冷却液仅传递到动力传递离合器链轮装置。

前进档离合器的冷却液和压力油通过变速器输入轴的孔道流通。如图 7-19 所示，两油路彼此间由钢管分开，钢管指图中的“内部件”。变速器输入轴出油口上装有润滑油分配器，将润滑油引导到前进档离合器或倒档离合器。

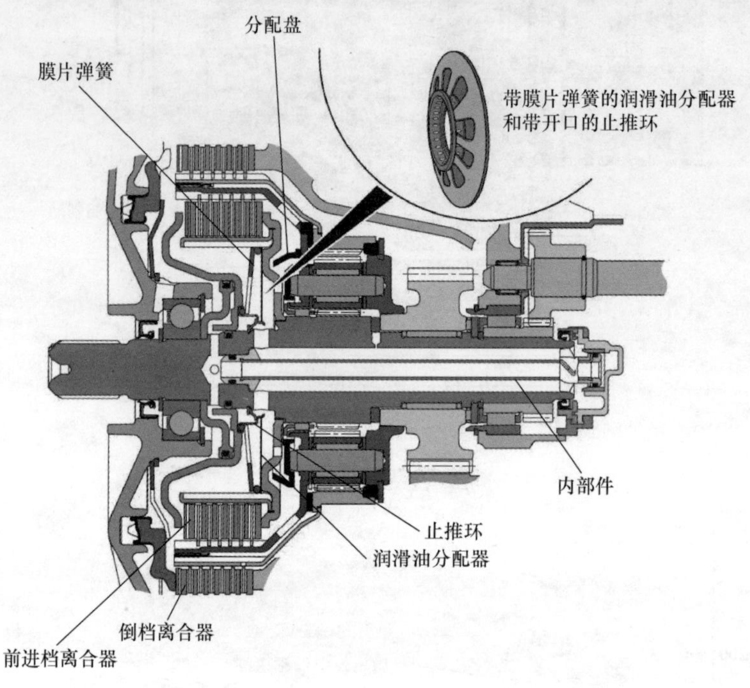

图 7-19　离合器的冷却系统

9）前进档离合器冷却回路。如图 7-20 所示，若前进档离合器接合，则离合器缸筒（压盘）将润滑油分配器压回。在此位置，冷却液流经润滑油分配器前端面流过前进档离合器。

10）倒档离合器冷却回路。如图 7-21 所示，若前进档离合器不工作（发动机怠速运转或倒档离合器工作时），则润滑油分配器回到初始位置。这种情况下，冷却液流到润滑油分配器，然后通过分配盘流回到倒档离合器。分配器带轮油道内的部分润滑油流到行星齿轮系，为其提供必要的润滑。

11）离合器冷却控制回路。如图 7-22 所示，离合器控制单元动作时，离合器冷却系统接通。变速器控制单元向电磁阀 N88 提供额定电流，该电流产生控制压力以控制离合器冷却阀（KKV）。离合器冷却阀（KKV）将压力从冷却液回油管传到吸气喷射泵（吸气泵）。

（5）换档控制

如图 7-23 所示，01J 变速器由两个带锥面的盘组 - 主链轮装置（链轮装置 1）和副链轮装置（链轮装置 2），以及工作于两个锥形链轮组之间 V 形槽内的专用传动链组成。

1）换档压力控制。01J 变速器的工作模式基于双活塞原理，并将转矩传感器集成在链轮装置 1 上。双活塞指链轮装置 1 和链轮装置 2 各有一个将锥面链轮压回位的分离缸（压力缸）和用于调整传动比的分离缸（变速器分离缸）。双活塞原理利用少量压力油便可很快进行换档，这可保证在相对低压时，锥面链轮有足够的接触压力。

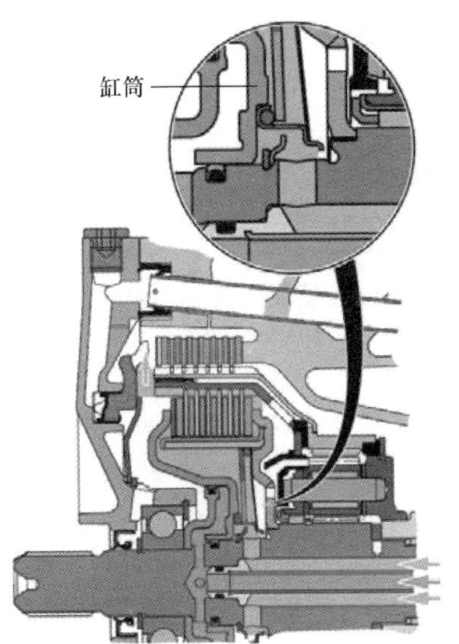

离合器油压
离合器冷却油流

图 7-20 前进档离合器冷却回路

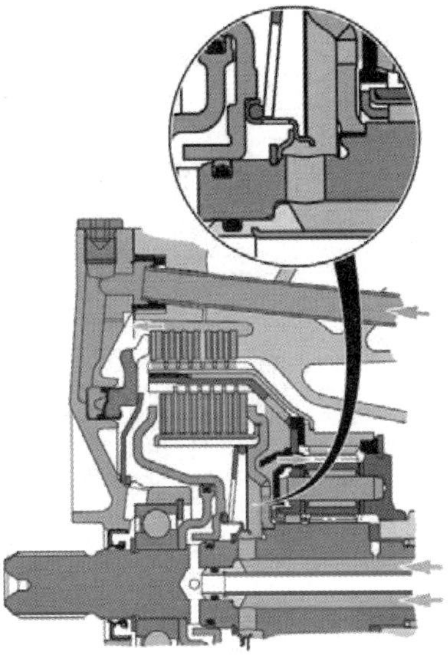

离合器油压
离合器冷却油流

图 7-21 倒档离合器冷却回路

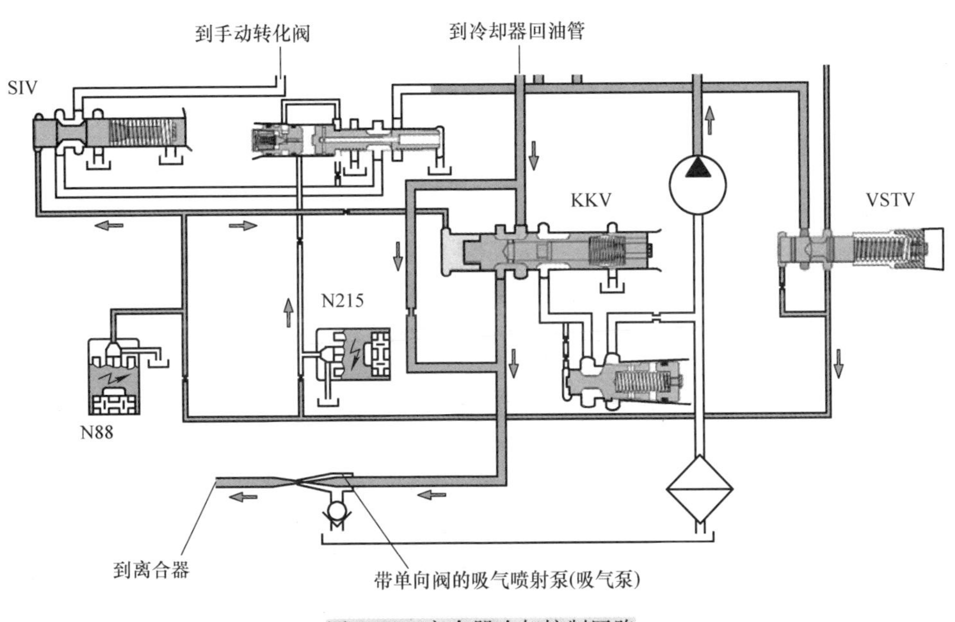

图 7-22 离合器冷却控制回路

ATF 泄压　冷却液流　来自冷却器回油管的油
操纵控制压力　控制压力

由于调整动态特性的要求，供油压力必须合适。为减少油量，分离缸的表面积要比压力缸小，因此调整所需油量相对较少。液压系统泄压时，链轮 1 的膜片弹簧和链轮 2 的螺旋弹簧产生额定的传动链基础张紧力（接触压力）。在泄压状态下，变速器起动转矩传动比由链轮 2 的螺旋弹簧弹力调整，如图 7-24 所示。

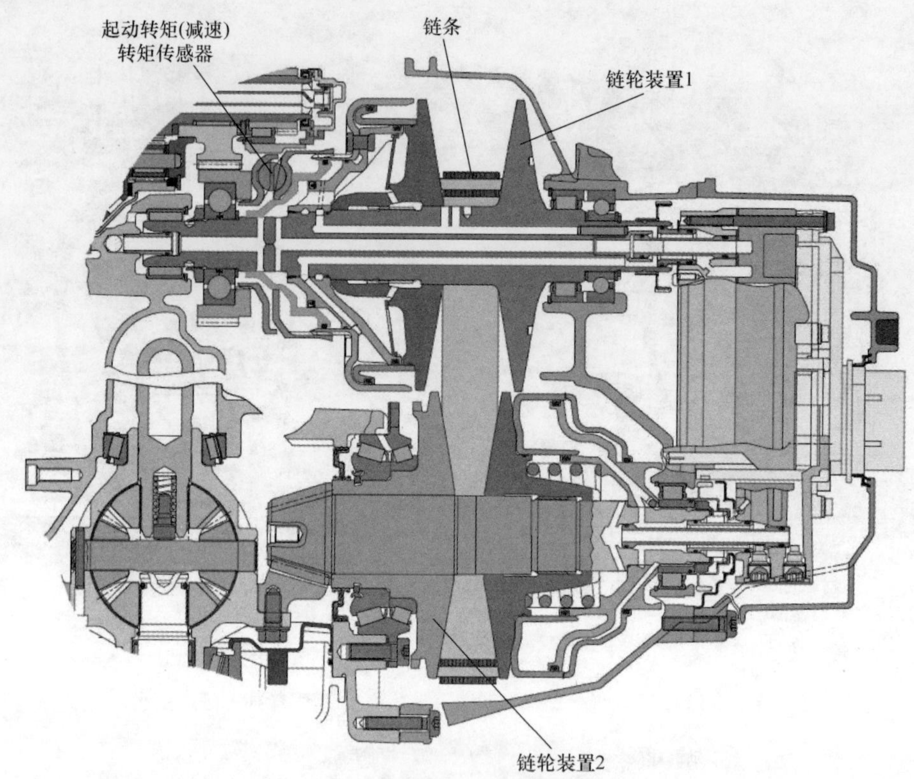

图 7-23 Multitronic 变速器

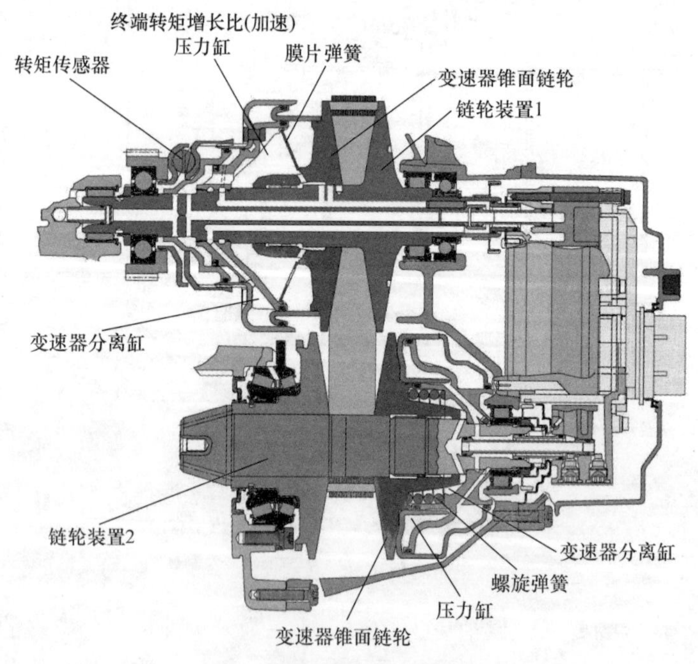

图 7-24 压力缸和变速器分离缸

为传递发动机转矩，锥面链轮和传动链之间需要很高的接触压力。接触压力通过调节压力缸内的油压产生。汽车被驱动时，链轮2驱动链轮1。链轮分离缸和压力缸产生动态压力，将传动比调整到约1:1。链轮1和行星齿轮系避免因发动机转速超差而破坏。链轮1的膜片弹簧协助完成此过程。

2）换档电子控制。为在各种驾驶状态下均能获得最佳齿轮传动比，Multitronic 控制单元根据驾驶人输入信息和车辆工作状态，计算出变速器额定输入转速。

如图7-25所示，传感器 G182 监测链轮1处的变速器实际输入转速。变速器控制单元根据实际值与设定值间的对比情况，计算出压力调节阀 N216 的控制电流。N216 产生液压换档阀的控制压力，该压力与控制电流成正比。通过检查来自 G182（变速器输入转速传感器）和 G195（变速器输出转速传感器）及发动机转速信号来监控换档过程。

3）换档液力控制。先导控制阀（VSTV）向压力调节阀 N216 提供约500kPa的常压。N216 根据变速器控制单元计算的控制电流产生控制压力，该压力是减压阀（UV）的控制压力。控制电流大，则 N216 产生的控制压力高。根据控制压力，减压阀将调节压力传递到链轮1或链轮2的分离缸，如图7-26所示。

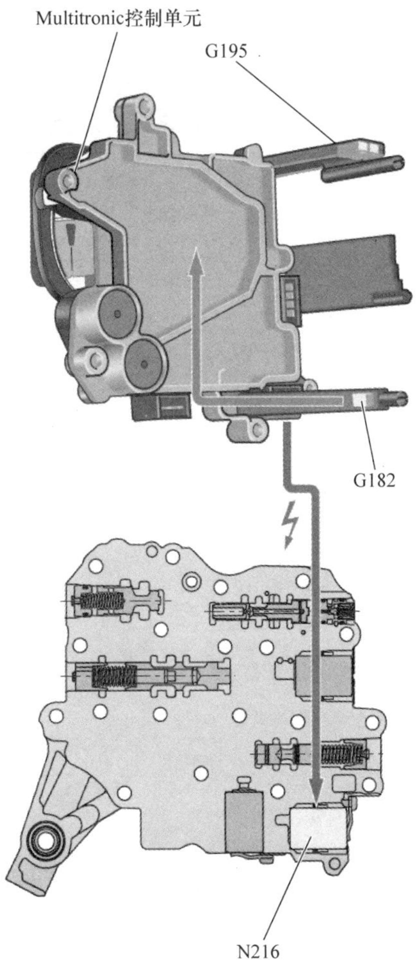

图7-25 G182（变速器输入转速传感器）和G195（变速器输出转速传感器）

控制压力在180～220kPa间时，减压阀关闭。控制压力低于180kPa时，减压阀调整压力传递到链轮1的分离缸，链轮2的分离缸与油底壳相通，变速器换入超速档，如图7-27所示。

4）换档接触压力控制。压力缸中，合适的油压最终产生锥面链轮接触压力。若接触压力过低，则传动链会打滑，导致传动链和链轮损坏；若接触压力过高，则传动效率会降低。Multitronic 变速器使用转矩传感器，能根据要求建立起尽可能精确、安全的接触压力。

发动机转矩只通过转矩传感器传递给变速器。转矩传感器通过液力－机械方式控制接触应力。液力－机械式转矩传感器集成于链轮1内，在静态和动态下高精度监控传递到压力缸的实际转矩，并建立压力缸的正确油压。

（6）转矩传感器的结构和功能

如图7-28所示，转矩传感器的主要部件为2个滑轮架，每个架有7个滑轨，滑轨中装有滚子，滑轨架1装在链轮装置1的输出齿轮中（辅助变速齿轮输出齿轮）。滑轨架2通过花键与链轮1连接，可轴向移动并由转矩传感器活塞支撑。如图7-29所示，转矩传感器活塞调整接触压力并形成转矩传感器腔1和转矩传感器腔2。支架可径向旋转，将转矩转化为轴向力（受滚子和滑轨间的几何关系影响），此轴向力施加于滑轨支架2并移动转矩传感器

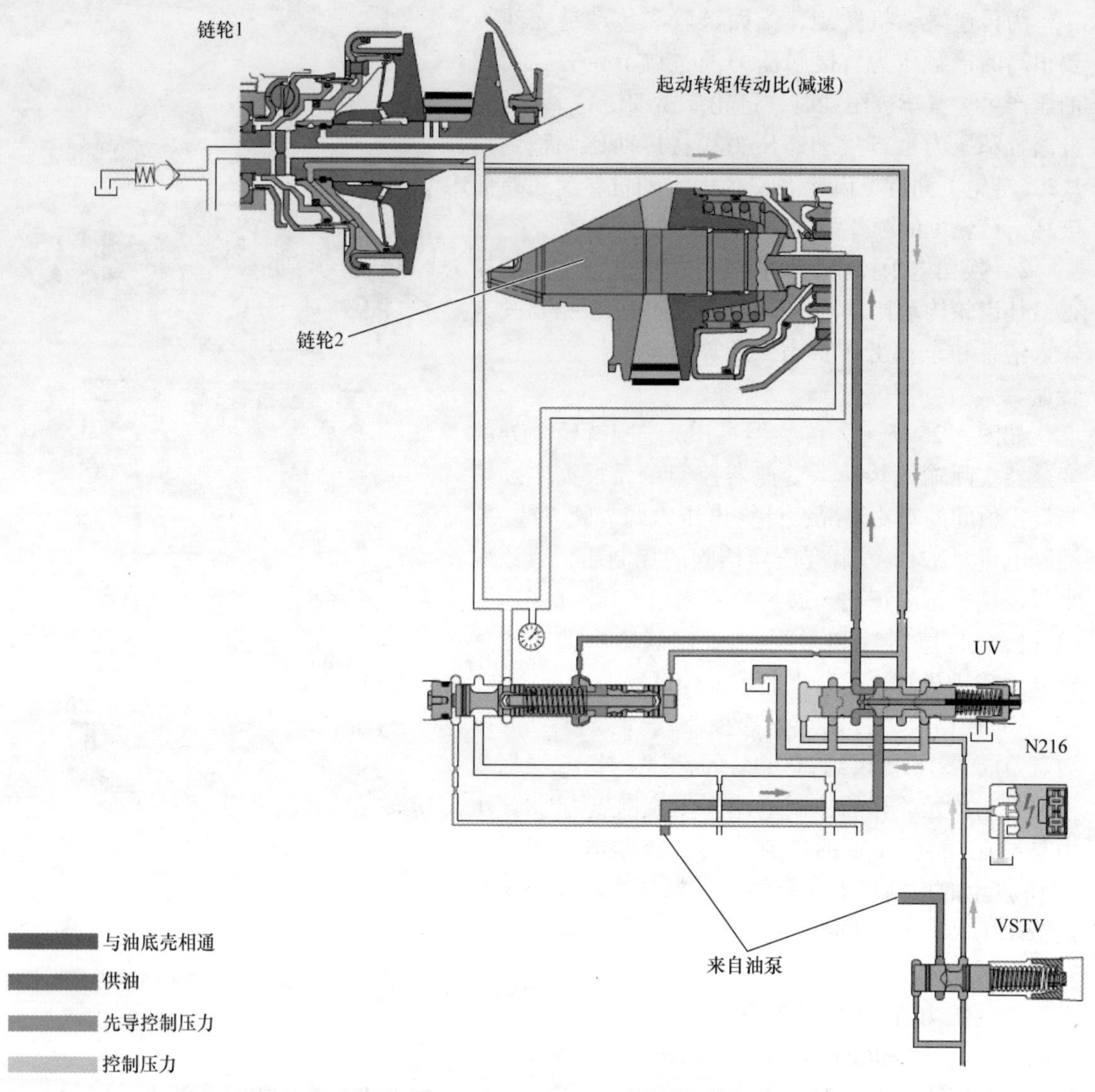

图 7-26　Multitronic 变速器减速的液力控制

活塞，活塞与支架接触。转矩传感器活塞控制凸缘关闭或打开转矩传感器腔输出端（回油）。转矩传感器产生的轴向力作为控制力与发动机转矩成正比。压力缸中建立的压力与控制力成正比。

如图 7-29 所示，若输入转矩提高，则控制凸缘半关闭出油孔，压力缸内的压力升高，直到建立起新的平衡。

如图 7-30 所示，若输入转矩下降，则出油孔进一步打开，压力缸内的压力降低，直到恢复压力平衡。

如图 7-31 所示，转矩达到峰值时，控制凸缘完全关闭出油孔。若转矩传感器进一步移动，则会起到油泵作用。此时，被排挤的油使压力缸内的压力迅速上升，可毫无延迟地调整接触压力。

锥面链轮产生的接触压力不仅取决于输入转矩，还取决于传动链跨度半径，两者确定了

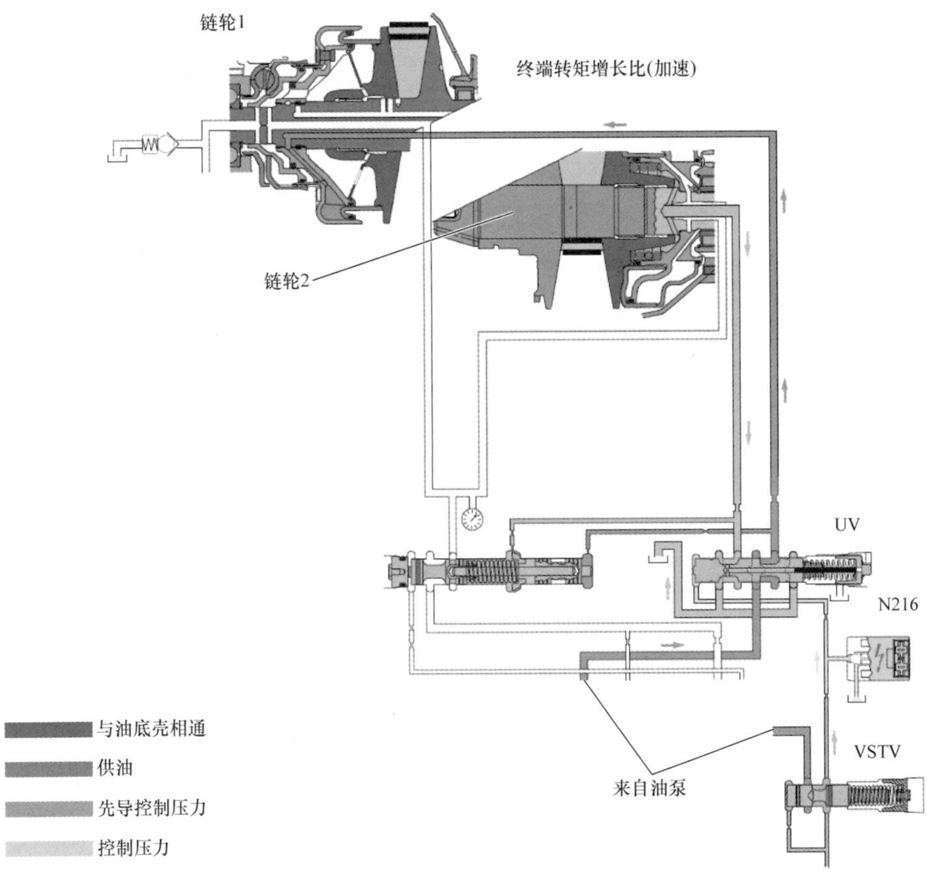

图7-27 Multitronic变速器加速的液力控制

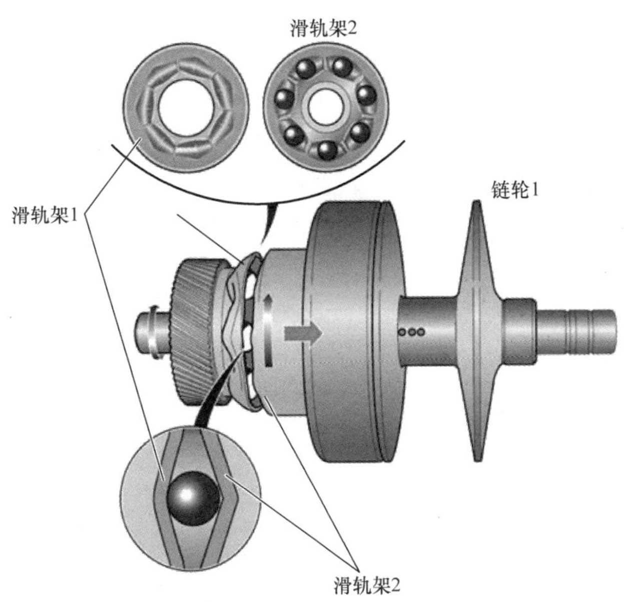

图7-28 转矩传感器的结构与安装位置

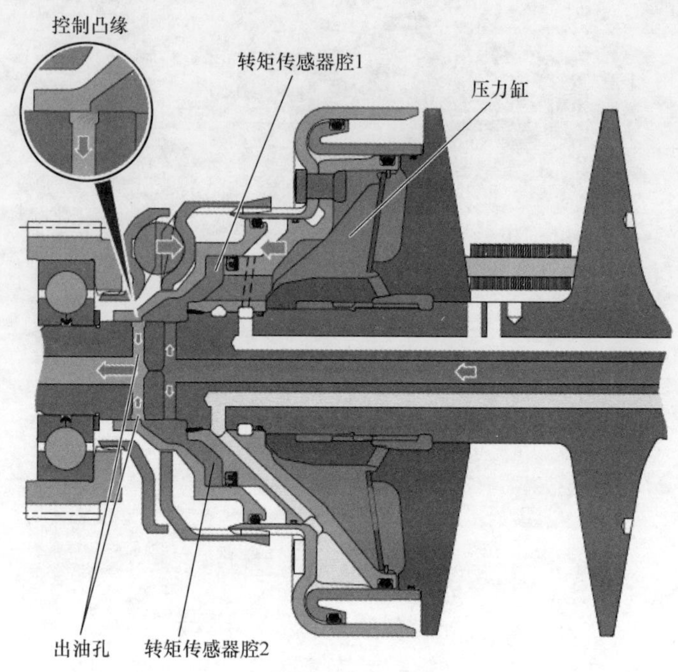

图 7-29　输入转矩提高

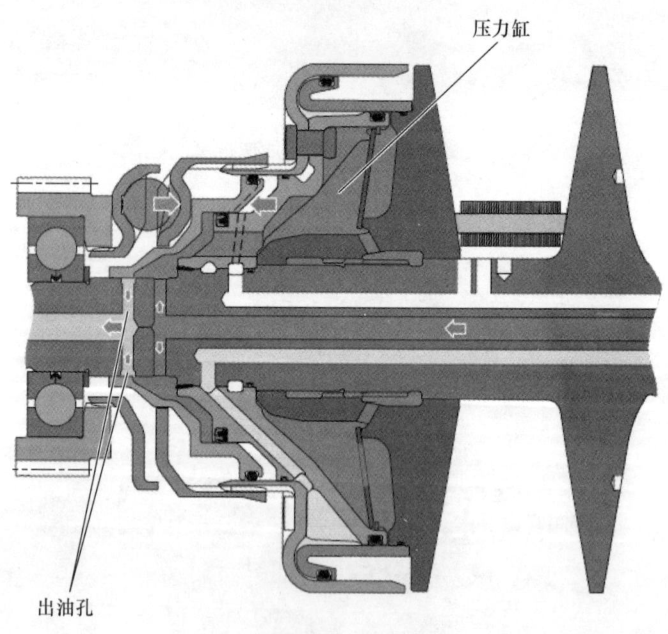

图 7-30　输入转矩下降

变速器的实际传动比。

如图 7-32 所示，起动档要求最大接触压力，链轮 1 的传动链跨度半径最小，为传递动力，尽管输入转矩高，仍只有少量摩擦衬片啮合。因此，链轮产生了很高的接触压力，直至超过额定传动比（1∶1）。

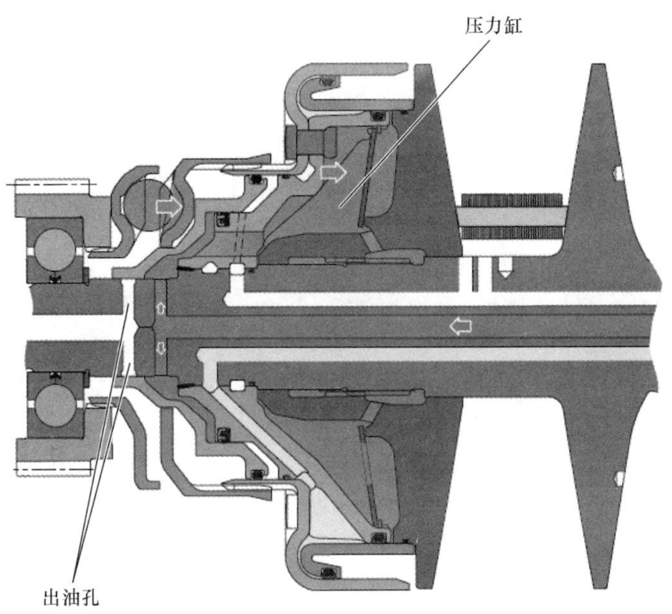

图 7-31 转矩达到峰值

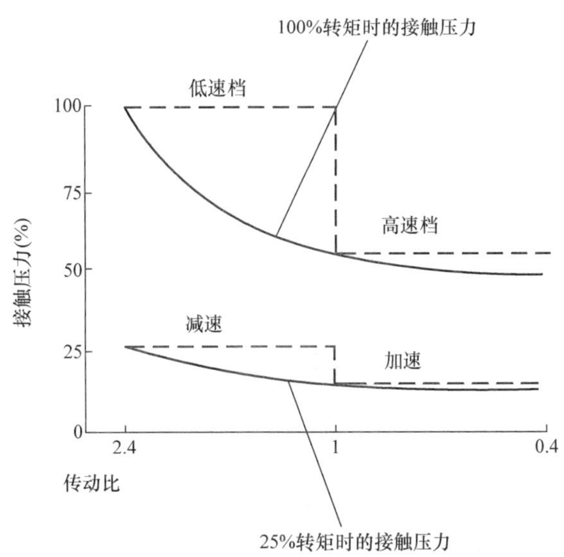

图 7-32 接触压力与传动比的关系

与传动比有关的接触压力在转矩传感器腔 2 内调整。提高或降低转矩传感器腔 2 内的压力，压力缸内的压力也会发生变化。

转矩传感器腔 2 内的压力受链轮 1 轴上的两个横向控制孔控制，两孔通过变速器锥面链轮的轴向位移关闭或打开。

如图 7-33 所示，变速器位于起动转矩档时，横向孔打开（转矩传感器腔 2 泄压）。

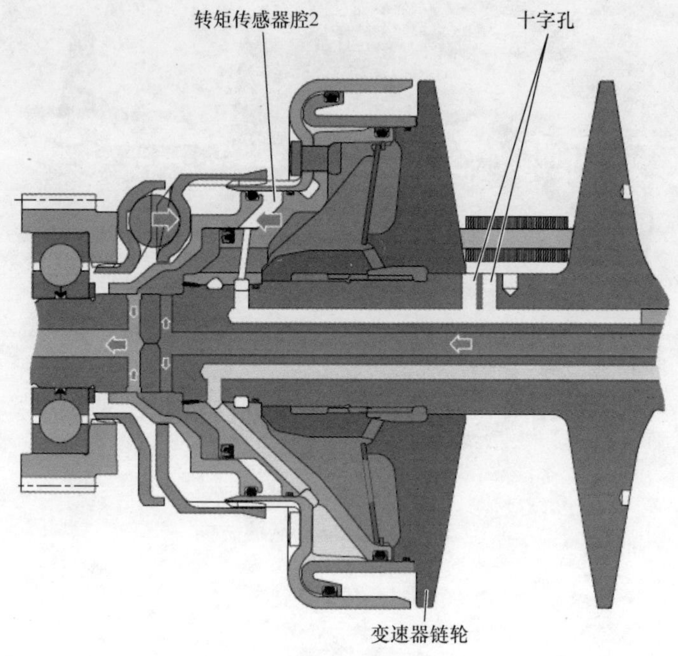

图 7-33　变速器位于起动转矩档

如图 7-34 所示，变速器换到高转速档时，横向孔立即关闭。若为标定传动比，则左侧横向孔打开。通过相关的可变锥面链轮孔，左侧横向孔与压力缸相通。此时，油压从压力缸传入转矩传感器腔 2，克服转矩传感器的轴向力并将转矩传感器活塞向左推动。控制凸缘进一步打开出油孔，减小压力缸内的油压。

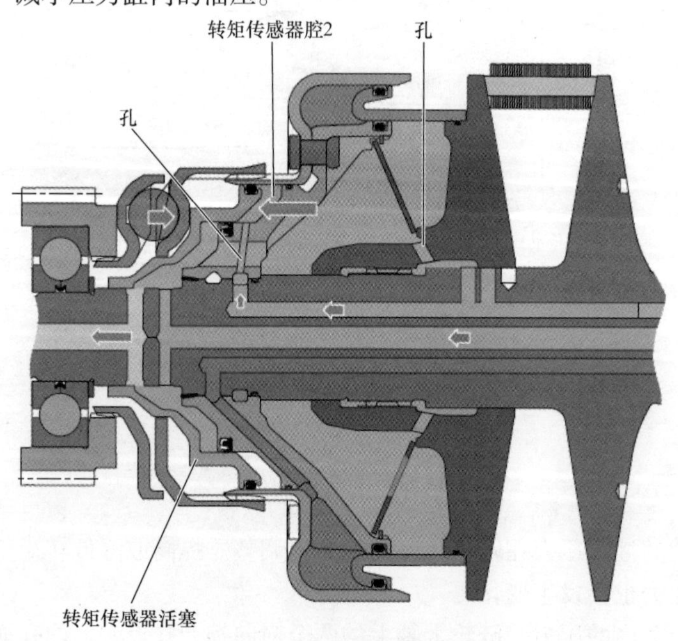

图 7-34　变速器换到高转速档

（7）飞溅式润滑油罩盖

如图7-35所示，位于链轮装置2上的飞溅润滑油罩盖是01J变速器的独特结构，它可阻止压力缸建立起动态压力。

在发动机转速很高时，压力缸内的变速器油承受很高的旋转离心力，因此压力上升，该过程称为建立动态压力。动态压力提高了接触压力并对传动控制产生有害影响。封闭在飞溅润滑油罩盖内的变速器油承受与压力缸内的变速器油相同的动态压力，因此压力缸内的动态压力得到补偿。

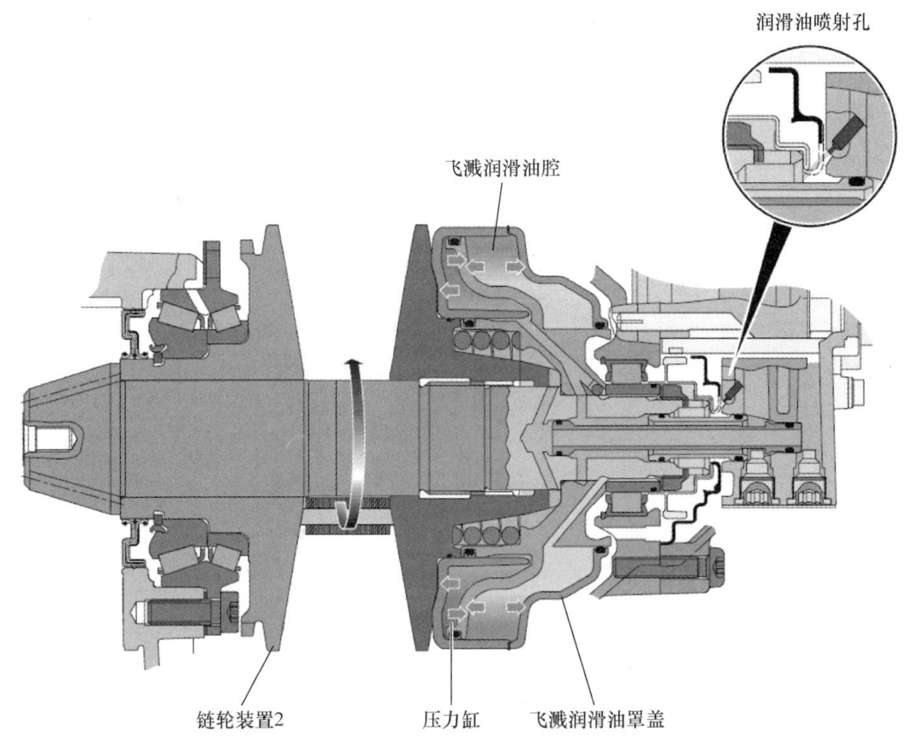

图7-35 动态压力的补偿

（8）传动链

1）传动链的结构。传动链是01J变速器的关键部件。如图7-36所示，相邻传动链链节通过转动压块连成一排（每个销连接2个链节），转动压块在变速器锥面链轮间“跳动”，即锥面链轮互相挤压。转矩靠转动压块正面和锥面链轮接触面间的摩擦力来传递。

2）传动链的工作过程。如图7-37所示，每个转动压块永久性连接到一排连接轨上，通过这种方式，转动压块不可扭曲，两个转动压块组成一个转动节。

转动压块不断滚动，当其在锥面链轮跨度半径范围内驱动传动链时，几乎没有摩擦。这种情况下，尽管转矩高、弯曲角度大，动力损失和磨损却降到最小，延长了传动链的寿命，提高了传动效率。

如图7-38所示，01J变速器使用两种不同长度的链节，以防止共振并降低运动噪声。

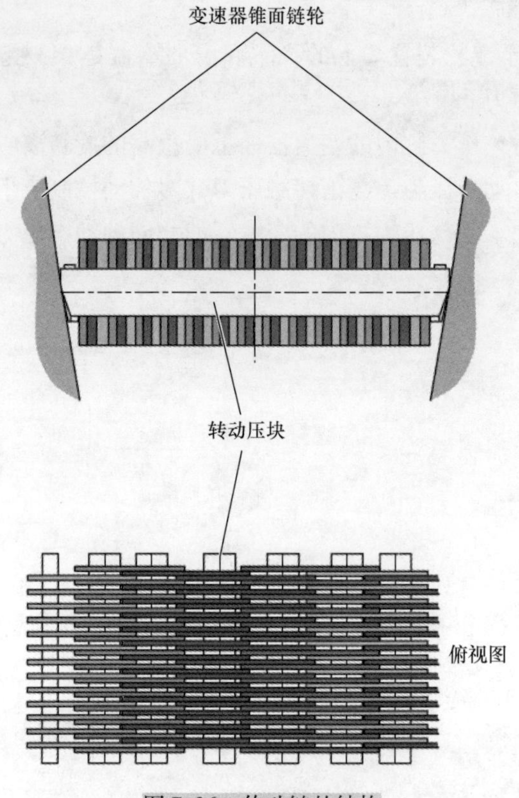

图 7-36　传动链的结构

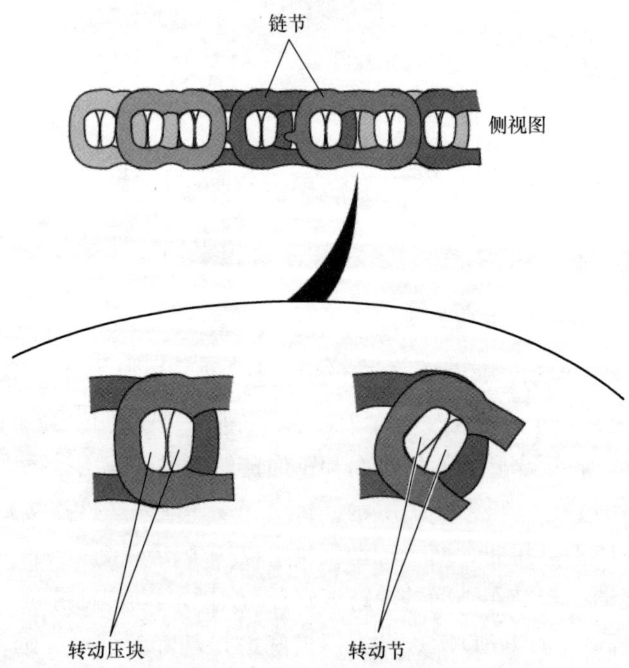

图 7-37　传动链的工作过程

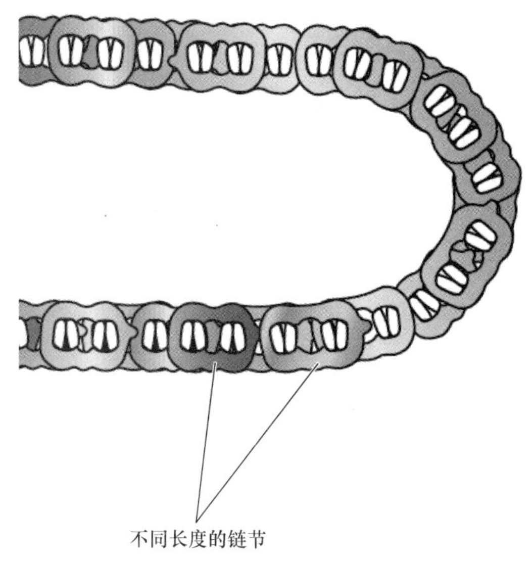

图 7-38 不同长度的链节

7.2.4 01J 无级变速器液压系统

（1）动力部分

在 01J 变速器中，动力传递由动力供应和液压部分决定。油泵是变速器中消耗动力的主要部件，直接安装在液压控制单元上，与控制单元构成一个整体，减少了压力损失且节约了成本，如图 7-39 所示。

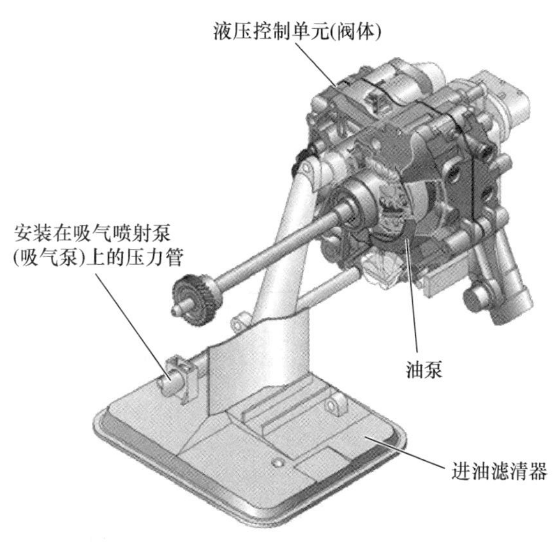

图 7-39 供油系统

1）油泵。01J 变速器装有高效的月牙形泵，它虽然用油量少，但仍可产生需要的压力。

吸气式喷射泵（吸气泵）还要额外供给离合器冷却所需的低压油，其月牙形叶片泵集成在液压控制单元上，并直接由输入轴通过直齿轮和泵轮驱动。

01J 变速器的油泵需进行径向和轴向间隙调整，其良好的内部密封可保证发动机在低转速下产生高压。

① 轴向间隙的调整。两个轴向垫片封住油泵部分，并在油泵内形成一个单独的泄油腔，垫片纵向（轴向）密封住压力腔。垫片上有特殊的密封材料，并由油泵壳体或液压控制单元的泵垫支撑。轴向垫片可使泵的压力在轴向垫片上和壳体间起作用。密封件可防止压力泄出。油泵压力增加时，轴向垫片被更紧地压到月牙形密封材料和油泵齿轮上，补偿了轴向间隙，如图 7-40 所示。

② 径向间隙的调整。径向间隙调整的作用是补偿月牙形密封材料和齿轮副（齿轮和齿

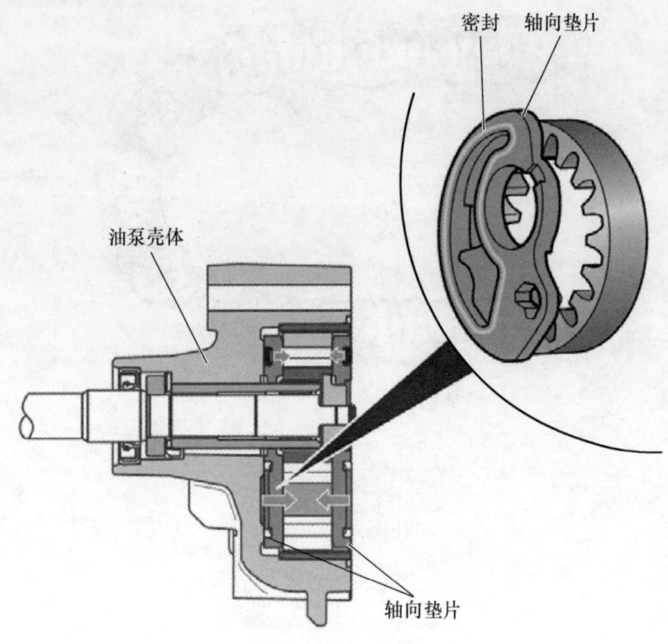

图 7-40　轴向间隙的调整

圈）之间的径向间隙。如图 7-41 所示，月牙形密封材料在内扇形块和外扇形块之间滑动。内扇形块将压力腔与齿轮密封隔开，同时抑制外扇形块径向移动，外扇形块将压力腔与齿圈密封隔开。泵压力在两扇形块间传递。油泵压力增加时，扇形块被更紧地压向齿轮和齿圈，以补偿径向间隙。

油泵泄压时，扇形块弹簧向扇形块和密封滚柱提供基本接触压力，同时提高油泵的吸油特性，保证油泵压力可在扇形块间传递，并作用于密封滚柱。

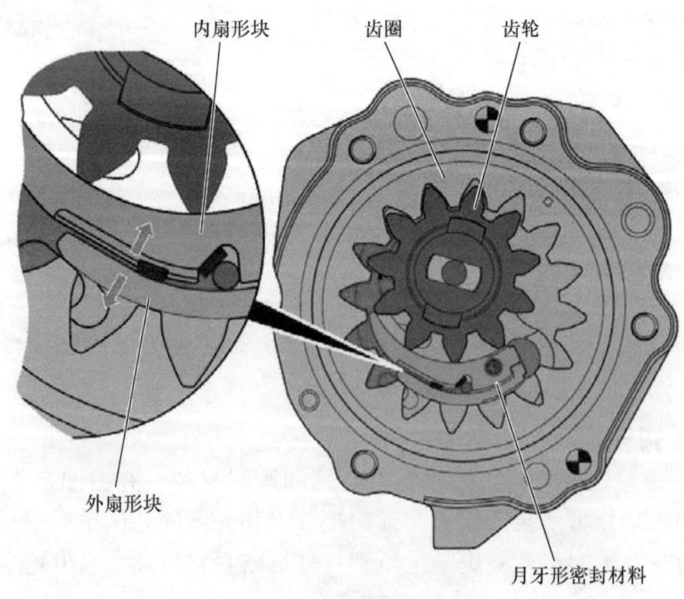

图 7-41　径向间隙的调整

2）吸气喷射泵（吸气泵）。为保证充分冷却两离合器，对润滑油量有一定要求，特别是被驱动时，因打滑产生很高温度，润滑油量会超出内齿轮泵容量。

吸气喷射泵（吸气泵）集成在离合器冷却系统中，以供应冷却离合器所需的润滑油，它为塑料结构且凹向油底壳深处，如图 7-42 所示。

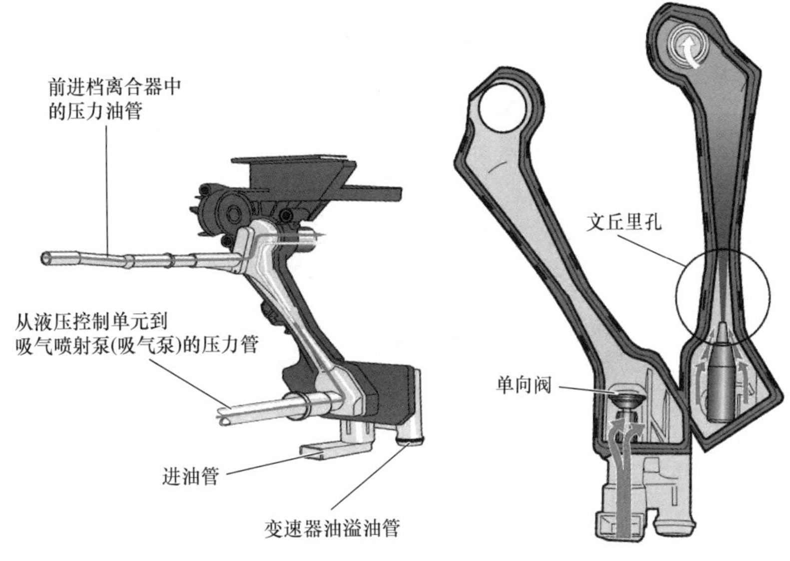

图 7-42　吸气喷射泵（吸气泵）

工作过程：

吸气喷射泵（吸气泵）根据文丘里管原理工作。离合器需冷却时，冷却油（压力油）由油泵流出，并通过吸气喷射泵（吸气泵）导流形成动力喷射流。润滑油流经泵的真空部分产生一定真空，将油从油底壳吸出，并与动力喷射流一起形成一股低压油流。在不增加油泵容量的情况下，冷却油油量可增加约 1 倍。

单向阀可阻止吸气喷射泵（吸气泵）空转，并有助于对冷却油供应做出迅速反应。

（2）电子液压控制系统

1）电子液压控制系统的组成。如图 7-43 所示，油泵、液压控制单元（阀体）和变速器控制单元集成为一个不可分整体。液压控制单元由手动换档阀、9 个液压阀和 3 个电磁压力控制阀组成。液压控制单元和变速器控制单元插接在一起。

2）电子液压控制的功能。液压控制单元可实现如下功能：

- 前进档－倒档离合器控制。
- 调节离合器压力。
- 冷却离合器。
- 为接触压力控制提供压力。
- 传动控制。
- 为飞溅润滑油罩盖供油。

如图 7-44 所示，液压控制单元通过拧入螺钉的零件直接与链轮装置 1 或链轮装置 2 相连。

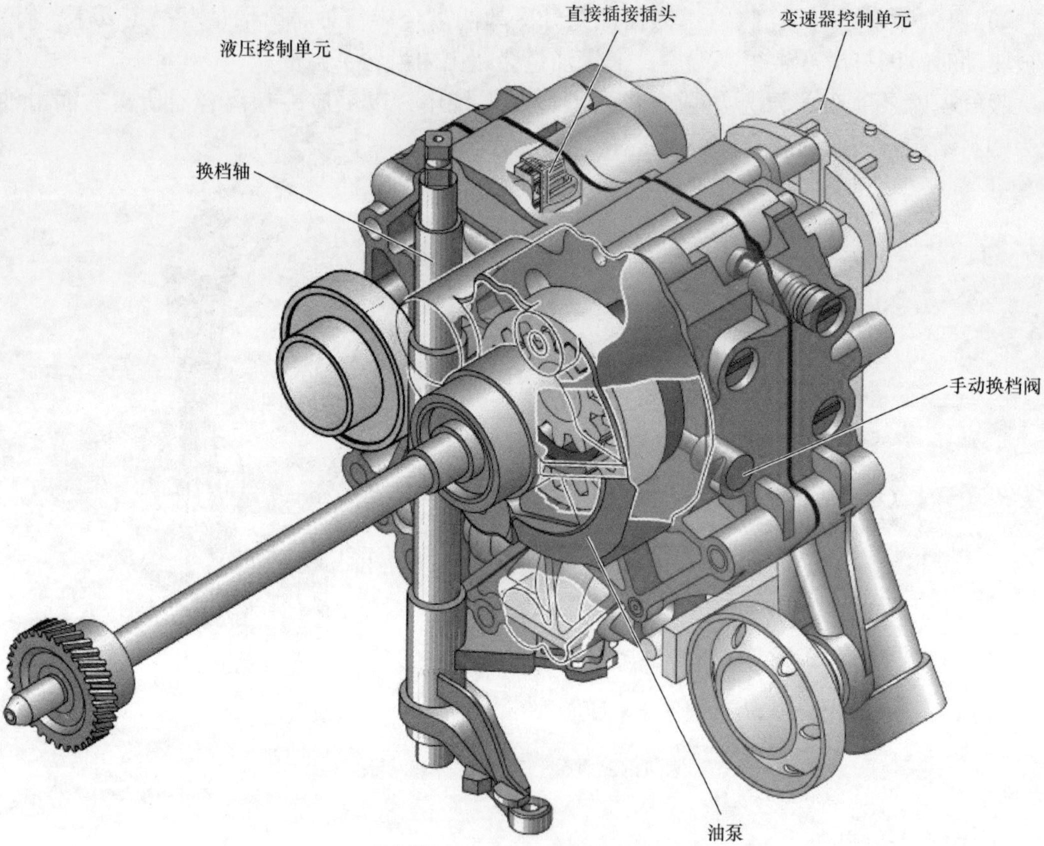

直接插接插头
变速器控制单元
液压控制单元
换档轴
手动换档阀
油泵

图 7-43　电子液压控制系统

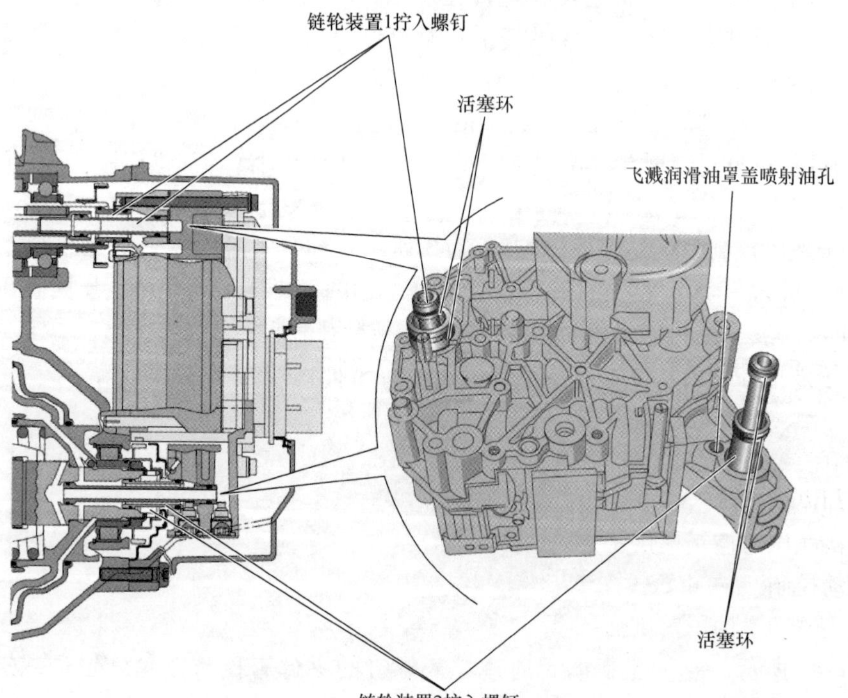

图 7-44　液压控制单元与链轮装置连接

液压阀分布如图7-45所示，其中，限压阀（DBV1）将油泵最高压力限制在8.2MPa以下。先导压力阀（VSTV）为压力控制阀提供了恒定的先导控制压力。最小压力阀（MDV）防止启动时油泵吸入空气。

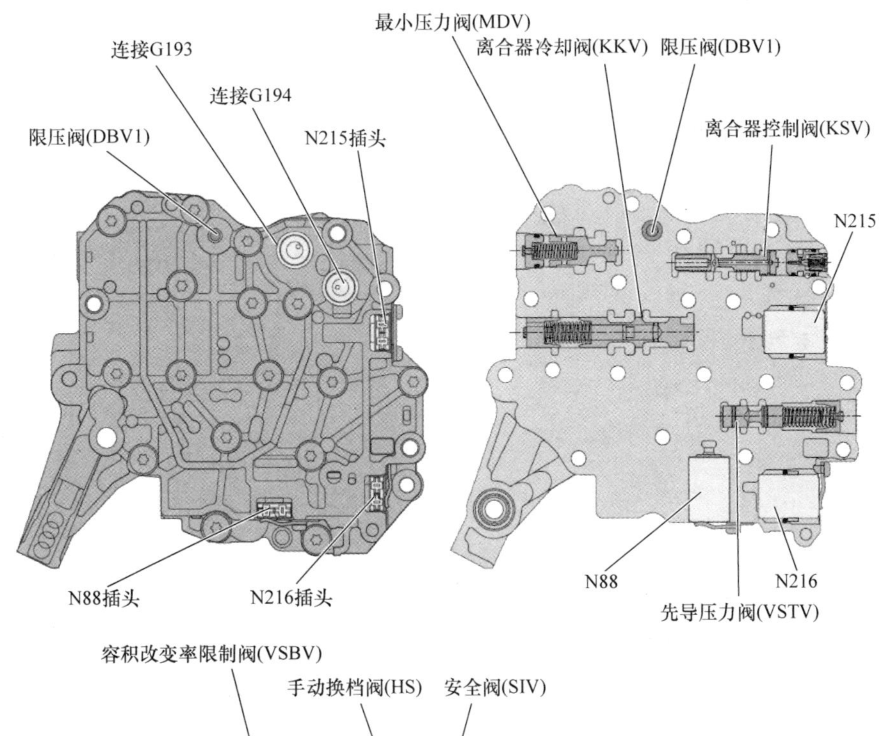

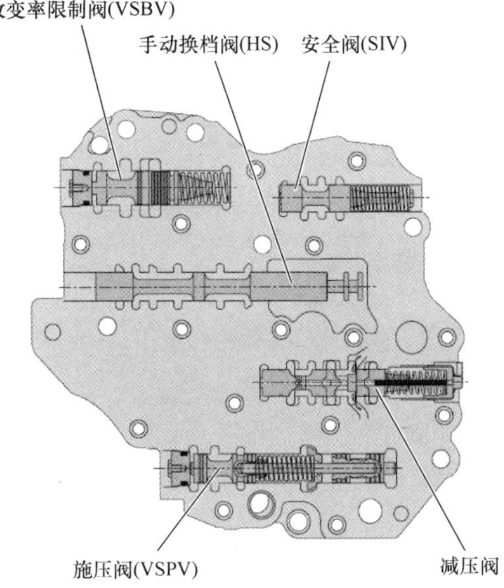

图7-45 液压阀分布图

以油泵输出功率高时，最小压力阀（MDV）打开，允许变速器油从回油管流到油泵吸入侧，以提高油泵效率。

施压阀（VSPV）控制系统压力，在特定功能（应用接触压力或调节压力）下，始终提供足够油压。

电磁阀 N88、N215 和 N216 为压力控制阀，它们将控制电流转变成相应的液压控制压力。电磁阀 N88（电磁阀 1）控制离合器冷却阀（KKV）和安全阀（SIV），电磁阀 N215（压力调节阀 1）控制离合器控制阀（KSV），电磁阀 N216（压力调节阀 2）控制减压阀（UV）。

3）电子液压控制的机械触发与机械锁止。电子液压控制的机械触发源于变速杆，机械锁止由停车锁实现。变速杆位置 P、R、N 和 D 传输机械连接（拉索）位于变速杆通道和变速器之间。通过变速杆可实现以下功能：

① 触发液压控制单元手动换档阀，即通过液压机械方式控制（前进档/倒档/空档）。

② 控制停车锁。

③ 触发多功能开关，电子识别变速杆位置。

④ 变速杆处于 P 位时，与锁止齿相连的连杆轴向移动，停车锁架压向停车锁齿轮，停车锁啮合。

停车锁齿轮与驱动齿轮永久性连接，如图 7-46 所示。

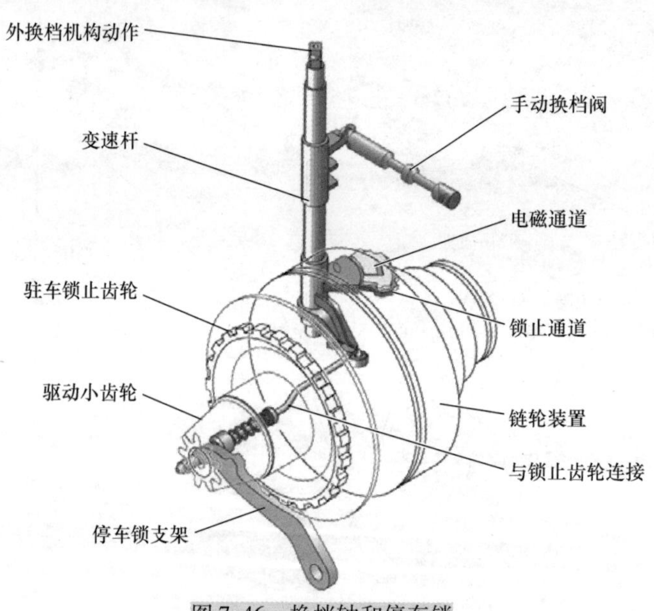

图 7-46　换档轴和停车锁

（3）油路图

01J 变速器：液压系统油路图如图 7-47 和图 7-48 所示。

来自链轮装置 1 的 ATF 最初流经 ATF 冷却器。ATF 在流回液压控制单元前流经 ATF 滤清器。

在 01J 变速器中，ATF 冷却器集成在发动机冷却器中，与发动机冷却循环（油 - 冷却液热交换器）中的冷却液进行热交换。

DDV1 差压阀可防止 ATF 冷却器压力过高（ATF 温度低）。ATF 温度低时，供油管和回油管建立起的压力有很大不同。达到标定压差时，DDV1 打开，供油管与回油管直接连通，使 ATF 温度迅速升高。ATF 滤清器的流动阻力过高时（如滤芯堵塞），DDV2 差压阀打开，阻止 DDV1 打开，ATF 冷却系统因有背压而无法工作。

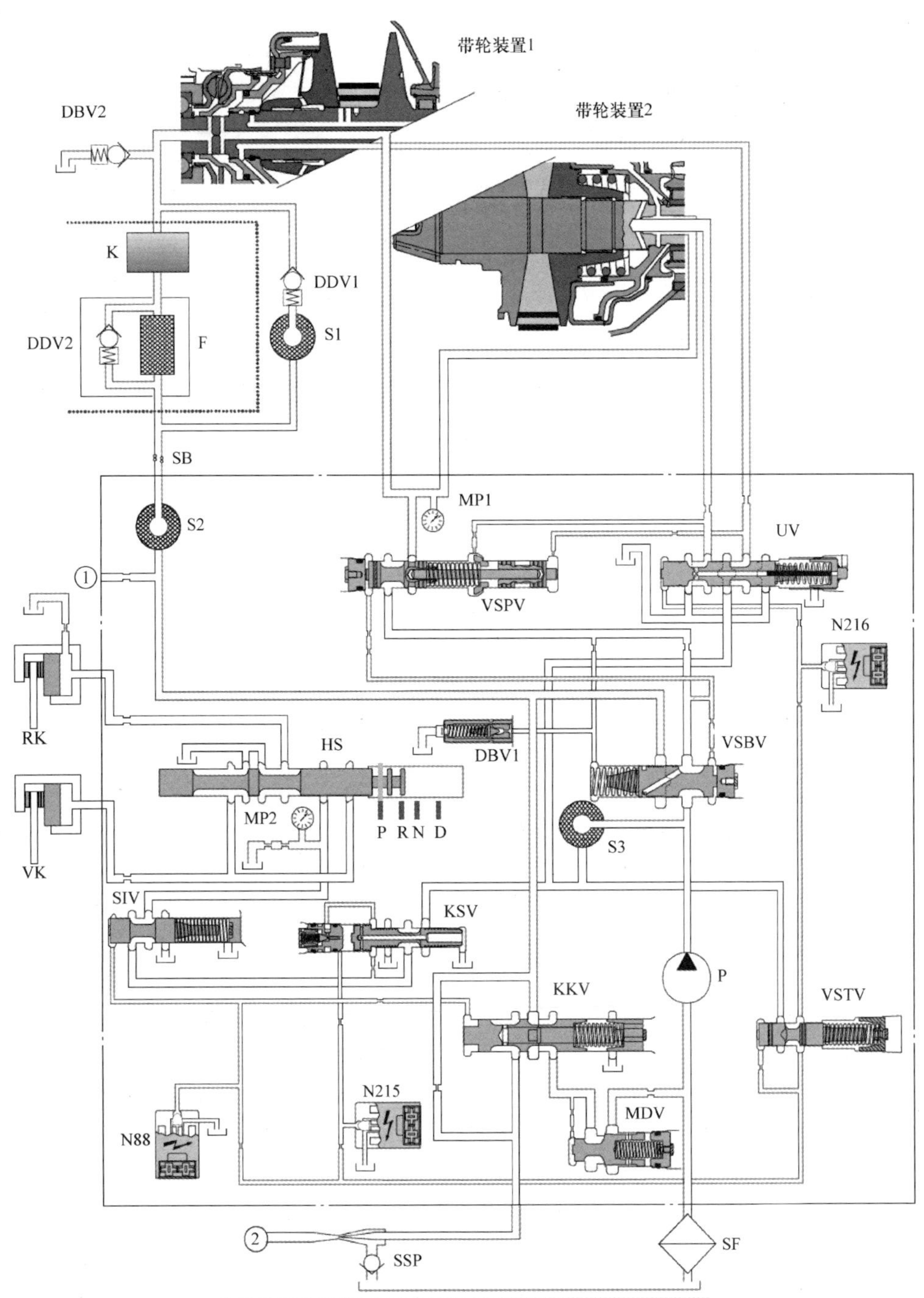

图7-47 油路图（变速杆位于P位，发动机熄火）

DBV1—限压阀1 DBV2—限压阀2 DDV1—差压阀1 DDV2—差压阀2 F—ATF滤清器 HS—手动换档阀 K—ATF冷却器 KKV—离合器冷却阀 KSV—离合器控制阀 MDV—最小压力阀 MP1—接触压力测试点（由G194监测） MP2—离合器压力测试点（由G193监测） N88—电磁阀1（离合器冷却/安全切断阀） N215—自动变速器控制阀1（离合器） N216—自动变速器控制阀2（传动比） P—油泵 PRND—变速杆位置 RK—倒档离合器 S1—ATF过滤器1 S2—ATF过滤器2 S3—ATF过滤器3 SB—链轮润滑/冷却喷孔 SF—ATF进油过滤器 SIV—安全阀 SSP—吸气喷射泵（吸气泵） UV—减压阀 VK—前进档离合器 VSBV—体积改变率限制阀 VSPV—施压阀 VSTV—先导压力值

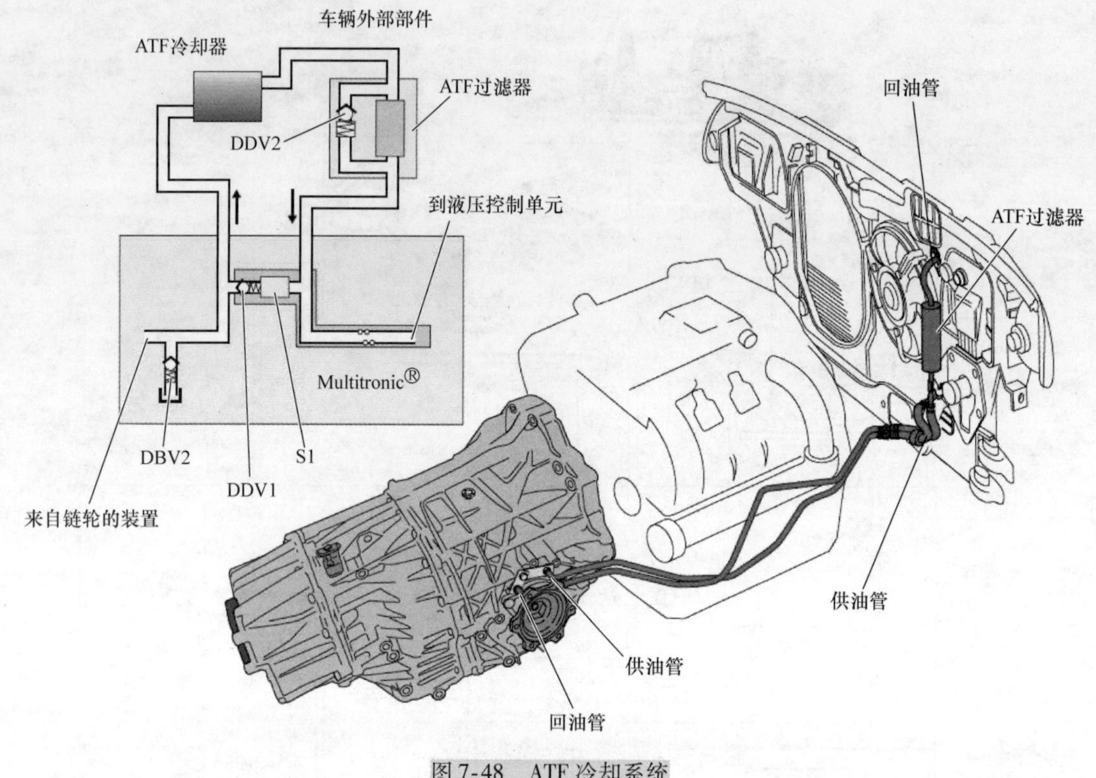

图7-48　ATF 冷却系统

7.2.5　01J 无级变速器电控系统

如图 7-49 所示，电控单元直接用螺栓紧固在液压控制单元上，3 个压力调节阀与控制单元间直接通过坚固的插头连接（S 形接头），没有连接线。

发动机转速传感器和多功能开关为霍尔传感器。霍尔传感器没有机械磨损，信号不受电磁波干扰。Multitronic 没有单独线束，其线束与发动机线束集成在一起。

传感器集成在变速器控制单元中，其信号不能用传统设备来监测，只能用自诊断检测和信息系统在“读取故障”和“读取数据块”中监测。若某个传感器损坏，则变速器控制单元从其他传感器处获取替代值，此外也可从网络控制单元中获得信息，汽车仍可行驶。若某个传感器损坏，则必须整体更换变速器控制单元。

传感器 G182 监测链轮 1 的转速，提供实际的变速器输入转速。

变速器输入转速信号用于：

1）与发动机转速一起用于离合器控制（微量打滑控制）。

2）作为变速控制的输入变化参考量（变速控制）。

传感器 G195 和 G196 监测链轮 2 转速，识别变速器输出转速。G195 的信号用于监测转速，G196 的信号用来区别汽车向前还是向后行驶。

变速器输出转速信号用于：

1）变速控制。

2）爬坡控制。

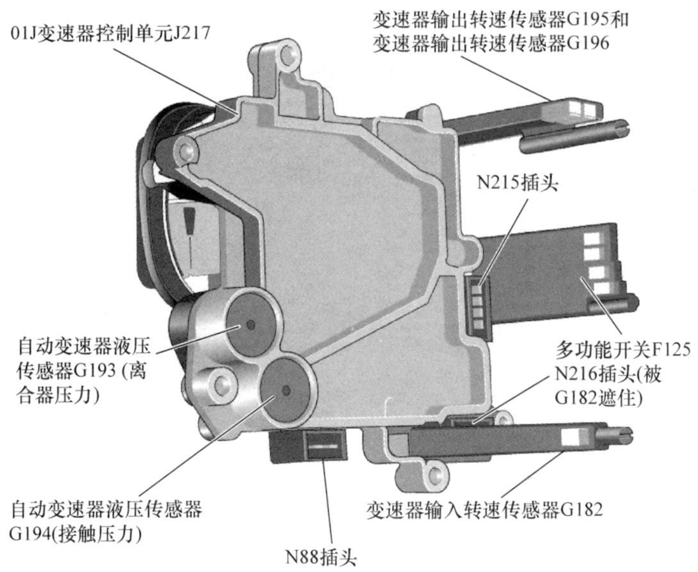

图 7-49 01J 变速器控制单元 J217

3）坡道停车功能。

4）为仪表板组件提供车速信号。

若 G195 损坏，无故障显示，则变速器输出转速可从 G196 处取得，坡道停车功能失效。若 G196 损坏，无故障显示，则坡道停车功能失效。若两个传感器都损坏，则可从轮速信号获取替代值（通过 CAN 总线），坡道停车功能失效。

G182 损坏时：

1）起步—加速过程利用固定参数完成。

2）微量打滑控制和离合器匹配功能失效。

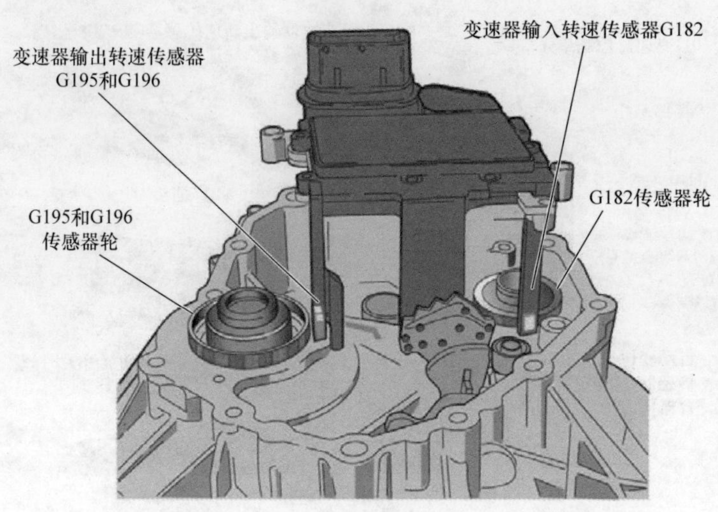

图 7-50　传感器

3）发动机转速作为替代值。

4）故障指示为“无”。

如图 7-50 所示，电磁线圈若受严重污染（磨损产生的金属碎屑）则会影响 G182、G195 和 G196 的功能。因此，粘结到电磁线圈上的金属碎屑在维修前应予清除。

（1）变速器液压传感器 G193

如图 7-51 所示，传感器 G193 监测前进档和倒档离合器压力，用来监控离合器功能。离合器压力监测有较高优先权，G193 失效会使安全阀被激活（安全切断），故障显示为闪烁。

（2）变速器液压传感器 G194

如图 7-52 所示，传感器 G194 监测接触压力，该压力由转矩传感器调节。由于接触压力总与实际变速器输入转矩成正比，利用 G194 的信号可准确计算变速器输入转矩。

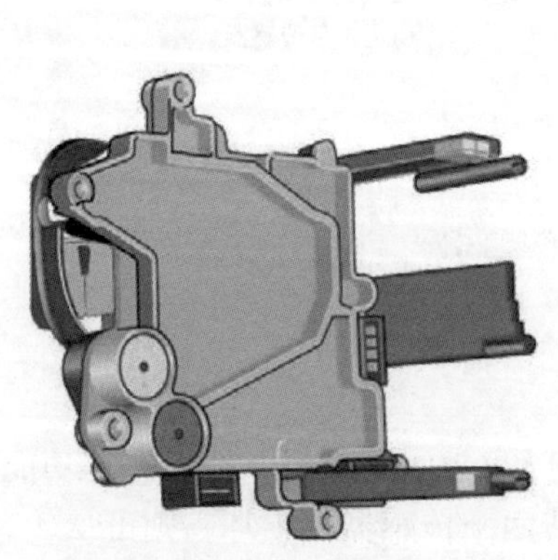

图 7-51　变速器液压传感器 G193

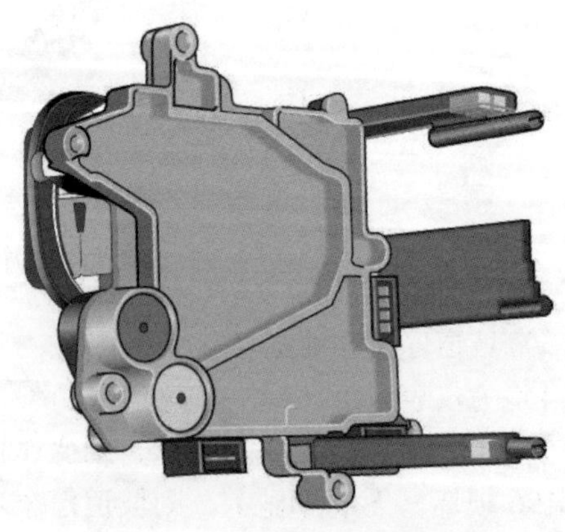

图 7-52　变速器液压传感器 G194

G194 的信号还用于离合器控制（爬坡功能控制和匹配）。若 G194 信号不正确，则爬坡控制匹配功能失效，爬坡转矩由存储值来控制，故障显示为“无”。

(3) 多功能开关 F125

如图 7-53 所示，多功能开关 F125 由 4 个霍尔传感器组成，霍尔传感器由换档轴上的电磁开关控制。来自霍尔传感器的信号意义与手动式开关位置相同。

高电位：开关关闭（1）。

低电位：开关打开（0）。

因此，一个“开关”可产生 2 个信号，即“1”和“0”，而 4 个“开关”能产生 16 种不同的换档组合。其中，4 个换档组合用于识别换档位置 P、R、N、D，2 个换档组合监测中间位置（P－R、R－N－D），10 个换档组合用于故障分析。换档组合见表 7-1。

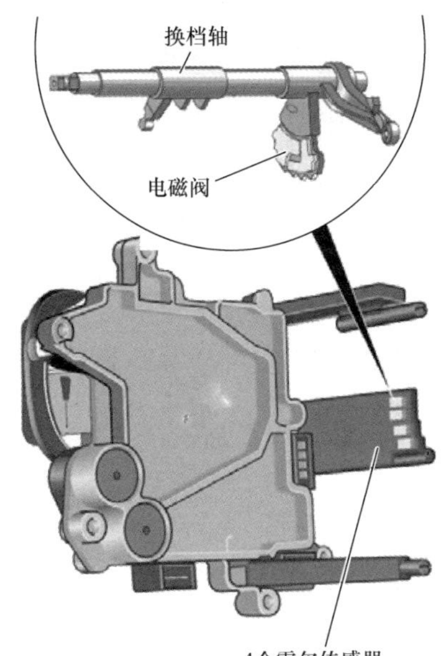

图 7-53 多功能开关 F125

故障示例：

变速杆挂入“N”位，若霍尔传感器 C 损坏，则换档组合为“0001”，变速器控制单元将不能识别变速杆位置 N。控制单元识别出该换档组合为故障状态，并使用合适的替代程序。

表 7-1 换档组合

	霍尔传感器			
	A	B	C	D
变速杆位置	换档组合			
P	0	1	0	1
P－R	0	1	0	0
R	0	1	1	0
R－N	0	0	1	0
N	0	0	1	1
N－D	0	0	1	0
D	1	0	1	0
故障	0	0	0	0
故障	0	0	0	1
故障	0	1	1	0
故障	1	0	0	1
故障	1	0	0	0
故障	1	0	1	1
故障	1	1	0	0
故障	1	1	0	1
故障	1	1	1	0
故障	1	1	1	1

若霍尔传感器 D 损坏，则不能完成点火功能。

变速器控制单元需要换档位置信息完成后续功能：

① 起动机锁止控制。

② 倒车灯控制 P/N。

③ 内部锁控制。

④ 车辆运行状态信息用于离合器控制（前进/倒车/空档）。

⑤ 倒车时，锁止传动比。

F125 的故障很难显示出来，在某些情况下，车辆不能行驶，故障显示为闪烁。

（4）变速器油（ATF）温度传感器 G93

G93 集成在变速器控制单元中，它记录变速器控制单元铝质壳体的温度，即相应的变速器油温度。

变速器油温影响离合器控制和变速器输入转速控制，因此，G93 在控制和匹配功能中发挥着重要作用。

为保护变速器部件，若变速器油温超过 145℃，则发动机输出功率下降。若变速器油温继续上升，则发动机输出功率逐渐减小。故障显示为闪烁。

若 G93 损坏，则以发动机温度为参照计算出一个替代值，同时匹配功能和某些控制功能失效。

（5）“制动动作”信号

“制动动作”信号由发动机控制单元的 CAN 总线提供，并不直接与制动灯开关连接，如图 7-54 所示。需要“制动动作”信号的功能如下：

1）变速杆锁止功能。

2）爬坡控制。

3）动态控制程序（DCP）。

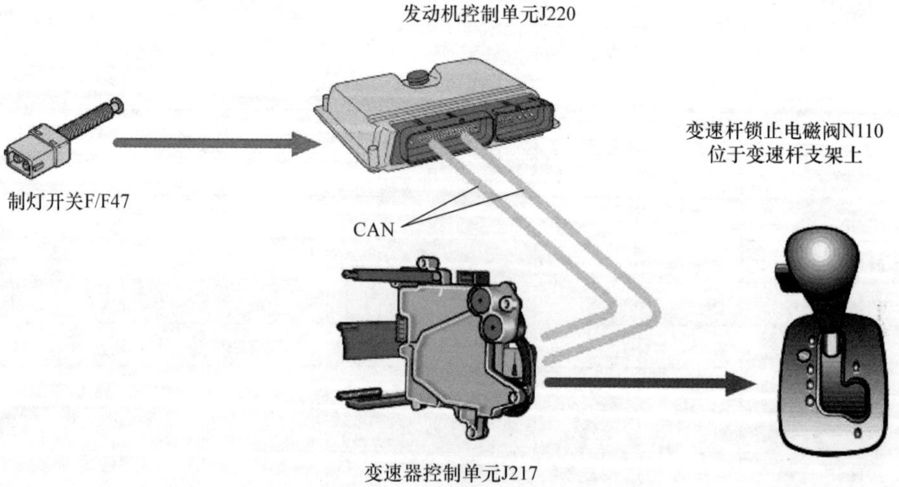

图 7-54 “制动动作”控制系统

（6）“强制减档”信号

如图 7-55 所示，“强制减档”信号不需单独开关，位于加速踏板组件上的弹簧式压力元件产生一个“反作用点”，将强制减档感觉传给驾驶人。

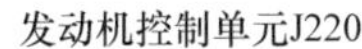

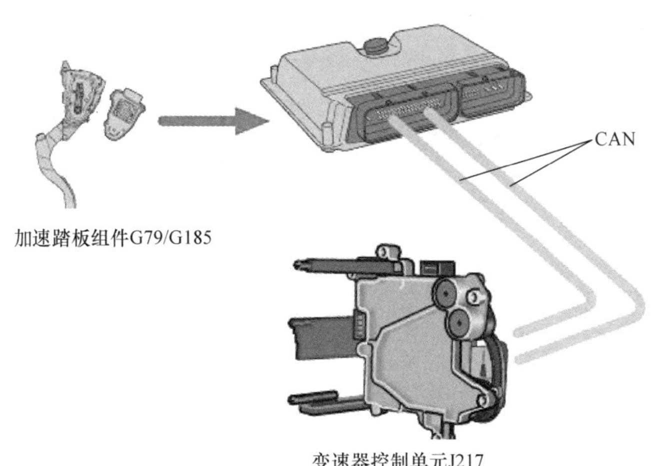

图 7-55　强制减档控制传递路线

当驾驶人激活强制减档功能时，传感器 G79 和 G185（加速踏板组件）的电压值超过节气门全开时的电压值。当电压进一步超过强制低速档点对应的电压值时，发动机控制单元通过 CAN 总线向变速器控制单元发送一个强制减档信号。

在自动模式下，当强制减档功能被激活时，控制单元选择最大加速度的控制算法。强制减档功能不会被连续激活，其被激活一次后，加速踏板只需保持在节气门全开位置，如图 7-56所示。

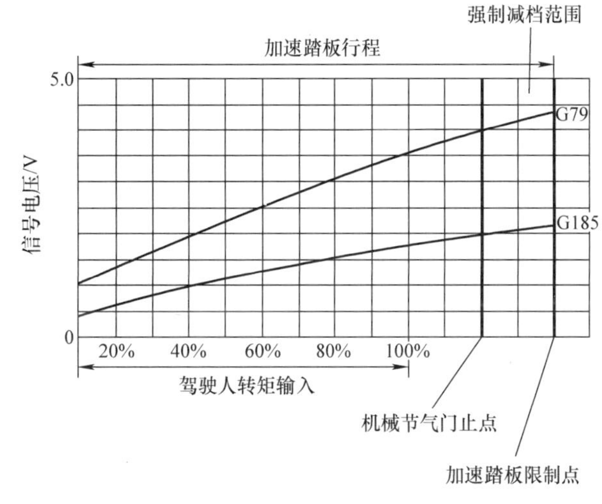

图 7-56　强制减档范围

7.3　无级变速器的保养

无级变速器（CVT）的动作都是靠内部油压来实现的，因此日常保养时应按生产厂家指定的周期检查 CVT 油的油质、油量，并定期更换符合厂家规定的 CVT 油。本节以日产天籁 RE0F10B 无级变速器为例讲解无级变速器的保养。

（1）液体泄漏检查

检查变速驱动桥周围区域（油封和排放塞等）有无液体泄漏。如果发现状况，则应及时修理或更换损坏的零件并调整 CVT 油油位，如图 7-57 所示。

(2) CVT 油的更换

注意事项：

- 务必使用工作纸巾，切勿使用工作布。
- 安装时，在操作的最后阶段更换新排放塞垫片。
- 观察排放孔时必须小心，因为油滴可能会滴入眼睛里。
- 更换 CVT 油后，务必执行 CVT 油泄漏检查。

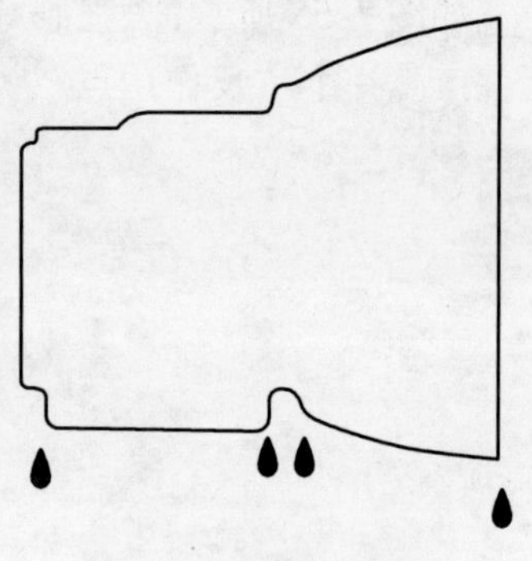
图 7-57　液体泄漏检查

1）使用 CONSULT 专业故障检测系统在“变速器”中选择“数据监控”。

2）选择“液温”，然后确认 A/T 液温处于 40℃（104℉）或以下值。

3）检查变速杆是否置于 P 位，驻车制动器是否正常工作。

4）举升车辆。

5）拆下排放塞，从油底壳中排出 CVT 油。

6）将排放塞安装到油底壳上。

7）从变矩器壳体上拆下溢流塞，如图 7-58 所示。

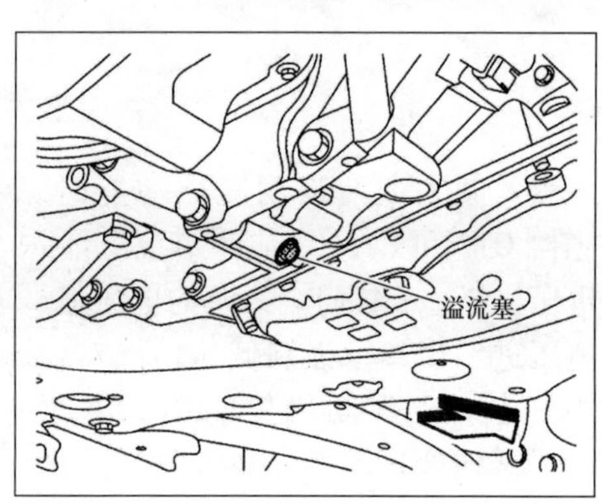

图 7-58　拆下溢流塞

8）将加注管组件（KV311039S0）安装到溢流塞孔上。

注意：用手拧紧加注管。

9）将 CVT 油更换器软管安装到加注管上。

注意：将 CVT 油更换器软管压在加注管上直至停止。

10）添加 CVT 油约 3L。

11）拆下 CVT 油更换器软管和加注管，安装溢流塞。

12）降下车辆。

13）起动发动机。

14）踩下制动踏板，同时将变速杆从 P 位经所有档位移至 Ds 位，然后再移至 P 位，使变速杆在每个档位停留 5s。

15）检查并确认 CONSULT 系统“液温”中的“数据监控”项为 35～45℃（95～113℉）。

16）关闭发动机。

17）再次举升车辆。

18）拆下排放塞，从油底壳中排出 CVT 油。

19）重复步骤 8～18（一次）。

20）将排放塞拧紧至规定力矩。

21）发动机怠速运转时，拆下溢流塞，观察 CVT 油是否从溢流塞孔中排出。

22）CVT 油流速减慢到滴状时，将溢流塞拧紧至规定力矩。

23）降下车辆。

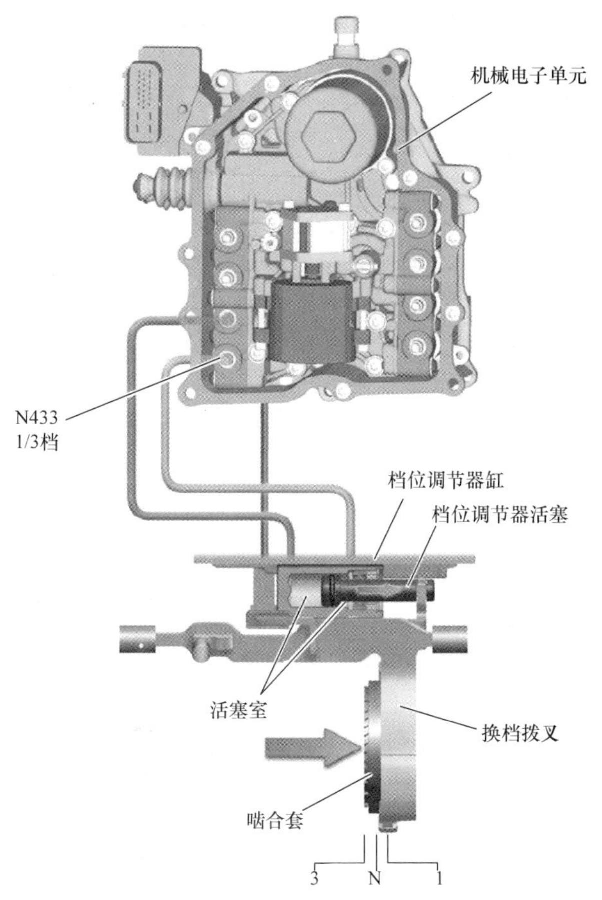

图 8-41 换到 1 档时

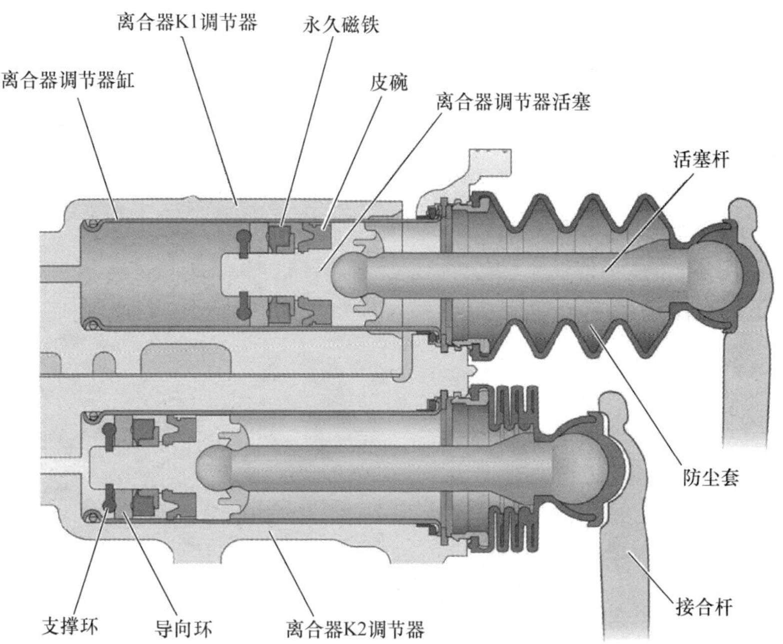

图 8-42 离合器调节器

以操纵离合器 K1 为例。未动作时，离合器调节器活塞处于静止位置。电磁阀 N435 向回流方向打开，压力调节阀 N436 使子变速器的压力油流向机械电子单元的储油室，如图 8-43所示。

如图 8-44 所示，离合器 K1 动作时，电子控制单元控制电磁阀 N435。通过控制打开通向离合器调节器的油通道，油压到达离合器调节器活塞后部。离合器调节器活塞移动并操纵离合器 K1 的接合杆，离合器 K1 接合。控制单元通过离合器行程传感器 1 获得离合器的位置信号。电磁阀 N435 通过控制离合器调节器与回流管路之间的油压，实现离合器滑转及变速器输入转速与输入轴转速之间的转速差。

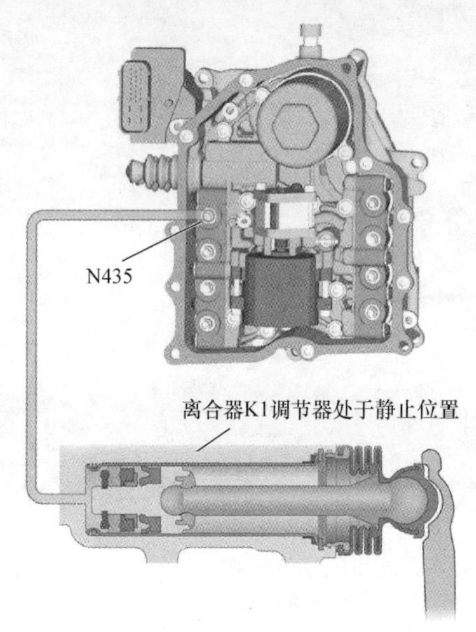

图 8-43　离合器未动作时

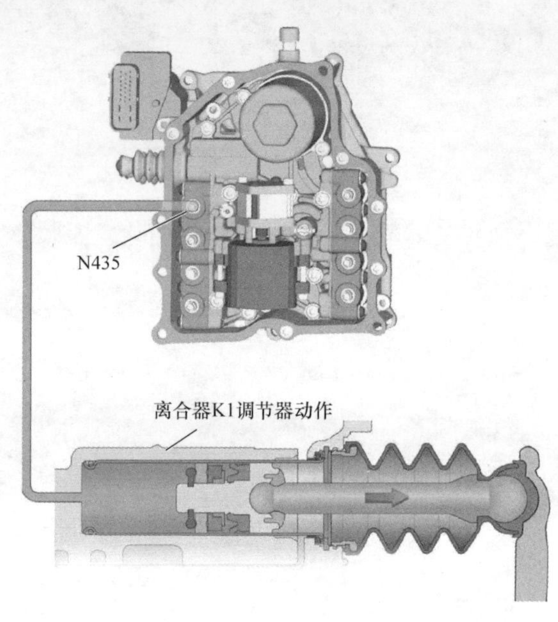

图 8-44　离合器 K1 动作时

8.2.3　0AM 双离合变速器电控系统

（1）双离合变速器电控系统结构

0AM 双离合变速器电控系统包括机械电子单元和双电液控制单元。

1）双离合变速器机械电子单元 J743（图 8-45）。机械电子单元是变速器的中央控制单元，它将电子控制单元和电液控制单元组合为一个部件。机械电子单元用法兰安装在变速器上，构成一个独立单元。它有独立于机械变速器的润滑油循环回路。这种独立紧凑型单元的优点如下：

- 除变速器输入转速传感器 G182 外，所有传感器和执行机构都位于机械电

图 8-45　机械电子单元 J743

子单元内。

- 液压油针对机械电子单元的需求定制。
- 由于采用单独的润滑油系统，机械变速器的磨屑不会进入机械电子单元内。
- 低温特性良好，无需满足变速器的黏度特性要求。

机械电子单元的电子控制单元中汇集了所有传感器信号和其他控制单元的信号，它负责引导和监控所有传感器的运行。

电子控制单元中集成了 11 个传感器，只有变速器输入转速传感器 G182 位于该控制单元外，如图 8-46 和图 8-47 所示。电子控制单元以液压方式控制和调节八个电磁阀，以切换七个档位并操纵离合器。

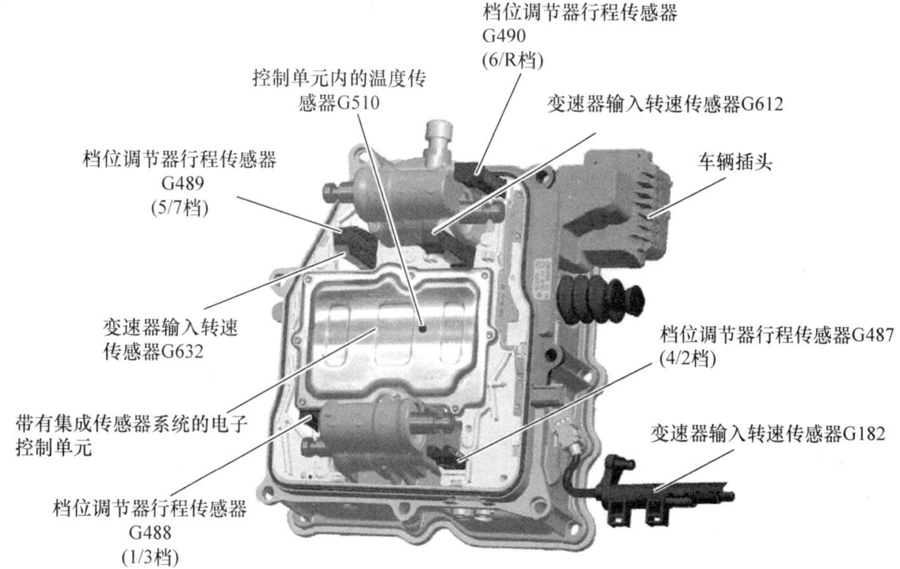

图 8-46 传感器分布 1

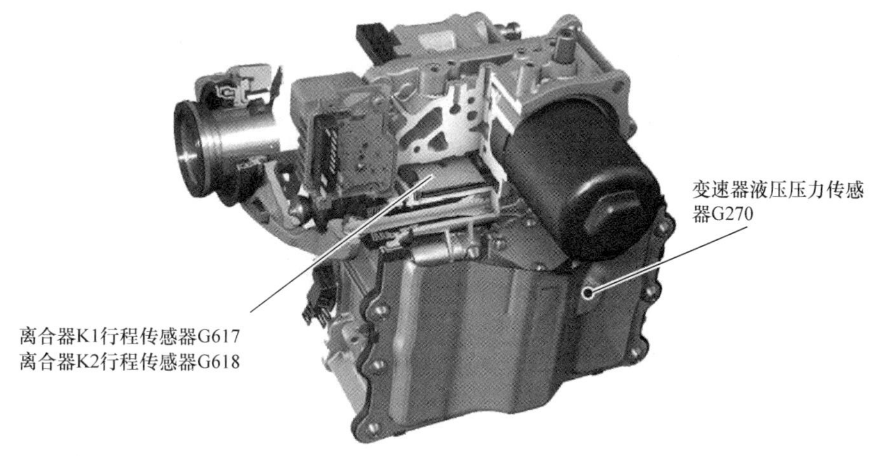

图 8-47 传感器分布 2

2）双离合变速器电液控制单元。电液控制单元集成在机械电子模块中，它能产生换档和操纵离合器所需的油压（图 8-48）。液压泵与液压泵电动机串联。蓄能器确保始终有足够的油压供给电磁阀。

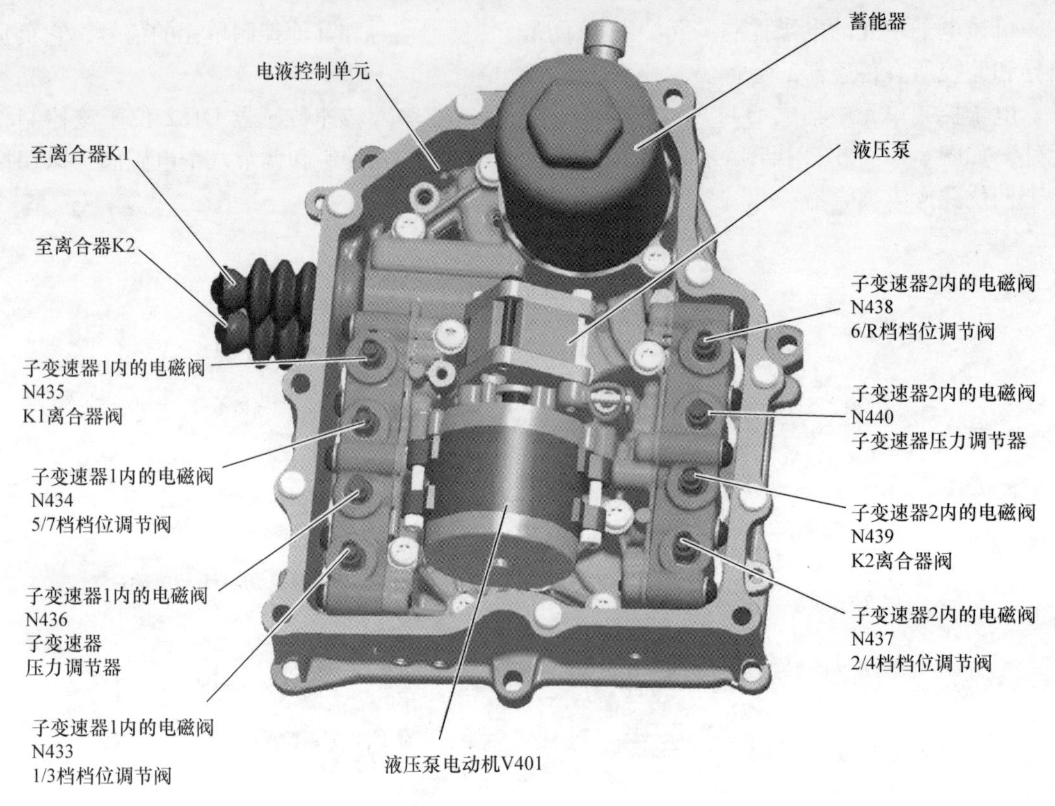

图 8-48　电液控制单元

（2）双离合变速器电控系统控制原理

如图 8-49 所示，机械电子单元根据各传感器的信号驱动执行机构，完成档位的自动切换，并为切换下一档位做好准备，同时检测变速器的运行参数。

1）离合器行程传感器。控制双离合器需要可靠、精确地获得离合器的当前操纵状态。0AM 变速器有两个离合器行程传感器，即 G617 和 G618，它们位于机械电子单元内的离合器调节器上方，如图 8-50 所示。G617 和 G618 采用非接触式传感器测量离合器行程，这能提高传感器功能的可靠性，避免磨损和振动造成的测量值误差。

① 信号缺失时的影响：如果离合器行程传感器 G617 失灵，则子变速器 1 关闭，无法切换到 1、3、5 和 7 档；如果离合器行程传感器 G618 失灵，则无法切换到 2、4、6 档和 R 档。

② 离合器行程传感器结构。离合器行程传感器由以下部分组成：

- 一次线圈缠绕的铁心。
- 两个分析用二次线圈。
- 一个安装在离合器调节器活塞上的永久磁铁。
- 传感器电子系统。

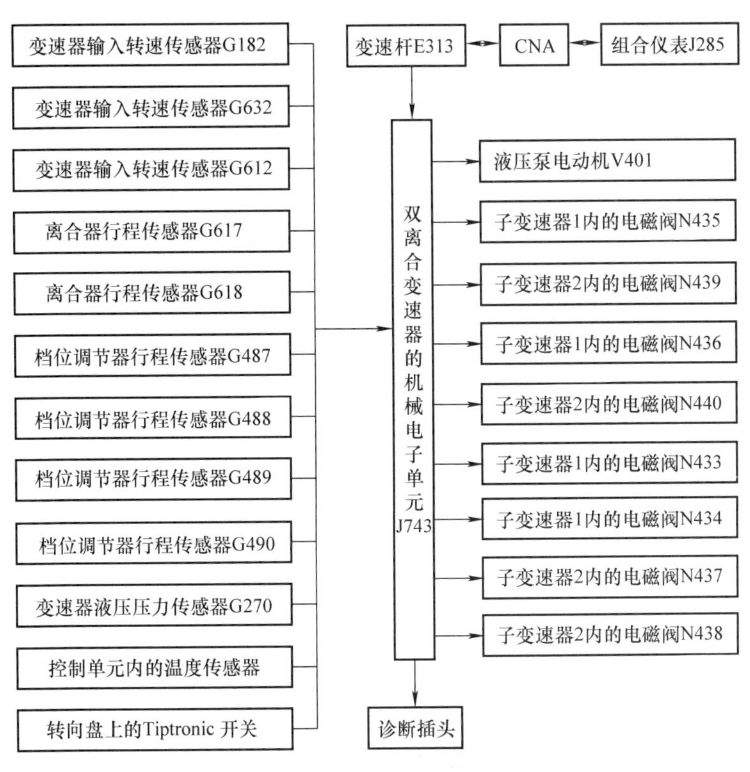

图 8-49 电控系统控制原理

③ 离合器行程传感器工作原理。如图8-51所示，一次线圈通交流电，铁心周围形成磁场。如果操纵离合器，则离合器调节器活塞连同永久磁铁穿过磁场移动。永久磁铁移动使二次分析用线圈中产生感应电压。左侧和右侧测量线圈内产生的感应电压大小取决于永久磁铁的位置。传感器电子系统通过左侧和右侧分析用线圈中的电压大小识别永久磁铁的位置，以及离合器调节器活塞的位置。

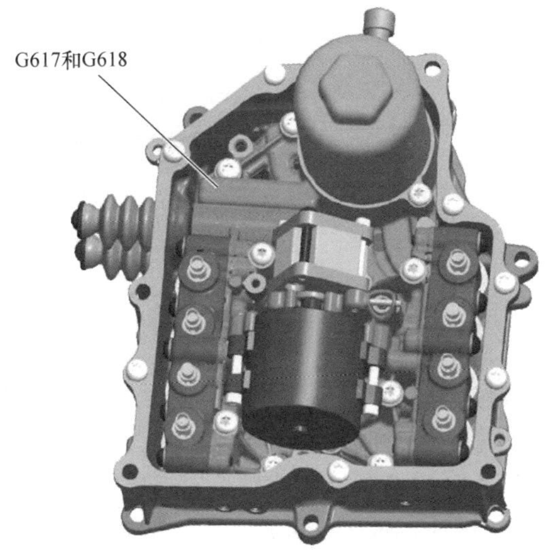

图 8-50 离合器行程传感器安装位置

2）变速器输入转速传感器 G182。控制单元需要变速器输入转速信号来进行离合器控制和离合器滑转率计算，为此，将离合器前的变速器输入转速传感器 G182 信号，与输入转速传感器 G612 和 G632 的信号进行对比。变速器输入转速传感器 G182 插在变速器壳体上，如图 8-52 所示。G182 是唯一一个安装在机械电子单元外的传感器，它按霍尔原理工作，以电子方式探测起动机齿圈，从而获取

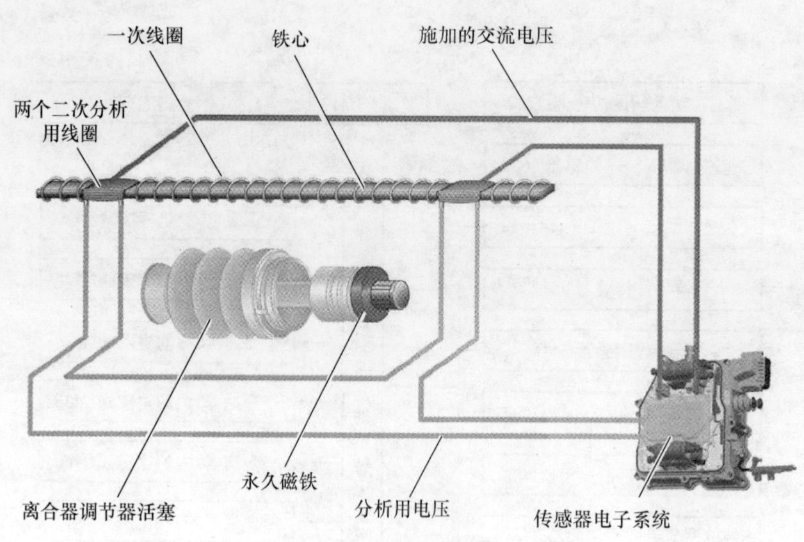

图 8-51　离合器行程传感器工作原理

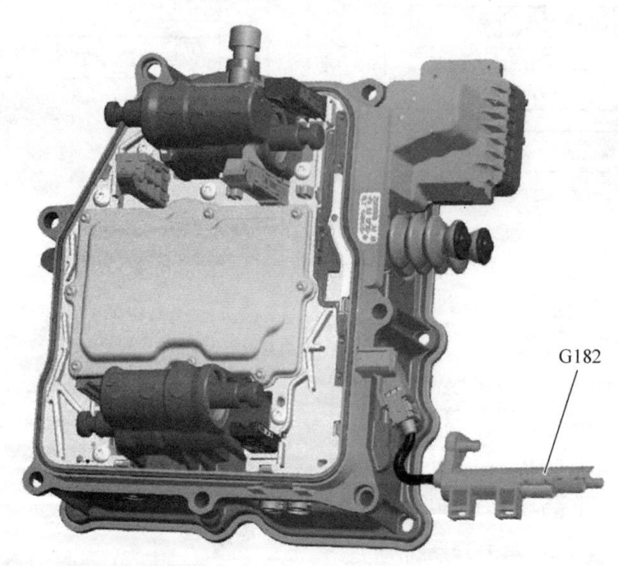

图 8-52　变速器输入转速传感器 G182

变速器输入转速。变速器输入转速与发动机转速相同。

信号缺失时的影响：变速器输入转速传感器 G182 信号缺失时，控制单元将发动机转速信号作为替代信号，该信号由发动机控制单元通过 CAN 总线提供。

3）变速器输入转速传感器 G632 和变速器输入转速传感器 G612。控制单元将输入轴 1 和 2 的转速信号用于离合器控制和离合器滑转率计算。如图 8-53 所示，两个转速传感器均为霍尔传感器，安装在机械电子单元内。G632 探测位于输入轴 1 上的脉冲信号轮，控制单元根据该信号计算输入轴 1 的转速。G612 探测输入轴 2 上的脉冲信号轮，控制单元根据该信号计算输入轴 2 的转速。

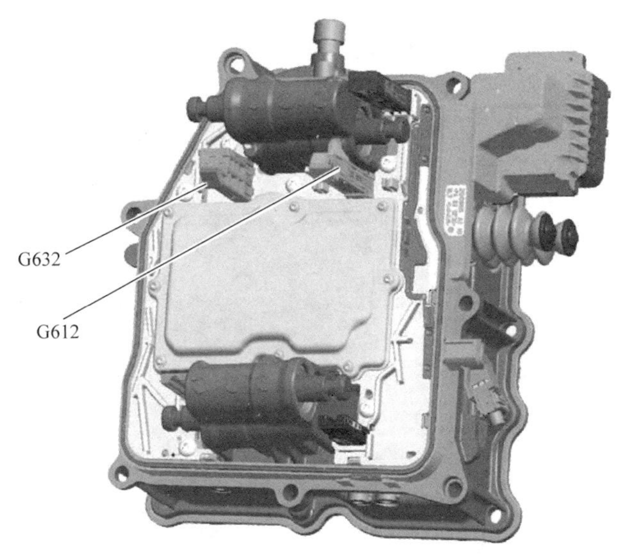

图 8-53 变速器输入转速传感器 G612 和 G632

信号缺失时的影响：如果 G632 失灵，则子变速器 1 关闭，只能切换到 2、4、6 档和 R 档；如果 G612 失灵，则子变速器 2 关闭，只能切换到 1、3、5 和 7 档。

4）电子控制单元内的温度传感器 G510。G510 的信号用于监测机械电子单元的温度，温度达到 139℃以上时，会采取降低发动机转矩的措施。如图 8-54 所示，G510 直接安装在机械电子单元的电子控制单元内。该控制单元始终受高温液压油冲刷和加热。高温会影响电子控制单元的功能。G510 直接测量危险部件的温度，以尽早采取降低油温的措施并避免过度加热。

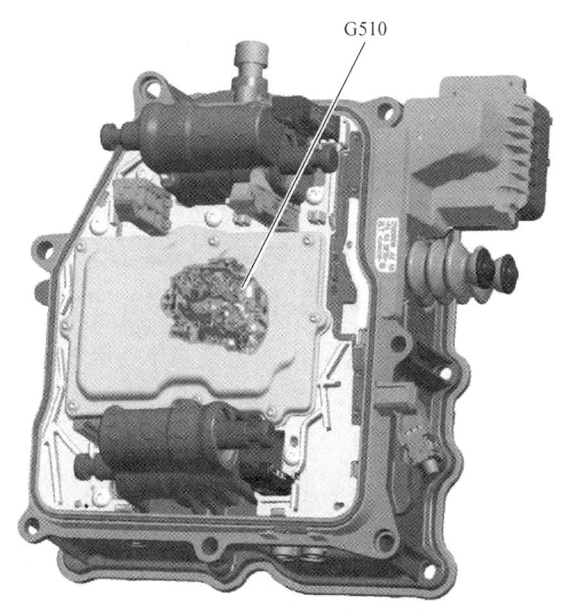

图 8-54 电子控制单元内的温度传感器 G510

信号缺失时的影响：G510 信号缺失时，电子控制单元会以内部存储的数据替代。

5）变速器液压压力传感器 G270。G270 的信号用于控制液压泵电动机 V401。液压油压力约为 6MPa 时，系统根据压力传感器信号关闭电动机，约 4MPa 时再次接通。如图 8-55 所示，G270 集成在机械电子单元的液压油循环回路内，它采用膜片压力传感器结构。

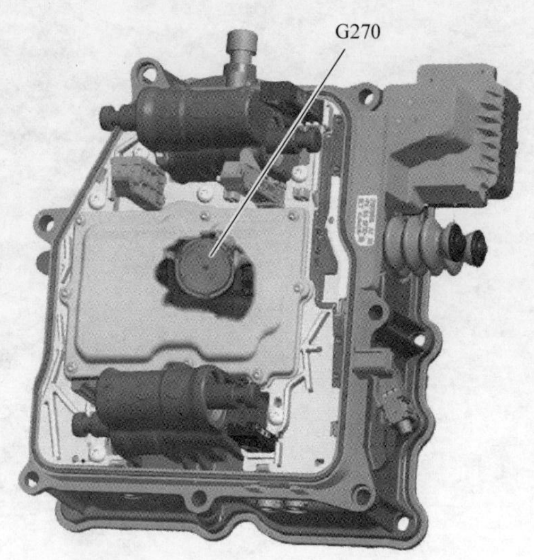

图 8-55 变速器液压压力传感器 G270

信号缺失时的影响：G270 信号缺失时，液压泵电动机会一直运转，而液压压力由限压阀控制。

6）档位调节器行程传感器 G487 ~ G490。电子控制单元需要档位调节器的准确位置，以控制档位调节器进行换档。如图 8-56 所示，档位调节器行程传感器位于机械电子单元内。行程传感器结合换档拨叉上的磁铁产生信号，电子控制单元根据该信号识别档位调节器的准确位置。

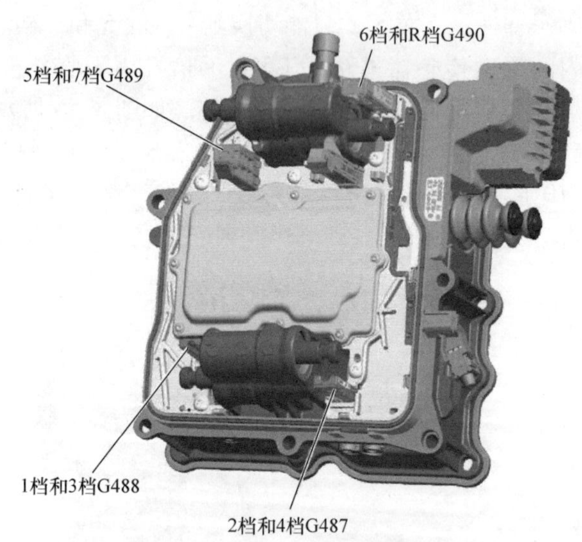

图 8-56 档位调节器行程传感器

信号缺失时的影响：行程传感器失灵时，电子控制单元无法识别相应档位调节器的位置，即无法确定是否通过档位调节器和换档拨叉切换到某一档位。为避免变速器损坏，这种情况下会关闭失灵的行程传感器对应的子变速器。

7）变速杆位置传感器 E313。电子控制单元根据 E313 的信号识别变速杆位置。电子控制单元利用这些信号实现驾驶人意图或 Tiptronic 功能并控制起动机。变速杆中集成了变速杆传感器系统和变速杆锁电磁控制系统。如图 8-57 所示，变速杆位置传感器是霍尔传感器，它集成在变速杆传感器系统内。变速杆位置信号和 Tiptronic 信号通过 CAN 总线发送给机械电子单元和组合仪表控制单元。

信号缺失时的影响：如果电子控制单元无法识别变速杆位置，则指令两个离合器分离。

8）Tiptronic 开关 E438 和 E439。Tiptronic 开关策略如下：

- 达到最高转速时自动换高档。
- 低于最低转速时自动换低档。
- Kick down 强制降档。

在 Tiptronic 模式下也可通过转向盘开关换高档或换低档。如果在自动模式下操作转向盘上的 Tiptronic 开关，则变速器控制系统会切换到 Tiptronic 模式。如果不再操作转向盘上的 Tiptronic 开关，则定时器设定时间后，变速器控制系统自动返回到自动模式。

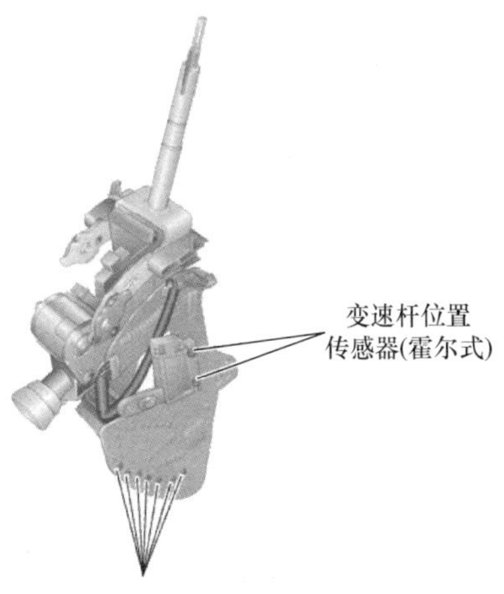

图 8-57 变速杆位置传感器 E313

如图 8-58 所示，开关位于转向盘的左右两侧。通过操作开关可换高档或换低档。开关信号由转向柱电子装置控制单元 J527 通过 CAN 总线传输至双离合器变速器机械电子单元 J734。

图 8-58 Tiptronic 开关

信号缺失时的影响：Tiptronic 信号失灵时，无法通过转向盘开关实现 Tiptronic 功能。

9）离合器调节器电磁阀。0AM 变速器有两个离合器调节器电磁阀，分别为子变速器 1 内的 N435 和子变速器 2 内的 N439。如图 8-59 所示，离合器调节器电磁阀安装在机械电子单元的液压模块内。

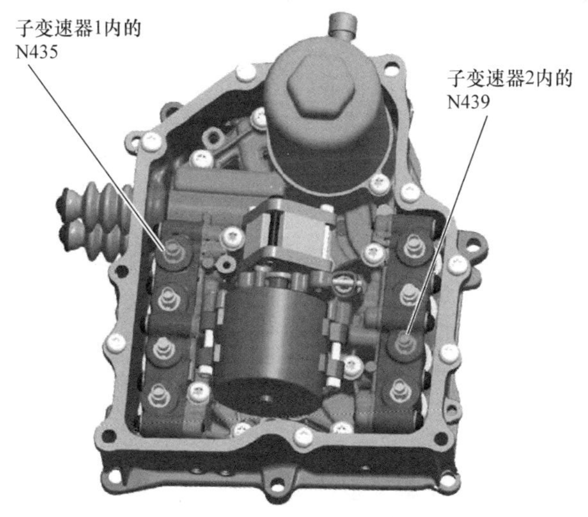

图 8-59 离合器调节器电磁阀

N435 和 N439 由变速器电子控制单元控制。系统通过电磁阀对操纵离合器的油量进行调节。N435 调节离合器 K1 的油量，N439 调节离合器 K2 的油量。

信号缺失时的影响：如果 N435 或 N439 失灵，则相应的子变速器关闭。

10）子变速器压力调节阀。0AM 变速器有两个子变速器压力调节阀，分别为子变速器 1 内的 N436 和子变速器 2 内的 N440。这两个电磁阀安装在机械电子单元的液压模块内，如图

8-60 所示。

子变速器 1 内的 N436 负责调节子变速器 1 中档位调节器和离合器调节器的液压油压力。子变速器 2 内的 N440 负责调节子变速器 2 中档位调节器和离合器调节器的液压油压力。

信号缺失时的影响：某一压力调节阀失灵时，系统关闭相应的子变速器，只能以另一个子变速器的档位行驶。

11）档位调节器电磁阀。0AM 变速器有四个档位调节器电磁阀，分别为子变速器 1 内的 N433、子变速器 1 内的 N434、子变速器 2 内的 N437 和子变速器 2 内的 N438。如图 8-61 所示，档位调节器电磁阀安装在机械电子单元的液压模块内。

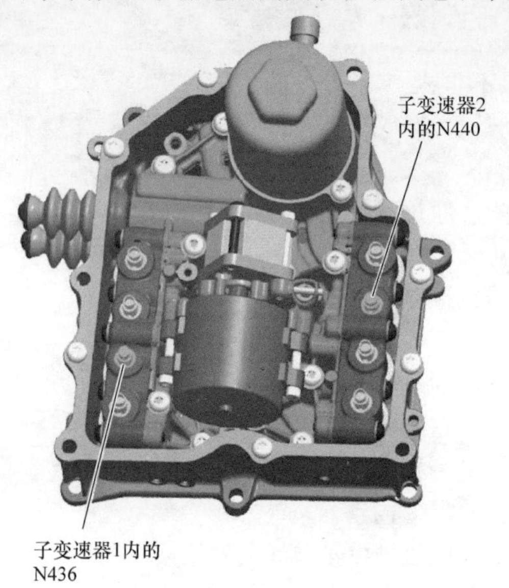

图 8-60　子变速器压力调节阀

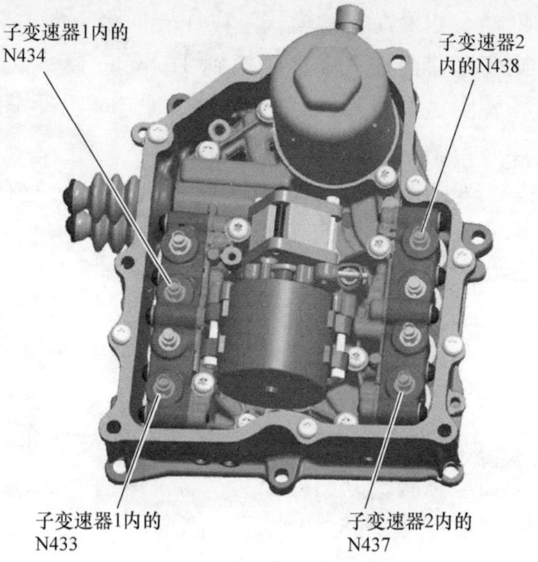

子变速器1内的
N434
子变速器2
内的N438
子变速器1内的
N433
子变速器2内的
N437

图 8-61　档位调节器电磁阀

变速器控制单元通过档位调节器电磁阀调节档位调节器的油量，以进行换档。

子变速器 1 内，N433 控制 1 档和 3 档的油量，N434 控制 5 档和 7 档的油量；子变速器 2 内，N437 控制 4 档和 2 档的油量，N438 控制 6 档和 R 档的油量。

信号缺失时的影响：某一档位调节器电磁阀失灵时，系统关闭相应的子变速器。

12）液压泵电动机 V401。如图 8-62 所示，液压泵电动机集成在机械电子单元的液压模块内。该电动机由变速器控制单元按需控制。系统中的液压压力达到 6MPa 时，控制单元会关闭电动机，压力降到 4MPa 时重新接通。

图 8-62　液压泵电动机 V401

信号缺失时的影响：如果系统无法控制电动机，则液压压力下降，离合器在压盘弹簧力的作用下自动分离。

图 8-63 所示为 0AM 变速器的电控工作原理图。

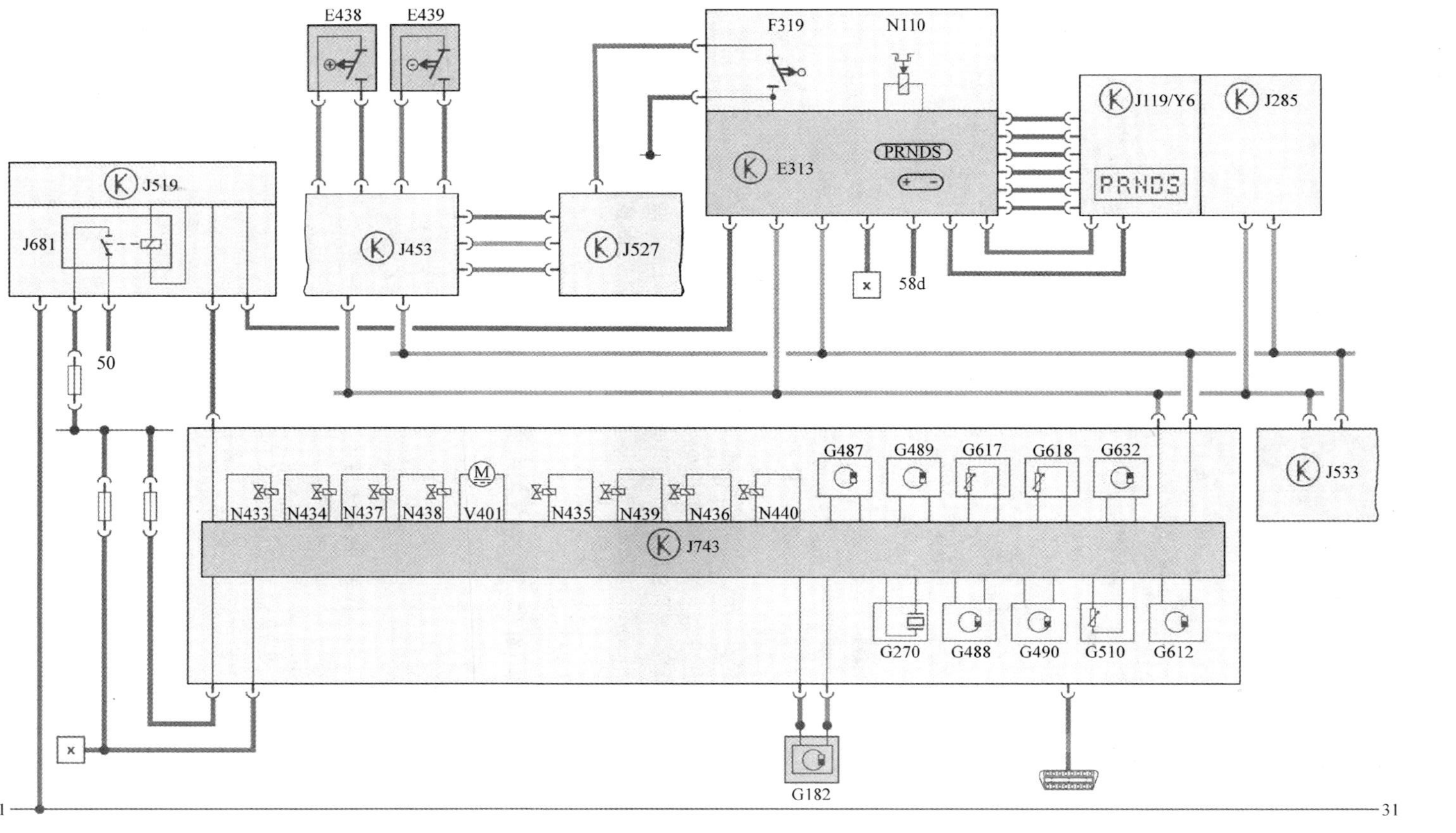

图 8-63 0AM 变速器电控工作原理图

E313—变速杆 E438—转向盘上的 Tiptronic 换高档开关 E439—转向盘上的 Tiptronic 换低档开关 F319—变速杆 P 档锁止开关 G182—变速器输入转速传感器 G270—变速器液压压力传感器 G487—档位调节器行程传感器 1 G488—档位调节器行程传感器 2 G489—档位调节器行程传感器 3 G490—档位调节器行程传感器 4 G510—控制单元内的温度传感器 G612—变速器输入转速传感器 2 G617—离合器行程传感器 1 G618—离合器行程传感器 2 G632—变速器输入转速传感器 1 J119—多功能显示屏 J285—组合仪表控制单元 J453—多功能转向盘控制单元 J519—车载电位控制单元 J527—转向柱电子装置控制单元 J533—数据总线诊断接口 J681—总线端#15 供电继电器 2 J743—双离合变速器机械电子单元 N110—变速杆锁电磁铁 N433—子变速器 1 内的电磁阀 1 N434—子变速器 1 内的电磁阀 2 N435—子变速器 1 内的电磁阀 3 N436—子变速器 1 内的电磁阀 4 N437—子变速器 2 内的电磁阀 1 N438—子变速器 2 内的电磁阀 2 N439—子变速器 2 内的电磁阀 3 N440—子变速器 2 内的电磁阀 4 V401—液压泵电动机 Y6—变速杆位置显示器

图 8-64 以符号形式表示 0AM 变速器的机械电子单元在车辆 CAN 数据总线结构内的连接情况。

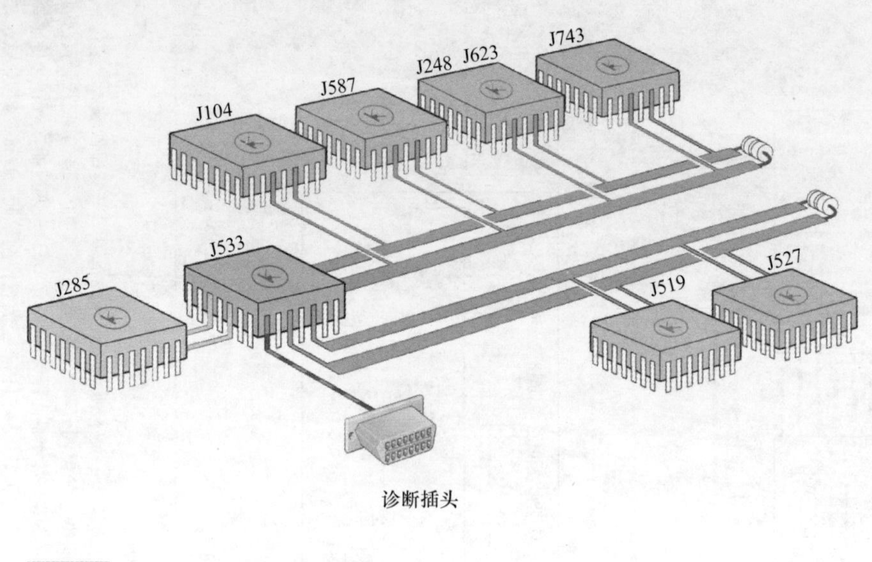

图 8-64　CAN 数据总线连接情况

J104—带有 EDS 的 ABS 控制单元　J248—柴油直喷系统控制单元　J285—组合仪表内带显示单元的控制单元　J519—车载电网控制单元　J527—转向柱电子装置控制单元　J533—数据总线诊断接口　J587—变速杆传感器系统控制单元　J623—发动机控制单元　J743—双离合变速器机械电子单元

8.3　双离合变速器的维护保养

双离合变速器的维护保养项目与手动变速器类似，主要是变速器油的更换。本节以 0AM 变速器油更换为例，讲解双离合变速器的维护保养项目。

0AM 变速器有两个注油孔，一个用于车轮和轴，另一个用于变速器的机械电子单元 J743。

变速器油是一种长效润滑油，变速器中没有油位检查装置。如果变速器油发生泄漏，则需查看泄漏点，然后排出所有剩余变速器油，维修泄漏处，重新装上排油螺栓，如图 8-65 所示。添加变速器油时须拆下蓄电池。

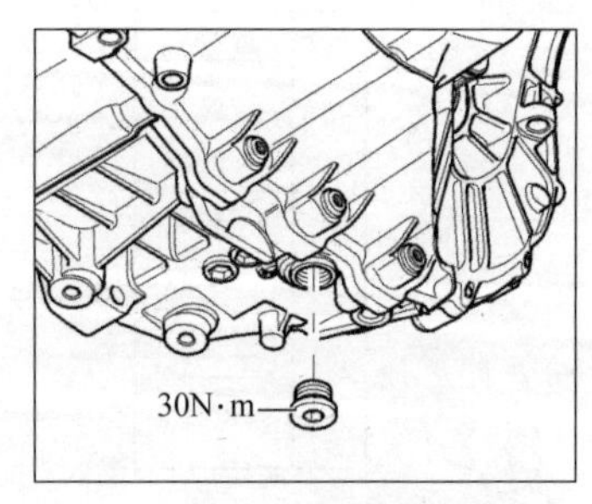

图 8-65　排油螺栓

1）拆卸蓄电池和蓄电池托架，如图 8-66 所示。

2）将变速杆置于 P 位，如图 8-67 所示。

3）拆下防松垫片，如图 8-68 所示，从球头上取下拉线。组装时需换新防松垫片。

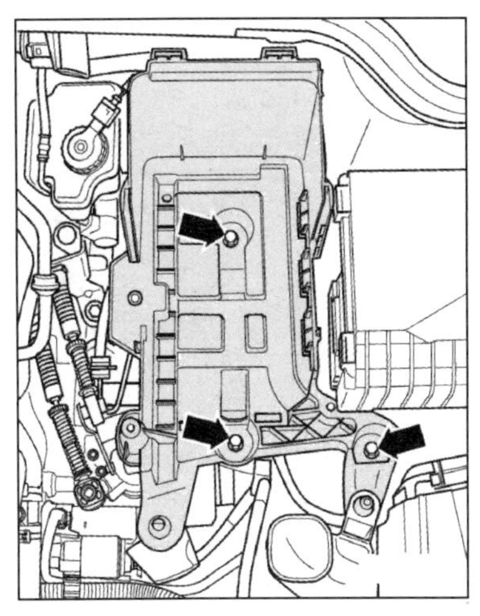

图 8-66 拆卸蓄电池和蓄电池托架

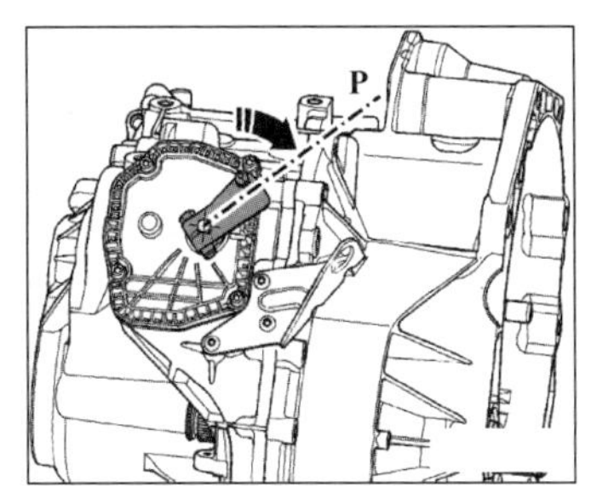

图 8-67 变速杆置于 P 位

4）用手朝拉线托架方向压紧压入杆，直到限位位置，如图 8-69 所示。

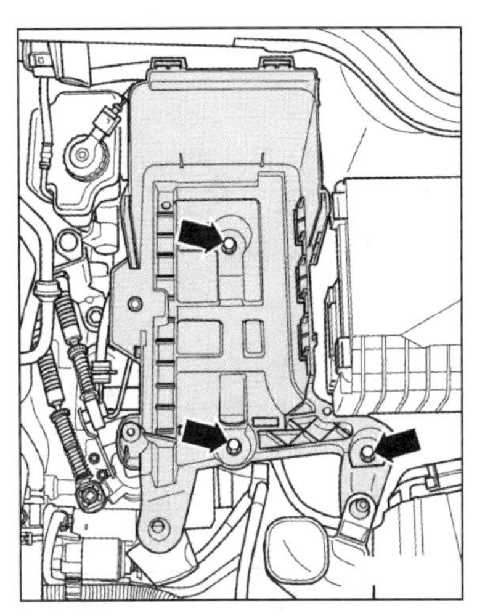

图 8-68 拆下防松垫片

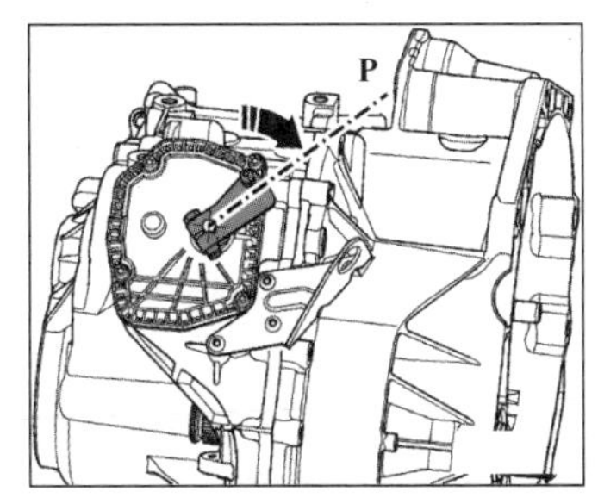

图 8-69 压紧压入杆

5）注油。标出压入杆的安装位置，然后将其从换档轴上拆下，如图 8-70 所示。如果盖板有泄漏，则需更换。

通过注油孔加注 1.7L 变速器油，不得过多或过少，否则可能造成功能故障。

给盖板密封环涂手册规定的润滑脂，如图 8-71 所示。

6）安装防松垫片。更换压入杆的螺栓，重新装上盖子和压入杆，再从同一位置上拆下压入杆，如图 8-72 所示。

再次将变速杆拉线压入球头中，并安装新防松垫片，如图 8-73 所示。

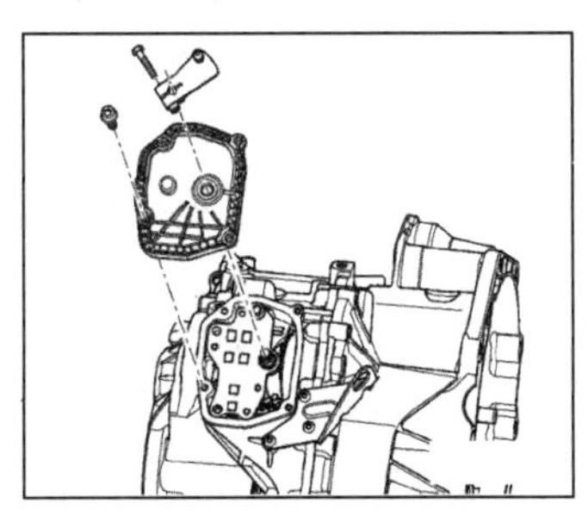

图 8-70 拆卸压入杆

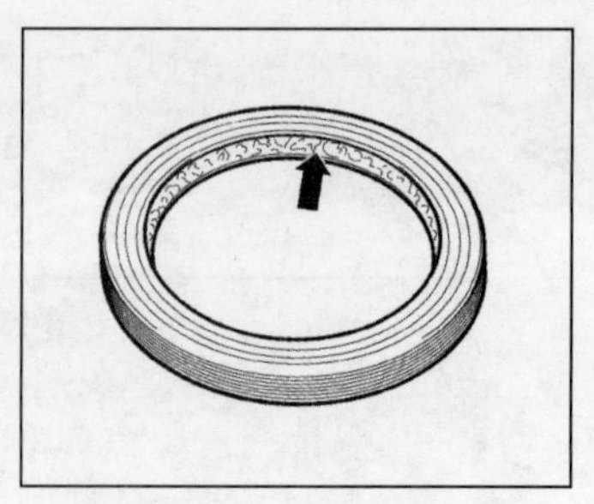

图 8-71　密封环涂润滑脂

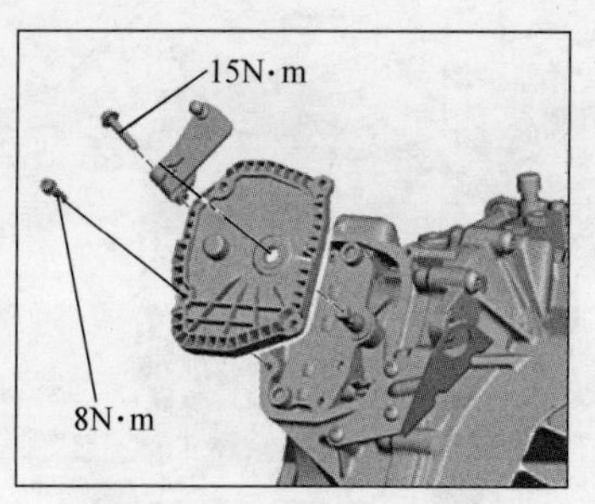

图 8-72　更换压入杆螺栓

7）调整变速杆拉线。调整变速杆拉线需使用扭矩扳手 V. A. G1331，如图 8-74 所示。

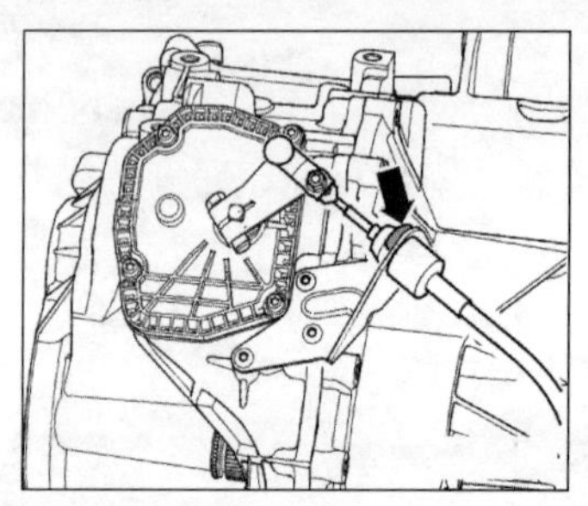

图 8-73　安装新防松垫片

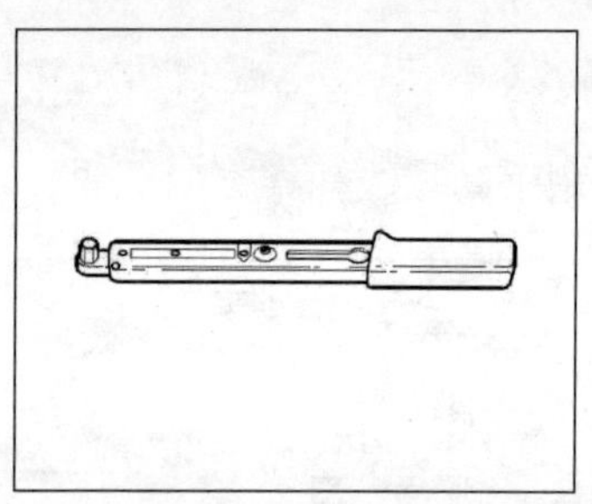

图 8-74　扭矩扳手 V. A. G1331

如图 8-75 所示，在调整螺栓松开的情况下，将变速杆切换到 P 位。

使变速杆朝向车身右侧，即变速杆拉线的底座方向朝右，如图 8-76 所示。

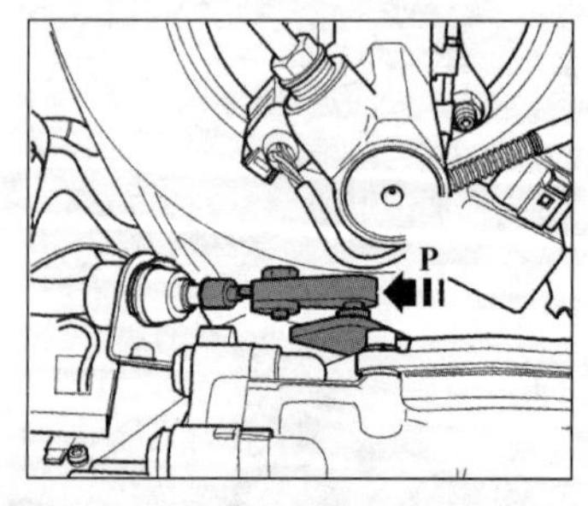

图 8-75　变速杆切换到 P 位

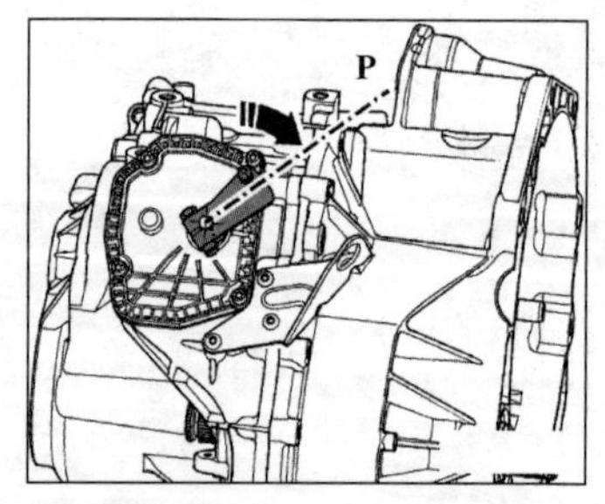

图 8-76　变速杆方向

安装带松开的调整螺栓和新防松垫片的拉线。确定防盗锁已经卡紧：

- 同时朝一个方向转动两个前轮，直到听见防盗锁卡住为止。
- 如果两个前轮无法同时朝一个方向旋转，则表明防盗锁已经卡住。
- 轻轻向前和向后推变速杆，但不能将其从 P 位中移出。

此时，拉线芯位于最佳位置，用 13N · m 的力矩拧紧调整螺栓，完成调整。

第9章　自动变速器维修基础知识

9.1　维修前的准备工作

在拆装、检测、维修自动变速器前，应注意两方面的准备工作，即安全操作准备和工具设备的准备。

操作前的安全准备尤为重要。例如，从车上拆卸自动变速器前，应将整车举升。举升车辆时，一定要将举升柱的支架放稳，防止脱滑。由于多数汽车在拆卸自动变速器的过程中，需要拆卸各种油管（包括汽油管），为避免发生火灾造成人身伤害和财产损失，一定要提高安全意识。在实际维修工作中，涉及的工种很多，接触的有害气体、液体也很多，维修人员应时时牢记安全操作规范。

选择正确的工具和设备进行维修作业，可节约时间，提高工作效率。用专用工具进行有序的维修作业，也反映出维修人员解决问题和规范操作的能力。

9.1.1　安全操作规范

（1）工具和设备的安全操作

在操作工具和设备过程中应注意以下几点：

1）正确选择和使用维修中所需的工具和设备。

2）保持手部清洁，及时擦掉油脂，防止工具滑脱。

3）不要将尖锐的工具放在衣服口袋里，防止扎伤自己或划伤车辆。

4）保持维修工具表面清洁，并妥善保存。

5）不要将工具及设备放在维修车间的通道上，防止阻碍人员和车辆通行。

6）使用车间设备前需明确操作规程和使用注意事项。

7）不要站在风扇和砂轮的切线方向，防止飞溅出的火星和磨屑伤人；不要使用未装备工具架和护板的台式砂轮。

8）使用千斤顶时，确保其支撑在正确的部位，防止车辆突然压下，造成人员伤害或车辆损坏。

除以上内容外，还要定期保养，检查工具设备是否存在安全隐患，并及时告知工具设备管理员。未消除隐患前，不要轻易使用设备，以避免不必要的损失。

针对举升作业，还应注意以下几点（图9-1）：

1）每天检查举升机，定期对举升机进行保养维护。

2）举升机损坏或工作不正常时应暂停使用，并及时维修。

3）严禁超载。

4）举升前保证车辆处于正确的位置。

5）保证升降区干净整洁，无隐患。

6）小心地将汽车开到举升机上，将举升臂及衬垫对准车身上的支撑点。待举升机稳定、牢固地托住汽车后再进行举升作业，此外还应检查汽车与举升机接触的部分是否稳固。

7）在举升机下作业时应使用保险装置锁住举升机，降下举升机前确保所有工具及设备已从车身下移走，车身下及车周围没有人。

8）降下汽车后，放好举升臂使汽车能自由行驶，驶离时注意不要压到举升臂。

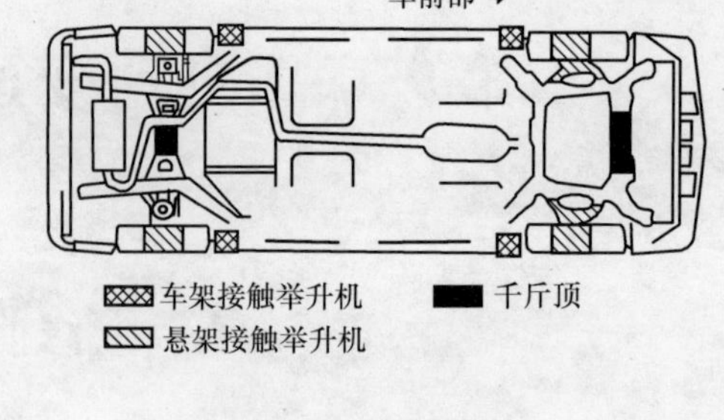

图 9-1 正确的举升支撑点

（2）车间内的安全操作

做好车间维护工作是安全作业的前提，混乱的车间往往存在很多安全隐患。在车间内作业应时刻保持头脑清醒，注意人身安全，谨防事故发生。以下基本要求必须严格遵守：

1）搬运发动机、变速器等重物时，应使用液压起重机或电动链条举升机等设备，必要时请人帮忙。人工搬运重物时要用腿部而不是背部的力量，站起时使重物紧贴身体，以防肌肉拉伤。

注意：靠胳膊或背部的力量搬运重物可能导致背部肌肉拉伤。

2）工作时穿布质工作服，不要戴耳环、项链等装饰物，这些物品易碰到曲轴等旋转部件，造成人员伤害。

3）穿合适的防护鞋，鞋底最好厚些，防止被尖锐的物品刺穿。

4）在有灰尘或金属屑飞溅的工作环境中或处理化学品时，需戴护目镜，防止眼睛受伤。

5）工作环境极其恶劣，但必须进行维修作业时，一定要穿防护服并使用防护设备。

6）工作前及工作中禁止饮酒，维修作业时禁止吸烟，最好不要打手机。

7）不要用压缩空气吹衣服或身上的灰尘，也不要对着人吹，更不要用压缩空气吹制动部件，防止吸入石棉等致癌物。

8）车间地面上不得有任何遗撒物，若有应立刻清理，保持车间整洁，消除事故隐患。

9）不要穿被汽油浸过的服装，防止发生火灾，造成伤害。

10）熟悉车间内灭火器及洗眼水容器的位置，发生紧急情况时不要慌乱。

11）切断汽车电源时，应先断开蓄电池负极。

以下是安全操作的两个实例：

1）蓄电池的安全使用。断开汽车上任何电路或电线插头前，应视情况先断开蓄电池负极，这可避免起火或打出火花，还可避免短路事故的发生，短路事故可能会导致整个汽车电气系统损坏。断开和安装蓄电池的正确方法：先断开负极线，然后断开正极线。为防止损坏蓄电池接线柱，松开端子螺母后应垂直向上取出电缆，不应弯折和硬撬。用抹布清洁蓄电池接线柱和电缆端子，不可用锉刀或其他磨具修磨。安装蓄电池时应将螺母松开，将电缆端子装上蓄电池接线柱后再拧紧螺母，不应用扳手将电缆端子敲入接线柱。最后，必须正确安装正极端子和负极端子盖。

由于电路需要有搭铁线才能接通，断开搭铁线可防止电路错误接通。重新接通电路时，应先接通正极，再接通负极。

需用跨接线和辅助蓄电池辅助起动发动机时，为避免对人身或电气系统造成伤害，应按以下步骤操作（图9-2）：

① 打开蓄电池的通气盖，用湿纱布盖住通气孔（免维护蓄电池除外）。

② 关闭两车上的所有电气设备，确保两车间没有接触。

③ 用正极线接通两个蓄电池的正极。

④ 将负极线的一端接在辅助蓄电池的负极上，另一端接到故障车的发动机搭铁位置。

⑤ 起动辅助车辆及故障车辆。

⑥ 先切断故障车的负极，然后切断辅助蓄电池的负极。

⑦ 切断正极。

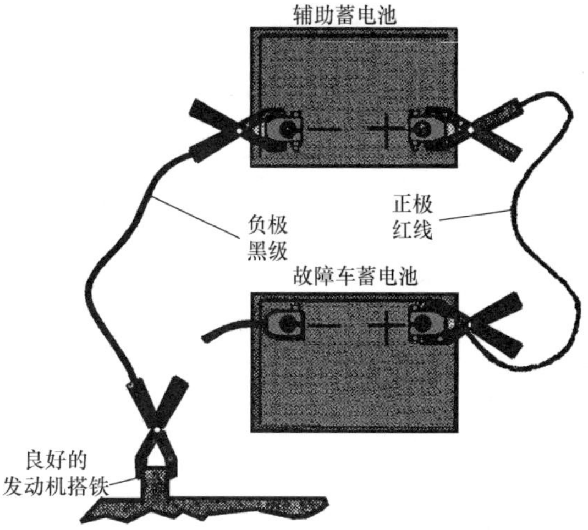

图9-2 利用跨接线和辅助蓄电池辅助起动发动机

2）维修电子系统的安全注意事项。更换电子元件或维修电气插头及导线时，要断开电路电源。切断电源的最好方法是断开蓄电池负极。

有些电子元件对静电非常敏感，其上一般会注明。对于静电敏感元件，应按以下方法操作，以减小身体及电子元件产生静电的可能性。

① 不到安装时不要打开包装。

② 打开包装前，将包装良好搭铁。

③ 拿起元件前使其保持搭铁，若频繁拿取文件或滑动坐椅，或行走一段距离后，拿起元件时也应使其搭铁。

④ 不要接触元件的插头。

⑤ 在接触静电敏感元件前，先用手摸一摸身边的管道、金属架等接地导体，以释放掉身上的静电。

（3）车间内的污染物

车间内产生的大气污染物情况见表9-1。

表9-1 大气污染物情况

污染源	污染物	危害	防止与控制
活性有机气体（ROG）和氮氧化合物（NO_x）在阳光下反应生成臭氧，NO_x源于汽车尾气、溶剂、石油处理与储存、农药等	臭氧（O_3）	引起呼吸困难，肺组织损伤，损坏橡胶和塑料制品	减少汽车的活性有机气体和NO_x排放，燃油加添加剂

（续）

污染源	污染物	危害	防止与控制
机动车辆、设备和工业燃料的燃烧	细微颗粒物（PM2.5）	增加呼吸道疾病、肺部损伤、癌症、早亡，降低可视度，表面积尘	减少机动车辆、设备、工业、农业和民用燃烧的排放物
	降低能见度的颗粒	降低能见度，降低机场的安全性，降低实业价值，影响旅游业	
汽车、重型建筑设备和农用设备、民用取暖设备等	一氧化碳（CO）	使心脏病人胸痛、头疼，降低神经系统敏感度	控制机动车和工业排放，冬季用充氧汽油，节约能源
汽车、重型建筑设备和农用设备、民用取暖设备等	二氧化氮（NO_2）	肺炎、肺损伤，在大气中反应生成臭氧和酸雨	控制机动车和工业燃烧排放，节约能源
含铅汽油、油漆	铅	丧失学习能力，大脑和肾损伤	使用无铅汽油，环保漆
柴油发动机	二氧化硫（SO_2）	引发肺病和哮喘，形成酸雨	减少使用高硫化燃料（如使用低硫柴油或天然气），节约能源
	硫酸盐（空气中SO_2的反应成果）	呼吸困难，加重哮喘，降低能见度	

在维修车间作业时，尽量减少车间内的污染物，减小对人员的伤害，注意以下问题：

1）在有通风装置的车间内应将排气管连接到通风系统中。如果没有专门的通风装置，则应打开门窗，加强通风。

2）维修空调管路或相关部件时，避免接触泄漏出的制冷剂，并进行必要的回收。

注意：加注或回收制冷剂 R－12/R－134a 时应采用专用设备。R－12 散发到大气中会破坏臭氧层，R－134a 虽然不会破坏臭氧层，但进入大气后会形成温室气体，对环境也会产生危害。

（4）事故预防和急救

车间内的汽油、柴油、涂料、润滑脂、润滑油、汽车内饰件、带油污的绵丝、木材和纸张等物料容易引起火灾，电起火及金属燃烧则不太常见，例如镁是一种用于制造轮胎的易燃金属，它遇高温时燃烧并发出强光。

润滑油溅出或油泥落在地面上应擦干净，否则容易引起严重的事故或伤害。自动变速器油溅出后应立即清除，不仅要用清洗剂和水冲洗，还要将其冲入地沟。

维修人员要熟悉维修车间的布局，熟知灭火器、消防栓、急救工具、洗眼水及其他安全设施的位置和操作方法，清楚消防通道和路线。注意车间内所有警示牌、工具或设备的特殊说明。

9.1.2 工具及设备

自动变速器的结构元件和电子系统都十分复杂，因此维修时用到许多专用工具、设备和仪器仪表。本节介绍维修自动变速器所需的通用工具、常用测量工具（扭力扳手、游标卡尺、千分尺和百分表等）、动力工具（气动及电动冲击扳手、气动棘轮等）和举升工具及设备（液压举升机等），以及先进的自动变速器专用检测仪器、试验台架、变矩器测试设备及变速器翻新设备等。

（1）通用工具

为保证迅速、可靠作业，每个维修工都应备有自己的工具车或工具箱，并备齐常用工具（图9-3）。

通用工具中最常用的是各种套筒、扳手、钳子等，这些工具在维修作业中的使用频率极高，在选取和操作上也应特别注意。例如：松开或拧紧变速器冷却管路时，一定要用六角扳手；米制和英制扳手绝不能相互代替。合适、准确的维修工具，能使操作工序更加得心应手，避免发生意外并节约时间，从而提高工作效率。养成良好的维修操作习惯也是每个维修工应该具备的基本素质。

常用的维修通用工具有很多，下面对几种典型的工具进行说明。

1）锉刀。各类锉刀如图9-4所示。

图9-3 工具箱

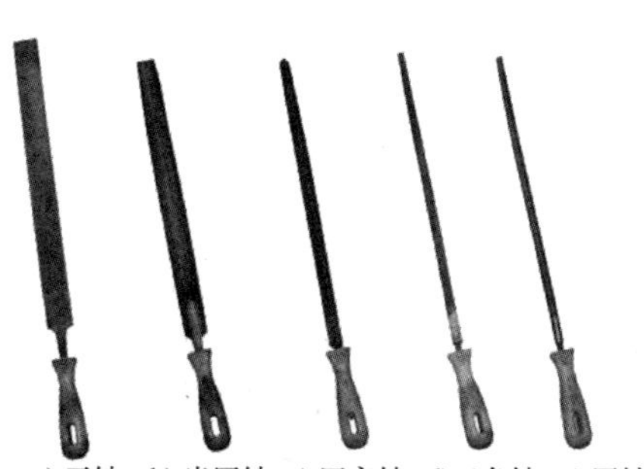

a) 平锉 b) 半圆锉 c) 四方锉 d)三角锉 e) 圆锉

图9-4 锉刀套件

2）丝锥和板牙。维修作业中，经常要修理螺纹损坏的紧固件，应将螺纹重新加工后再使用，而更换紧固件或给螺栓重新加工螺纹时需用到板牙。丝锥用于给螺孔重新加工螺纹（图9-5）。

3）冲子和凿子。打孔冲用于冲出销轴，一般由黄铜制成。中心冲用于在钻孔前刻痕，使钻头定位在钻孔中心。凿子的种类很多，如平凿、尖凿、圆嘴尖凿和金刚凿等（图9-6）。

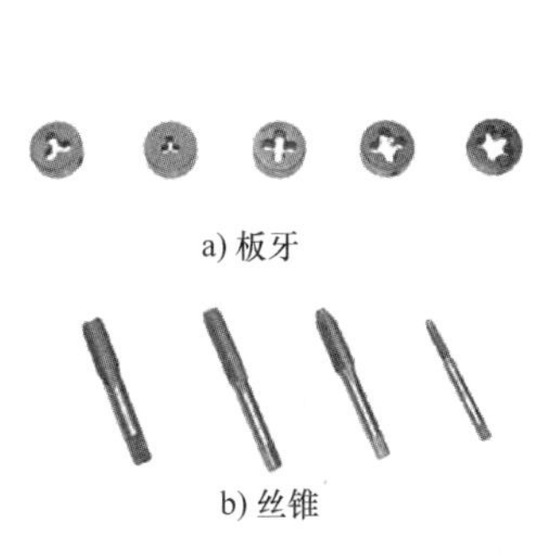

a) 板牙

b) 丝锥

图9-5 板牙和丝锥

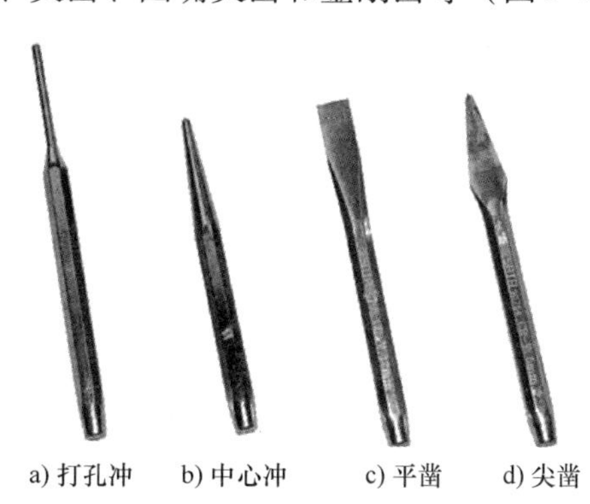

a) 打孔冲 b) 中心冲 c) 平凿 d) 尖凿

图9-6 中心冲子和凿子

4）拉拔器。很多齿轮和轴承用过盈配合的方法安装在轴上或孔中，这种配合能使两零件间不发生相对运动。使用合适的拉拔器可以平稳地移动用过盈配合法安装的齿轮和轴承。图 9-7 所示为常见的泵头拉拔器，图 9-8 所示为轴承拉拔器。

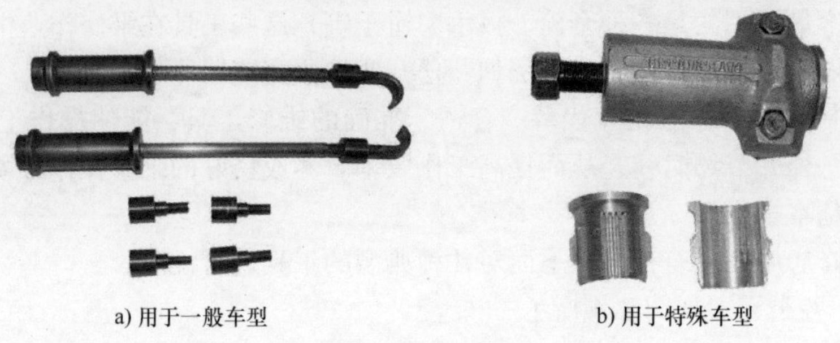

a) 用于一般车型　　b) 用于特殊车型

图 9-7　泵头拉拔器

5）卡簧钳。维修变速器时经常会遇到不同形状和尺寸的弹性挡圈，应选用不同的卡簧钳进行拆装（图 9-9）。

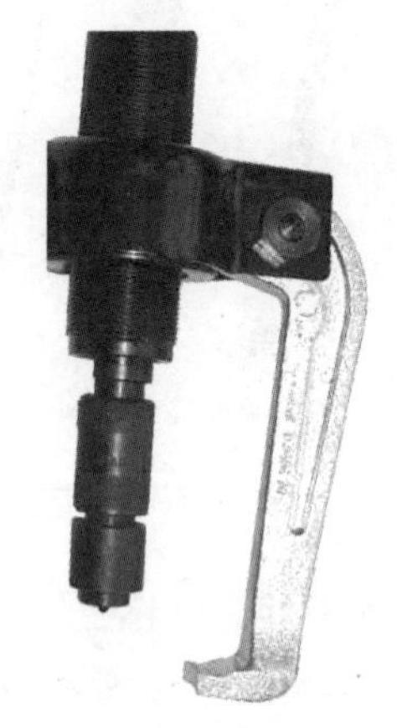

图 9-8　轴承拉拔器

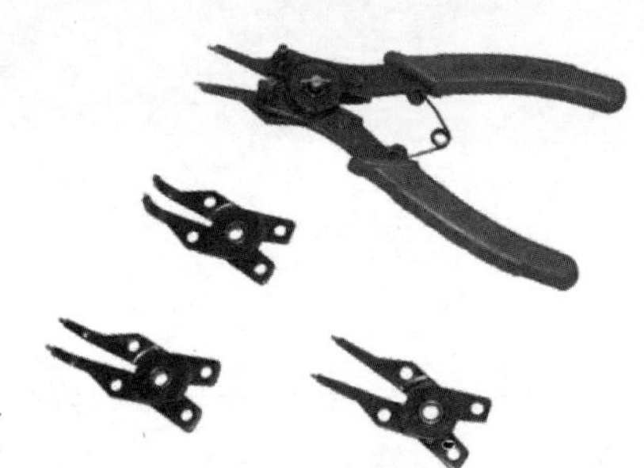

图 9-9　卡簧钳

6）活塞拆装器。活塞拆装器用于拆卸和安装变速器制动器、离合器活塞及其上的密封圈，它是大修自动变速器时必不可少的通用工具之一。需根据不同车型选用相应规格的活塞拆装器，如图 9-10 所示。

7）吹尘枪。吹尘枪是一种维修作业中必备的通用工具，如图 9-11 所示。维修变速器时，它主要用于拆装前的变速器壳体吹尘和清洗内部零件后的吹干，还可对各用油元件进行空气试压以检查其密封情况。

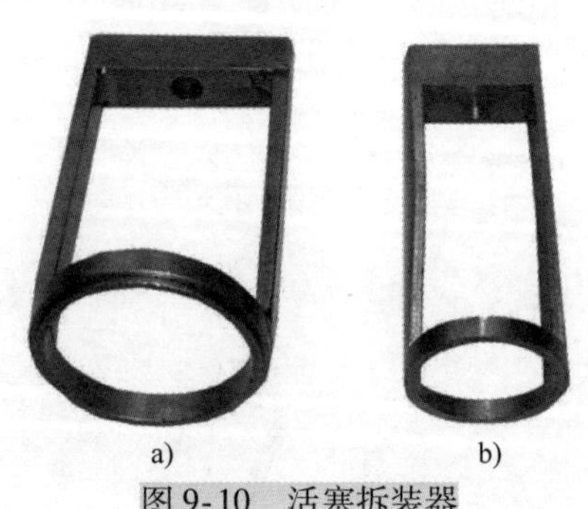

a)　　b)

图 9-10　活塞拆装器

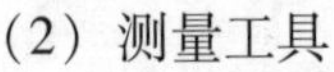

（2）测量工具

下面介绍几种在自动变速器维修工作中常见的测量工具。

1）扭力扳手。扭力扳手用于测量螺母和螺钉的拧紧力矩。汽车上的很多螺母和螺钉必须紧固到规定的力矩值，单位为 N · m（米制）或 lbf · ft（英制）。

扭力扳手有（图 9-12）多种类型，如刻度盘型、转折点型、表盘型、转矩规型和数字显示型等。刻度盘型、转矩规型、表盘型和数字显示型扭力扳手，在拧紧螺栓的同时可读出数值，以测试拧紧效果。使用转折点型扭力扳手时，必须把刻度盘调到所需力矩，拧紧到规定力矩值时扭力扳手会发出特殊声响。

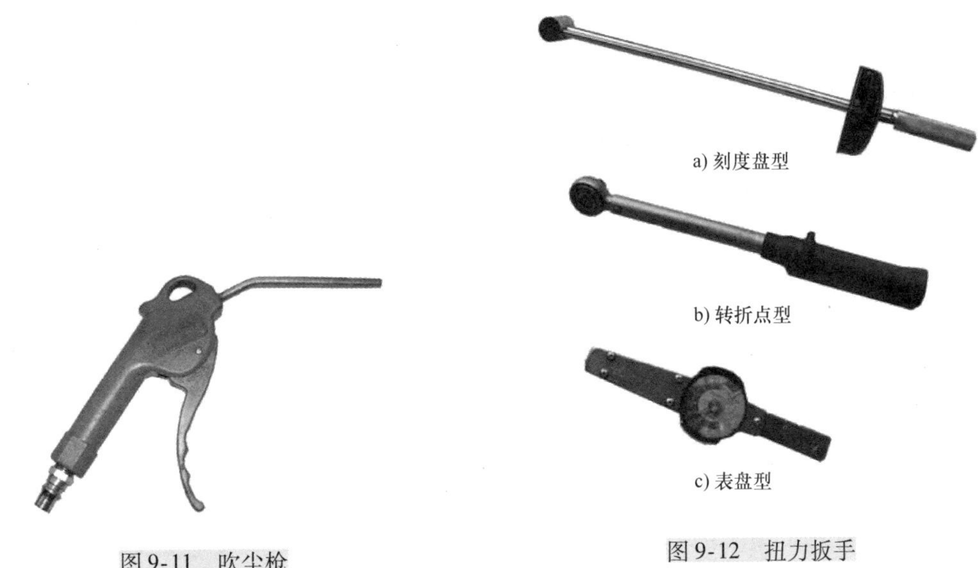

图 9-11 吹尘枪

图 9-12 扭力扳手

2）游标卡尺。游标卡尺是较常用的测量工具，类型包括带表卡尺、电子数显卡尺、深度游标卡尺等。游标卡尺可用内测量爪测量内径，也可用外测量爪测量外径，还可用深度尺测量深度（图 9-13）。

① 构造。标准游标卡尺的构造如图 9-14 所示，它的主要部分是一条主尺和一个可沿主尺滑动的游标尺（游标），左测量爪固定在主尺上并与主尺垂直，右测量爪与左测量爪平行，并固定在游标尺上，可随游标尺一起沿主尺滑动。

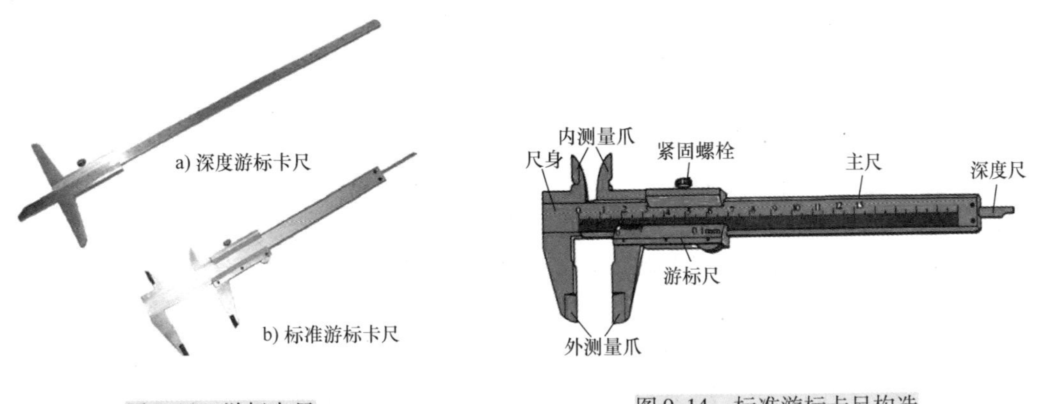

图 9-13 游标卡尺

图 9-14 标准游标卡尺构造

② 原理。游标尺分为 10 等分、20 等分和 50 等分三种类型，现以 20 等分为例说明。20 等分游标尺上有 20 个刻度，总长为 19mm，其每个分度与主尺的最小分度相差

0.05mm。左右测量爪合在一起时，只有游标尺的第20条刻线与主尺的19mm刻线重合。使用时，整毫米数由主尺读出，再看游标尺与主尺的哪两条刻线重合，毫米以下的长度是0.05mm的倍数。

③ 读数举例

a. 以20等分游标尺为例，如图9-15所示，游标尺的零刻线在8和9之间，因此整数部分读数为8。游标尺的第7条刻线与主尺对齐，因此小数部分读数为0.35。最终读数为8.35。

b. 如图9-16所示，游标尺的零刻线在0和1之间，因此整数部分读数为0。游标尺的第7条刻线与主尺对齐，因此小数部分读数为0.35。最终读数为0.35。

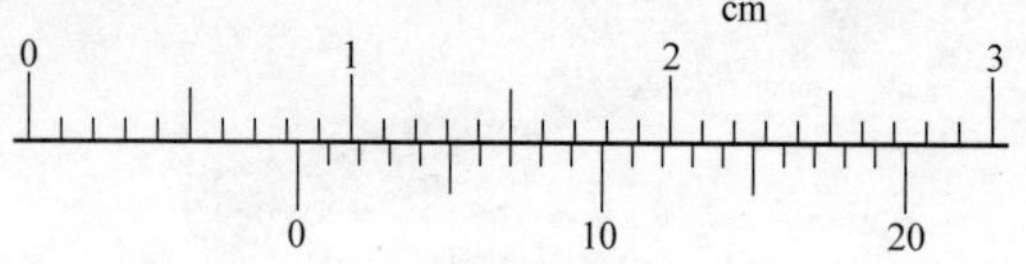

图9-15　游标卡尺读数例1（长度为8.35mm）

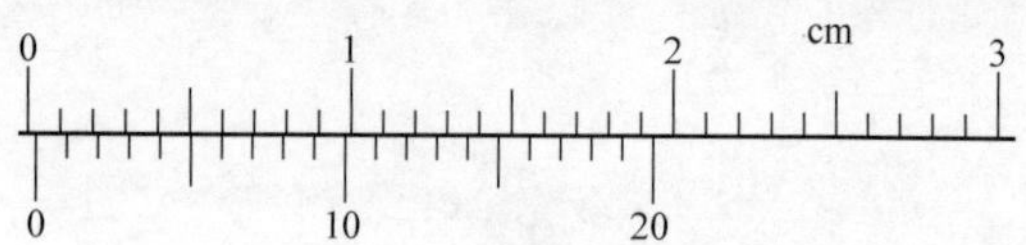

图9-16　游标卡尺读数例2（长度为0.35 mm）

3）千分尺。常见的千分尺包括外径千分尺、内径千分尺、螺纹千分尺、公法线千分尺等（图9-17）。千分尺用于外尺寸、内尺寸的精密测量，也可用于测量螺纹中径、齿轮公法线长度、深度、台阶、球面尺寸，还可用于测量管壁厚度、线材直径等。

① 构造及原理。如图9-18所示，构件e、d和f是一体的，通过精密螺纹套在b上。精密螺纹的螺距为0.5mm，即d每旋转一周，g前进或后退0.5mm。

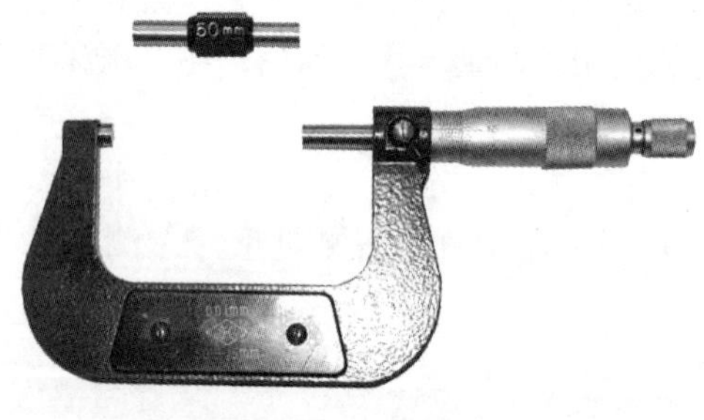

图9-17　外径千分尺

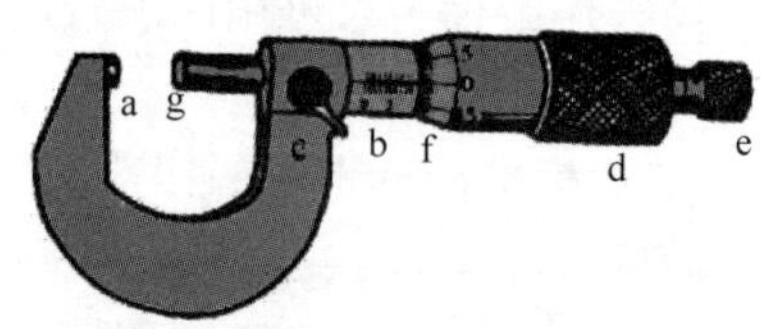

图9-18　外径千分尺构造

a—测砧　b—固定刻度　c—尺架　d—旋钮
e—微调旋钮　f—可动刻度　g—测微螺杆

② 使用方法。用外径千分尺测量一个小零件的外径时，先打开测口，然后把零件放在测砧和测微螺杆之间。测砧抵住零件后，转动旋钮，直到测微螺杆接触到零件。轻微转动微调旋钮，使零件恰好固定在测砧和测微螺杆之间。读数时，除固定刻度上读出的数值，还要加上可动刻度上的读数，两数之和就是零件实际的外径值。测量值可精确到小数点后3位，注意固定刻度上0.5mm的刻线。

③ 读数举例

a. 测量一根导线的直径（图9-19），固定刻度指示在1和1.5之间，读数为1；可动刻度指示读数为0.171；因此最终读数为1.171。

b. 测量一根导线的直径（图9-20），固定刻度指示在0.5和1之间，读数为0.5；可动刻度指示读数为0.171；因此最终读数为0.671。

4）百分表。百分表用来测量一个物体的偏差及跳动量（图9-21）。百分表分度值为0.01mm，在自动变速器维修中，它通常用来测量齿轮的齿向间隙、圆跳动和全跳动量。

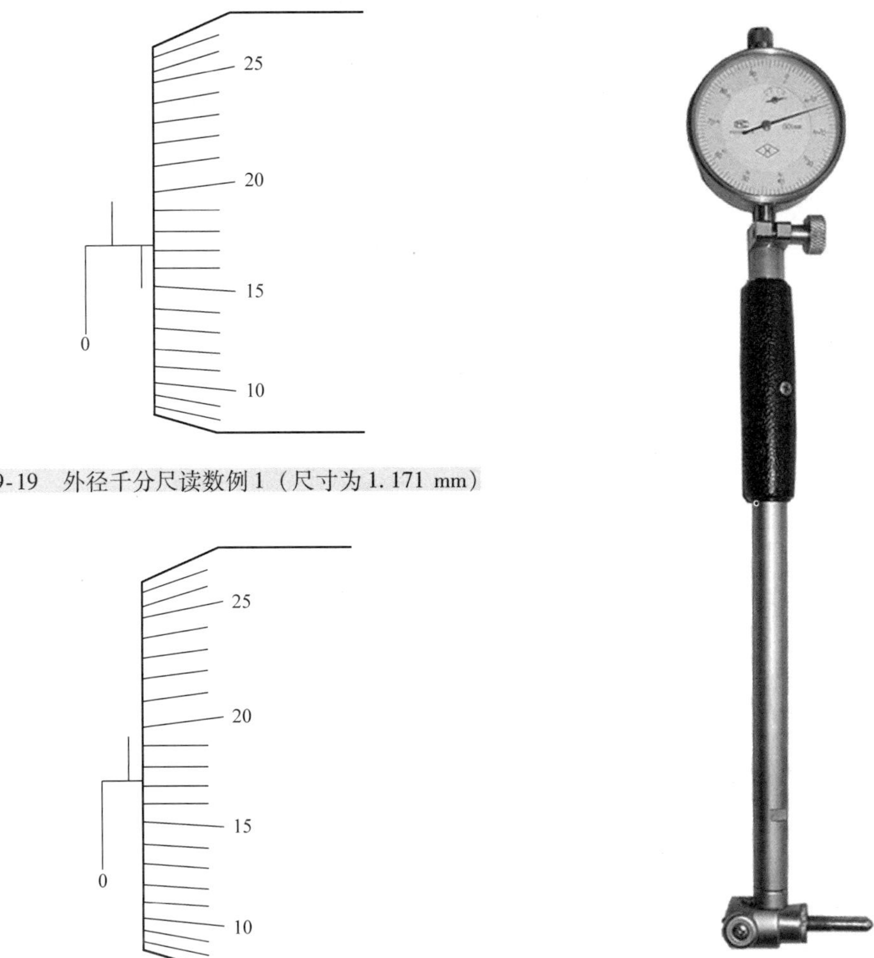

图9-19 外径千分尺读数例1（尺寸为1.171 mm）

图9-20 外径千分尺读数例2（尺寸为0.671 mm）

图9-21 百分表

5）塞尺。塞尺是一组已知精确尺寸的金属片（图9-22）。一套塞尺常包括不同间隔厚度的金属片。塞尺用来测量间隙及其他近似的尺寸。

测量时可根据需要使用1片塞尺或数片组合在一起使用，测量精度可达0.01mm。使用时把塞尺片和测件都擦拭干净，塞紧力适宜，根据塞入的塞尺片数求得配合件之间的间隙值。

（3）动力工具

动力工具可为维修人员节省时间和体力，分为气动型和电动型两种。气动工具是最常用的，因为其提供的力矩大、重量轻、易维护且价格便宜。电动工具价格虽贵，但灵活性好，可使用绝大多数电源或自带充电电池，而气动工具必须配备空气压缩机和储气罐。

常用的动力工具有气动冲击扳手（图9-23）、气动棘轮等。

图 9-22　塞尺

图 9-23　气动冲击扳手

注意：动力工具使用不当可能导致严重伤害，因此使用前一定要熟知操作注意事项。

（4）举升工具及设备

在检测和维修自动变速器时，经常用到一些举升工具和设备，例如液压千斤顶（图 9-24）、变速器举升机（图 9-25）、自动举升机（图 9-26）、小型液压起重机（图 9-27）、安全支架（图 9-28）和翻转架（图 9-29）等。使用这些工具和设备时一定要注意自身和车辆的安全，注意固定胶块位置及支撑点位置的选取，注意举升设备的平稳，确保安全后，才能进行检测和维修作业。

图 9-24　液压千斤顶

图 9-25　变速器举升机

a) 四柱型

b) 两柱型

图 9-26 自动举升机

图 9-27 小型液压起重机

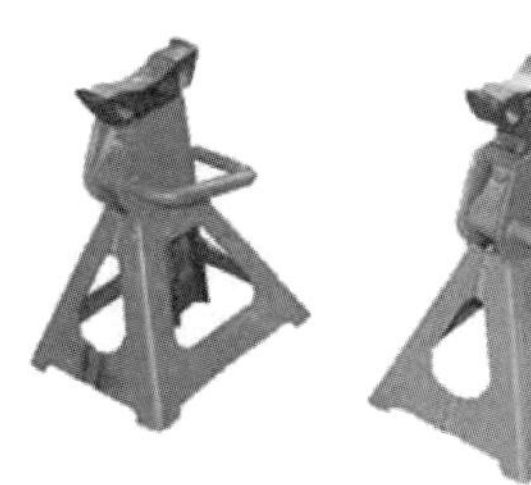

图 9-28 安全支架

a) 宝马专用

b) 别克专用

图 9-29 各种翻转架

c) 雪铁龙专用

图 9-29　各种翻转架（续）

（5）电子测量工具及设备

目前国内维修市场上常见的检测设备很多，其基本功能大致相同。在选择及使用这些检测设备时应注意以下问题：

1）根据本厂所修车型进行选购。一般情况下，检测设备涵盖车型越多，各子系统的数据及选项越少，生产厂家主要根据产品成本及体积等因素决定检测设备的功能。

2）选择有实力及研发能力的大公司的产品，以保证售后服务及检测系统的升级换代。

3）重视产品的价格及实用性。华而不实的功能往往在检测设备的价格中占有很大比例，选择时应以实用性为主。

以下介绍自动变速器维修过程中常用的检测设备，如汽车专用多功能万用表、综合电脑检测仪、自动变速器专用检测仪、试验台架和变矩器测试设备。

1）汽车专用多功能万用表。汽车专用多功能万用表是检测汽车电路最基本、最常用的工具，其主要功能有测量汽车分电器触点闭合角、发动机转速、交流/直流电压、交/直流电流、电阻、温度、二极管正向压降及电路通断等。

① 面板简介。如图 9-30 所示，量程/功能旋转开关位于面板中央，可转换不同的档位实现不同的功能。不使用时应将其关闭。

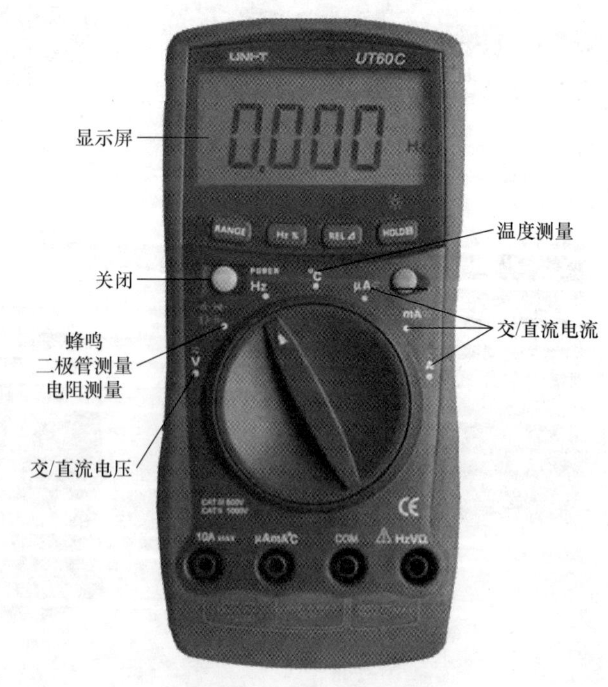

图 9-30　万用表前面板

输入插孔共四个：“COM”插

孔用于连接信号负极。

"HzVΩ" 插孔用于连接信号正极。

"$10A_{MAX}$" 插孔用于测量交/直流电流。

"μAmA℃" 插孔用于测量交/直流电流和温度。

可测项目（具体数值适用于大多数型号的万用表）

直流电压：量程 0～500V。

输入阻抗：所有量程为 100MΩ。

过载保护：直流或交流峰值 500V（200mV 档最大有效值 250V）。

交流电压：量程 0～500V。

频率范围：40～400Hz（500V 量程为 40～200Hz）。

过载保护：500V 有效值或直流或 500V 连续峰值。

电阻：200Ω～20MΩ。

过载保护：250V 直流或交流有效值。

交/直流电流：10A 测量电压降（测量电压降，满量程为 200mV）。

二极管测试：显示近似二极管正向电压值，正向直流电流约 1mA，反向直流电压约 2.8V。

音响通断检查：导通电阻 <30Ω 时机内蜂鸣器响，开路电压 2.8V。

温度测试：－40～400℃或 1000℃（温度传感器，国际标准 K 型）。

② 操作步骤

注意：a. 检查 9V 电池，如果电量不足，则显示屏左上角会出现 "BAT" 符号。另外，注意测试笔插孔旁的符号，这是警告测试电压和电流不要超过指示数字。

b. 在测量直流电压或直流电流时，如果显示屏左上角出现 "－" 符号，则表示表笔极性接反。

A. 电压测量

a. 将黑色表笔插入 "COM" 插孔，红色表笔插入 "HzVΩ" 插孔。

b. 将功能开关置于电压量程范围，并将表笔接在被测负载或信号源上，如图 9-31 所示，万用表显示电压读数的同时会指示红表笔的极性。

注意：a. 在被测电压范围未知时，应将功能开关置于高量程档，再逐步调低。

b. 当高位显示 "1" 时，说明已超过此量程，需调高一档。

c. 不要测量高于量程范围的电压，虽然可能获得读数，但会损坏内部电路。

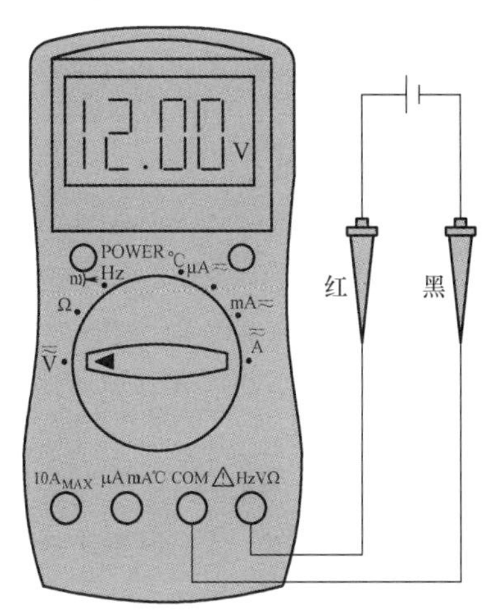

图 9-31 电压测量

B. 电流测量

a. 将黑表笔插入 "COM" 插孔，将红表笔插入 "$10A_{MAX}$" 插孔。

b. 将功能开关置于 10A 量程范围，并将表笔串入被测电路中，如图 9-32 所示。

注意：插孔没有用熔丝，测量电流时，测量时间应小于15s。

C. 电阻测量

a. 将黑表笔插入“COM”插孔，将红表笔插入“HzVΩ”插孔。

b. 将功能开关置于“Ω”档量程，并将表笔跨接在被测电阻上，如图9-33所示。

注意：a. 当输入电路断路时，万用表显示值为“1”。

b. 当被测电阻值超过所用量程范围时，万用表显示值也为“1”，此时换用高档量程。

c. 当在线测量电阻时，需确认被测电路已断电，且电容放完电后，方可检测。

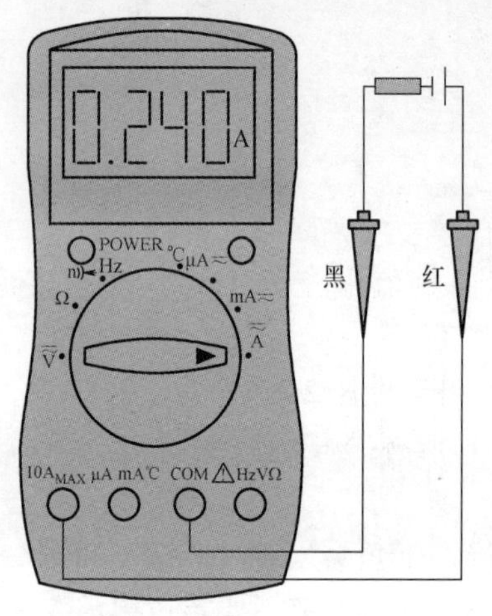

图9-32　电流测量

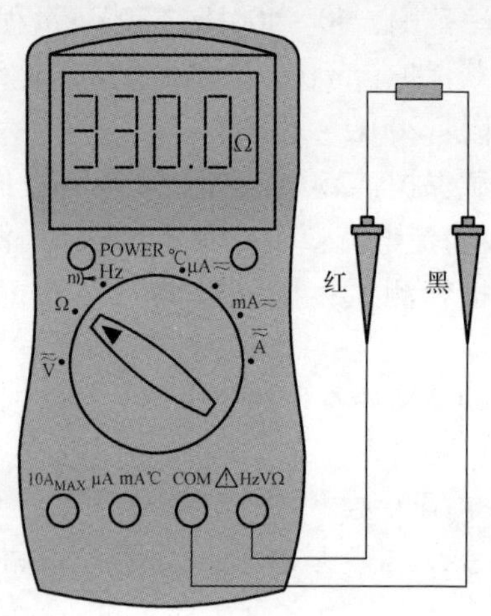

图9-33　电阻测量

D. 音响通断检查

a. 将黑表笔插入“COM”插孔，将红表笔插入“HzVΩ”插孔。

b. 将功能开关置于所需量程，并将表笔跨接在被测电路上，如图9-34所示。若被测电路导通电阻值小于30Ω，则万用表内的蜂鸣器鸣响。

E. 二极管测量

a. 将黑表笔插入“COM”插孔，将红表笔插入“HzVΩ”插孔。

b. 将功能开关置于二极管测试档，并将表笔跨接在被测二极管上，如图9-35所示。

注意：a. 当输入端位接入，即断路时，万用表显示值为“1”。

b. 由于显示值为正向压降值，当二极管反接时，万用表显示值为“1”。

c. 若显示值为“.000”或接近此值，则说明二极管损坏（短路）。若二极管正向和反向接入时显示值均为“1”，则说明二极管损坏（断路）。

F. 温度测量。进行此项工作时，不需要通过表笔和插座测量。

将热电偶传感器的冷端插入图9-36所示插孔中，热电偶的工作端（测温端）插入待测物上表面或内部，可直接从显示屏上读取温度值（℃）。

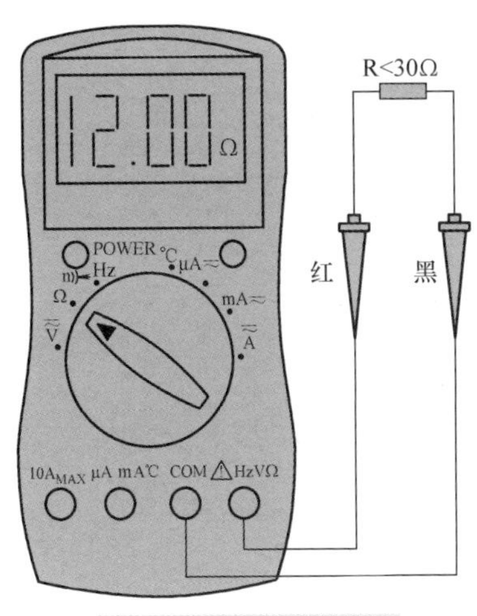

图 9-34　音响通断检查

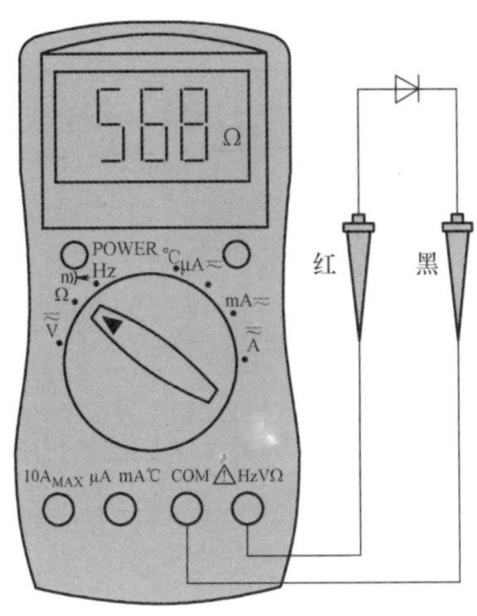

图 9-35　二极管测量

注意：a. 当热电偶传感器断路时，万用表显示常温值。

b. 一般裸露式接点热电偶极限温度为 250℃（短期内为 300℃）。

2）自动变速器专用检测仪

自动变速器专用检测仪是专门为检测电控自动变速器系统设计的检测仪，它没有检测车辆其他系统的功能，其主要功能如下：

① 可在变速器不解体的情况下，直接控制升降档。

② 对电控自动变速器的电子元件（换档电磁阀、锁止电磁阀 TCC 和油压调节阀 EPC 等）进行检测，并具有操作执行动作的功能，可对脉冲式线性电磁阀进行调节检测。

③ 对自动变速器电脑进行监控，检测其输出信号是否符合原厂标准。

下面以目前市场上常见的自动变速器专用检测仪（图 9-37）为例进行介绍，其控制面板如图 9-38 所示。

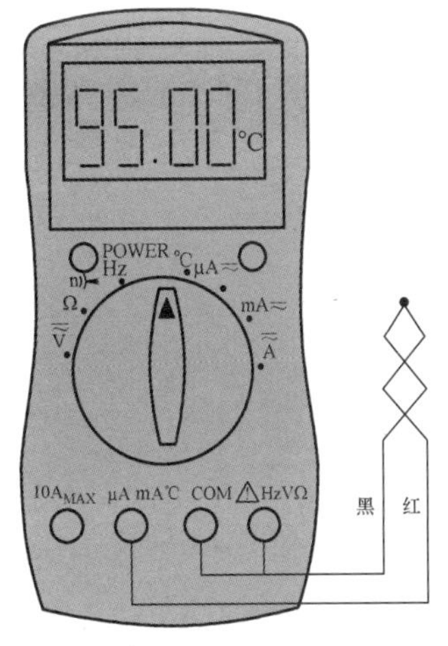

图 9-36　温度测量

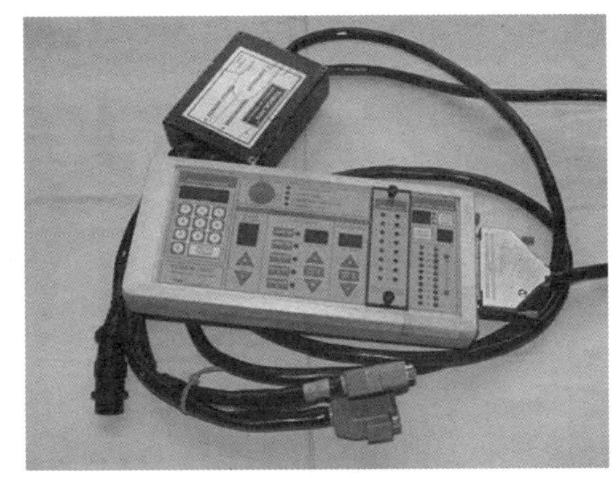

图 9-37　自动变速器专用检测仪

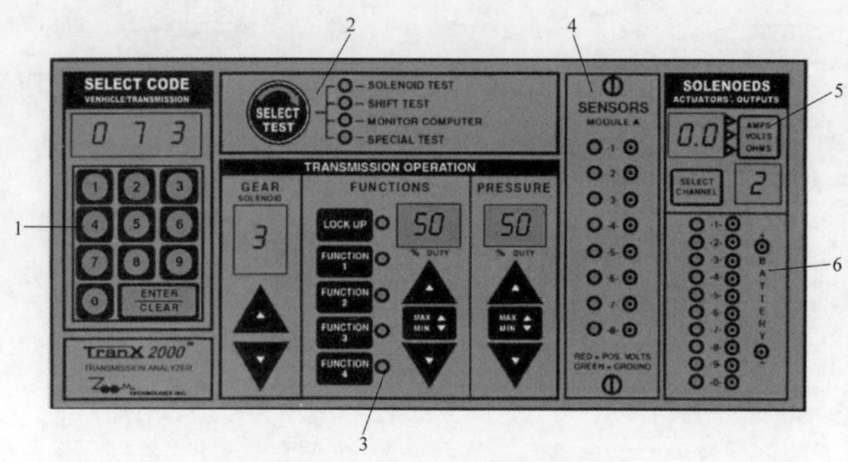

图 9-38 自动变速器专用检测仪控制面板

1— 代码输入区 2—测试选择区 3—换档控制操作区

4—传感器模式选择区 5—测试输出区 6—电磁阀测试孔

① 代码输入区。输入三位数的变速器代码，专用检测仪便执行相应的控制程序。可选择的代码车型多达近千种，表 9-2 中列出了部分车型。

表 9-2 变速器代码一览表

车型	代码	线束	型号
本田雅阁	141	14X201	AOYA
福特	044	04X001	AXODE
宝马	094	TXHB100A	5HP30
凯迪拉克	070	07X009H	4T60E
克莱斯勒	030	03X001H	A604

② 测试选择区。分为电磁阀测试、档位测试、电脑测试和特殊测试四种。

功能一：电磁阀测试。在车上进行测试，测试时应关闭发动机，可分别测试每个电磁阀，并快速测试其短路或断路情况。

功能二：档位测试。代替变速器电脑控制自动变速器换档。

功能三：电脑测试。检测从控制电脑到自动变速器的信号并将信号解码，同时显示档位和车型，以及离合器的接合、分离情况。

功能四：特殊测试。

③ 换档控制操作区。共有三个功能，划分为三个区域，即档位电磁阀显示区、锁止显示区和压力显示区。

功能一：档位电磁阀选择（档位电磁阀显示区）。按上键和下键选择要测试执行的档位，同时，电磁阀档位或电磁阀的情况会在电子屏上显示。

功能二：功能 1 - 功能 4（锁止显示区）。用于控制特殊电磁阀，例如换档电磁阀、脉冲电磁阀等。换档电磁阀控制离合器的接合、分离等。按功能键控制开关，还可控制脉冲电磁阀，用上下键控制脉冲的宽度，也可在按上、下键之前按最大、最小键，快速获得最大或最小负荷。

功能三：压力控制部分（压力显示区）。使主油压以1%的比例递增，用上、下键增加或减小电磁阀脉冲压力，也可在按上、下键之前按最大、最小键，快速获得最大值或最小值。

④ 传感器模式选择区。压力开关测试孔：

a. 1~4通道用来测试压力开关，例如4L60E，红灯为正，绿灯为搭铁，OFF表示无电压。

b. 5~8通道用于测试自动变速器油温传感器及其他传感器，把万用表接入插孔来读取传感器阻值。

⑤ 测试输出区。按电压、电流、电阻键选择要输出的相应显示结果。测试电磁阀时，输出通道会指到正在测试的电磁阀，按通道选择键，可从任一电磁阀频道中读到测量值。

⑥ 电磁阀测试孔（10组）。10组通道都有测试孔和显示屏，换档和监测电脑测试时，可观察电磁阀的工作情况，电磁阀搭铁后显示绿色，12V时显示红色，脉冲显示蓝色。每个电磁阀通道指示器也有测试孔，可用万用表测试任一电磁阀电路。

3）综合电脑检测仪。下面对市场上常见的两种综合电脑检测仪进行介绍。

① MT2500 SCANNER中英文红盒子解码器。该解码器用于诊断发动机、自动变速器、ABS和安全气囊等电控系统，可进行故障码读取/清除、数据流分析、路试测试、特殊功能测试和程序学习设定等。它具有以下特点：显示屏较大，通过两个按键和一个转轮来操作功能开关；两组软件卡匣可同时装入，进行数据对比分析；可存储测试资料，供判断分析；装备培训软件；配有中文操作手册；可测试28个车型。

与该解码器配套的诊断卡分为两种，分别为美国车系诊断卡和亚洲车系诊断卡。此外还配备各种辅助修理卡，提供DTC故障诊断分析。该解码器装备了欧、美、日国际标准OBD－Ⅱ诊断系统，可诊断相应车型的发动机系统，具有强大的数据流分析和氧传感器诊断监测功能。

② 杰尼士美国车/亚洲车电脑检测仪。该电脑检测仪（图9-39）适用于多种车型，用于检测发动机、变速器、ABS、安全气囊、TCS防盗、巡航、空调、悬架、仪表等电控元件，可进行读取/清除故障码、数据流分析、执行元件动作测试，并具有OBD－Ⅱ测试功能。使用时，根据时间需要选配示波卡、点火卡和废气分析卡。

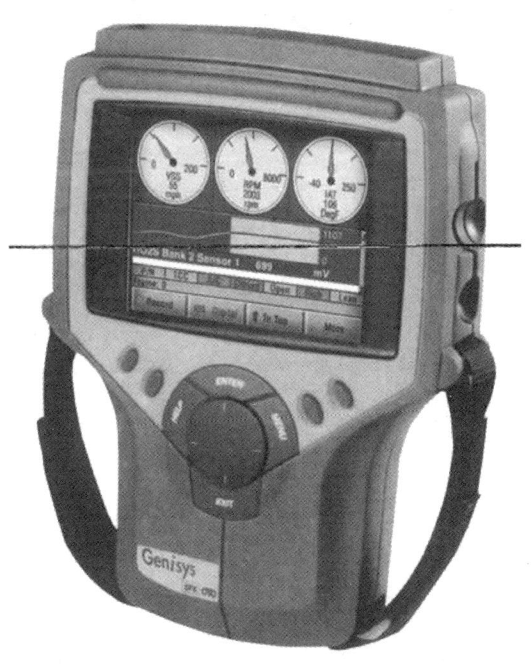

图9-39 杰尼士电脑检测仪

4）其他专用设备。以下介绍其他自动变速器专用设备，包括自动变速器试验台架、变矩器测试设备及变速器翻新、清洗设备。

① 变速器试验台架。变速器试验台架（图 9-40）可模拟各种不同工况下的工作状态，对各种全液压式控制和电子液压式控制型自动变速器进行综合性能检测，例如传动比转换、转矩传输、阻力矩和液压控制状态试验等，并进行故障分析。该设备必须由专业人员操作。

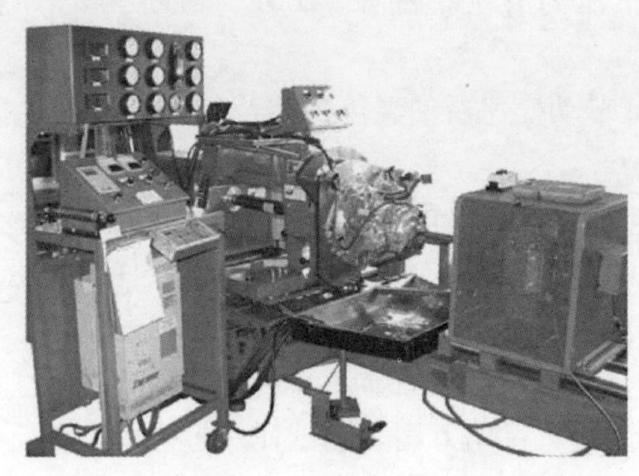

a) 试验台架

b) 利用检测仪检测

c) 变速器在试验台上

图 9-40　自动变速器试验台架

② 变矩器翻新设备。变矩器翻新按以下步骤进行：解体→清洗→变矩器锁止离合器粘合→氩气保护焊→测压测漏试验→动平衡测试。相应设备如图 9-41 所示。

③ 自动变速器翻新及清洗设备。如图 9-42 所示，自动变速器翻新设备一般用含有硅砂和清洁剂的水反复冲刷变速器壳体及其零件表面。清洗机（图 9-43）则采用清洁剂与水配制的液体，通过离心泵，从上、下、左、右四个方向及各角度喷射水流，由转盘带动零件旋转，从而清除零件表面的油污、积炭、锈斑和水垢等，达到翻新效果。

④ 阀体压力测试机。阀体压力测试机使用如图 9-44 所示，可直接测试阀体处于不同档位时各阀的工作状况，即有无卡滞和泄压等故障。

⑤ 电磁阀测试机。图 9-45 所示为电磁阀测试机，用于测试电磁阀的工作性能及密封情况。电磁阀测试机有开关式和频率式两种，两者均能模拟电磁阀的工作状况，并显示工作电流和电磁阀电阻值。

a) 清洗机

b) 锁止离合器粘合机

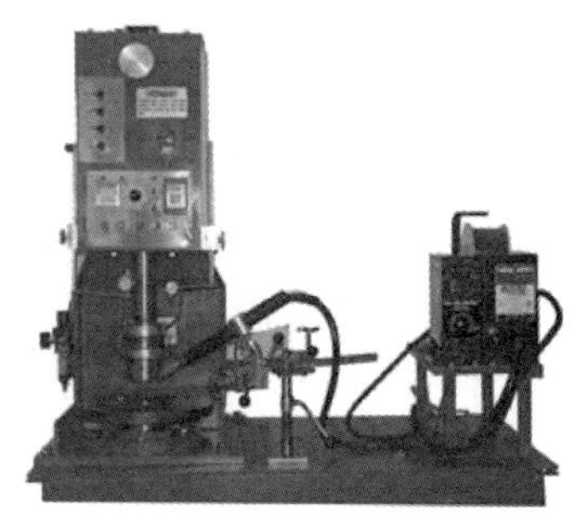
c) 氩气保护焊机

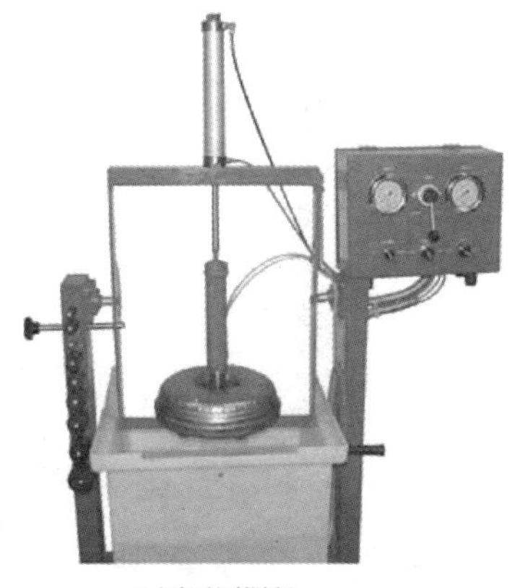
d) 测压测漏机

e) 动平衡测试机

图 9-41 变矩器翻新设备

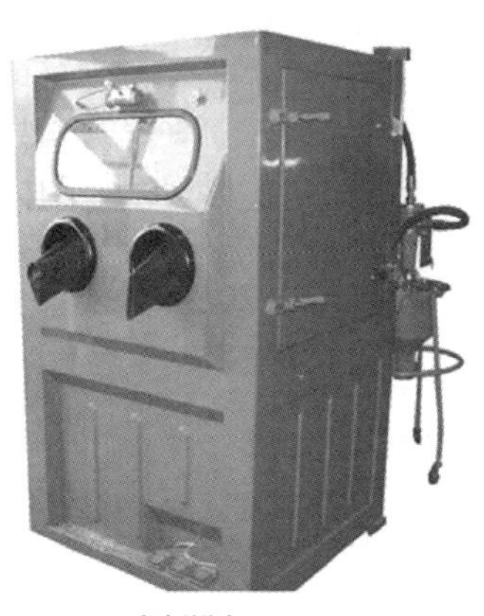
a) 翻新设备

b) 清洗零件

图 9-42 自动变速器翻新设备

图 9-43　自动变速器清洗设备

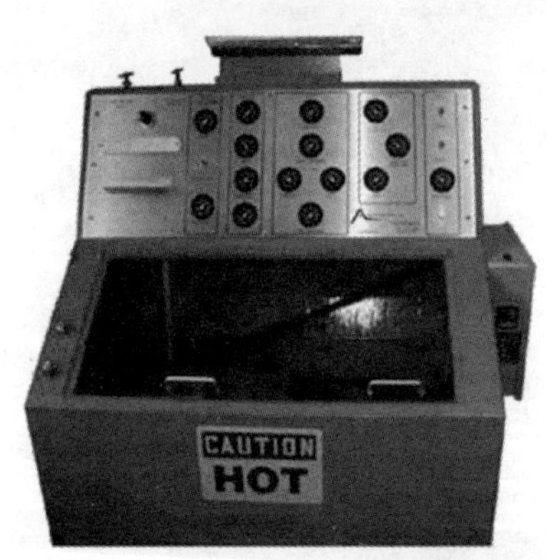

a) 阀体压力测试机

b) 阀体压力测试过程

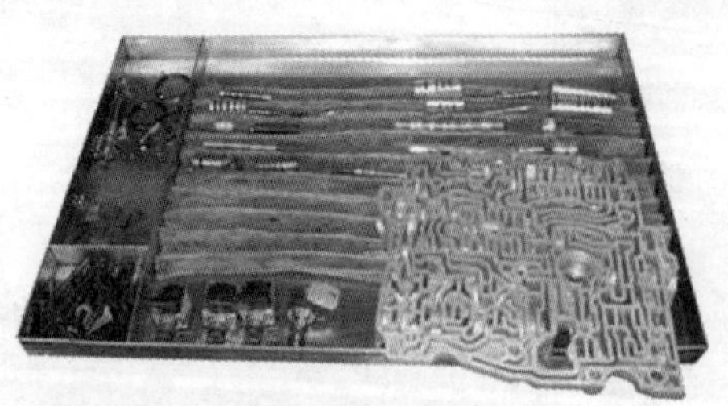

c) 阀体拆装油盘

图 9-44　阀体压力测试

⑥ 离合器活塞拆装机。如图 9-46 所示，离合器活塞拆装机需配合活塞拆装器一起使用，用于拆卸和安装变速器制动器、离合器的活塞。

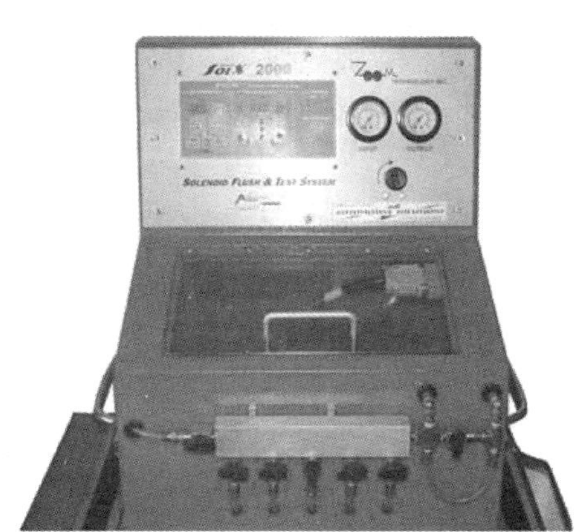

图 9-45 电磁阀测试机

图 9-46 离合器活塞拆装机

⑦ 自动变速器清洗换油机。如图 9-47 所示，自动变速器清洗换油机用于变速器内部免拆清洗及更换油液。

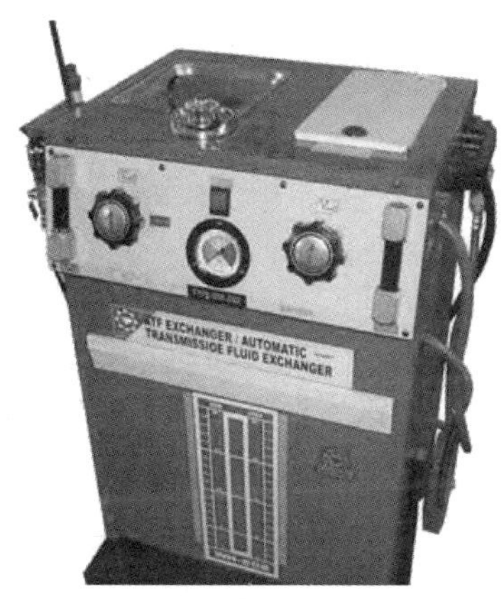

图 9-47 自动变速器清洗换油机

9.1.3 规范操作

（1）一般维修规范

1）检查发动机时，应用专用罩垫保护散热器格栅和前翼子板，防止使用检测仪器和设备时划伤车身表面。

2）进入车内前，应用专用罩垫保护转向盘、座椅和地毯，保持车内清洁并防止损坏。

3）拆下的零件应按序存放好，以便重新装配。特别是在拆装自动变速器阀体时，拆下的各种阀和弹簧很多，更应注意。

4）检查软管和导线插头时，应确保连接正确可靠。

5）开口销、密封垫片、O 形圈和油封等不可重复使用的零件（图 9-48），维修时应全部换新件。

6）涂胶零件的使用。涂胶零件在工厂装配时涂有密封紧固胶。

① 重新拧紧涂胶零件时，应涂上规定的密封紧固胶。

② 涂胶零件的涂胶方法如下（图 9-49）：

a. 清除螺栓、螺母或螺纹上的旧胶。

b. 用压缩空气吹干。

c. 将规定的密封紧固胶涂在螺栓或螺母的螺纹上。

7）注意遵照螺栓拧紧力矩规范作业，每次拧紧螺栓都应使用扭力扳手。

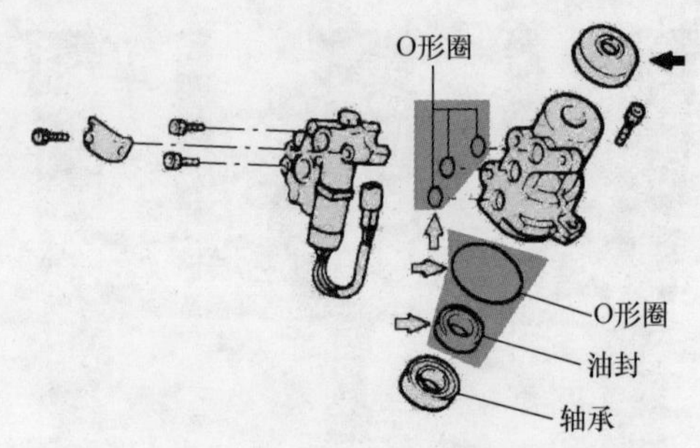

图 9-48　不可重复使用的零件

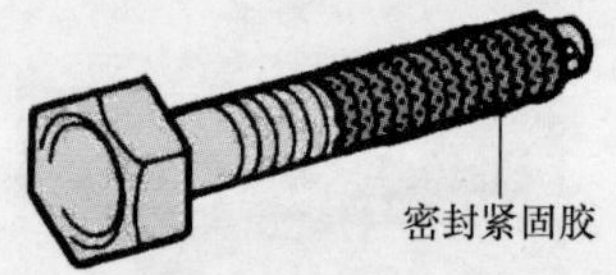

图 9-49　涂胶零件

8）使用专用维修工具和专用维修材料时，要遵循一定的工作顺序，注意规范操作。

9）更换熔丝时（图 9-50），新熔丝的额定电流值必须合适，不得过高或过低。

10）做好下列预防措施以免损坏零件：

① 不要打开电控单元（ECU）的罩盖和外壳，如不慎接触集成电路端子，则其可能因静电而损坏。

② 要拔下电气插头（图 9-51）时，应拉住插头，不要拉导线。

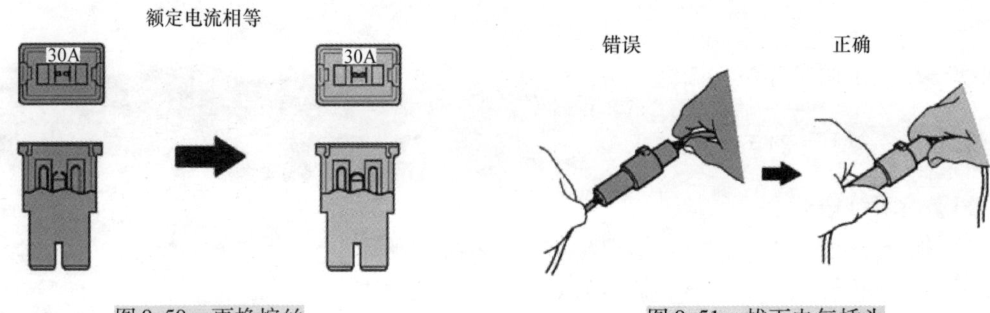

图 9-50　更换熔丝

图 9-51　拔下电气插头

③ 不要让电气元件（如传感器、继电器等）摔落。如果电气元件摔落在硬地板上，则应更换。

④ 检查导线插头导通情况时，应小心插入测试仪器的探头，以防插头端子弯曲变形。

⑤ 断开真空软管时，应握住软管端部拉出，不可拉真空软管的中部，如图 9-52 所示。

⑥ 用蒸汽清洗发动机时，应防止蒸汽进入分电器、线圈和空气滤清器。

⑦ 不可用冲击扳手拆装温度开关和温度传感器。

⑧ 使用真空表时，不可将软管强套在尺寸过大的接头上，应使用渐缩的过渡接头，因为软管扩张后有可能泄漏。

11）拆开软管时应做好标签，如图 9-53 所示。

① 拆开真空软管时，要用标签标明其位置以便于重新安装。

② 维修工作结束后，再一次检查真空软管是否正确接好，粘贴在罩盖下面的标牌上注明了正确的接法。

12）车轮的安装。轮缘上有旋转方向标记，“L”表示左侧，“R”表示右侧。

13）牵引力控制系统（Traction Control System，TCS）。维修制动缸或牵引力控制系统时，应放出系统中的空气，因为其中的油液处于高压状态，可能会喷出伤人，千万小心。

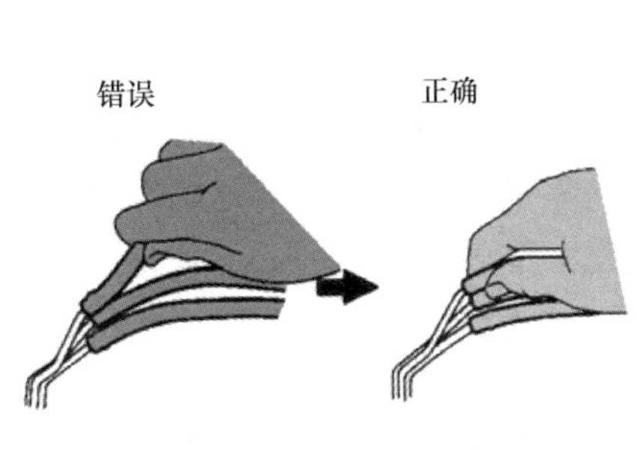

图9-52 断开真空软管

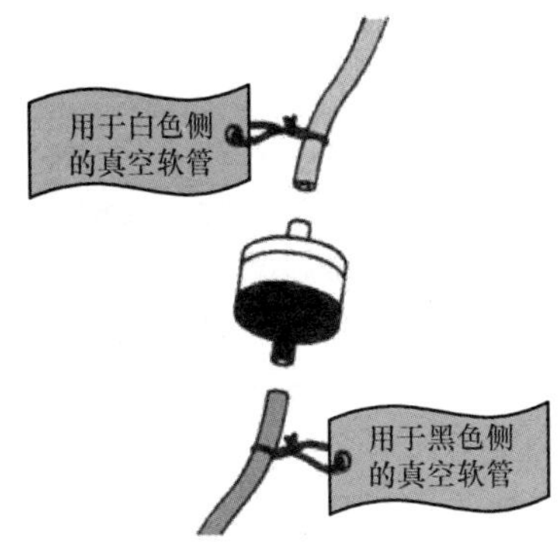

图9-53 拆开真空软管

（2）装有安全气囊（SRS）的车辆维修注意事项

1）安全气囊系统的故障现象较难发觉，因此故障码是故障诊断时的重要信息来源。诊断安全气囊系统时，应先检查故障码，然后再拆下蓄电池电缆。

2）维修工作必须在点火开关转到 LOCK 位且蓄电池负极（－）电缆断开 20s 后才可开始。

3）发生轻微碰撞时，即使安全气囊没有膨涨，也应检查气囊传感器和转向盘衬垫。

4）不可移用其他车辆的气囊系统零件。需要更换零件时，应装用新零件。

5）如果在维修过程中可能冲击气囊传感器，则应在维修前将其拆下。

6）中央安全气囊传感器总成中含有汞，不要破坏换下的旧件。

7）前安全气囊传感器总成、中央安全气囊传感器总成和转向盘衬垫不能在拆下和维修后重新使用。

8）如果前安全气囊传感器、中央安全气囊传感器总成和转向盘衬垫摔落到地上，或其外壳、托架和插头处有裂纹、凹陷等缺陷，则应更换新件。

9）不要让前安全气囊传感器、中央安全气囊传感器总成、转向盘衬垫和安全带预紧器直接暴露在热空气或火焰中。

10）应用高阻抗（至少 10kΩ/V）万用表诊断安全气囊系统的电路故障。

11）安全气囊系统的零部件上有说明标牌，必须遵循注意事项作业。

12）维修工作完成后应检查安全气囊警告灯是否熄灭。

（3）装有三元催化转化器车辆的维修注意事项

1）只可用无铅汽油。

2）避免长时间怠速运转，一般不应超过 20min。

3）尽量避免进行跳火试验。

4）尽量避免进行发动机气缸压缩压力试验。

5）燃油快耗尽时不可起动发动机，否则可能使发动机缺火，进而造成三元催化转化器超载。

6）避免熄火滑行和长时间制动。

7）不可把用过的三元催化转化器与沾有汽油和润滑油的零件放在一起。

9.2 识别自动变速器

在进行任何维护及维修工作前，都应确认所修的自动变速器型号，以便于查询正确的维修数据，保证正确的诊断和维修、拆卸和安装工序，使用正确的零部件。一种型号的自动变速器，可能供多种车型使用，虽然这些自动变速器的基本结构相同，但可能在装配孔、离合器和制动器片数量等方面稍有差别，维修数据和零部件可参照使用。识别自动变速器型号的常用方法如下。

（1）根据标牌确定自动变速器型号

确定自动变速器型号最常用的方法是识别标牌，标牌上通常标有变速器代码、生产日期、制造厂商等信息。图9-54所示为上海别克轿车使用的4T65E型自动变速器标牌，该标牌位于变速器后部，其上标出了变速器代码、生产日期、年型和制造厂商等信息。图9-55所示为ZF 4HP－18型变速器的标牌。

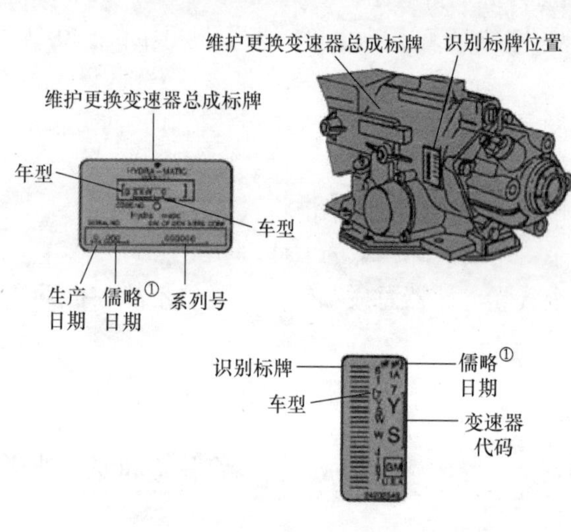

图9-54 4T65E型自动变速器标牌

① 儒略日期为天文计算用的计时制度

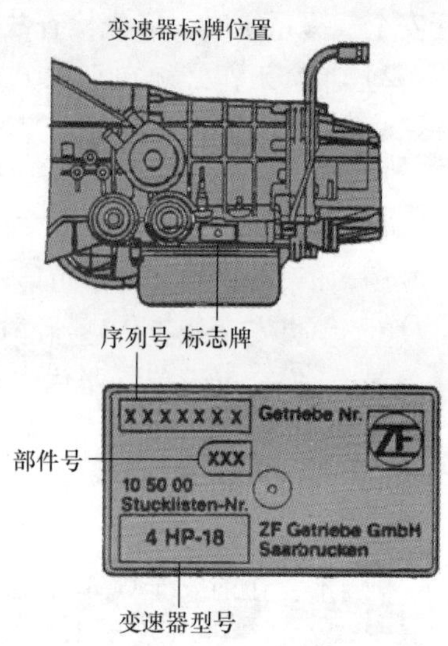

图9-55 ZF 4HP－18型变速器标牌

（2）根据车型确定自动变速器型号

“中车在线数据库”中提供了车型与变速器型号对照表（表9-2），用于准确判断变速器型号。现以1997～1998年款别克车型变速器为例，说明根据车型确定变速器型号的方法。

1）车型识别。车型可由车身代码识别。汽车识别码（VIN）的第5位字母是车身代码（表9-3），车身代码相同即表示所装备的电气附件基本相同，维修时可相互参考。汽车识别码在仪表板左端顶部，靠近前风窗的金属牌上。

表9-3 1997～1998年车身代码

适用车型	车身代码
别克（Buick）	
世纪（Century）	W
皇朝（Regal）	W

2）确定自动变速器型号。自动变速器型号见表9-4。

表9-4　1997～1998年车型的变速器

适用车型（车身代码）	变速器（RPO代码）
别克（Buick）［BF］	
世纪（Century）（W）	4T60E（M13）
皇朝（Regal）（W）	4T60E（M13）或4T65E（M15）

9.3　自动变速器的维护和基本调整

自动变速器的性能通常比较稳定，不常发生故障，因此维修量不大，维护则只需检查、添加或更换自动变速器油，调整变速杆、拉索、开关、制动带等。

鉴于自动变速器结构复杂且形式多样，在检查或维修自动变速驱动桥或自动变速器前，应查找正确的维修数据，按厂家规定的项目和规范进行操作。不同型号的自动变速器，即使是同一厂家的产品，其结构和使用的油液、垫圈等也不尽相同，因此，正常维护和调整的周期可能不同，方法和要求也不同。

9.3.1　自动变速器的维护

下面以上海别克4T65E型自动变速器为例，同时参照一些典型车型，对自动变速器的维护步骤进行说明。

（1）维护周期

别克4T65E的维护周期不是固定的，应根据仪表板上驾驶人信息显示器显示的信息决定。若显示“更换变速器油（CHANGE TRANS FLUID）”，则需放油及再加注。维护完成后需清除（复位）此显示信息，方法：按住“OFF（关闭）”和“后除雾（REAR DEFOG）”按钮，直到“变速器油复位（TRANS FLUID RESET）”信息出现在显示器上（5～20s）才能松开。

每次换油时应检查油面高度。在正常行驶情况下，不需要更换变速器油。在连续的极限工况下（拖车牵引、环境温度超过32℃、交通拥堵），每行驶80500km就需更换油和滤清器。

（2）检查油面高度

1）检查自动变速器油面高度应注意以下事项：

① 检查自动变速器油面高度时，应确保汽车处于水平位置，而非斜坡。

② 对于大多数车型，只有在自动变速器达到工作温度，发动机怠速运转时，才能精确地测量出变速器油面高度。

③ 油尺上的标记表示油面高度，在某些油尺上还刻有冷态、温态和热态油面高度（图9-56）。检查时，取出油尺，用棉布或纸巾擦干净，然后完全插入油尺管，最后取出并记下油面高度值。

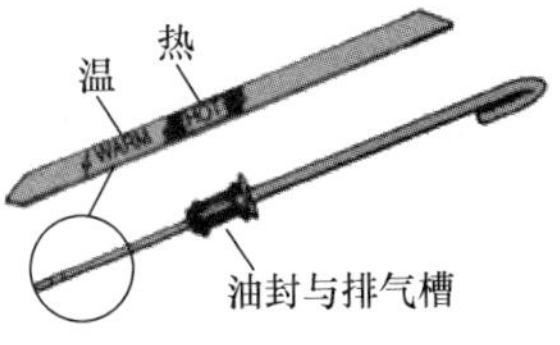

图9-56　检查油面高度

油面高度偏低可能使空气吸入油泵的进油管，并与变速器油混合在一起，造成压力提升缓慢且油压低，进而引起换档滑移。若调压阀里混入空气，则调压阀调节油泵压力时会发出“嗡嗡”的噪声。

油面高度偏高同样会导致空气混入。行星齿轮及相连零部件在变速器油里旋转时，空气会混入变速器油中。混有空气的变速器油会起泡，容易过热和氧化。

2）举例

① 别克 4T65E

步骤一：起动发动机。汽车行驶最少 15min，使变速器达到正常工作温度。将汽车停在水平地面上，在发动机怠速情况下，将变速杆切换至各档位，最后置于 P 位。

步骤二：拆下变速器油尺，擦干净后重新插入油尺管。取出油尺检查油面。油面高度应在油尺上“加 1PT 或 0.5L 油（ADD 1 PT OR 0.5L）”和“油面上限（FULL HOT）”两个标记之间，或在两个横刻线之间。

注意：如汽车曾在高速、炎热天气、交通拥挤的情况下长时间行驶，或刚刚被拖行，则应在变速器油冷却 30min 后，再检查油面高度。

② 1994 年款本田雅阁（ACCORD）。在正常工作条件下，汽车水平停放且发动机熄火。在发动机停止运转后的 1min 内，取出油尺并将其擦干净，再将其插入油尺管中（不用旋入），油面高度应处于油尺上的“FULL”和“LOW”记号之间。

③ 捷达王、宝来（01M）和奥迪 100（096）。注意：01M 变速器只能加注 VW 自动变速器油（零件号为 G 052 162 A2），不要使用 Dexron 或 Dexron Ⅱ变速器油。

a. 096 变速器

步骤一：将汽车停放在水平地面上，变速器处于正常工作温度，将变速杆置于 P 位，拉紧驻车制动，发动机怠速。取出油尺，擦干净后再插入，将变速杆切换至各档位一次。

步骤二：取出油尺。油面高度应在油尺上的两个标记之间。如果需要加油，则使用 Dexron 或 Dexron－Ⅱ变速器油。不要使用任何润滑油添加剂。

b. 096 差速器。将汽车停在水平地面上。拆下车速里程表主动齿轮，擦干净后装复。油面高度应处于油尺的“MIN”和“MAX”标记之间。需要加油时，使用合成油 G50、SAE 75W－90（零件号为 G 052 145 A2）。

c. 01M 变速器

步骤一：将变速杆置于 P 位，发动机怠速，举升汽车。变速器处于正常工作温度时，从油底壳上拆下油面高度检查螺塞，溢流管（在螺塞孔内）中已存的油会全部流出。

步骤二：如果仅有少量变速器油或没有变速器油从溢流管流出，则需先加油，再进行下一步。如果继续有油流出，则油面高度正常，安装油面高度检查螺塞并换新密封垫，最后以 15N · m 的力矩拧紧。

步骤三：撬下加油螺塞固定盖并将其废弃（图 9-57），弹簧座盖可再使用。从加油管上拔出加油螺塞，使用“加油漏斗”（VAG 1924）加注 VW G 052 162 A2 自动变速器油，直到有变速器油从油面高度检查螺塞孔中流出。

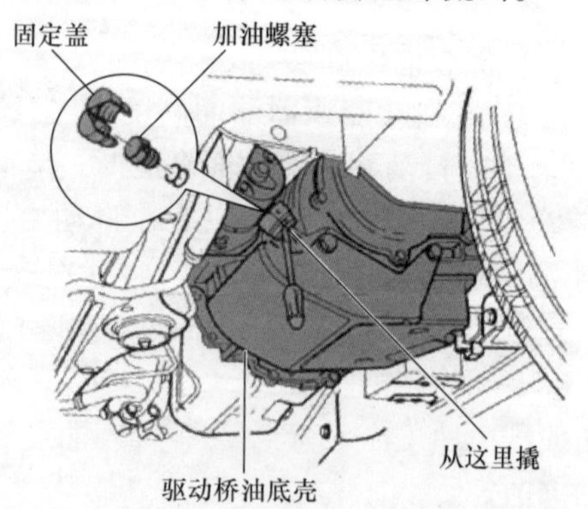

图 9-57 拆卸加油螺塞固定盖（01M 变速器）

步骤四：安装油面高度检查螺塞并换新密封垫，以15N·m力矩拧紧。使用新固定盖安装加油螺塞，将变速杆切换至各档位一次，重新检查油面高度。

d. 01M 主差速器。将汽车停在水平地面上，拆下车速里程表主动齿轮，擦干净后装复，检查油面高度。油面应处在油尺上的“MIN”和“MAX”标记之间。如果需要，则加注 VW G 052 162 A2 自动变速器油。

（3）放油及再加注

只有发动机与自动变速器处于正常工作温度时才能更换自动变速器油。大多数自动变速器必须拆下油底壳来排油。一些新型自动变速器的油底壳设有放油塞，放完油后，一定要拆下油底壳，检查并更换自动变速器油滤清器。检查油底壳的底部是否有沉积物和金属微粒。自动变速器油轻微污染是正常的，这是由离合器和制动带剥落的金属微粒引起的。大量沉淀或微粒表明自动变速器内的摩擦材料或金属部件遭到了很大程度的损坏。检查油底壳后，用溶剂清洗内部并用压缩空气吹干。

滤清器或滤网通常装在阀体底部（图9-58）。滤清器由纸或纤维制成，由螺钉、卡箍或螺栓固定。每隔一定周期，滤清器应更换，而不是清洗。按与拆卸滤清器相同的方式拆卸滤网，用清洁的溶剂和硬刷清洗滤网。拆下壳体盖与油底壳的旧垫片，确保油底壳的固定法兰盘没有变形与弯曲，安装新滤清器与带新垫片的油底壳，按规定力矩拧紧螺钉。

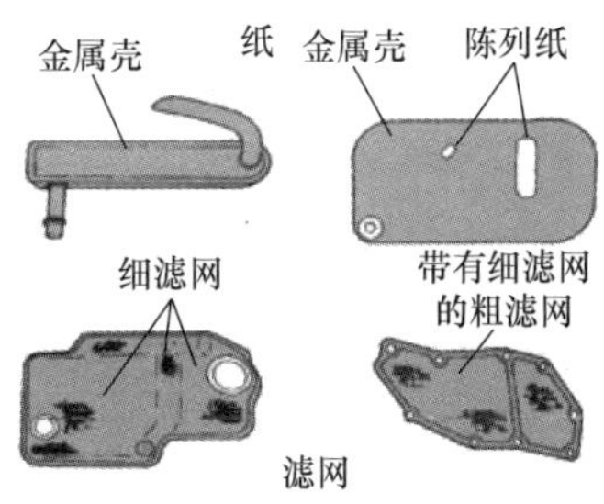

图9-58　自动变速器油滤清器

将3~4L清洁的自动变速器油加入自动变速器并起动发动机，使发动机怠速运转并添加足够的油，使油面高度达到油尺的刻线或冷标记处。不时移动变速杆使其通过所有档位，让发动机运转并达到正常工作温度。然后再检查油面高度，必要时可再加些油。

自动变速器油是掺有数种特殊添加剂的高级石油基矿物油。一型自动变速器必须始终使用规定的自动变速器油，若使用其他自动变速器油，或多种自动变速器油混用，则会使性能受损。例如在使用 Dextron 型油的自动变速器里加入 F 型油，则换档动作会变得粗暴。

别克4T65E型自动变速器的变速器油排放与加注作业如下：

1）加注量。4T65E 的变速器油加注量见表9-5。

表9-5　变速器油加注量

变速器型号	放油和再加注量/L	大修加注量/L
4T65E	7.0	9.5

注：表中所列为近似加注量，实际操作时一定要加注到油尺上的“油面上限（FULL）”标记处。放油和再加注量不包括液力变矩器加油量。

2）放油及再加注。注意：如果油底壳螺栓带有锥形垫圈，则不要使用垫圈已变形的螺栓（图9-59）。

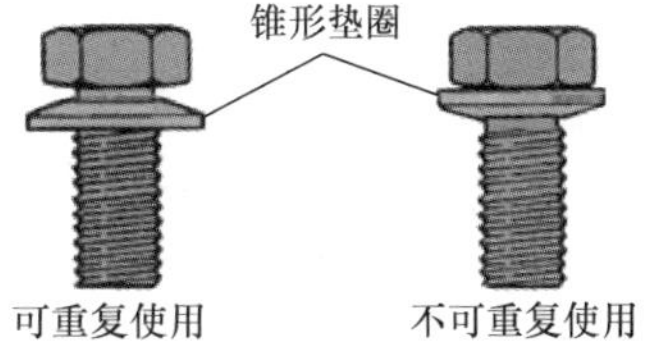

图9-59　锥形垫圈

步骤一：举升汽车，在变速器油底壳下方放一个大号放油盘，只需拆下变速器油底壳前部和侧面的螺栓，油底壳后部的每个螺栓拧松约4周。

步骤二：用螺钉旋具小心撬松油底壳，放出变速器油，拆下其余螺栓、油底壳、旧油底壳衬垫，以及滤清器和O形圈。

步骤三：用溶液彻底清洗油底壳、磁铁和滤网（针对金属滤网），并用压缩空气吹干，更换纸滤芯（如果有）。在吸油管上安装新O形圈或在吸油管凹槽内安装密封套，安装前用干净的变速器油润滑。

步骤四：将滤清器总成装到吸油管上，使用新衬垫安装油底壳，按规范拧紧螺栓，通过加油管加变速器油。

步骤五：将变速杆置于P位，拉紧驻车制动器，起动发动机。将变速杆切换至各档位，最后置于P位。在发动机处于正常工作温度且怠速运转时检查油面高度，并根据需要加油，不要过量加注。

变速器油除有润滑行星齿轮机构及其他运动部件的作用外，还有传递变矩器转矩、控制液压控制系统及变速器中离合器和制动器的运作、冷却转动部件等作用。换油操作有误有可能造成变速器损坏或换档性能变差，还会导致无法正确计算维护周期。

9.3.2 自动变速器的调整

自动变速器安装到汽车上后，应检查并调整好节气门拉索、选档拉索、变速杆、档位开关、驻车锁止拉索、驻车/空档位置（PNP）开关、制动灯开关等部件。由于各种自动变速器的结构不同，需要调整的连接零件和开关也不相同。下面以上海通用别克4T65E和克莱斯勒30TH/31TH型自动变速器为例，说明调整连接零件和开关的方法。

（1）4T65E型自动变速器

1）驻车锁止拉索。对于大多数车型，在变速杆处于P位，点火开关处于锁止（LOCK）位的情况下，确保变速杆不能移到其他档位，钥匙可以取下。

① 拆下中央控制台，露出驻车锁止拉索插头锁。将变速杆置于P位，点火开关转至锁止（LOCK）位。

② 拉驻车锁止拉索插头锁按钮，开锁。向前推拉索插头端部，拆下拉紧装置。快速按下驻车锁止拉索插头锁按钮，检查驻车锁止拉索的工作情况。

③ 确认钥匙仅在变速杆处于P位时才能取下。在点火开关位于锁止（LOCK）位时，变速杆不能从P位移到其他档位。

2）驻车/空档位置（PNP）开关。注意：驻车/空档位置开关也称变速器档位（TR）传感器或空档安全开关。仅在变速器处于P位或N位时，调整开关，起动发动机。

① 从变速杆上断开选档拉索，拆下变速杆，松开驻车/空档位置开关固定螺栓。使用调整工具（J-41545），使驻车/空档位置开关的开槽对准空档位置（图9-60）。

② 将驻车/空档位置开关固定螺栓拧紧至24N·m。拆下调整工具，重新安装变速

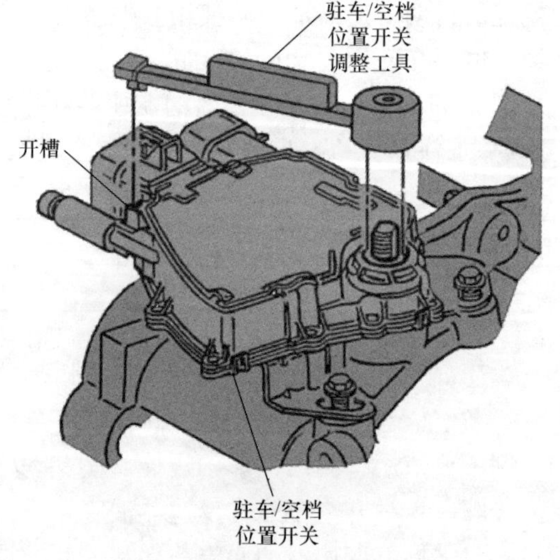

图9-60 调整驻车/空档位置（PNP）开关（4T60E和4T65E）

杆，将变速杆螺母拧紧至20N·m，重新连接选档拉索。

③ 确保变速杆处于P位或N位时起动发动机。如果工作情况不符合规定，则重新调整驻车/空档位置开关。

3）选档拉索（前轮驱动）。注意：调整选档拉索，使发动机只能在变速器处于驻车档或空档时起动。变速杆调整不当会导致变速器中的离合器和制动器出现故障。目前大多数前轮驱动的汽车都装有自调整选档拉索。

将变速杆置于N位，提起或压下变速器安装支架上的拉索调整器锁止按钮（图9-61）。

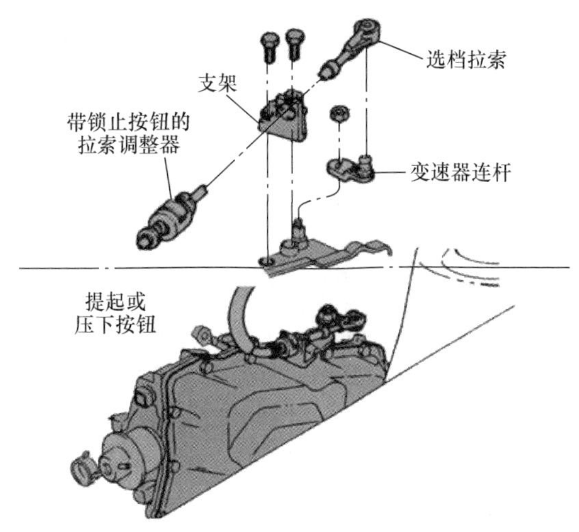

图9-61 调整选档拉索

4）制动灯开关。确保完全松开制动踏板，调整制动灯开关，直到其铁心正好接触到制动踏板杆。

（2）克莱斯勒30TH和31TH型自动变速器

1）强制降档制动带（前）。注意：强制降档制动带调节螺钉在变速器壳体的左侧（顶部前方）。

① 松开调节螺钉锁紧螺母，再退回5周。确保调节螺钉在壳体上能自由转动后，将螺钉拧紧至8N·m 。

② 将螺钉退回2.5周，锁紧螺母拧紧至47N·m。

2）低档-倒档制动带（后）。注意：低档-倒档制动带调节螺钉在后伺服杠杆上，只有将阀体拆下才可接近。

① 给变速器放油并拆下油底壳，松开制动带调节螺钉锁紧螺母约5周，确认调节螺钉能自由转动，将调节螺钉拧紧至5N·m 。

② 退回调节螺钉3.5周，锁紧螺母拧紧至14N·m，安装油底壳并给变速器加注变速器油。

3）节气门拉索

① 确认发动机怠速转速正常且处于正常工作温度，松开调节支架锁紧螺钉，必须使调节支架的两个定位凸起接触到变速器壳的铸造表面。将锁紧螺母拧紧至12N·m。

② 向上拉动并松开拉索组件上的交叉锁，确认调节方式正确。交叉锁松开后，拉索必须能自由地沿与限位器相反的方向滑向发动机。

③ 将变速器节气门控制杠杆顺时针移动，直至碰到其内部限位器，将交叉锁向下压入锁止位置。

④ 将变速器节气门控制杠杆逆时针移动，再慢慢放开，确认它能回到顺时针极限位置。

第 10 章 自动变速器的故障诊断

10.1 故障诊断要领

目前，自动变速器的故障诊断难度较大，是很多维修人员经常遇到的问题。对自动变速器的故障进行诊断和维修，应遵循如下原则：

首先，技术人员要通过与客户的沟通了解报修的故障内容，并通过路试等手段确认报修故障，同时做初步检查及调整，每一步都要按规范进行。

然后，进行自诊断，包括读取和清除故障码，对故障码和数据流进行分析。还要结合其他测试，例如道路试验、失速试验、液压测试和时滞测试等，以检测不同部件的工作性能，进行综合诊断。有些自动变速器需做特殊测试，或不能做某些测试，应参照维修手册执行。

最后，进行严谨的故障诊断分析。确认故障原因后，再进行有的放矢的维修和解体。维修完成后，再进行试车确认故障排除。

图 10-1 所示为自动变速器故障诊断分析流程。由于自动变速器型号众多，结构原理上也有很大差别，该流程图并不适用于所有自动变速器车型，有些测试对某些车型不适用，例如一汽大众奥迪 A6（2.8L）装配电子节气门，不能做失速试验。电子节气门开度调节不仅依靠加速踏板位置传感器的信号，还要根据实际工况，由发动机控制电脑根据实际需要间接控制。做失速试验时，踩住制动踏板，且加速踏板踩到底时，实际的节气门开度并不是全开，因此不能完成失速试验。综上，维修人员应根据基本思路，参照维修数据，结合实际维修经验，针对具体问题灵活运用流程图。

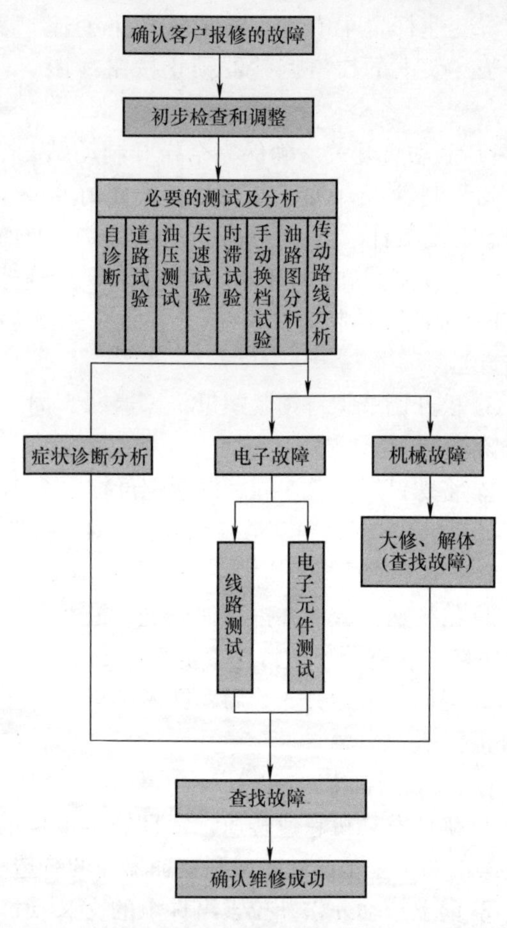

图 10-1 自动变速器故障诊断分析流程图

10.2 确认客户报修故障

注意：在检修故障前，要确定所修型号自动变速器的准确维修数据。

诊断和确认故障是故障检修的第一步。首先要验证客户的意见，由于客户从非专业使用者的角度反映故障现象，并不确切，维修人员必须认真进行检验，确认实际故障与客户反映的故障吻合。

可按表10-1的内容进行逐项检查测试并认真填写结果。该清单根据一些汽车厂家推荐的格式优化而成，适用于绝大多数自动变速器。

表10-1 驾驶诊断清单（自动变速器）

VIN	变速器型号		行驶里程		检验员
换档不正常	换档生硬		噪声		振动
	不能换档		不能降档		其他
故障发生间隔	经常		发生周期		刚发生
	逐渐缓解		逐渐加剧		其他
发动机温度	冷		温		热
	任何温度		仅在升温时		仅在降温时
环境温度条件	-10°C 以下		-10～0°C		0～15°C
	15～28°C		28°C 以上		其他
气候条件	下雨		干燥		潮湿
	下雪/结冰		路面湿滑		其他
驾驶条件	起动		怠速		加速
	减速		稳定时速		制动
燃油类型	汽油标号		柴油标号		CNG/LPG
变速杆位	驻车档		空档		倒档
	超速档		直接档		手动档
备注					

下面根据驾驶诊断清单的主要内容，结合实例讲解自动变速器故障诊断的步骤和方法。

10.3 初步检查和调整

自动变速器在正常的使用及维护条件下，损坏性故障较少，多数故障是使用、维护和调整不当造成的。通常，对自动变速器进行初步的检查和调整，即可排除故障。更重要的是，只有排除了因维护和调整不当引起的故障，才能进一步检测和分析深层次的故障。

10.3.1 发动机怠速检查

发动机热机后，分别将变速杆置于P位或N位，关闭空调及其他用电设备，检查发动机的怠速转速，应符合厂家的标准。

- 怠速低：换档时容易引起车身振动或发动机熄火。
- 怠速高：换档时容易产生冲击和振动，且在前进档或倒档时“爬行”现象严重。

10.3.2 自动变速器油检查

自动变速器油检查的基本步骤如下：

1）将车停在水平路面上，拉紧驻车制动器，将车轮固定。

2）起动发动机，运转15min或达到正常温度后怠速运转。

3）踩下制动踏板，逐一换入所有档位，在各档位短暂停留，最后换入P位。

4）检查自动变速器油的油面高度。

5）检查自动变速器油的状态。自动变速器油的气味和状态可表明自动变速器的工作状态。

检查自动变速器油时，先闻油尺上油液的气味，然后在手指上点少许油液，用手指摩擦，检查是否有渣粒。或将油尺上的油液滴在干净的白纸上，再检查油液的颜色及气味。正常的自动变速器油一般为粉红色或红色且无异味。各类故障现象及原因见表10-2。

表10-2 故障现象及原因

现　　象	原　　因
油液有焦糊味	① 油温过高，油面过低； ② 油冷却器或管路堵塞
油尺上有气泡	多为空气渗入到高压回路
油液从加油管溢出	油面过高或通气孔堵塞
油液呈深褐色或深红色	① 没有及时更换油液 ② 长期大负荷运转，某些部件打滑或损坏引起变速器过热
油液呈深棕色或黑色且有焦糊味	离合器片磨损或烧蚀
油液呈乳白色	发动机冷却液渗漏到散热器或自动变速器油冷却器中
油液中有金属屑	离合器片或制动器片严重磨损

6）油液泄漏检查。常见漏油处为变速器外壳、油泵油封、输出轴油封、油底壳垫、散热器管及接头等。将自动变速器壳擦净，起动发动机并热机后，将变速杆置于D位运转一段时间，再检查自动变速器油的渗漏情况。

10.3.3 节气门位置检查与调整

（1）目的和原理

自动变速器的节气门阀通过节气门拉索与发动机节气门连接。发动机节气门的开度信号会转换成节气门阀的油压信号。节气门油压信号的作用如下：

① 控制换档。

② 控制主油路压力。

③ 控制蓄能器背压，使换档平顺。

如果节气门油压不正常，则自动变速器不能正常工作，甚至会损坏，而节气门阀拉索调整不正确是油压不正常的主要原因。

（2）节气门全开检查

将加速踏板踩到底时，检查节气门能否全开（图10-2）。

（3）节气门拉索检查

节气门开度影响自动变速器的换档时间。发动机熄火后，节气门应全闭。加速踏板踩到底时，节气门应全开。应正确安装节气门拉锁，不应松弛。节气门全闭时，拉锁的套端至线芯上限位之间的距离，要符合维修规定。各生产厂对此有不同要求，例如丰田兰德酷路泽车型规定为0.5~1.5mm（图10-3），别克METRO车型规定为0.5mm。

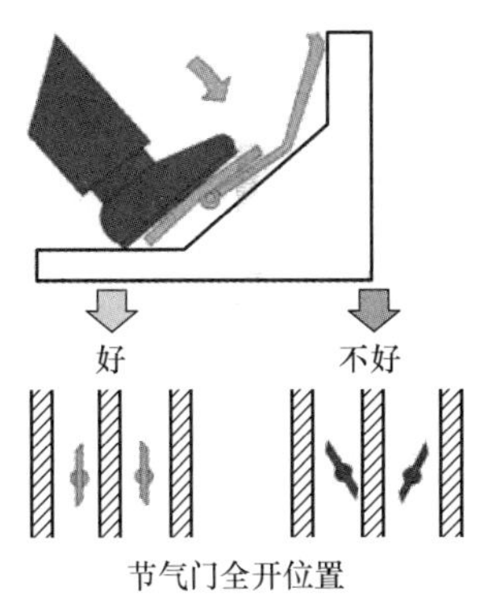

图10-2 节气门全开检查

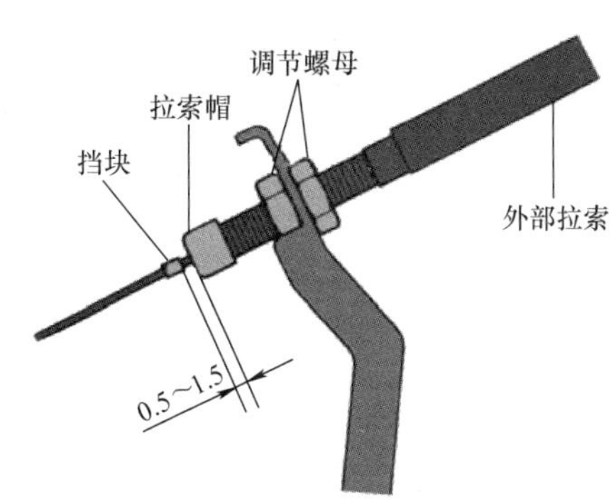

图10-3 节气门拉索的检查

（4）节气门拉索的调整

对节气门拉索进行检查与调整的基本原则：使节气门阀控制的调节油压信号能正确反映发动机节气门的开度，即节气门阀能在拉索的带动下，随发动机节气门从最小开度准确运动到最大开度。

应按照相应车型维修数据进行节气门拉索的调整，有些车型按位置标记调整，而有些车型要接油压表，根据节气门油压值调整。

10.3.4 换档连杆机构的检查与调整

（1）目的与原理

换档连杆机构的作用是将选档命令传送给变速器液压控制系统的手动阀。手动阀实质上是一个液压换向阀，通过它的轴向移动，改变油路的通道。自动变速器的手动阀一般有4~10个档位，由于空间有限，两个档位油路之间的滑阀移动距离很小，因此若杆系各件的连接及调整有误差或错乱，就会造成滑阀在阀体中不能准确入位，使全系统各油路通道变化错乱。自动变速器换档控制系统的油液流动路线一般为油泵→主油路压力调节阀→手动阀→换档控制阀→换档品质改善阀→执行元件。如果手动阀“档位”不良，则后面所有元件均不能正常工作。

（2）检查与调整方法

将变速杆从P位依次切换到其他档位，检查变速杆切换是否平顺，是否在正确位置并有定位感。检查仪表指示灯是否能正确指示各档位

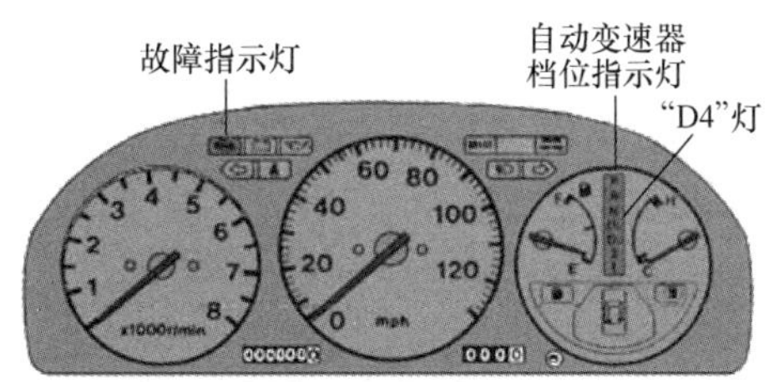

图10-4 检查仪表指示灯档位显示

(图 10-4)，若显示不正确，则进行调整。

调整应遵循车型维修规范进行。调整后，起动发动机，确认变速杆自 N 位切换到 D 位时车辆向前移动，而切换到 R 位时车辆后退。

10.3.5 空档起动开关检查与调整

(1) 目的与原理

为保证汽车的安全性，防止驾驶人误操作导致安全事故，自动变速器换档连杆机构中设有空档起动开关，使汽车在驻车档和空档以外的其他档位均不能起动发动机。常见的空档起动开关为触点式，到传感器线路正极端的触点为定触点，负极触点为可随档位变化的活动触点。有些空档起动开关是滑动电阻式。检查和调整空档起动开关前必须保证自动变速器档位及空档起动电气线路正确，否则会使调整毫无作用，甚至引发新故障。

(2) 检查与调整方法

若发动机可在驻车档和空档以外的档位起动（图 10-5)，则应调节空档起动开关螺栓和开关电路。

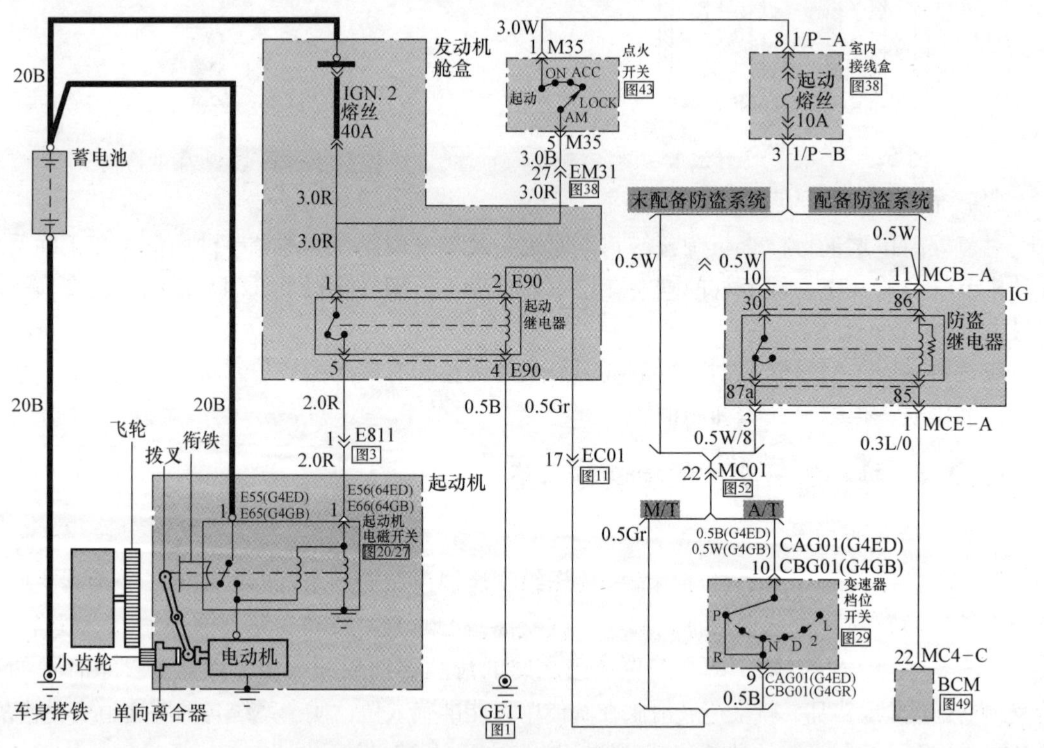

图 10-5 检查只能在 P 位和 N 位起动发动机

调整应按相应车型维修数据进行，调整后应确认以下事项：

① 变速杆在 N 位和 P 位时发动机才能起动。

② 变速杆在 P 位时不能推动车辆，在 N 位时能推动车辆。

③ 踩下制动踏板，将变速杆置于 R 位时，不应感觉有很大冲击。

④ 松开制动踏板，车辆是否向后移动（爬行）。分别将变速杆移入 D 位、2 位和 1 位，

检查车辆是否向前移动。

⑤ 将变速杆置于 R 位时，检查倒车灯是否点亮。

10.3.6 强制降档开关检查与调整

（1）目的与原理

汽车行驶中急加速，需要较大驱动转矩，除增大发动机输出功率外，还要通过降档实现减速增矩。这时，变速器换入低档位，可提高汽车加速性能。在电控自动变速器中，由强制降档开关来感知节气门开度，根据强制降档开关发出的信号，由电控单元或强制降档继电器控制强制降档电磁阀动作，进而改变油路实现强制降档。

调整的目的是使强制降档开关能正确反映节气门的开度变化。一般在节气门开度达到约85%时接通强制降档开关，过早或过迟接通对汽车行驶与变速器工作都有不利影响。

（2）检查与调整方法

检查强制降档开关的主要项目：传感器电路部分检查、强制降档开关安装检查、开关接通时的节气门开度检查。强制降档开关一般装在加速器踏板下的底板上，或加速踏板杠杆上端的支架上。

先检查强制降档开关是否良好地固定在底板或支架上，导线的连接是否良好。用万用表对开关的通断和实际线路的电压进行检查。很多车型可根据诊断仪读出的数据流显示强制降档开关的状态。

电控自动变速器的强制降档功能是通过节气门位置传感器的信号实现的，而全液式自动变速器的强制降档功能由节气门油压控制，没有强制降档开关。

装有强制降档开关的自动变速器，强制降档功能不正常时，一定要检查强制降档开关接通（或断开）时节气门的开度，如不正常则应进行调整。

10.3.7 带式制动器间隙检查与调整

在自动变速器中，制动器是重要的执行元件，它用来约束行星齿轮机构中相应元件的转动，以实现所需的传动比，因此其状态直接影响动力传递和自动变速器的性能。制动靠摩擦元件之间的摩擦力来保证，在长期频繁的使用中，制动器必然会因磨损而间隙变大，导致制动打滑、换档冲击、换档时刻迟滞及换档品质变差等故障。因此对可进行外部调整的制动器间隙进行检查和调整是非常必要的。

10.4 自动变速器的故障诊断

10.4.1 道路试验和故障诊断

（1）道路试验的目的

自动变速器故障诊断中的一项重要操作是道路试验，即通过实际驾驶车辆，在指定的状态下，检测自动变速器的换档时刻是否符合标准，同时检查换档的品质，即有无换档振动、打滑、异响等情况，这有利于故障的分析诊断。所有变速器维修资料中都会给出换档时的车速和节气门开度值，这是判断变速器是否有故障的直接依据。

(2) 试验前的准备

1) 应确保试验在安全条件下进行，详细检查车辆的灯光、制动、转向、轮胎气压等情况。同时特别注意对发动机机油和自动变速器油的检查。

2) 准备路试清单（表10-3）。

表10-3　路试清单

填表人：　时间：

一般信息（试车前核实填写）

变速器型号		发动机型号		年款	
车型		VIN		行驶里程	
需检测的故障					

路试中可发现的现象，有的打“√”，其他可以做备注（路试中填写）

由停车起步	备注	R	备注	升档换档	备注	降档换档	备注	变矩器离合器	备注
发动机熄火		发动机熄火		提前		延迟		几乎不接合	
冲击		冲击		冲击		冲击		冲击	
延迟		延迟		延迟		打滑		不解除锁止	
不能使用		不能使用		打滑		无降档		抖动	
噪声		噪声		无升档换档		噪声		过早	
				噪声				噪声	

故障具体情况（路试中记录填写）

变速杆位置	档位	节气门开度				备注	具体换档情况	车速	转速	故障备注
		全关	1/4	1/2	3/4					
P/N							1-2档升档			
OD	1						2-3档升档			
	2						3-4档升档			
	3						4-3档降档			
	4						3-2档降档			
D/3	1						2-1档降档			
	2						其他问题			
	3									
2	1									
	2									
R										
其他问题										

(3) 试验步骤

进行变速器道路试验时应参照具体维修数据进行操作。路试前，发动机和变速器必须达到工作温度。如果发动机冷却液未达到正常的工作温度，则液力变矩器锁止离合器不能锁止，这会对路试结果产生影响，不利于故障诊断。下面以日产（Nissan）RE4F02A型自动变速器为例说明道路试验步骤。

1）将车停在平地上，将变速器模式开关置于 AUTO 档，将超速档开关置于 ON 档，变速杆移到 P 位，起动发动机。

2）将变速杆移到 D 位，加速踏板踩下一半行程，以 1 档起步。验证 1－2 档、2－3 档及 3－4 档的升档动作是否在相应换档车速进行，相关数据见表 10-4 和表 10-5，换档车速图如图 10-6 所示。

表 10-4 RE4F02A 换档车速规范表（舒适模式）

适用	节气门全开时的车速/(km/h)	节气门半开时的车速/(km/h)
1－2 档	56～64	35～43
2－3 档	106～114	68～76
3－4 档	163～171	100～106
4－3 档	158～166	64～75
3－2 档	98～106	35～45
2－1 档	48～56	9.7～18

表 10-5 RE4F02A 换档车速规范表（动力模式）

适用	节气门全开时的车速/(km/h)	节气门半开时的车速/(km/h)
1－2 档	56～64	40～48
2－3 档	106～114	76～84
3－4 档	163～171	114～122
4－3 档	158～166	79～87
3－2 档	100～106	43～48
2－1 档	48～56	9.7～18

3）D4 档时，锁止车速与节气门开度有关，见表 10-6，核对锁止车速。锁止过程应维持 30s 以上。减速时锁止解除。确认变速器模式开关处于 AUTO 档，超速档开关处于 ON 档且变速杆处于 D 位。

4）将节气门置于半开位置，加速至约 80.5km/h。松开加速踏板，然后快速踩到底。变速器应从 4 档降到 2 档。松开加速踏板，测试 2－3 档和 3－4 档的升档情况。检查换档点和换档车速，见表 10-5。

5）确认变速器模式开关处于 AUTO 档、超速档开关处于 ON 档、变速杆处于 D 位。将节气门置于半开位置，使变速器升至 4 档。松开加速踏板并将超速档开关置于 OFF 档，验证4－3 档的降档情况。

6）若变速器处于 3 档，则将变速杆从 D 位移到 2 位，通过发动机制动可进行降档和减速。若变速器处于 2 档，则将变速杆从 2 位移到 1 位，通过发动机制动可进行降档和减速。

（4）试验结果分析

1）换档品质和换档时刻的测试分析。通过道路测试可分析起步、加速升档和减速降档的情况。在 RE4F02A 型自动变速器的道路试验中，第 2 步为测试加速升档的情况，第 3 步为测试变矩器锁止的情况，第 4～6 步为测试减速强制降档的情况。在路试过程中，按照工作清单上的内容进行测试并将结果记录在清单上，将记录内容和维修数据进行对照，可初步诊断绝大多数自动变速器故障，再配合其他测试方法进一步确认。

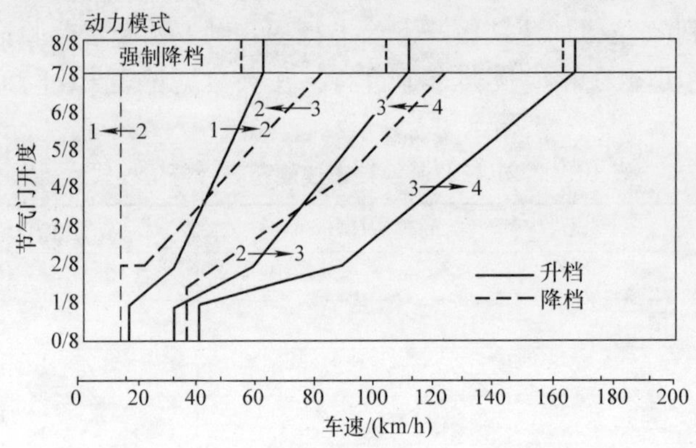

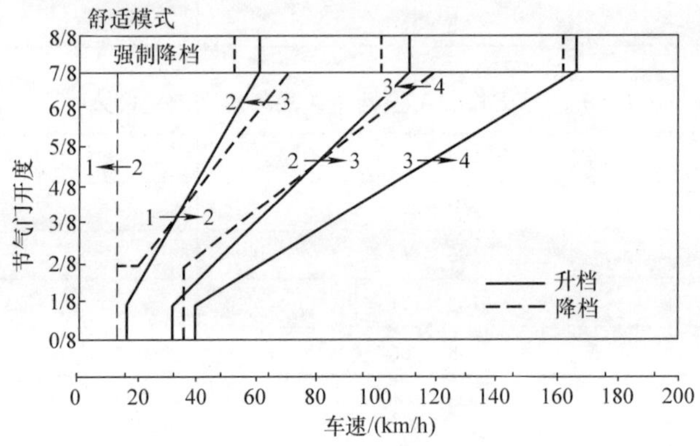

图 10-6　换档车速图

表 10-6　RE4F02A 锁止车速规范表①

适用		车速/(km/h)
舒适（COMFORT）模式	4 档锁止	77~85
	4 档不锁止	63~71
动力（POWER）模式	4 档锁止	77~85
	4 档不锁止	63~71

① 节气门开度为 1/4。

2）噪声故障的分析。噪声可能由损坏的齿轮、轴承、油泵、变矩器、离合器和制动器引起。使用不正规和受污染的自动变速器油以及不适当的油面高度等因素同样会引起噪声。

路试过程中，将变速杆移到包括驻车档在内的每一档位，检查液压离合器的接合和分离动作是否合适。如果合适，则其所连接的齿轮机构应无振动及噪声。若有噪声，则可能是液压系统故障造成的换档干涉。如果离合器在某一档位接合时有连续的噪声，则可判断为在该档位运转的轴承或齿轮工作面损坏。

如果可以试车，则一定要在允许的所有操作模式下驾驶汽车，以确认并记录不正常的噪声及其产生的档位和速度，并与规范值对照，初步判断出有故障的元件，然后在解体过程中分析并确认原因。

3）锁止变矩器故障的分析。带有锁止液力变矩器的自动变速器应在特定车速下锁止。如果未锁止，则会造成变矩器温度急剧升高，不仅会损坏变速器，还会增加汽车行驶中的燃油消耗。在一般锁止条件下进行路试时，瞬间踏下加速踏板，如果发动机转速呈跳跃式上升，则可认定锁止失败。很多车型的液力变矩器锁止与否，在路试中无法确定，要依靠连接在汽车 DLC 接口上的诊断仪读出的数据流，或通过接在锁止离合器控制电磁阀（TCC）上的万用表来确定。即使 TCC 电磁阀正常，损坏的变矩器锁止摩擦片或变速器控制油压不正确仍会导致锁止离合器不能锁止，要用分析自动变速器油温及比较诊断仪发动机转速和变速器输入轴转速等方式综合诊断。

10.4.2 失速试验和故障诊断

（1）失速试验的目的

自动变速器的失速试验通常指在一定条件下，汽车制动并辅助其他固定形式。当发动机的工作温度和变速器油温在正常范围时，瞬间使节气门全开，在车速为零的情况下得到发动机最高转速，该转速通常称为发动机失速转速。

失速试验可验证以下三点内容：

1）液力变矩器的性能 。按要求试验所有档位的失速值，如果在发动机性能良好的情况下，所有档位失速转速都低于规定值，则可判断为变矩器导轮的单向离合器打滑。

2）可判断变速器内部的液压执行器工作状况。例如 1 档的失速值高于正常值，倒档正常，则基本可判断是 1 档的执行元件有问题。

3）发动机的输出功率是否正常。

（2）测试前的准备

失速试验时，发动机会提供最大动力，而传动系统要消耗所有动力，因此传动系统要承受和消耗较大的转矩负荷。通常要做好如下准备：

1）测试前应先掌握自动变速器的失速试验条件、步骤和规范值，另外可能有一些不适合做失速试验和不需要做失速试验的说明。例如，采用电子节气门技术的汽车可能不能进行失速试验，在制动踏板踩下时电子节气门不执行全开指令。打滑征兆明显的变速器不能做失速试验，否则会严重损坏。

2）确认发动机性能良好，否则会使所得失速转速偏低，影响对变速器状况的分析。

3）变速器内部的油面和油温符合失速试验要求，保证试验结果准确并防止变速器意外损坏。

4）制动踏板和驻车制动器性能良好，保证试验时能充分制动，在保证安全的同时使试验结果准确。

5）试验场地前后方开阔，不应有人和障碍物，车轮应用挡块挡住。

6）如果车上没有转速表则要外接转速表。

（3）失速试验操作方法

1）起动发动机。

2）使发动机冷却液温度和变速器油温达到正常范围（50～80℃）。

3）左脚踩住制动踏板。

4）拉起驻车制动器。

5）将变速杆移到D位。

6）将加速踏板迅速踩到底，发动机达到的最高转速即为失速转速。

由于失速试验的全部功率都损失在变矩器内并产生大量热能，变速器失速试验时间要控制在5s内，即读到失速转速后要立刻放松加速踏板，使发动机怠速运转10～15min，散热后再做下一次或其他档位的失速试验。失速试验中要注意声音的变化，发动机和变速器可有较大的轰鸣声，但不能有任何金属撞击和摩擦等异常噪声。失速试验不仅能诊断自动变速器性能，在自动变速器正常的情况下还可诊断发动机性能。

（4）失速试验结果分析

1）失速转速过低分析。失速转速过低，往往是变矩器或发动机存在故障，通过异响很容易判断出变矩器是否有故障。空档急加速或在路试中试验发动机的高速性能，可判断发动机是否有故障。

2）失速转速过高分析。若失速转速过高，则可排除发动机存在故障的可能性。造成失速转速过高的原因是变速器故障。

变矩器故障通常是泵轮或涡轮叶片等损坏所致，这类故障往往伴有噪声，根据噪声部位很容易判断原因。

变速器内部的换档执行器－离合器和制动带打滑，是引起失速转速高的主要原因。通过分析失速数据很容易判断出是哪些元件损坏。

失速试验仅能检验有限档位执行元件的工作情况，多数自动变速器仅可检验D位1档，L位1档和倒档的执行器。因为多数自动变速器在失速条件下是不换档的。

有些电控自动变速器可在2档做失速试验，检验2档的执行器。例如41TE型自动变速器，断开TCM的熔丝，变速器就会锁定在2档，可做2档失速试验。

一般只比较倒档和1档的失速值，如果两个档位的失速转速都很高，则往往是主油路油压低造成的，要通过液压测试判断。油压低还会造成离合器片打滑，从而加速磨损。

10.4.3 油压测试和空气压力测试

（1）油压测试

1）油压测试的目的。自动变速器的执行器主要由油压控制系统来控制，系统的压力测试是方便有效的诊断方式。在自动变速器中，油压在系统内的传递路径及压力的变化，都无法通过目视检查。通过油压测试可诊断油压系统的故障，还可进一步验证路试的诊断结果。为方便测试油压，制造厂一般都留有多个压力测试孔，在维修数据中会以图形和文字方式给出。

2）油压测试所需的工具。推荐使用成套压力测试表。一般包含两个不同量程的压力表，以便准确测出不同范围的油压。相应的油压测试连接头应与变速器的测压口吻合，以免损坏变速器。如果使用专用导管，则其强度、长度和直径均应合适，否则会使测量值不准确。图10-7所示为成套的压力测试表。

图10-7　成套的压力测试表

此外，测试前还要获得变速器制造商或信息公司提供的标准维修数据，这是正确测量的基础。它说明了测试孔的位置、压力值和测试条件。

3）油压测试的方法

① 主油压测试。主油路压力是油泵的输出压力，只经过主调压阀的调节，是系统工作的最高压力。变速器的其他油压是在此基础上经过再次调节得出的。主油路压力除向其他油路输送控制油压外，还直接控制变速器执行器的接合和分离，是变速器油路压力的重要参数。任何变速器都必须保证正确的主油压。测试方法如下：

a. 使发动机和变速器达到正常工作温度。

b. 在压力测试口上正确连接压力测试表。

c. 用挡块挡住前后车轮，拉紧驻车制动器。

d. 起动发动机，检查怠速转速情况。

e. 左脚踩下制动踏板，将变速杆移到D位。

f. 在发动机怠速时，测量主油路压力。

g. 将加速踏板踩到底，测量发动机失速条件下的主油路最高压力。

h. 用同样方法测量变速杆在R位时的主油路压力。

② 变矩器工作油压。变矩器的工作由一定数量、一定品质和一定压力的循环油液保证。带锁止功能的变矩器还有操作离合器锁止的锁止油压。变矩器油压由二次调节阀在主油压的基础上调节，一般留有供测量的测压口。

③ 蓄能器背压。蓄能器可减少换档冲击，它主要给执行器提供减振作用。简单的蓄能器背压控制由蓄能器控制阀根据节气门信号和换档信号来执行。而电控组件通过电磁阀控制的方式，其油压特性曲线复杂，测试特征不明显。在蓄能器背压控制的压力测试中，要分析时间等因素。

（2）空气压力测试

1）气压测试的目的。用压缩空气代替自动变速器油来检查液压系统、执行器动作和油路等。

完成油压测试后需要区分造成油压低的原因是泄漏还是控制元件故障，多数自动变速器要在拆下阀体后再进行气压测试。此方法同时适用于大修变速器组装过程中的试漏。

2）气压测试前的准备

① 测试所需的设备：空气压缩机组、气压调节器和压力表、测试接头和操作开关。

② 气压测试识别图和专用适配板。测试识别图一般只给出阀体下面的位置和壳体上的特殊位置，有些自动变速器没有提供，需根据油路图分析油道。

③ 确保压缩空气中不含灰尘和水气。

10.4.4 时滞试验和故障诊断

（1）时滞试验的目的

时滞试验主要检测从变速杆执行动作命令发出后，到自动变速器内部执行机构的液压活塞动作这一过程所需的时间，可用秒表进行测试。在发动机怠速运转时，将变速杆从N位切换至D位或R位，感觉到振动了一定的时间间隔后，才能使自动变速器完成档位接合，这一时间间隔就是自动变速器换档的时滞或延时。时滞试验就是根据换档迟滞时间判断自动变速器的主油路油压及换档执行元件（超速档直接档离合器、前进档离合器、直接档离合器及1档与倒档离合器等）的工作是否正常。

（2）时滞试验步骤

1）使自动变速器达到正常的工作温度（50~80℃）。

2）将汽车水平停放，拉紧驻车制动器。

3）将变速杆置于N位，发动机怠速转速应在标准范围内，例如丰田3S-F发动机的怠速转速是800r/min。

4）将变速杆从N位移至D位，用秒表测量从移动变速杆开始到感觉汽车振动为止所需的时间，该时间称为N-D档的时滞。

5）将变速杆移至N位，发动机怠速运转1min后，再做一次同样的试验，共做三次，时间间隔值取平均。

6）按上述方法，将变速杆由N位移至R位，测量N-R档的时滞。

（3）时滞试验结果分析

影响时滞长短的因素如下：

1）油液脏污，导致控制滑阀卡滞，阻尼小孔堵塞。

2）控制油液压力的高低。

3）液压活塞行程及执行元件的间隙。

4）蓄能器工作行程。

大部分自动变速器N-D档的时滞小于1.2s，N-R档的时滞小于1.5s。若N-D档的时滞过长，则说明主油路油压可能过低，前进档离合器摩擦片磨损严重或前进档单向离合器工作不良。若N-R档的时滞过长，则说明倒档主油路油压过低，倒档离合器或倒档制动器磨损严重、工作不良，也可能是阀体故障，具体分析见表10-7。

表10-7　时滞试验结果分析

现　　象	可能原因分析
变速杆从N位移入D位的时滞大于规定值	① 油路压力过低 ② 前进档离合器磨损严重或间隙过大 ③ 超速档单向离合器磨损严重或动作不良 ④ 阀体有故障
变速杆从N位移入R位的时滞大于规定值	① 油路压力过低 ② 倒档控制阀阻滞 ③ 直接档离合器、倒档离合器及制动器严重磨损 ④ 倒档蓄能器背压泄漏或弹簧变软、折断 ⑤ 阀体有故障
变速杆从N位移入R位和D位的时滞均超过规定值	① 油路压力过低 ② 超速档机构和直接档离合器间隙过大 ③ 阀体有故障

注意：时滞试验的结果只能作为参考，不能单凭此结果来确定故障原因，必须结合其他试验结果及故障现象一起进行判断。

10.4.5　油路图的分析和故障诊断

了解自动变速器的内部液压油路工作过程，会大大方便故障诊断工作。由于液压控制系统中的阀体和油路相当复杂，靠测试和经验积累很难掌握，必须借助油路图来分析。油路图将每个档位的油路走向和参与工作的部件都详细表示出来，且不同的油压用不同的灰度表明，使维修人员一目了然。油路图的作用其实与电路图一样，在故障诊断前，学会如何分析油路图，再结合动力传递路线图或执行元件工作表，以及各种测试加以分析。本节以奔驰220底盘装用的722.6自动变速器的部分油路图为例，讲解油路图的分析方法。

722.6变速器是电控自动变速器，其控制系统和油路均比较复杂。同时，722.6变速器没有测压口，与油压有关的故障只能通过对油路图的分析确认，如图10-8所示。

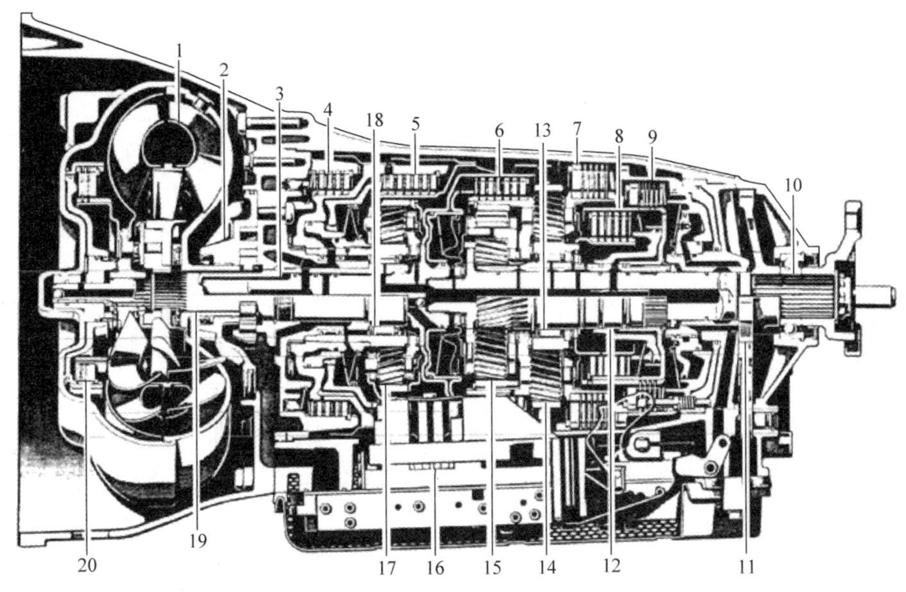

图10-8 722.6变速器部件识别图

1—液力变矩器 2—油泵 3—输入轴 4—制动器B1 5—离合器K1 6—离合器K2 7—制动器B3 8—离合器K3 9—制动器B2 10—输出轴 11—驻车锁止车轮 12—中间轴 13—单向离合器F2 14—后行星齿轮组 15—中央齿轮组 16—变速器控制模块 17—前行星齿轮组 18—单向离合器F1 19—导轮轴 20—液力变矩器锁止离合器

在分析油路图前，应先了解换档执行元件的工作情况，见表10-8。

表10-8 奔驰722.6变速器的传动比和执行元件表

档位	传动比	制动器B1	制动器B2	制动器B3	离合器K1	离合器K2	离合器K3	单向离合器F1	单向离合器F2
1	3.59	×③	×				×③	×	×
2	2.19		×		×		×③		×
3	1.41		×		×	×			
4	1				×	×	×		
5	0.83	×				×	×	×③	
N	–	×					×		
R①	−3.16	×③		×			×	×	
R②	−1.93			×	×		×		

① 选档模式开关在S模式。

② 选档模式开关在W模式。

③ 变速杆在超速档位置。

（1）N位到D位的1档油路图分析

先分析汽车的起步过程。将变速杆由N位移至D位，在正常条件下，换档模式开关选在S模式。变速杆在N位时，制动器B1和离合器K3接合，变速杆移至D位时由1档起步，制动器B1和离合器K3继续保持接合，同时制动器B2也在油压作用下接合（注意：722.6变速器在W模式时由2档起步）。

如图10-9所示，变速杆在N位时，发动机起动后，制动器B1和离合器K3的油压已经建立。

主油压P－A（图10-9右下角）经过24号阀和频率电磁阀Y3/6y2共同调节得到P－S换档油压，P－S换档油压在A处分成两路，一路到达手动阀，另一路经阀29c和阀31c到达B处。油压在B处又分成两路，一路经33b单向阀通往阀28c，作为该阀的调节油压。另一路去往手动阀，在C处为换档做准备，形成换档预备油压。

另一路主油压P－A（图10-9正上方），经阀28c作用于阀31c，为换档做准备。

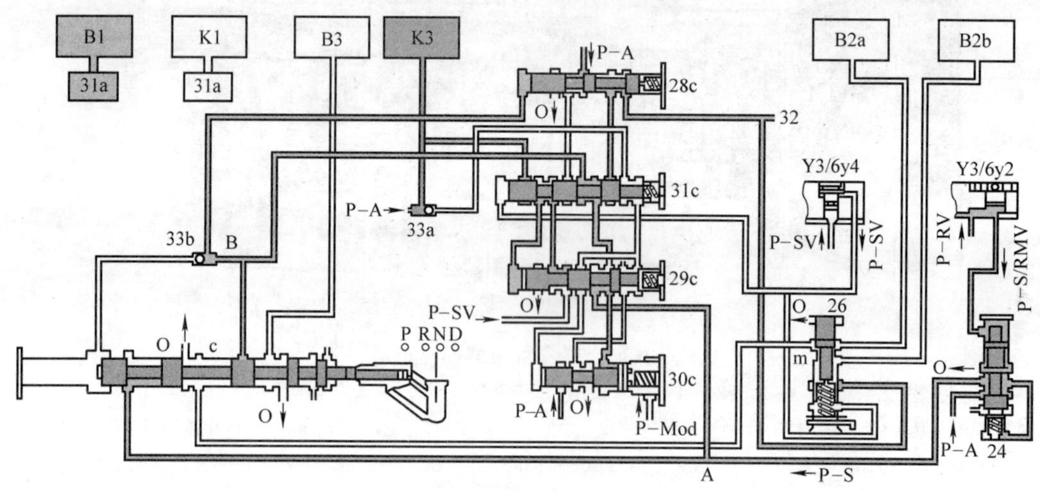

图10-9　奔驰722.6变速器空档油路图

O—油底壳放油口　24—换档调压阀　26—换档阀E2　28c—3－4档保持油压换档阀　29c—3－4档油压换档阀　30c—3－4档重叠调节阀　31a—1－2档/4－5档指令阀　32—油压保持阀　33a、33b—单向阀　B1—多片制动器B1　B2a—B2活塞后面　B2b—B2活塞前面　B3—多片制动器　K1—多片离合器K1　K3—多片离合器K3　m—环形面　P－A—工作油压　P－Mod—调节油压　P－RV—调压阀油压　P－S—换档油压　P－S/RMV、Y3/6y2—换档调压电磁阀　P－SV—换档阀油压　Y3/6y4—3－4档换档电磁阀

发动机怠速运转，制动器B2工作油压未建立。从图10-10中可看出，制动器B2受B2a和B2b两个活塞控制。在变速杆由N位移至D位的瞬间，通过手动阀，P－S油压送至活塞B2a和B2b，建立起预备油压。

变速杆由N位移至D位的起步过程中，只要制动器B2油压建立且正常便可顺利完成起步。图10-11所示为制动器B2油压建立过程。

此时，Y31/6y4电磁阀动作，使作用于阀31c左侧的P－SV油压泄掉。阀31c在弹簧作用下处于最左端，来自阀28c的P－A油压接通，并在B处分成两路，一路经单向阀33b到阀28c的左端，另一路经B处通过手动阀和阀26到B2a，使制动器B2接合。

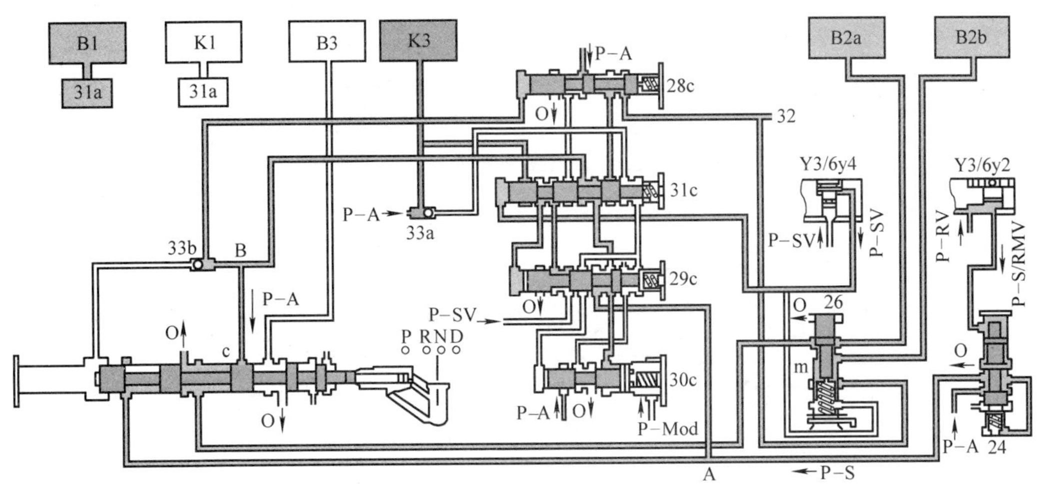

图 10-10 N 位到 D 位换档过程油路图

O—油底壳放油口 24—换档调压阀 26—换档阀 E2 28c—3-4 档保持油压换档阀 29c—3-4 档油压换档阀 30c—3-4 档重叠调节阀 31a—1-2 档/4-5 档指令阀 32—油压保持阀 33a、33b—单向阀 B1—多片制动器 B1 B2a—B2 活塞后面 B2b—B2 活塞前面 B3—多片制动器 K1—多片离合器 K1 K3—多片离合器 K3 m—环形面 P-A—工作油压 P-Mod—调节油压 P-RV—调压阀油压 P-S—换档油压 P-S/RMV、Y3/6y2—换档调压电磁阀 P-SV—换档阀油压 Y3/6y4—3-4 档换档电磁阀

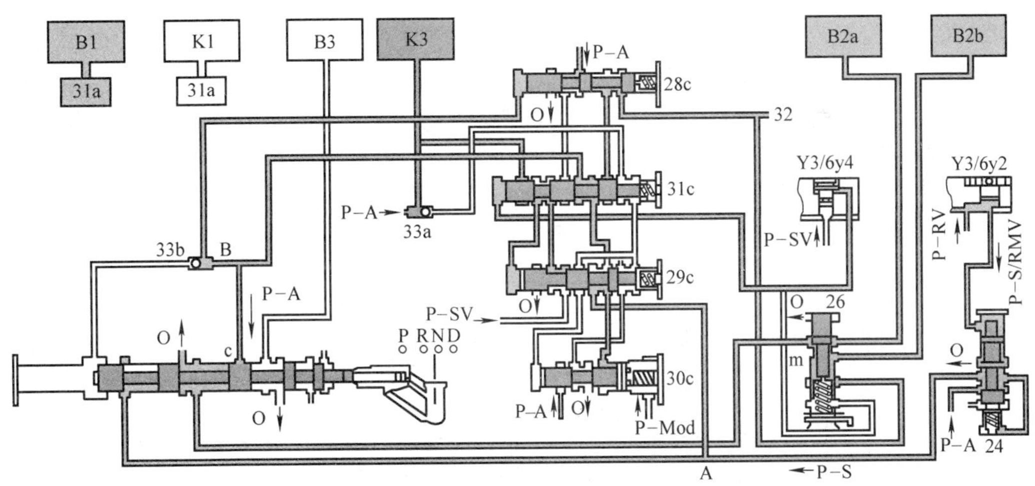

图 10-11 D 位换档油路图

O—油底壳放油口 24—换档调压阀 26—换档阀 E2 28c—3-4 档保持油压换档阀 29c—3-4 档油压换档阀 30c—3-4 档重叠调节阀 31a—1-2 档/4-5 档指令阀 32—油压保持阀 33a、33b—单向阀 B1—多片制动器 B1 B2a—B2 活塞后面 B2b—B2 活塞前面 B3—多片制动器 K1—多片离合器 K1 K3—多片离合器 K3 m—环形面 P-A—工作油压 P-Mod—调节油压 P-RV—调压阀油压 P-S—换档油压 P-S/RMV、Y3/6y2—换档调压电磁阀 P-SV—换档阀油压 Y3/6y4—3-4 档换档电磁阀

(2) 1-2 档的油路图分析

变速器在 1 档运行时，制动器 B2 一直保持油压，如图 10-12 所示。1-2 档/4-5 档换

档电磁阀（Y3/6y3）使1－2档/4－5档指令阀（31a）的下端无油压，工作油压P－A经限档压力换档阀（28a）作用于制动器B1。

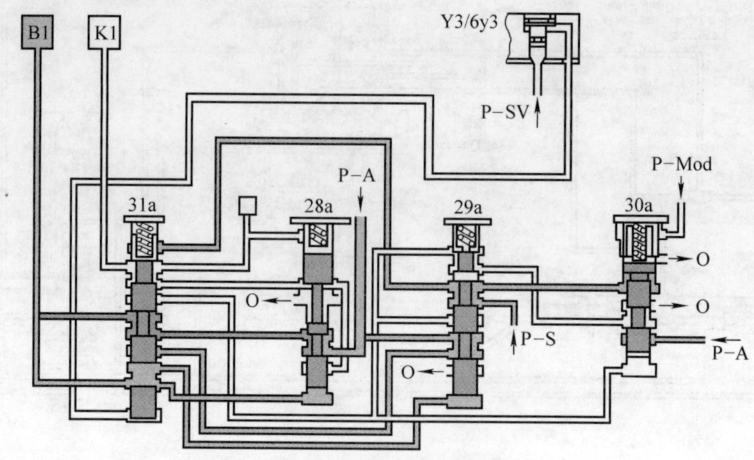

图10-12　1档保持油路图

O—油盘放油口　28a—1－2档/4－5档保持油压换档阀　29a—1－2档/4－5档压力换档阀　30a—1－2档/4－5档重叠调节阀　31a—1－2档/4－5档指令阀　B1—多片制动器　K1—多片离合器　P－A—工作油压　P－Mod—调节油压　P－S—换档油压　P－SV—换档阀油压　Y3/6y3—1－2档/4－5档电磁阀

随车速升高，变速器开始准备由1档升至2档。只要离合器K1接合并释放制动器B1，升档过程即可完成。制动器B1释放及离合器K1接合是由ECU控制电磁阀实现的。

制动器B1先释放，1－2档/4－5档换档电磁阀（Y3/6y3）动作，将油压P－SV接通，作用于换档指令阀（31a）的底部，使其向上移，如图10-13所示，接通制动器B1的泄油油道。

阀31a向上移，同时将P－S油压通过阀29a到阀31a的上端接通，到达离合器K1，使离合器K1得到预备油压。

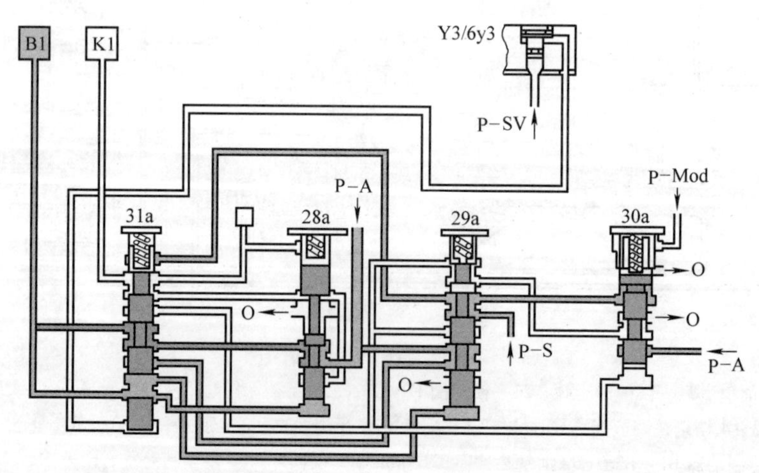

图10-13　1－2档升档过程油路图

O—油盘放油口　28a—1－2档/4－5档保持油压换档阀　29a—1－2档/4－5档压力换档阀　30a—1－2档/4－5档重叠调节阀　31a—1－2档/4－5档指令阀　B1—多片制动器　K1—多片离合器　P－A—工作油压　P－Mod—调节油压　P－S—换档油压　P－SV—换档阀油压　Y3/6y3—1－2档/4－5档电磁阀

2 档接合，换档阀（31a）端面上的油压经换档电磁阀（Y3/6y3）降低，且换档阀被推回到基础位置。通过换档阀（28a），工作压力 P - A 经换档阀（31a）至离合器 K1，如图 10-14 所示。

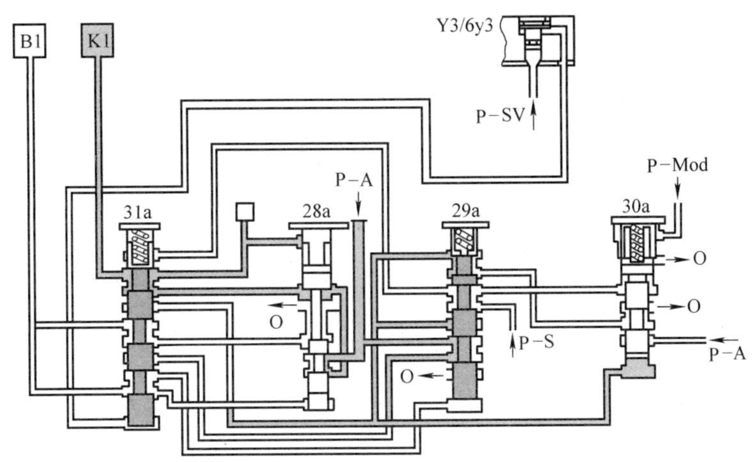

图 10-14 2 档油路图

O—油盘放油口 28a—1 - 2 档/4 - 5 档保持油压换档阀 29a—1 - 2 档/4 - 5 档压力换档阀 30a—1 - 2 档/4 - 5 档重叠调节阀 31a—1 - 2 档/4 - 5 档指令阀 B1—多片制动器 K1—多片离合器 P - A—工作油压 P - Mod—调节油压 P - S—换档油压 P - SV—换档阀油压 Y3/6y3—1 - 2 档/4 - 5 档电磁阀

在适合的车速和发动机转速下，变速器会保持在 2 档运行并准备升至 3 档或降档。变速器的工作油路状态基本无变化。

第 11 章　自动变速器的解体维修

11.1　自动变速器的拆卸与安装

自动变速器的拆卸与安装工序的繁复程度不同。有些简单的后驱车型自动变速器，只需拆卸传动轴及变速器壳连接螺栓等少量零件即可；而有些前驱车型或四驱车型变速器则要拆卸很多外围零件，如轮胎、半轴、支承垫块等；有些甚至要将副车架或发动机一起拆下来。操作注意事项如下：

1）拆卸前确认自动变速器是有故障的，且该故障必须拆卸自动变速器才能解决。

2）拆卸起动机并断开电源线前，应确认音响系统是否具有防盗功能，若有则在断开电源线前必须先获得音响防盗码。

3）安装前要确认自动变速器的故障完全排除。

4）彻底清洗自动变速器油散热器。

5）检查发动机飞轮的跳动量，检查自动变速器壳上的定位销是否齐全。

6）安装后对变速器外围的拉索、推杆、开关或真空调节装置进行调整，必要时连接油压表调试。

7）对于电控变速器要确保电路正常。

8）路试前要检测自动变速器油散热器的流量，断开来自散热器管道的油路，并在管路下放置一个容器，将变速杆置于 N 位，使发动机怠速运转。正常情况下，油流应不间断，且收集 1L 油的时间不超过 20s。

下面以通用 6T45 自动变速器和奥迪 01J 变速器（CVT）为例，介绍自动变速器的拆卸与安装方法。

11.1.1　通用 6T45 自动变速器拆卸与安装

（1）拆卸

1）拆下前保险杠，如图 11-1 所示。

2）拆下中间转向轴紧固件，如图 11-2 所示。

3）拆下蓄电池托盘。

4）拆下空气滤清器出口管，如图 11-3 所示。

5）拆下起动机。

6）把机油冷却器进口和出口软管从控制阀体盖的固定夹上拆下，如图 11-4 所示。

7）将变速器油冷却器出入口软管螺母从变速器上拆下。

8）塞住或盖住软管和变速器以防止污染。

9）将软管安装到车辆上。

10）释放换档控制拉索调节锁盖，将变速杆拉索从变速器上拆下，如图 11-5 所示。

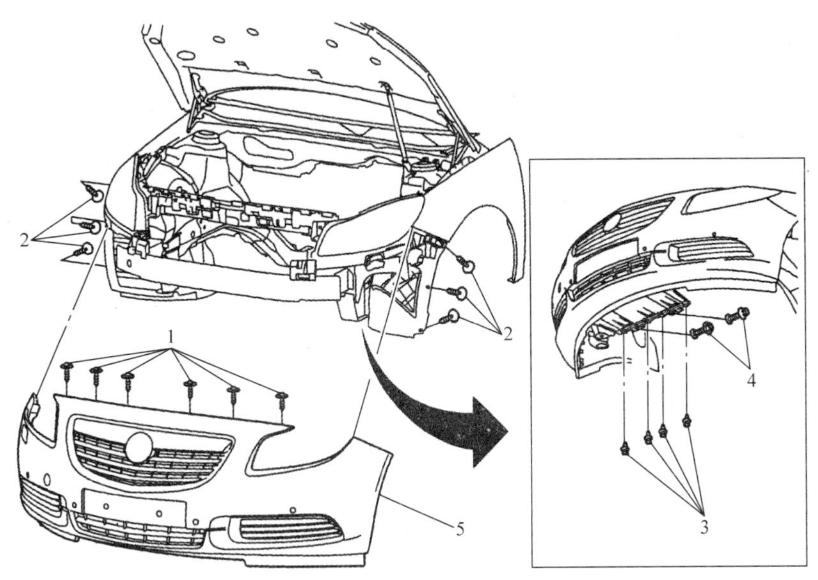

图 11-1 拆下前保险杠

1、2、4—前保险杠紧固件 3—前保险杠塑料卡夹（数量 4） 5—前保险杠

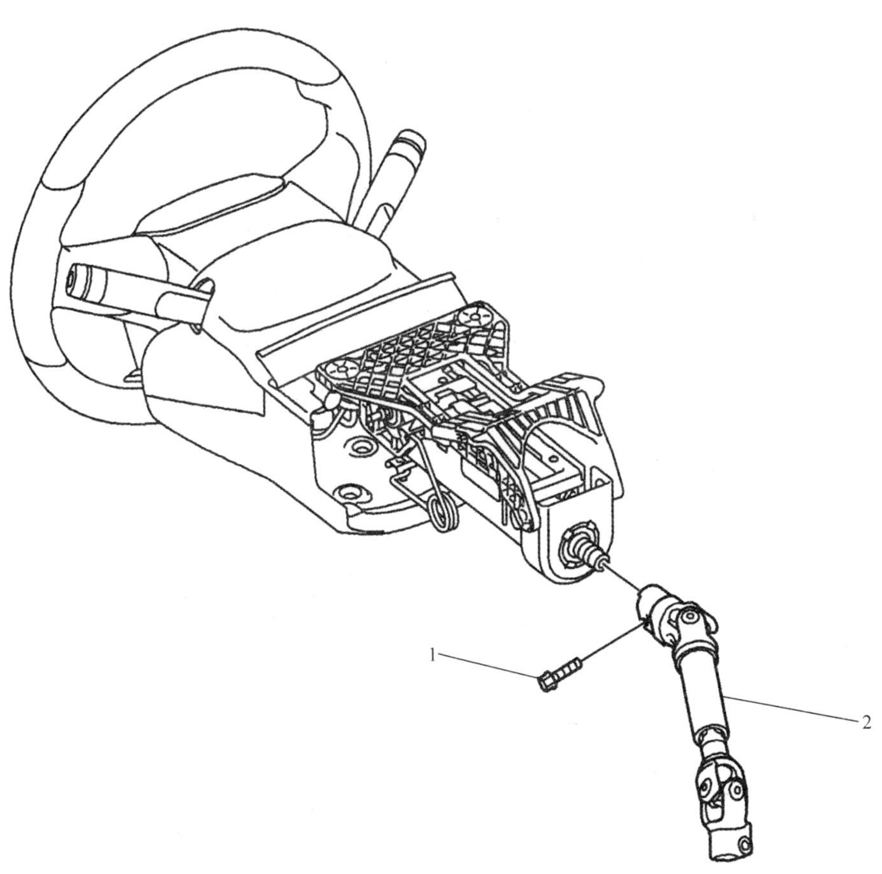

图 11-2 拆下中间转向轴紧固件

1—中间转向轴螺栓 2—中间转向轴

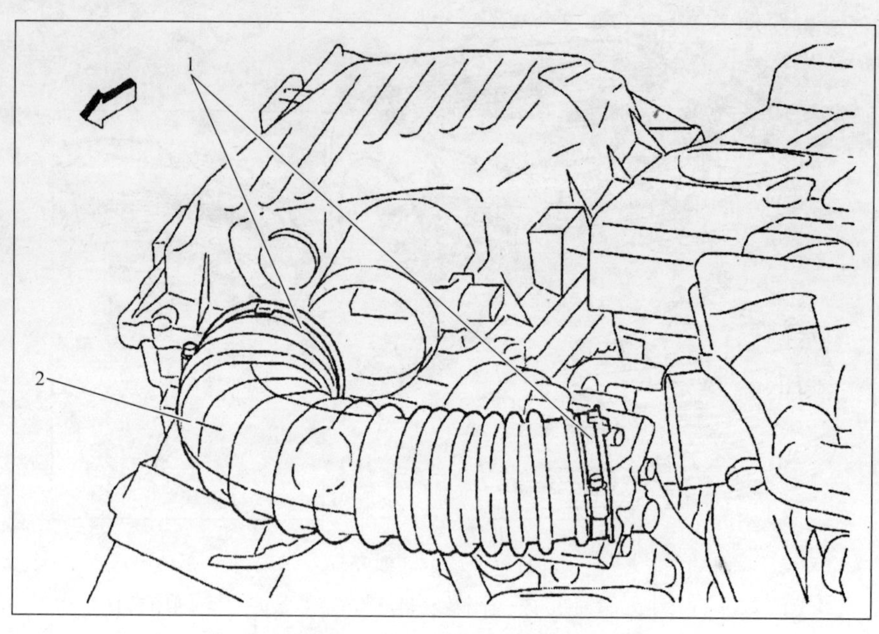

图 11-3　拆下空气滤清器出口管

1—空气滤清器出口管卡箍　2—空气滤清器出口管

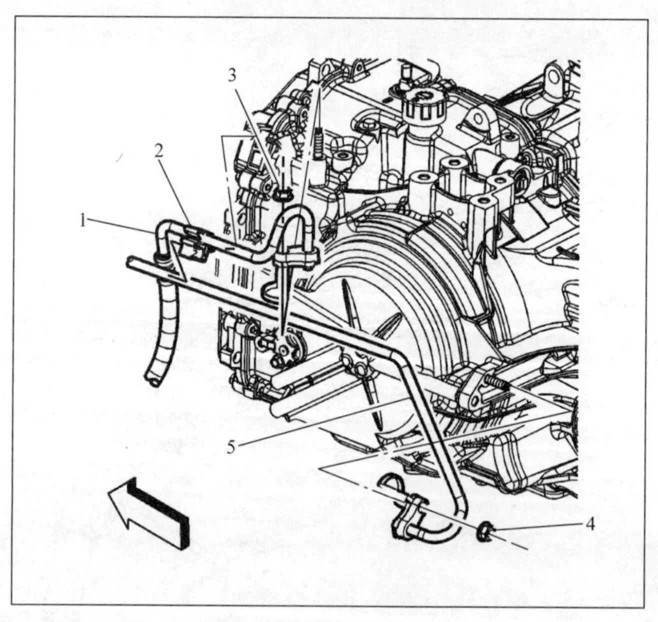

图 11-4　拆卸管件

1—冷却器入口软管　2—控制阀体盖的固定夹　3—冷却器入口软管螺母

4—螺母　5—冷却器出口软管

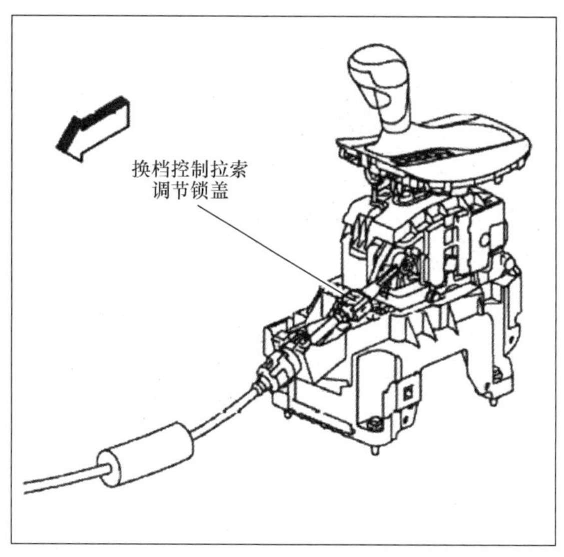

图 11-5 拆下变速杆拉索

11）断开控制阀体变速器控制模块（TCM）的插接器，然后将插接器和线束从变速器上松开，如图 11-6 所示。

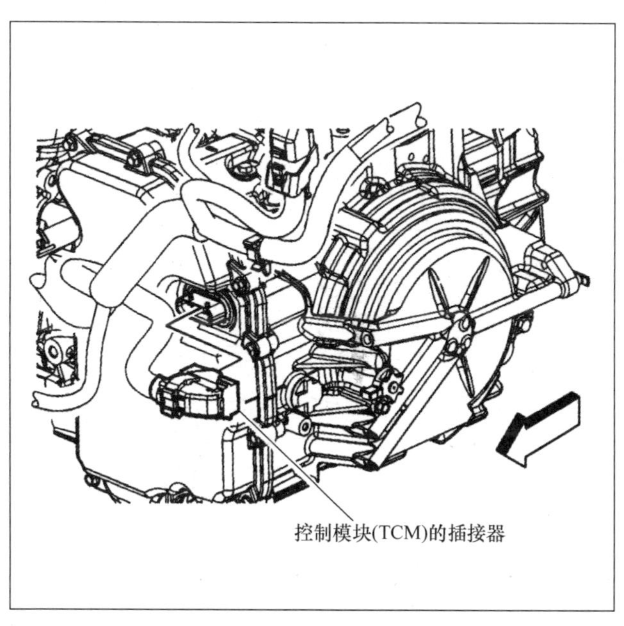

图 11-6 松开插接器和线束

12）拆卸变速器上部与发动机间的紧固件，如图 11-7 所示。

13）拆下三元催化转化器，如图 11-8 所示。

14）将散热器放置在车辆上并固定。

15）拆下机油尺导管，如图 11-9 所示。

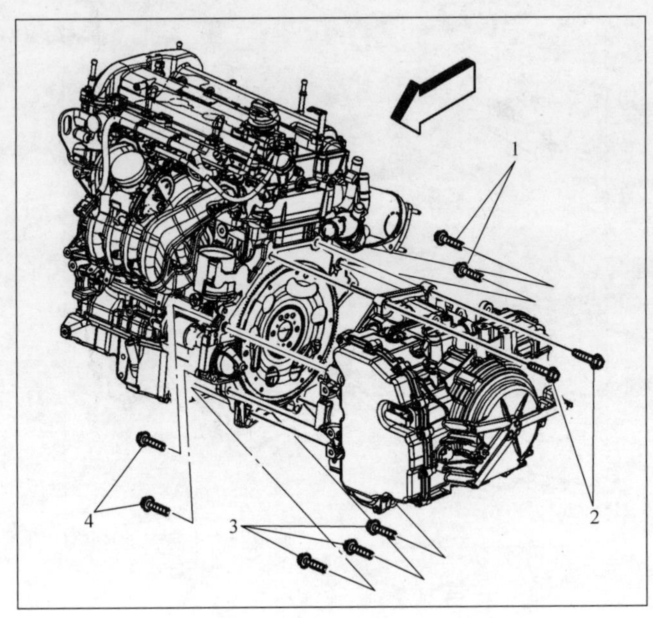

图 11-7　拆卸变速器的紧固件

1、2、3、4—紧固件

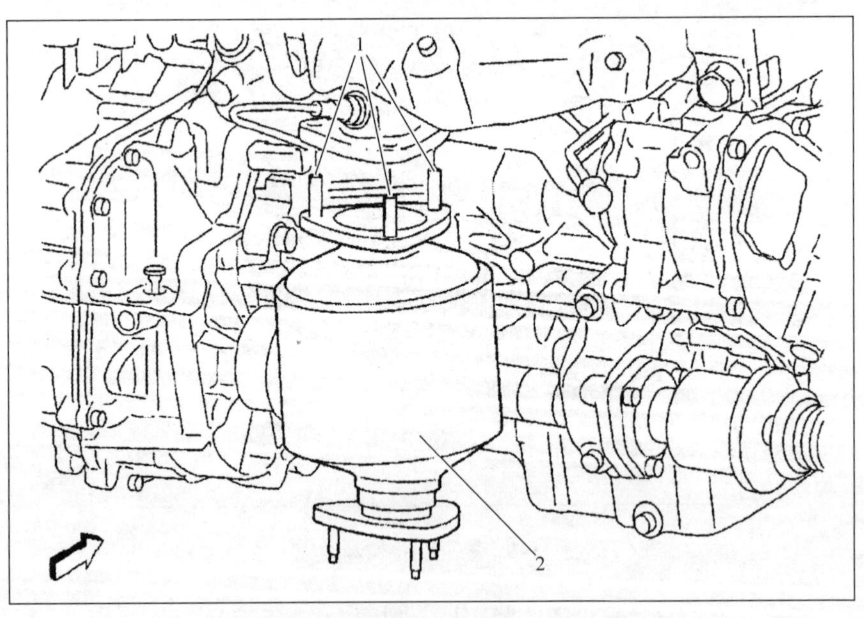

图 11-8　拆卸三元催化转化器

1—三元催化转化器紧固件　2—三元催化转化器

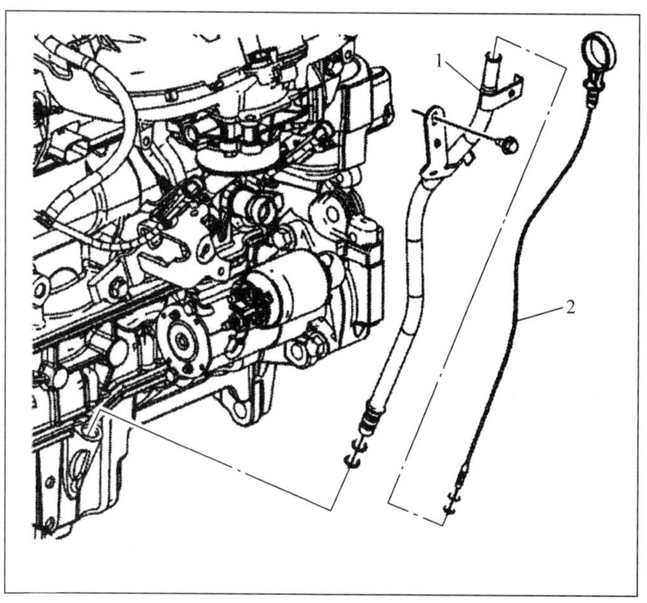

图 11-9 拆下机油尺导管

1—机油尺导管 2—机油尺

16）排空变速器油。

17）拆下变速器撑板。

18）拆下变速器后支座，如图 11-10 所示。

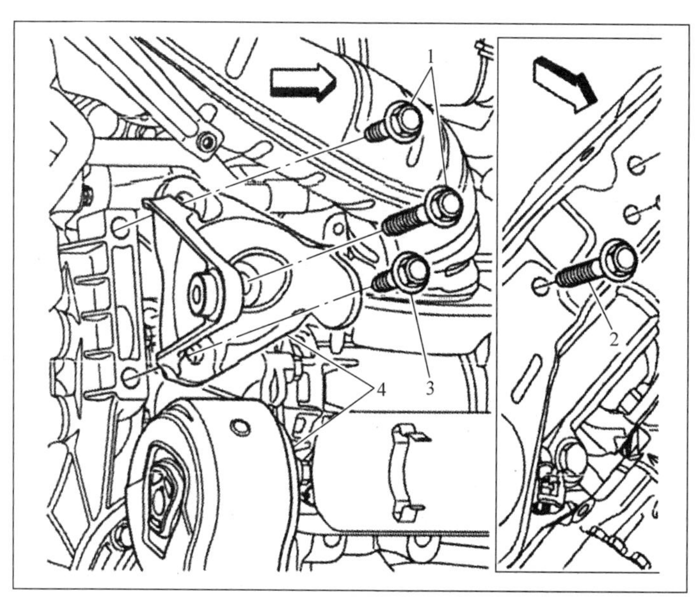

图 11-10 拆下变速器后支座

1、2、3—变速器后支座紧固件 4—变速器后支座

19）拆下变速器前支座，如图 11-11 所示。

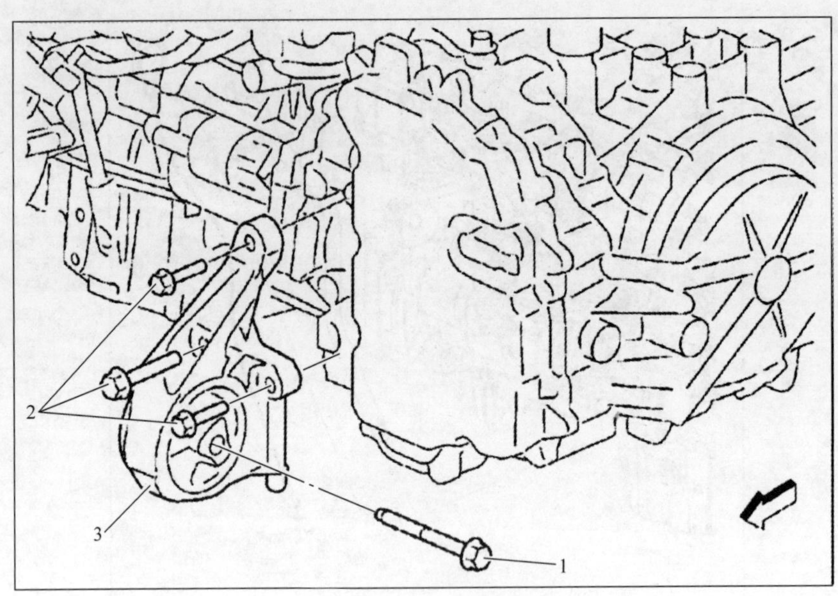

图 11-11　拆下变速器前支座

1、2—变速器前支座紧固件　3—变速器前支座

20）拆卸传动系统和前悬架车架前横梁。

21）将左前轮驱动轴从车辆上拆下。

22）拆下中间轴。

23）标记液力变矩器与飞轮的相对位置。

24）拆下液力变矩器与飞轮间的紧固件，如图 11-12 所示。

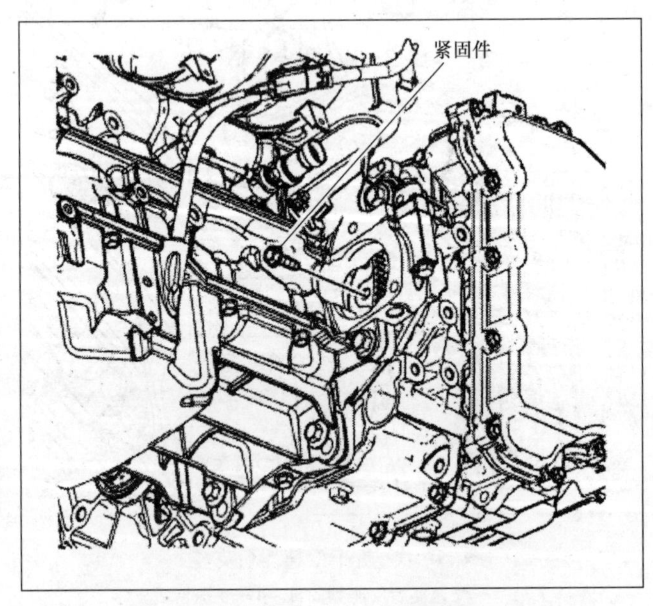

图 11-12　拆下液力变矩器与飞轮间的紧固件

25）降下车辆。

26）将变速器左安装紧固件从变速器上拆下。

27）将带有支撑夹具的变速器侧下降，为拆卸留出空隙。

28）举升车辆。

29）用变速器千斤顶支撑变速器。

30）拆卸变速器紧固件。确保液力变矩器始终位于变速器输入轴，同时分离并拆下变速器，如图 11-13 所示。

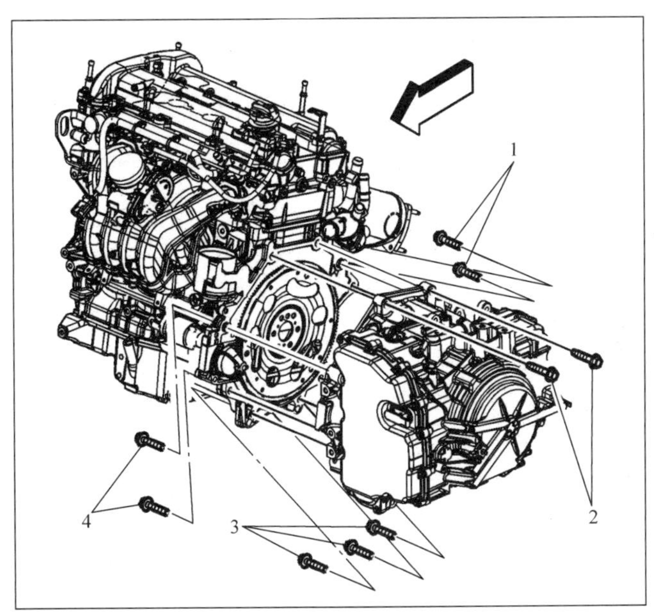

图 11-13 拆卸变速器紧固件

1、2、3、4—紧固件

31）将变速器和发动机分离。

32）用变速器千斤顶将变速器降下。

（2）安装

安装顺序与拆卸顺序相反。在变速器上安装液力变矩器时，需在液力变矩器中心轴套上涂润滑脂。将螺栓拧紧到规定力矩。根据需要调整控制压力拉索及杆系，加注变速器油，执行维修快速读入自适应值程序。

11.1.2 奥迪 01J 变速器（CVT）拆卸与安装

（1）专用工具和操作设备

专用工具和操作设备如图 11-14 ~ 图 11-18 所示。

（2）拆卸

1）将变速杆移至 P 位。

2）向右推开蓄电池上盖板，如图 11-19 中箭头 1 所示。然后向上取下盖板，如图11-19 中箭头 2 所示。

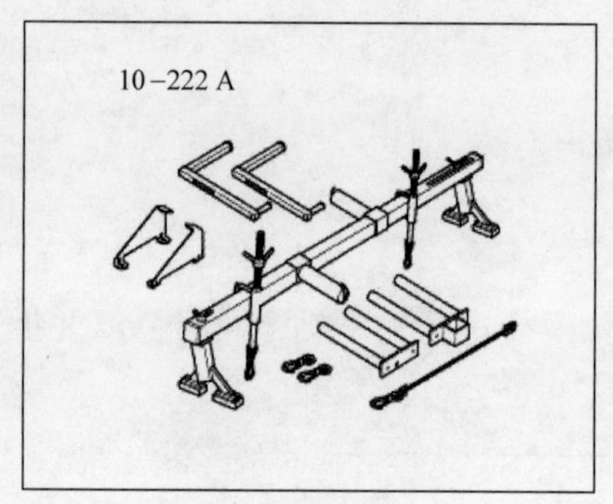

图 11-14　吊具

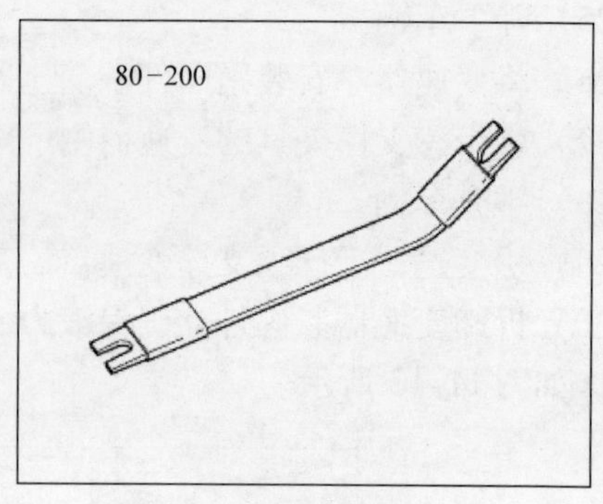

图 11-15　压杆

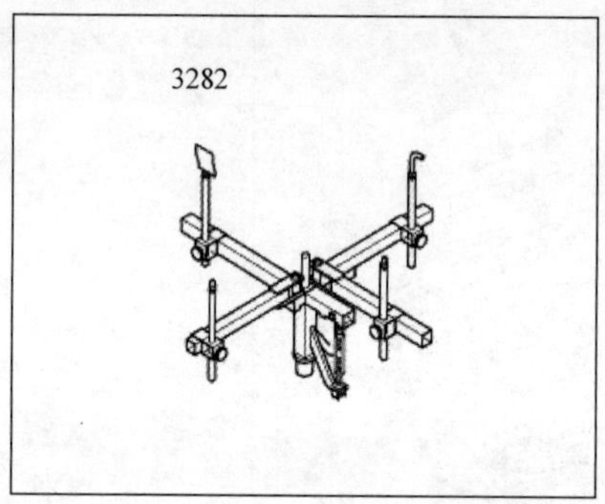

图 11-16　变速器支架

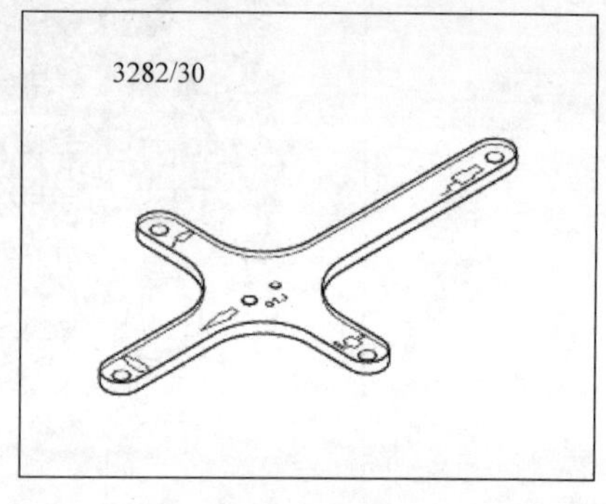

图 11-17　调整板

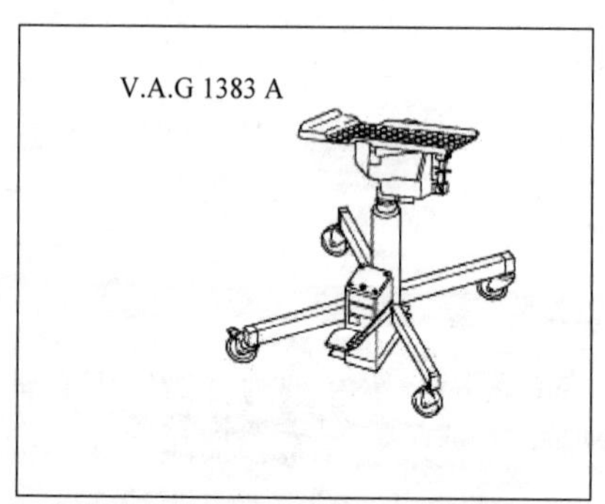

图 11-18　发动机/变速器举升器

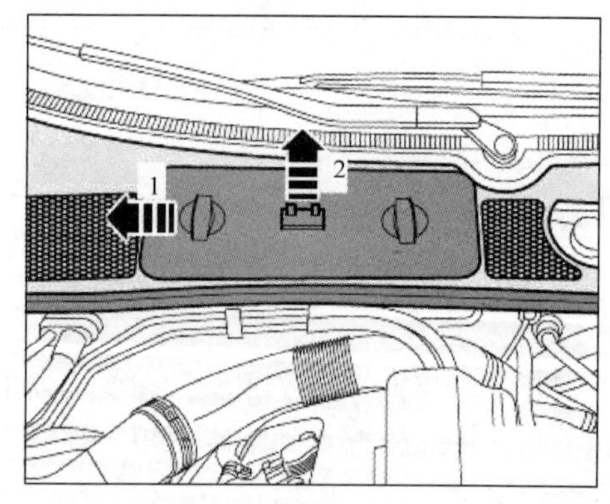

图 11-19　拆卸盖板

3）关闭点火开关后，断开蓄电池的搭铁线，如图 11-20 中箭头所示。

4）拆下发动机盖罩，如图 11-21 所示。

5）将吊具 10－222A 装到挡泥板螺栓连接边上，松开发动机后部的吊耳，将螺杆的钩子挂到发动机后吊耳上，用吊具的螺杆稍微预紧发动机，如图 11-22 所示。

6）拧出两前轮，如图 11-23 所示。在带有驻车加热装置的车辆上，拧出隔声板上用于固定驻车加热装置排气管的螺钉。

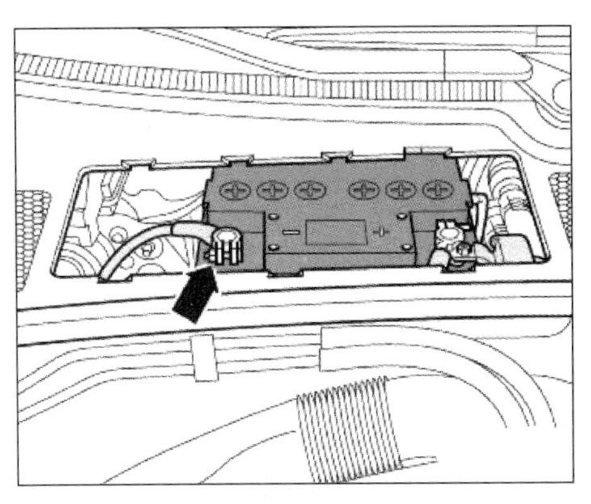

图 11-20 断开蓄电池的搭铁线

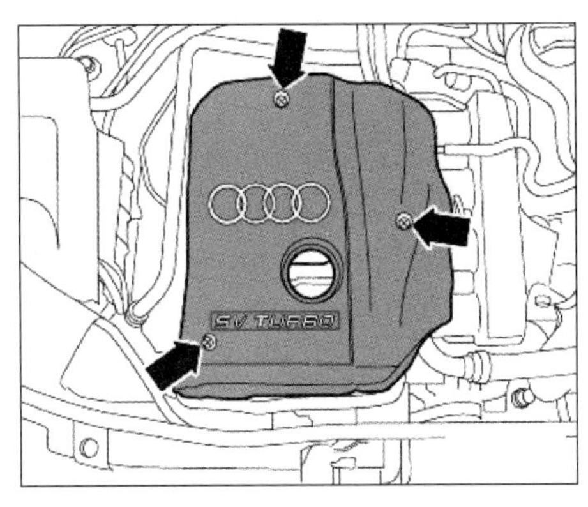

图 11-21 拆卸发动机盖罩

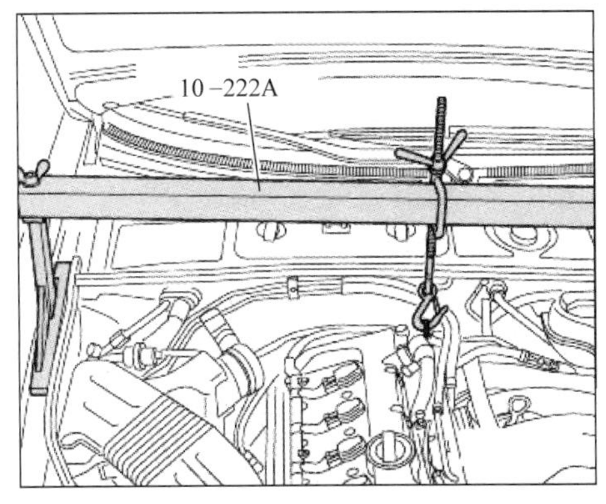

图 11-22 用吊具的螺杆稍微预紧发动机

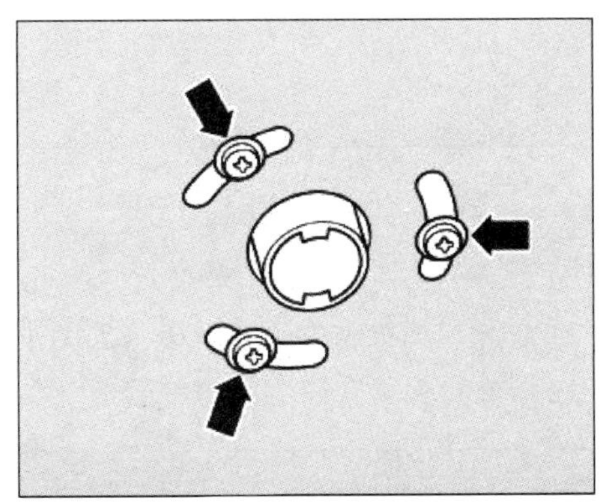

图 11-23 拧出两前轮

7）松开螺钉及快速连接件 1 ~3，然后取下前后隔声板，如图 11-24 所示。

8）拧开隔声板支架上的螺栓，如图 11-25 中箭头所示。

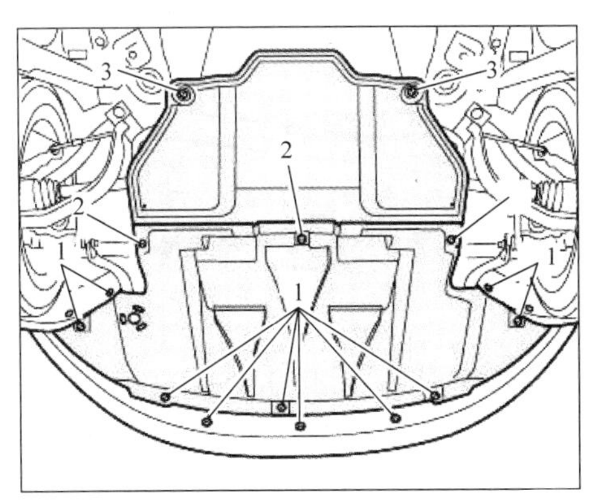

图 11-24 取下前后隔声板

1、2、3—快速连接件

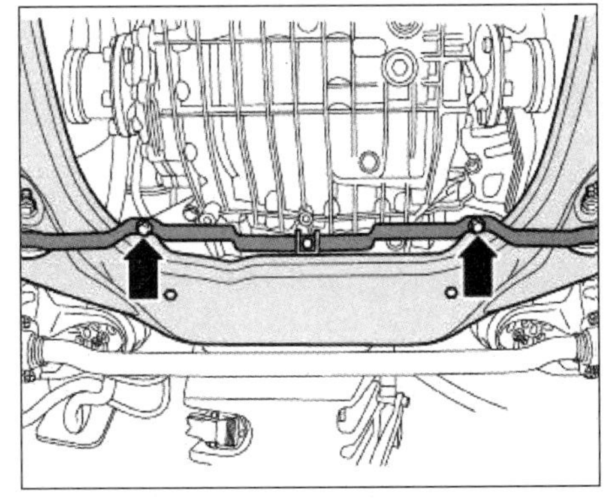

图 11-25 拧开隔声板支架上的螺栓

9）拆下汽车底板左内侧盖板 2 和右内侧盖板 1，如图 11-26 所示。

10）拆下汽车底板的前横梁，如图 11-27 所示。

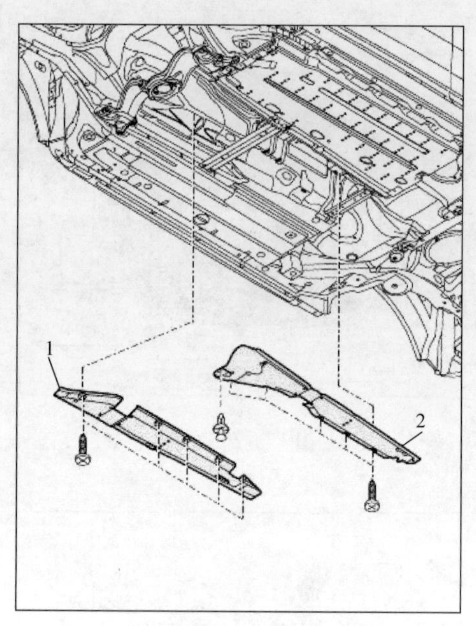

图 11-26　拆下汽车底板盖板

1、2—盖板

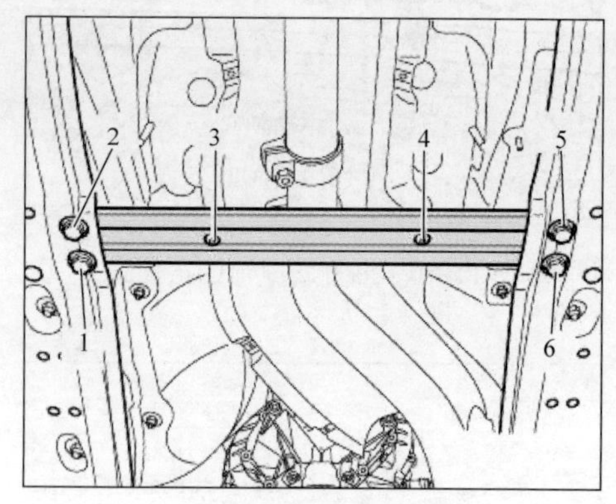

图 11-27　拆卸前横梁

1、2、3、4、5、6—螺栓

11）拆下汽车底板的后横梁，如图 11-28 所示。

12）分离夹紧套筒上的排气装置，如图 11-29 所示。拆下排气装置的隔热板。

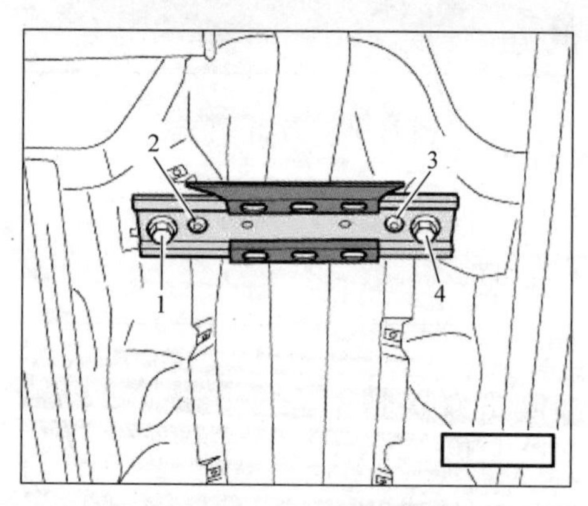

图 11-28　拆卸后横梁

1、2、3、4—螺栓

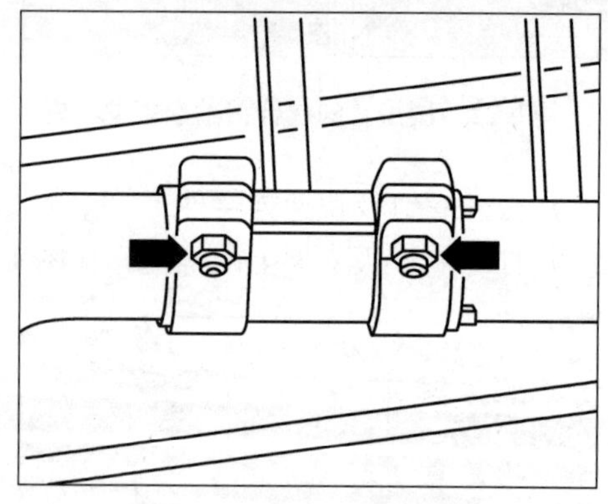

图 11-29　拆卸隔热板

13）从发动机/变速器举升器 V. A. G1383A 上取下万用夹具 V. A. G1359A/2，然后用木板代替它放到压模上。用发动机/变速器举升器 V. A. G1383A 支撑暗管式横梁，如图 11-30 所示。

14）先拧出螺栓 1 和 2，然后拧出螺栓 3 和 4。用发动机/变速器举升器 V. A. G1383A 慢慢松开暗管式横梁，如图 11-31 所示。

15）拧出螺母，如图 11-32 中箭头所示，取下暗管式横梁。

16）拆下右半轴的隔热板 1，从变速器法兰上拆下左右两侧的半轴，如图 11-33 所示。

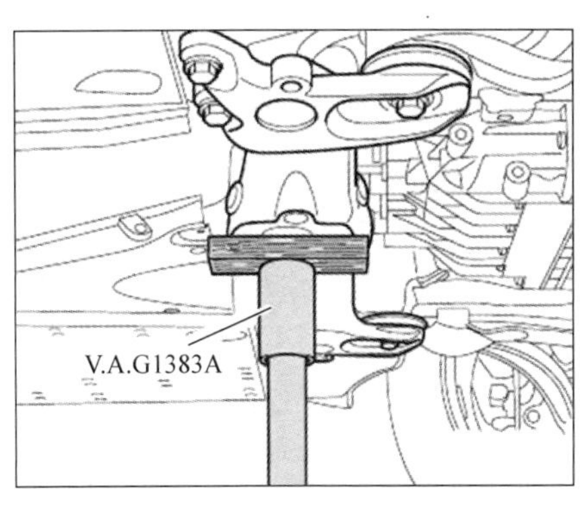

图 11-30 支撑暗管式横梁

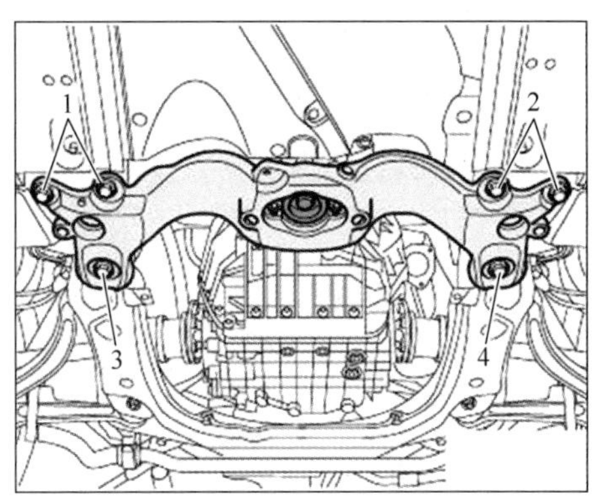

图 11-31 松开暗管式横梁

1、2、3、4—螺栓

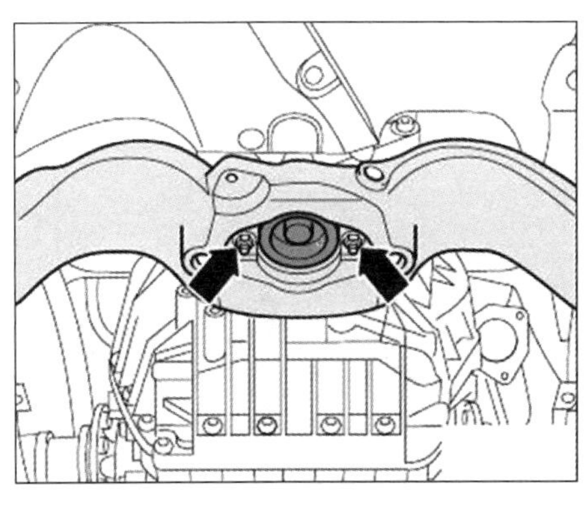

图 11-32 取下暗管式横梁

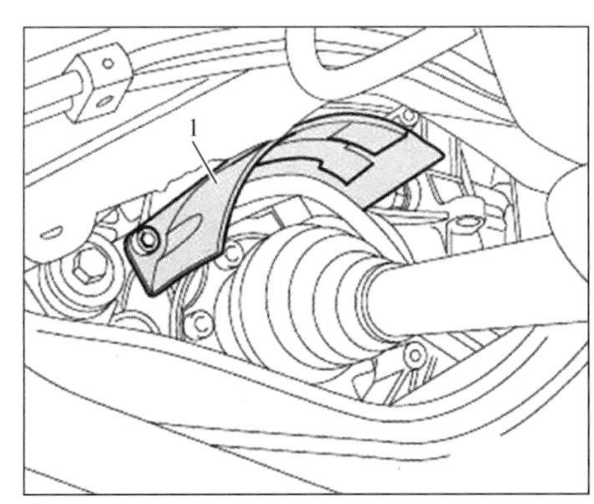

图 11-33 拆卸半轴

1—隔热板

17）拆下前排气管的支架 1，松开排气管/三元催化转化器的螺栓，如图 11-34 中箭头所示。取下排气前管。

18）装集油器。拧出锁止螺母 1 和 2，分离自动变速器油（ATF）管路。拧下 ATF 管路支架上的螺栓，如图 11-35 中箭头所示。

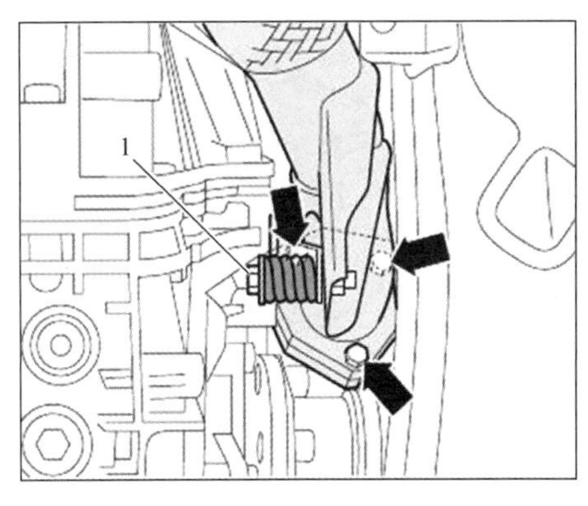

图 11-34 拆卸前排气管支架

1—支架

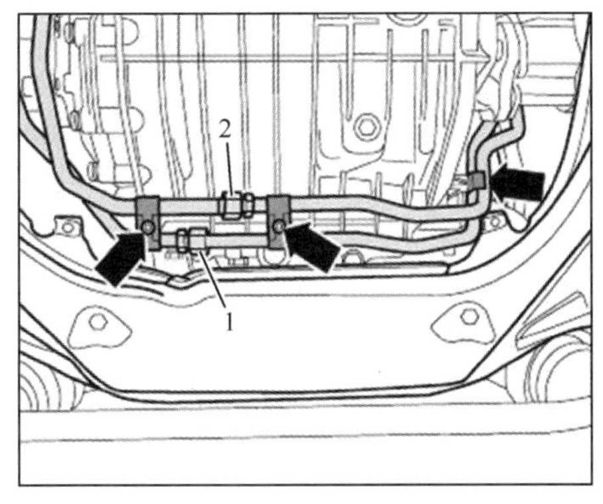

图 11-35 装集油器

1、2—锁止螺母

19）拆下变速器上的 ATF 滤清器，如图 11-36 中箭头所示。

20）拧出锁止螺母1 和2，分离 ATF 管路。拧下 ATF 管路支架上的螺栓，如图 11-37 中箭头所示。

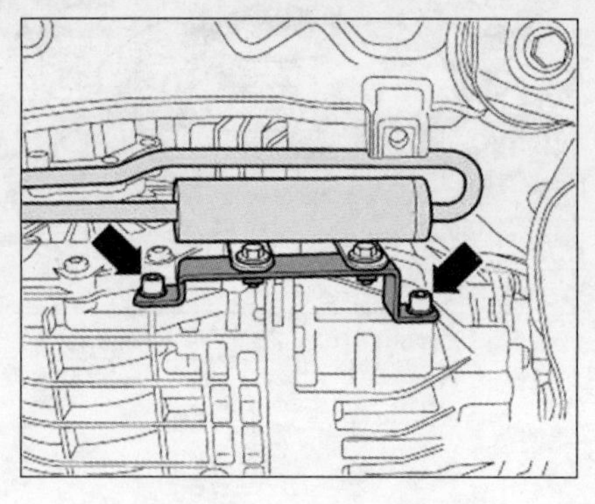

图 11-36　拆卸滤清器

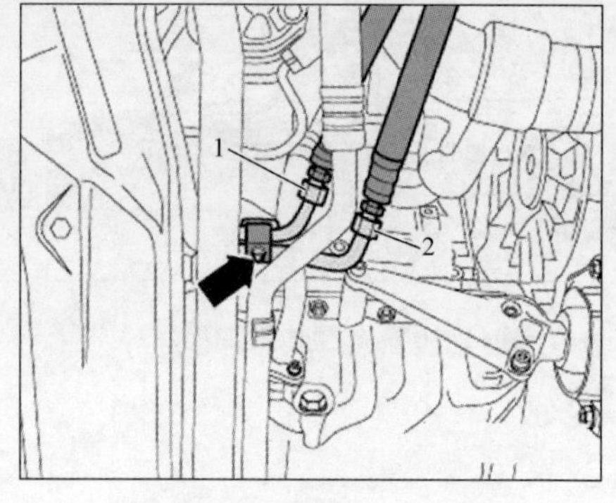

图 11-37　分离 ATF 管路

1、2—锁止螺母

21）拧出螺栓，如图 11-38 中箭头所示，从变速器上拔下 ATF 管路。

22）沿箭头方向断开插接器 A，然后将其从变速器上拔下。将管束放到一边，拆下变速杆拉索的支架 2，拧出螺栓 1，如图 11-39所示。

23）用压杆 80－200 从换档轴杠杆上压出变速杆拉索，如图 11-40 中箭头所示。

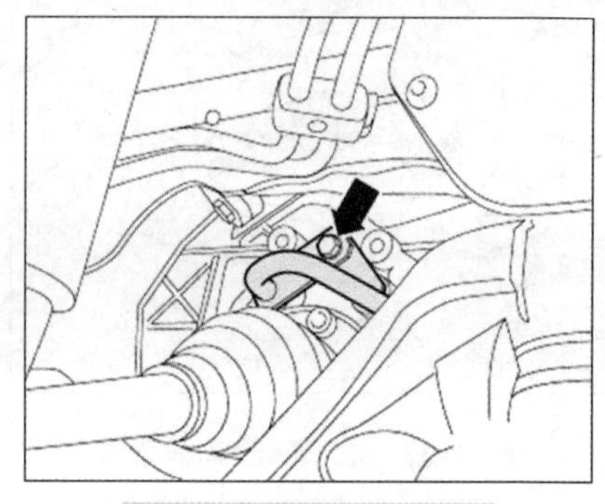

图 11-38　拔下 ATF 管路

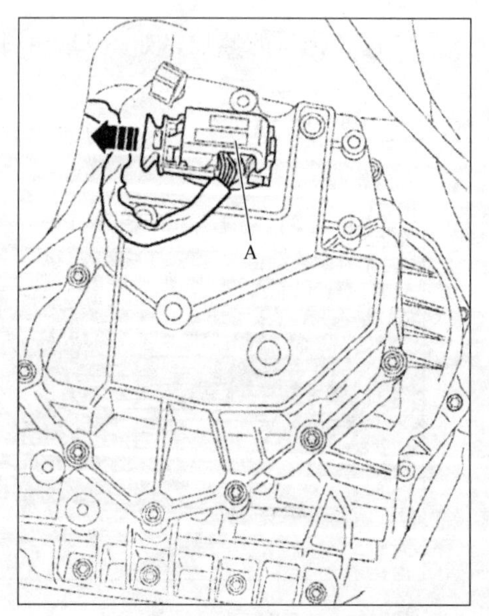

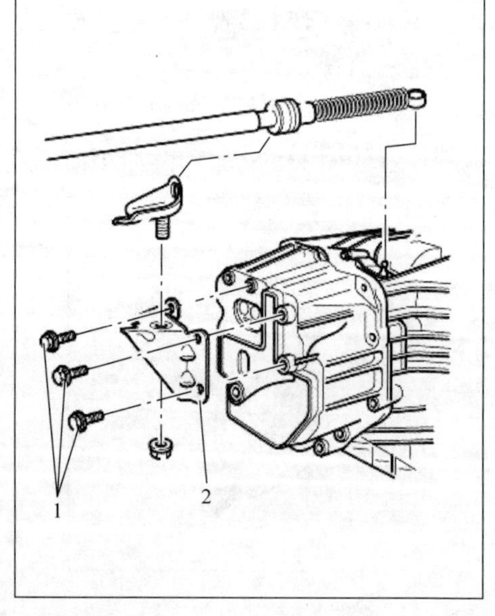

图 11-39　拆卸变速杆拉索支架

1—螺栓　2—变速杆拉索支架

24）从变速器上拆下变速器支撑，如图 11-41 中箭头所示。

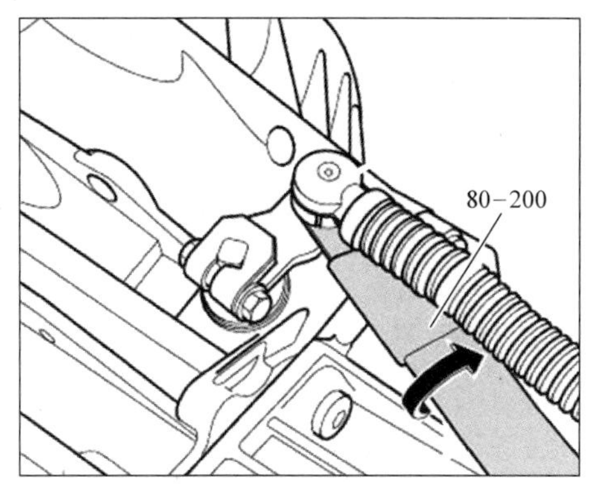

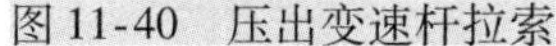
图 11-40 压出变速杆拉索

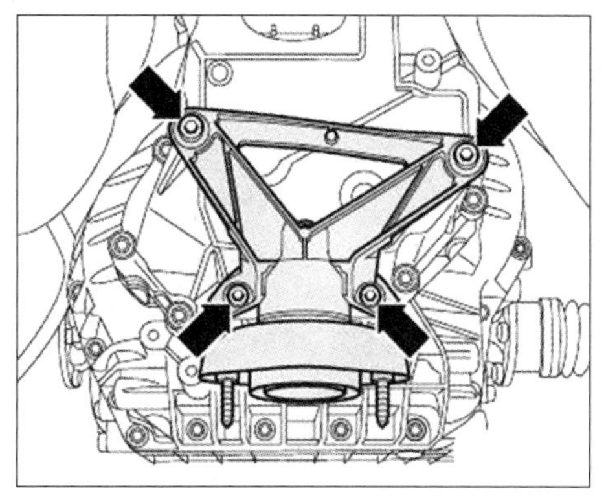

图 11-41 拆下变速器支撑

25）拧下发动机/变速器之间法兰上的螺栓 1 ~ 5 和螺柱 11，如图 11-42 所示。

26）如图 11-43 所示，将变速器夹具 3282 装到变速器举升器 V. A. G 1383A 上。将调整板 3282/30 放在变速器夹具 3282 上（调整板只适用于该位置）。将变速器夹具 3282 的臂对准相应的调整板 3282/30 上的孔。按调整板 3282/30 与变速器夹具 3282 固定。

27）如图 11-43 所示，将装有变速器夹具 3282 的变速器举升器 V. A. G 1383 推到变速器下，然后支撑变速器。使调整板平行于变速器，用螺栓 M10 × 20 将变速器夹具 3282 固定到变速器上。用发动机/变速器举升器 V. A. G1383 将变速器稍微抬起。

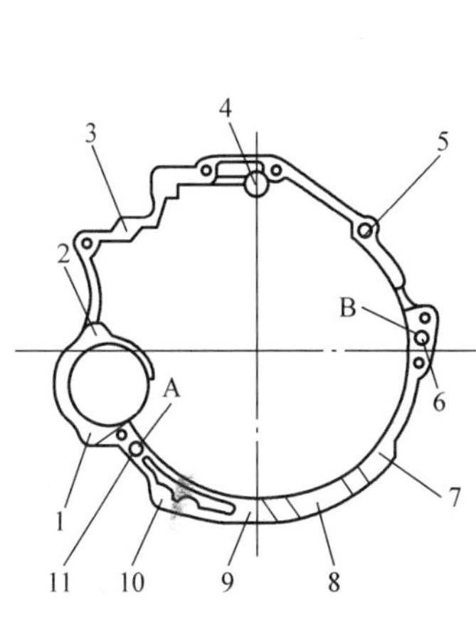

图 11-42 拆卸法兰螺栓

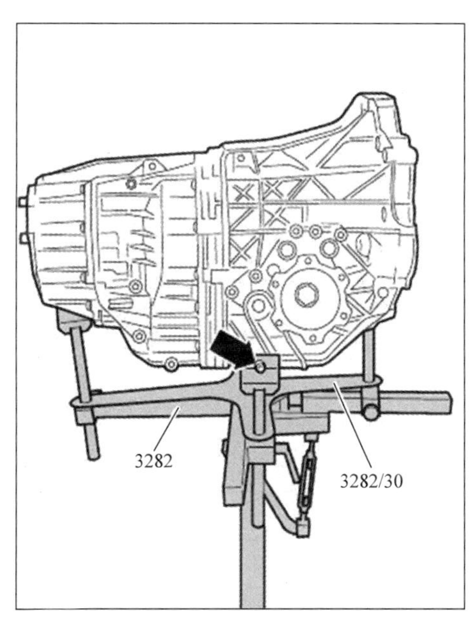

图 11-43 抬起变速器

28）拧下左右两侧的螺母 1，向下摇动稳定杆 2，拧出左右发动机支架上的螺母 3，直到螺母底边和螺纹孔齐平为止，如图 11-44 中箭头所示。用吊具 20 - 222A 抬起发动机，直到仪表板上的两个螺母 3（在左右两侧）从下面可以够到。

29）拧出发动机/变速器之间法兰上的螺栓 1～10，再慢慢降低变速器，如图 11-45 所示。将半轴向上固定。拧出发动机/变速器之间最后的固定螺栓。从定位套中压出变速器，然后小心将其放下。

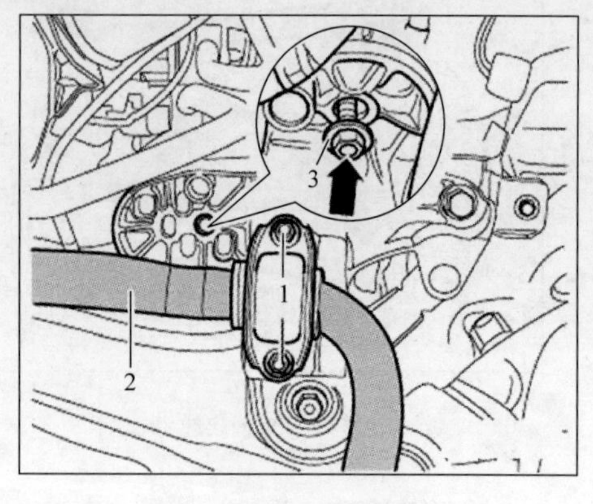

图 11-44　抬起发动机

1、3—螺母　2—稳定杆

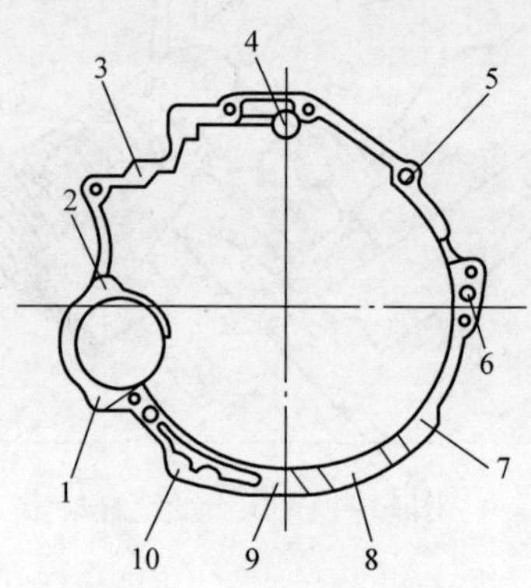

图 11-45　放下变速器

1～10—螺栓

（3）安装

安装步骤与拆卸步骤相反。调整控制拉索，将螺栓拧紧到规定力矩，如图 11-46 所示，规定力矩见表 11-1。

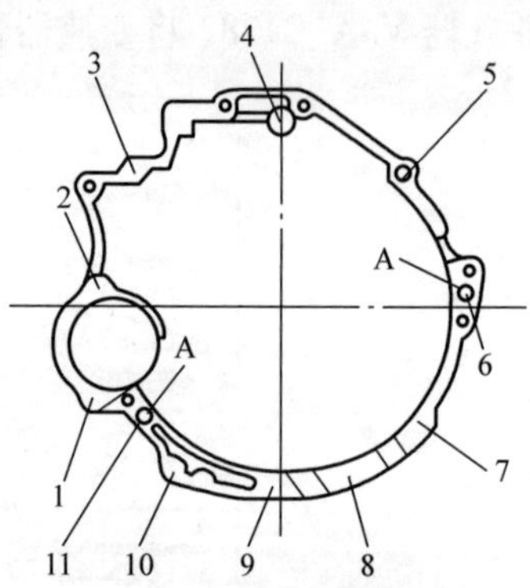

图 11-46　力矩规范

表 11-1　规定力矩

螺栓编号	规格	力矩/（N·m）
1	M10×60	45
2、3、4、6、11	M12×67	65
5	M12×100	65
7	M10×50	45
8、9、10	M10×45	45

11.1.3 7 档双离合变速器 0AM 拆卸与安装

（1）专用工具和维修设备

所需专用工具和维修设备如下（图 11-47）：

1）支撑工具（10－222A）。

2）调整板（3282/59）。

3）适配器（10－222A/18）。

4）转接头（10－222A/3）。

5）变速器支架（3282）。

6）插入工具（T10179）。

7）发动机和变速器举升装置（V. A. G 1383A）。

8）适配器（3282/29）。

9）张紧器（T10038）。

10）扭力扳手（5～50N·m，V. A. G 1331）。

11）扭力扳手（40～200N·m，V. A. G 1332）。

12）支架（T10346）。

13）工具头（T10061）。

14）内六角扳手（T10107A）。

（2）拆卸

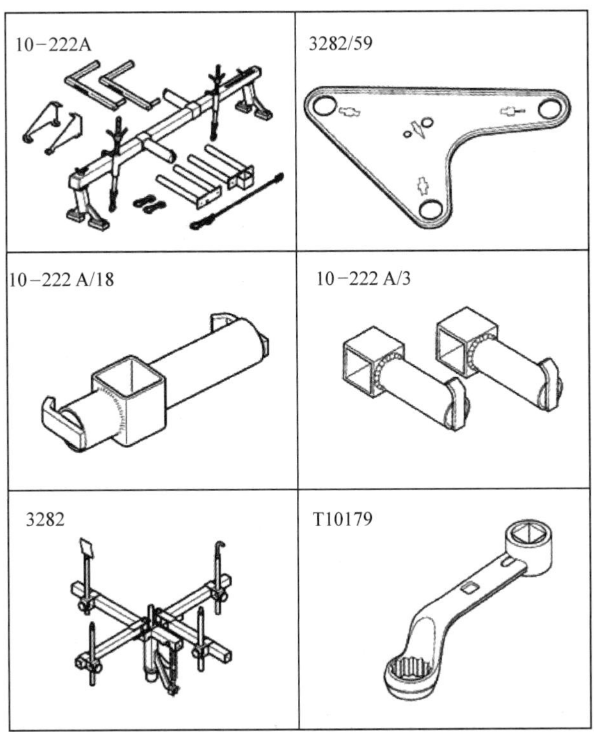

图 11-47 专用工具和维修设备

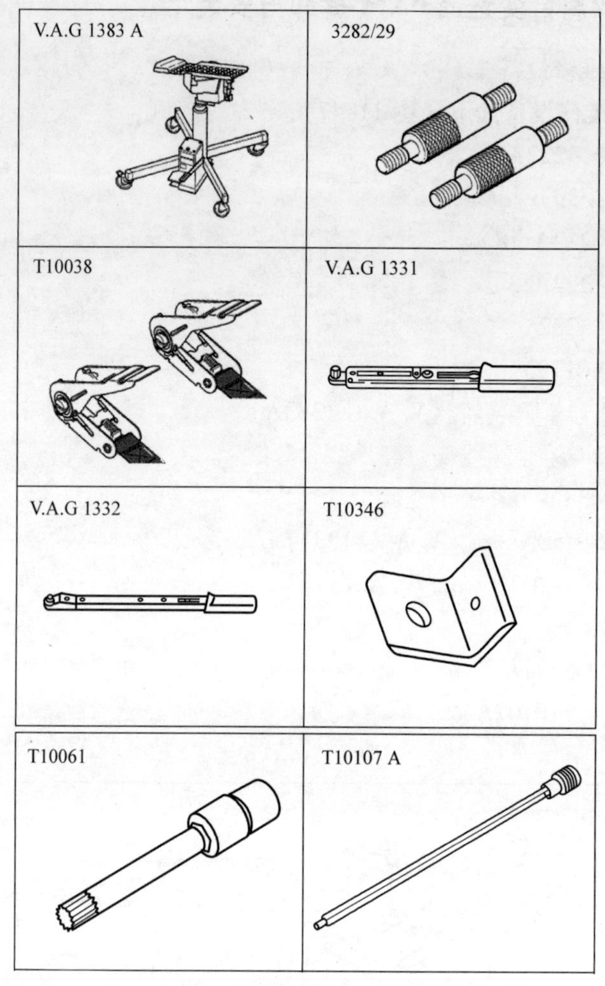

图 11-47　专用工具和维修设备（续）

1）将变速杆移至 P 位。

2）拆卸空气滤清器。

3）关闭点火开关，断开蓄电池搭铁线。

4）拆卸蓄电池。

5）拆卸蓄电池托架的固定螺栓，如图 11-48 中箭头所示，取下托架，拧紧力矩为 6N · m。

6）拆卸机械电子单元 J743 的排气软管，并用合适的塞子密封，防止漏油，如图 11-49 所示。

7）拆下防松垫片，如图 11-50 中箭头所示，从变速器拉索底座中取出拉索，不要将其弯折。

8）拧出变速器与车身的搭铁线固定螺母，如图 11-51 中箭头所示，取下搭铁线并置于一旁。

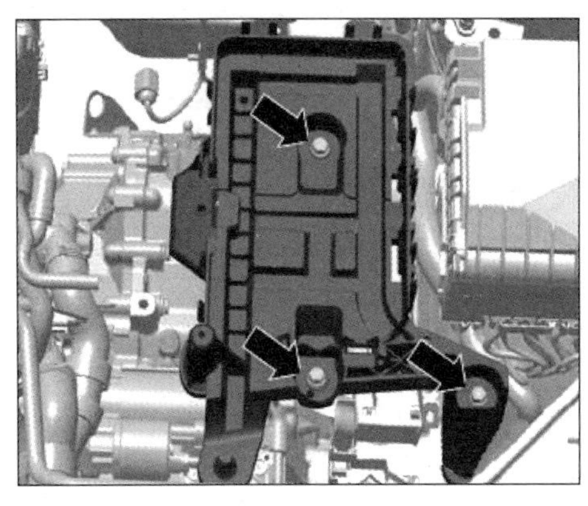
图 11-48 拆卸蓄电池托架的固定螺栓

图 11-49 拆卸机械电子单元的排气软管

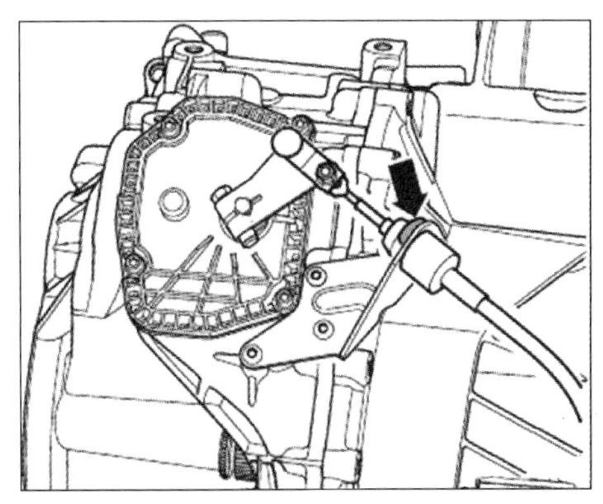
图 11-50 拆下防松垫片

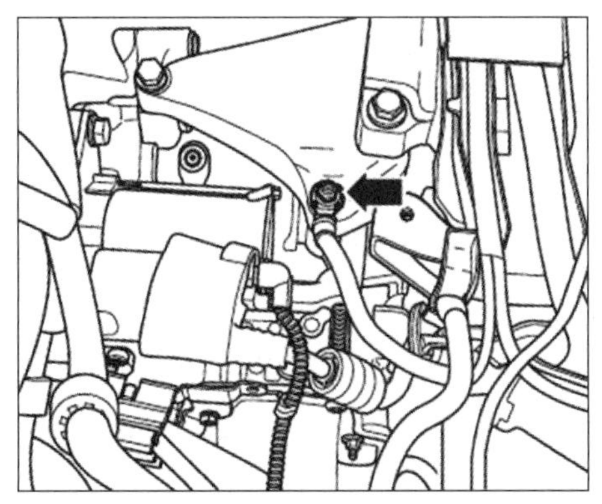
图 11-51 拧出搭铁线固定螺母

9）拆卸起动机，如图 11-52 所示。

10）沿图 11-53 中箭头所示方向拉拔并松开机械电子单元插头的锁止件，拔下插头。

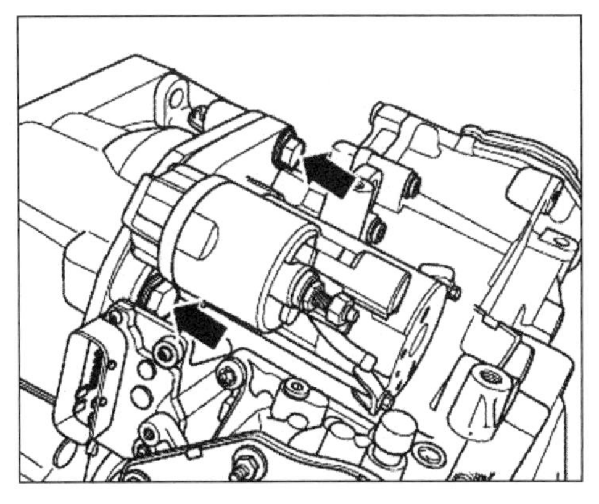
图 11-52 拆卸起动机

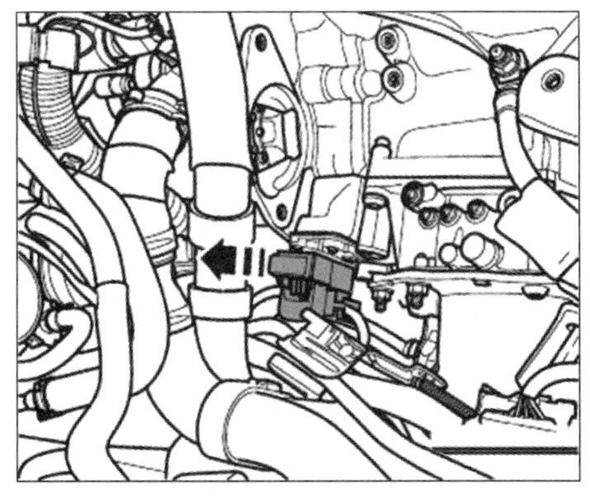
图 11-53 拔下插头

11）拧出导线支架的固定螺母，如图 11-54 中箭头所示，将导线支架从变速器上分离，并置于一旁。

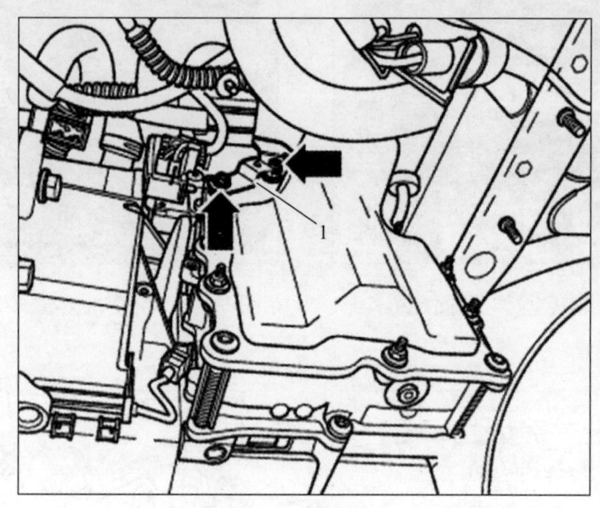

图 11-54　分离支架

1—导线支架

12）拆卸发动机和变速器的上部连接螺栓，如图 11-55 所示。

13）用扳手 T10179 拆卸变速器后侧上部的连接螺栓，如图 11-56 所示。

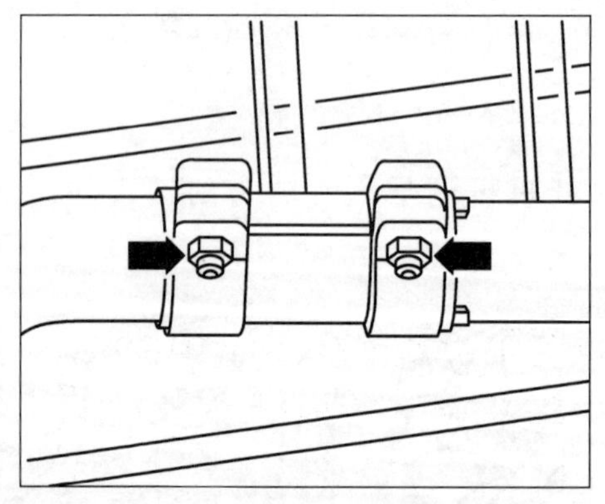

图 11-55　拆卸螺栓

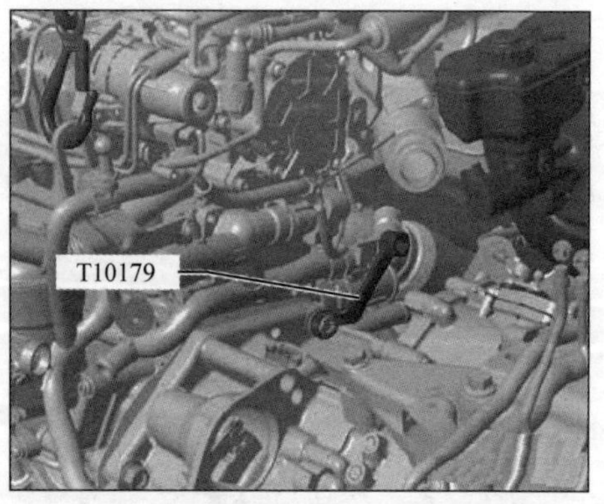

图 11-56　拆卸变速器后侧上部的连接螺栓

14）使用内六角扳手 T10107A 拆下右侧法兰轴，拆下左前轮罩内板的下部件，如图 11-57所示。

15）拆卸摆动支承，如图 11-58 所示。

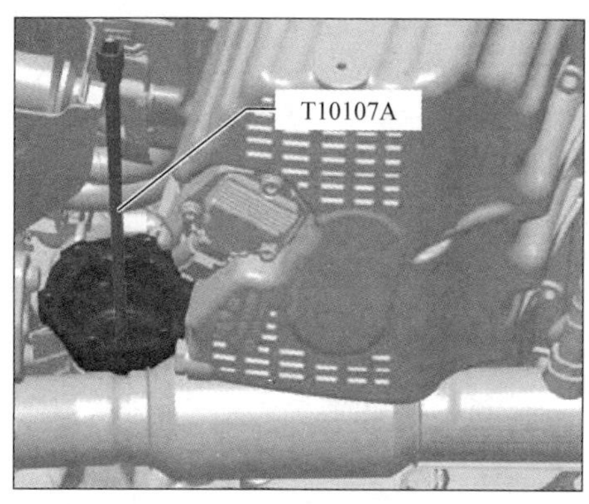

图 11-57 拆下左前轮罩内板的下部件

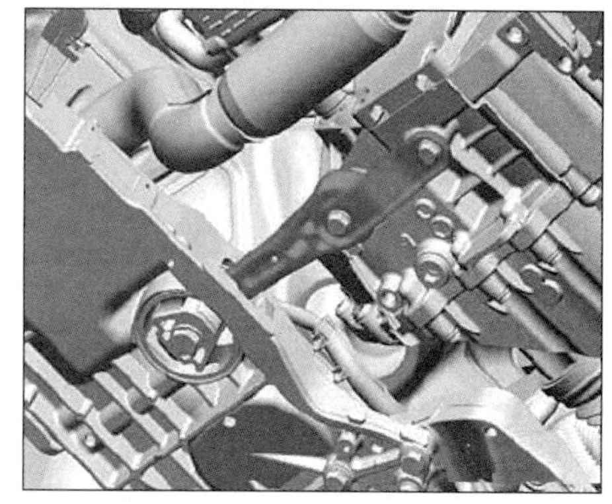

图 11-58 拆卸摆动支承

16）脱开插头连接，如图 11-59 中箭头所示，拧出螺栓 1 和 4，并向下取出空气导管。

17）将支架 T10346 安装到蓄电池支架的后部固定螺栓上。如图 11-60 所示，安装支撑工装 10 - 222A。如果在支撑工装 10 - 222A 的发动机固定环区域内有软管和线路连接，则必须拆下。通过支撑工装 10 - 222 A 将发动机和变速器吊起，但不要升高。支撑工装 10 - 222A 只安装在靠近变速器一侧的吊耳上，带轮侧不需安装。

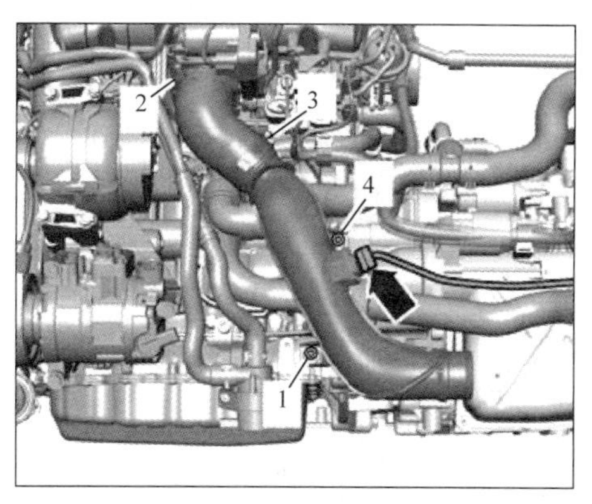

图 11-59 取出空气导管

1、4—螺栓 2—插头 3—卡箍

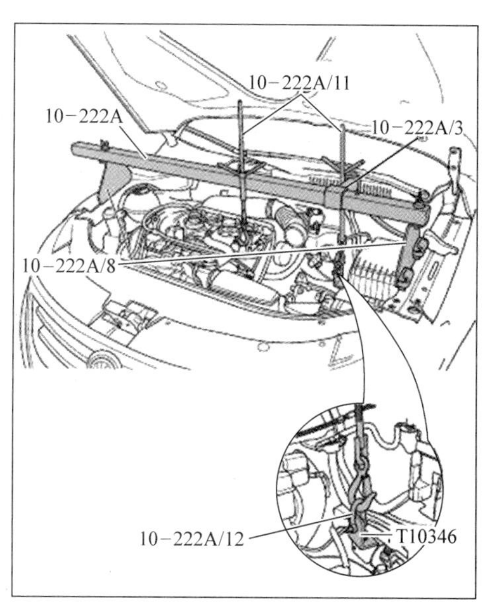

图 11-60 安装支架

18）拆卸变速器托架的固定螺栓 1 和机组支承的固定螺栓 2。通过支撑工装 10 - 222A 的螺杆稍微降下发动机和变速器，直至可取出托架，如图 11-61 所示。

19）如图 11-62 所示，用调整板 3282/59 校准变速器支架 3282。将发动机和变速器举升装置 V. A. G 1383A 移到变速器下，通过 3282 支撑变速器，但不要将变速器升高。将芯轴的钢板顶到变速器壳体下方，不要顶在机械电子单元下方，否则有可能损坏机械电子单元。将适配器 3282/29 拧入摆动支承的后螺纹孔中。用张紧带 T10038 将变速器固定在变速器支架 3282 上。拆下其余的发动机和变速器连接螺栓。将发动机和变速器分离，小心降下变速器。如果换档拉索没有取下，则在降下变速器时，注意拉索情况。

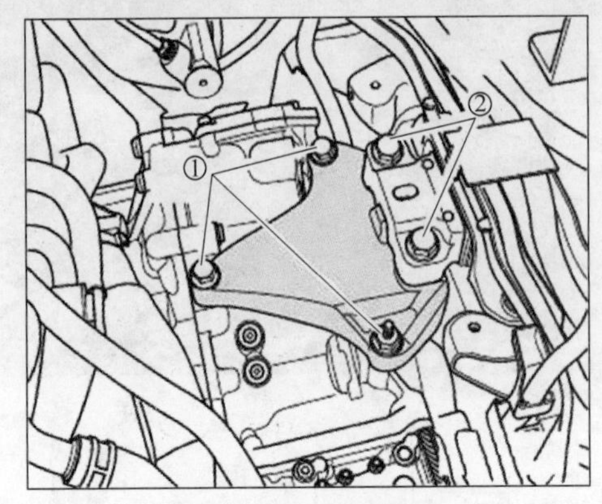

图 11-61　取出托架

1、2—固定螺栓

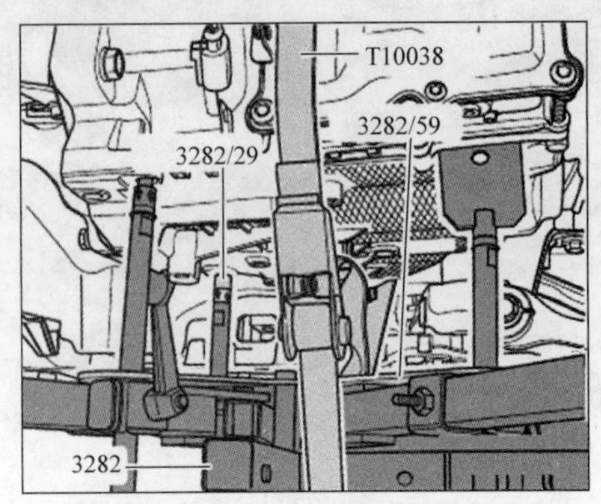

图 11-62　校准变速器支架

20）在下降过程中，注意变速器与副车架的间隙，必要时调整变速器支架 3282。更换曲轴上的滚针轴承，如图 11-63 中箭头所示。

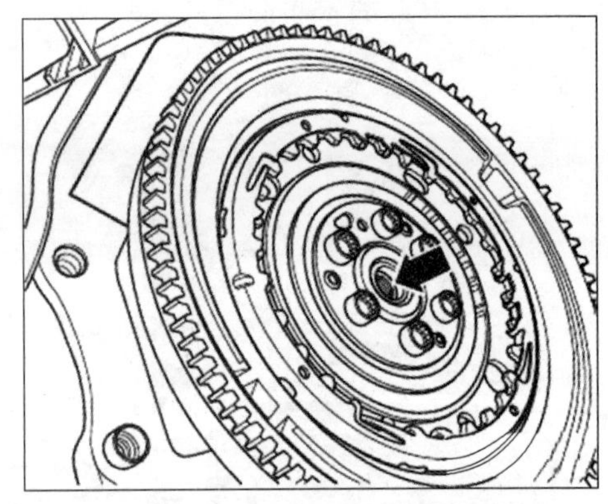

图 11-63　更换曲轴上的滚针轴承

（3）安装

安装基本以拆卸的倒序进行，同时注意下列事项：

1）检查发动机及变速器定位衬套是否已安装在缸体上，如需要则安装定位衬套。

2）检查垫板的正确安装位置。

3）尽早将换档拉索导入其底座中。

4）更换左侧动力机组支承的全部螺栓。

5）左侧机组支承的所有紧固螺栓未拧紧至规定力矩前，切勿拆卸支撑工装 10－222A。

6）安装变速器后，再安装排气罩和排气软管。

7）安装变速器和发动机连接螺栓时，先用手将所有螺栓拧入。

8）安装上部螺栓时，用插入工具 T10179 将螺栓拧紧至规定力矩，如图 11-64 和图 11-65所示。

9）拉索无须油脂润滑，每次都要使用新防松垫片。

10）安装时，重新将隔热板向上压入通道。

11）调整换档拉索。

12）进行基本测量。

13）更换左侧动力机组支承的全部螺栓。用手拧入全部新螺栓，先用 40N · m 的力矩将螺栓 1 拧紧，然后继续转动 90°，如图 11-66 所示。

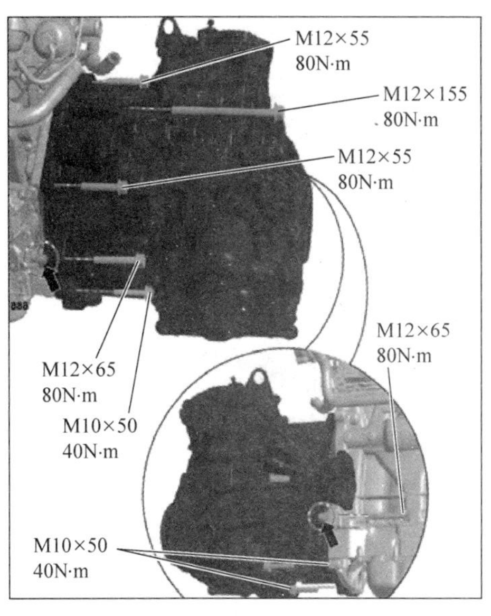

图 11-64 配备 1.8L TSI 发动机车型的螺栓拧紧力矩规范

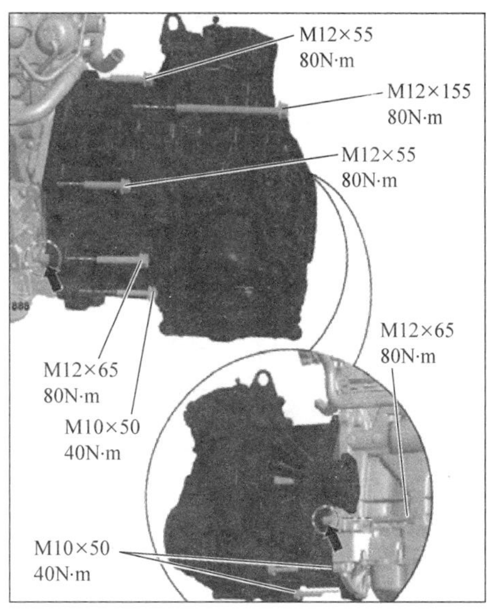

图 11-65 配备 1.4L TSI 发动机车型的螺栓拧紧力矩规范

14）拧紧螺栓 2 时（图 11-66），可将螺钉旋具插入调整孔中，沿如图 11-67 中箭头所示方向晃动，以调整托架位置。螺栓 2 的拧紧力矩为 60N · m +90°。

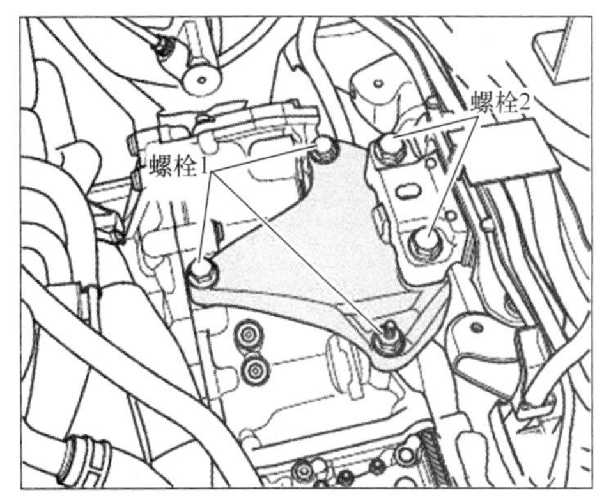

图 11-66 左侧动力机组支承螺栓拧紧力矩

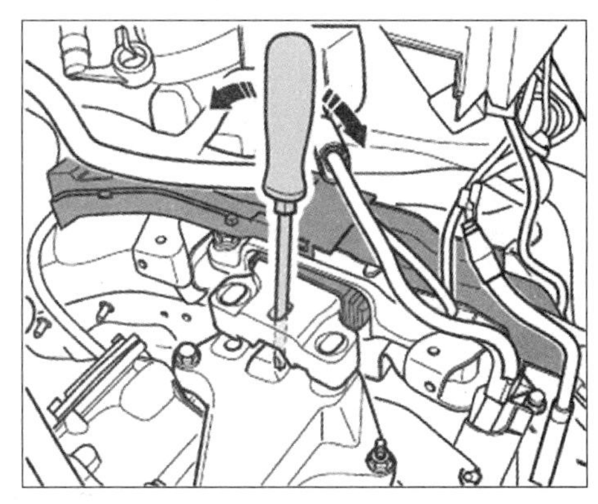

图 11-67 调整托架螺栓拧紧力矩

11.2 自动变速器的解体与重装

11.2.1 君威 6T45 自动变速器解体与重装

（1）君威 6T45 自动变速器的解体

1）安装支撑盘和夹具。如图 11-68 所示，安装 DT－47811－S1 变速器支撑盘 1，螺栓紧固力矩为 12N · m。支撑盘安装好后，用举升机举升变速器。

调整固定夹 DT－46625，使安装螺栓与壳体上的凸台相匹配，然后将螺栓紧固至 13N · m。

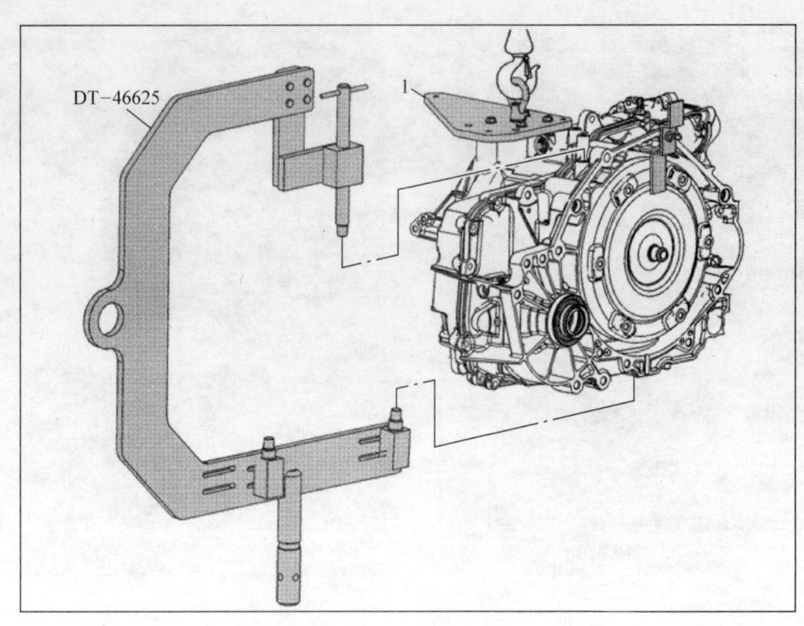

图 11-68　安装支撑盘和夹具

1—支撑盘

2）变矩器。如图 11-69 所示，将锁销 1 固定在工作台上。安装转换器固定带 2。安装变矩器提升把手 3，直至停止。切勿紧固，垂直取下变矩器总成。

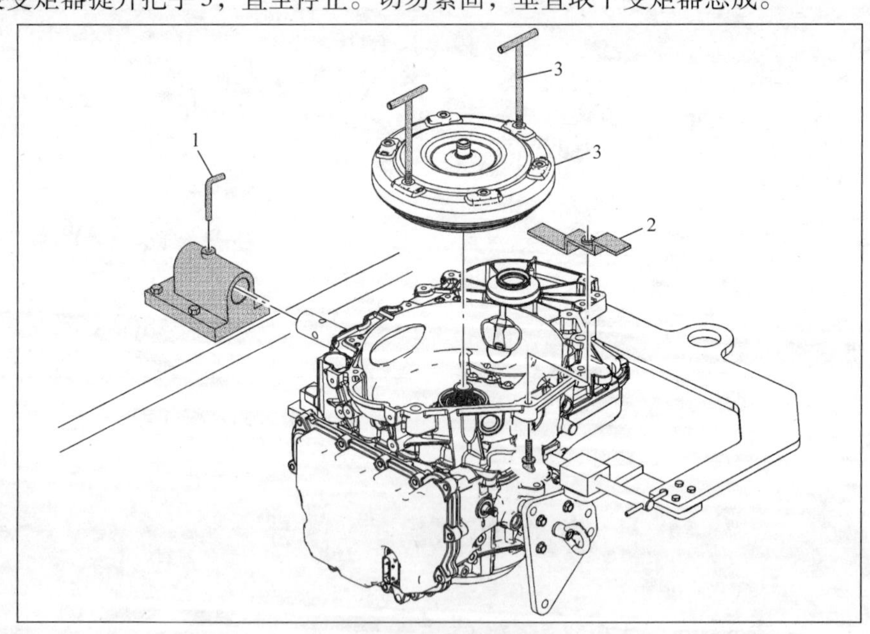

图 11-69　拆卸变矩器

1—锁销　2—转换器固定带 DT21366　3—变矩器提升把手 DT46409

3）控制电磁阀（带阀体和变速器控制模块）总成。如图 11-70 所示，拆卸控制阀体螺栓 1、2，拆卸控制电磁阀 3（带阀体和变速器控制模块）总成，拆卸控制电磁阀总成滤清板 4。检查压力开关密封件是否损坏或污染。

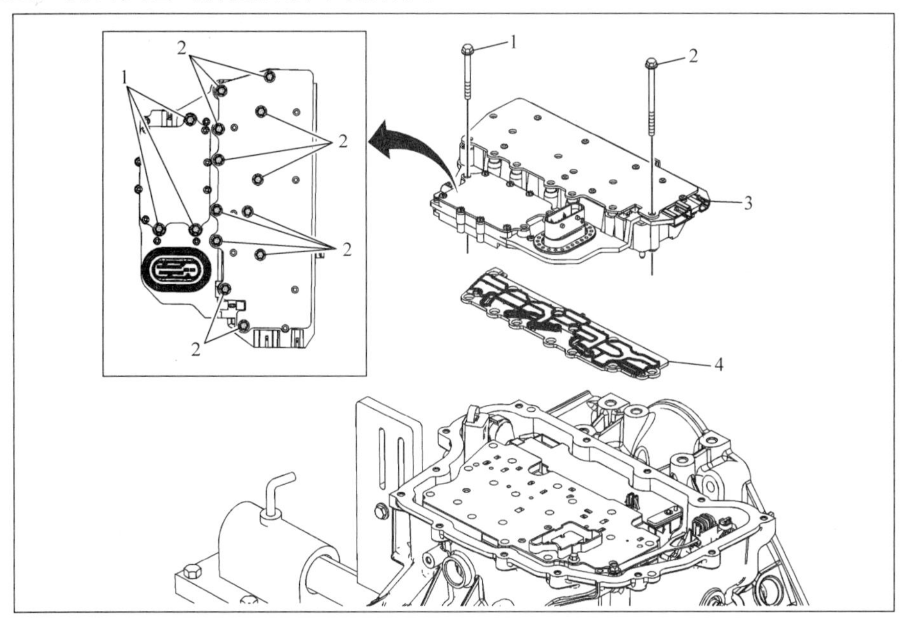

图 11-70 拆卸控制电磁阀（带阀体和变速器控制模块）总成

1、2—螺栓 3—控制电磁阀 4—控制电磁阀总成滤清板

4）控制阀体总成。如图 11-71 所示，拆卸油位控制阀 1，拆卸油位控制阀衬垫 2，拆卸油位控制阀螺栓 3，拆卸控制阀体螺栓 4，拆卸控制阀体总成 5，拆卸控制阀体隔板总成 6，拆卸手动换档轴止动杆弹簧螺栓 7，拆卸手动换档轴止动杆弹簧总成 8，拆卸 1－2－3－4 档离合器油路通道密封件 9，拆卸低速档/倒档离合器油路通道密封件 10。

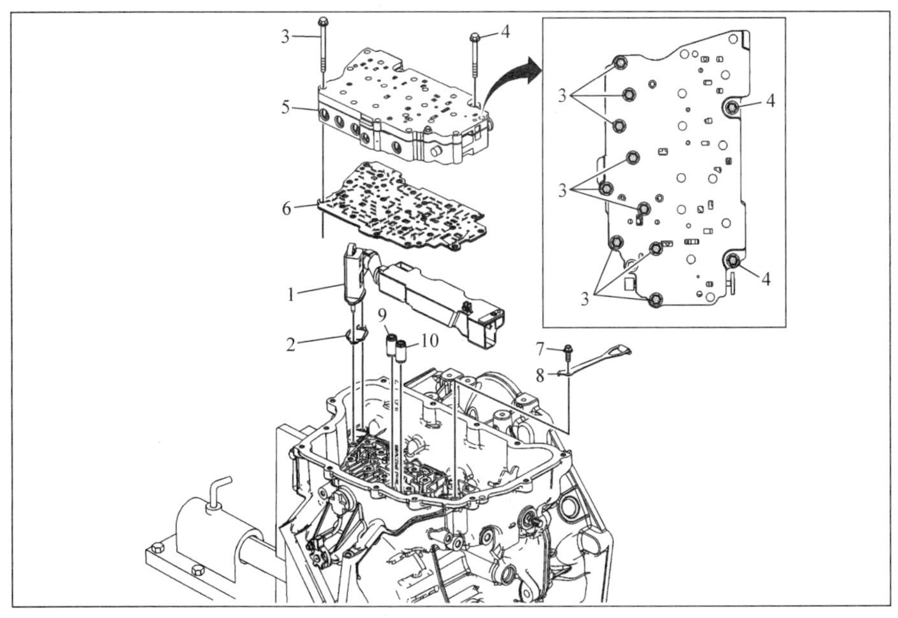

图 11-71 拆卸控制阀体总成

1—油位控制阀 2—衬垫 3、4、7—螺栓 5—控制阀体总成 6—控制阀体隔板总成 8—弹簧总成 9、10—密封件

5）输入轴和输出轴转速传感器。如图11-72所示，拆卸自动变速器输出轴转速传感器螺栓1，拆卸自动变速器输出轴转速传感器总成2，拆卸输入轴转速传感器螺栓3，挤压螺栓上的锁紧凸舌，使其从壳体上分离，拆卸输入轴转速传感器总成4。

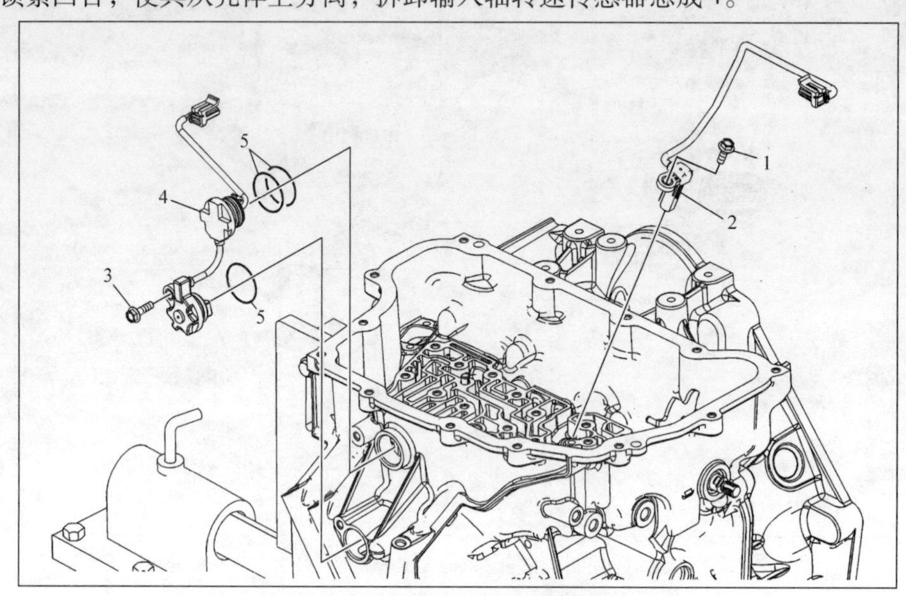

图11-72　拆卸输入轴和输出轴转速传感器

1、3—螺栓　2—输出轴转速传感器总成　4—输入轴转速传感器总成　5—密封圈

6）带油泵的变矩器壳体总成。如图11-73所示，拆卸变矩器差速器壳体螺栓1，拆卸带油泵的变矩器壳体总成2，拆卸变矩器壳体衬垫3，拆卸油泵密封件总成4。

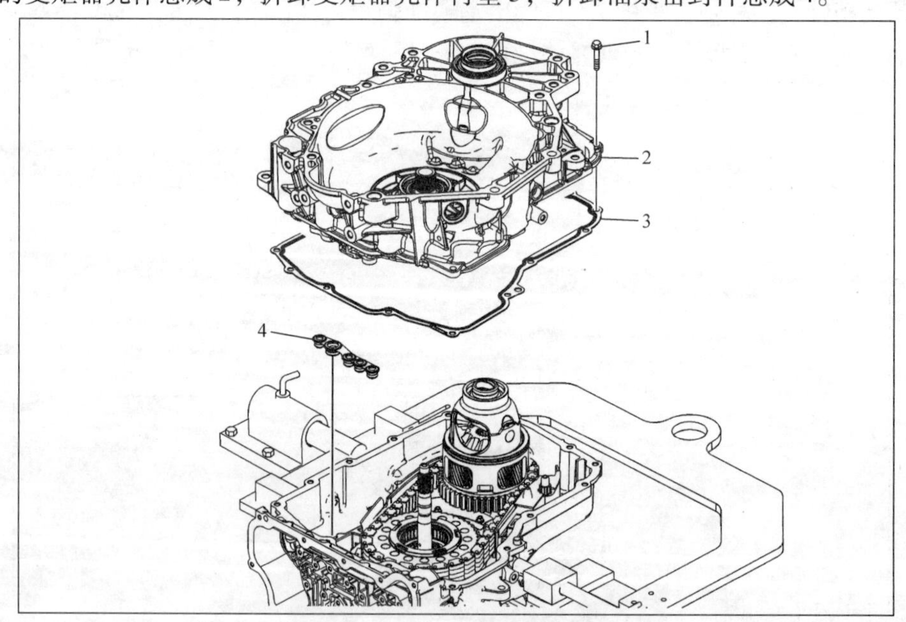

图11-73　拆卸带油泵的变矩器壳体总成

1—螺栓　2—壳体总成　3—衬垫　4—密封件总成

7）前差速器壳体总成。如图11-74所示，拆卸前差速器壳体轴承1，拆卸差速器壳体总成2，拆卸主减速器太阳轮3。

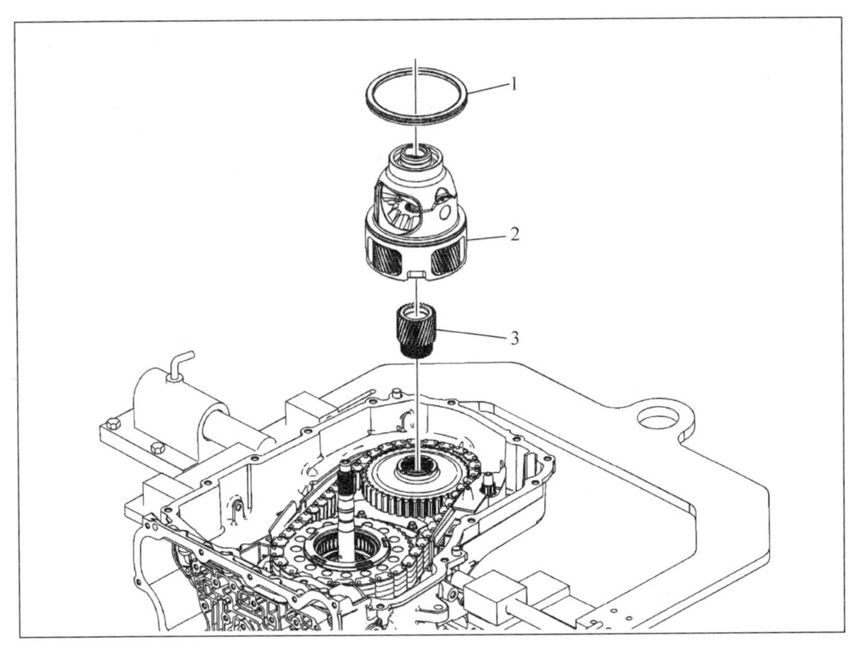

图 11-74 拆卸前差速器壳体总成

1—轴承 2—壳体总成 3—太阳轮

8）主/从动链轮、传动机构和驻车棘爪。如图 11-75 所示，拆卸传动机构润滑通风口 1，拆卸传动机构润滑通风口密封件 2，拆卸传动机构润滑油密封件 3。同时拆卸主/从动链轮总成 4，笔直向上拉动，以便拆下从动链滚子轴承内座圈，从动链轮轴承总成 5。拆卸前差速器外壳板螺栓 6，拆卸前差速器外壳板 7，拆卸驻车棘爪轴 8，拆卸驻车棘爪弹簧 9，拆卸驻车棘爪 10。

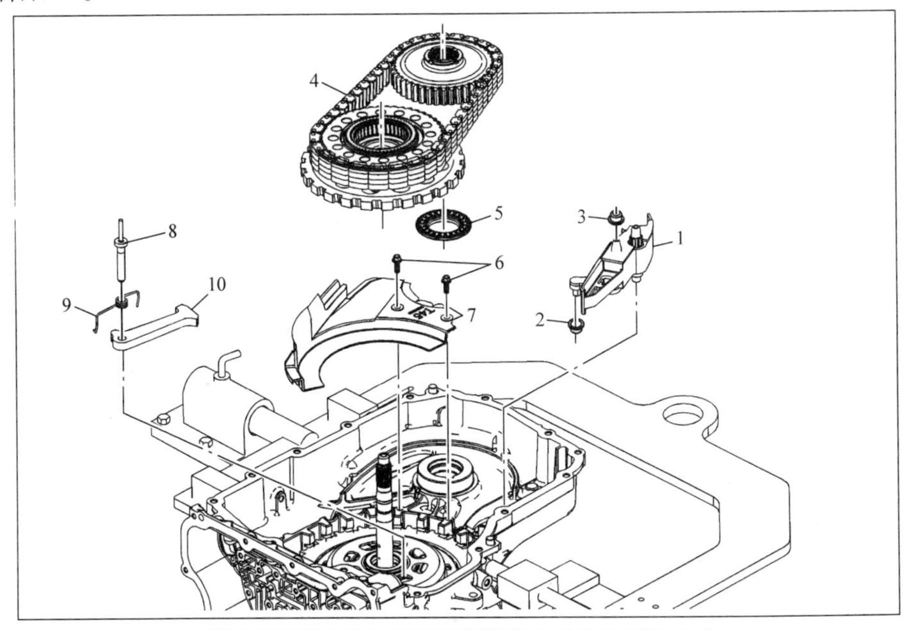

图 11-75 拆卸主/从动链轮、传动机构和驻车棘爪

1—通风口 2、3—密封件 4—主/从动链轮总成 5—轴承总成 6—螺栓 7—外壳板 8—棘爪轴 9—棘爪弹簧 10—驻车棘爪

9）内部部件。如图 11-76 所示，使用 DT－28585 卡环拆卸工具或相似工具，拆卸固定夹的端头并将固定夹从壳体凹槽中取出，拆卸 1－2－3－4 档离合器底盘卡环 1，拆卸 3－5－倒档和 4－5－6 档离合器壳体总成、齿轮组件、低速档－倒档离合器总成、低速档－倒档和 1－2－3－4 档离合器壳体 2，拆卸 2－6 档离合器片 3，拆卸 2－6 档离合器接合片 4，拆卸离合器壳体推力轴承总成 5。

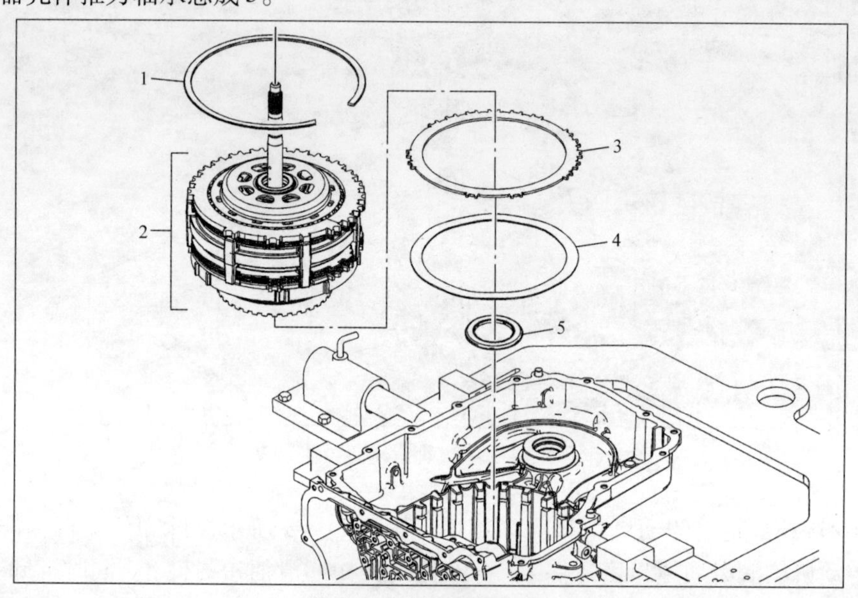

图 11-76　拆卸内部部件

1—底盘卡环　2—3－5－倒档和 4－5－6 档离合器壳体总成、齿轮组件、低速档－倒档离合器总成、低速档－倒档和 1－2－3－4 档离合器壳体　3—2－6 档离合器片　4—2－6 档离合器接合片　5—离合器壳体推力轴承总成

10）离合器活塞。如图 11-77 所示，用专用工具 DT－28585 拆卸 2－6 档离合器弹簧卡环 1，拆卸 2－6 档离合器弹簧 2，用钳子拆下 2－6 档离合器活塞总成 3。

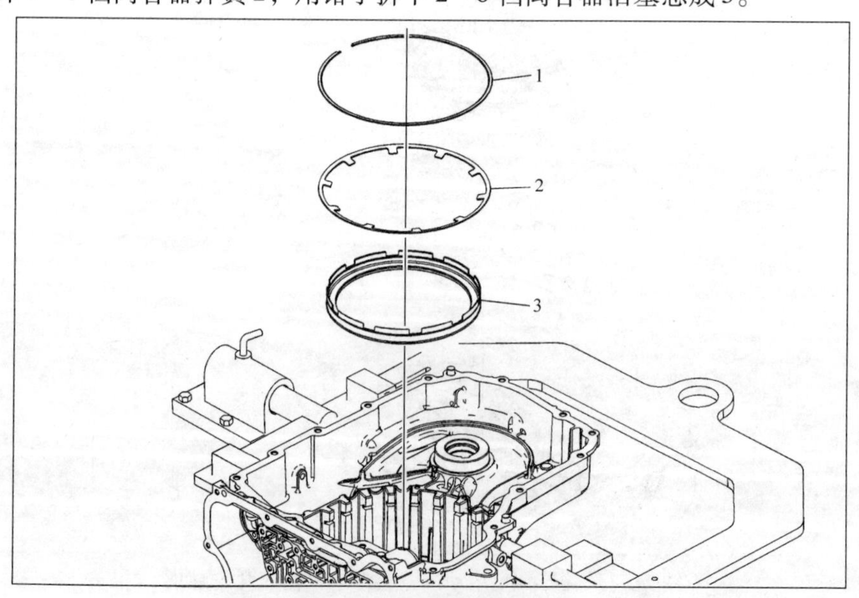

图 11-77　拆卸离合器活塞

1—弹簧卡环　2—弹簧　3—活塞

11）手动换档止动杆的轴位置开关和驻车棘爪执行器总成。如图 11-78 所示，用 DT－48550 止动杆销拆卸工具，拆卸手动换档轴止动杆毂销 1。用 EN－23129 通用密封件拆卸工具和 DT－6125－1B 惯性锤，拆卸手动换档轴销 2。拆卸手动换档轴 3，拆卸手动换档轴止动杆总成 4，拆卸驻车棘爪执行器总成 5。

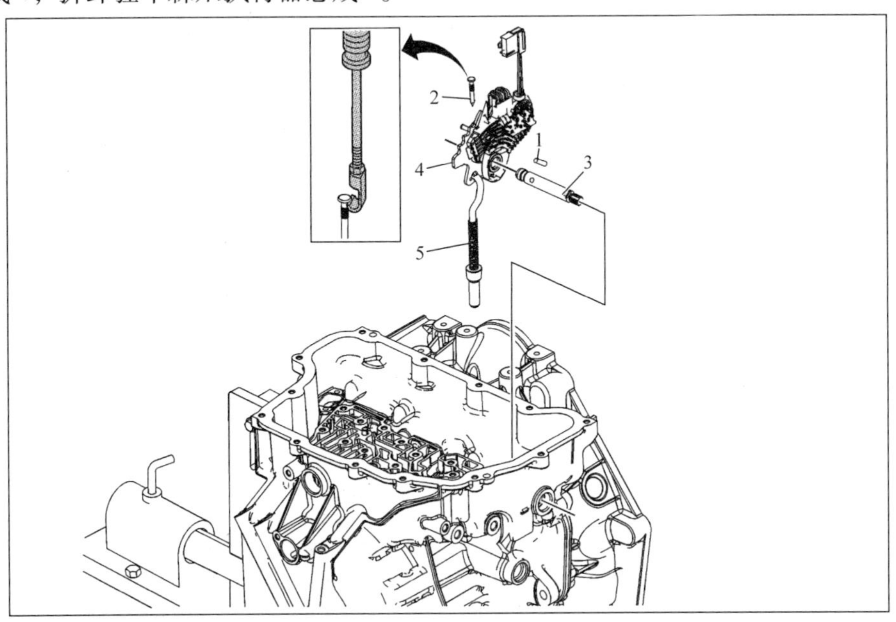

图 11-78　拆卸手动换档止动杆的轴位置开关和驻车棘爪执行器总成

1—止动杆毂销　2—手动换档轴销　3—手动换档轴　4—止动杆总成　5—执行器总成

12）驻车棘爪执行器导管总成密封件。如图 11-79 所示，拆卸驻车棘爪执行器导管销 1，拆卸驻车棘爪执行器导管总成 2，拆卸驻车棘爪执行器导管总成密封件 3。

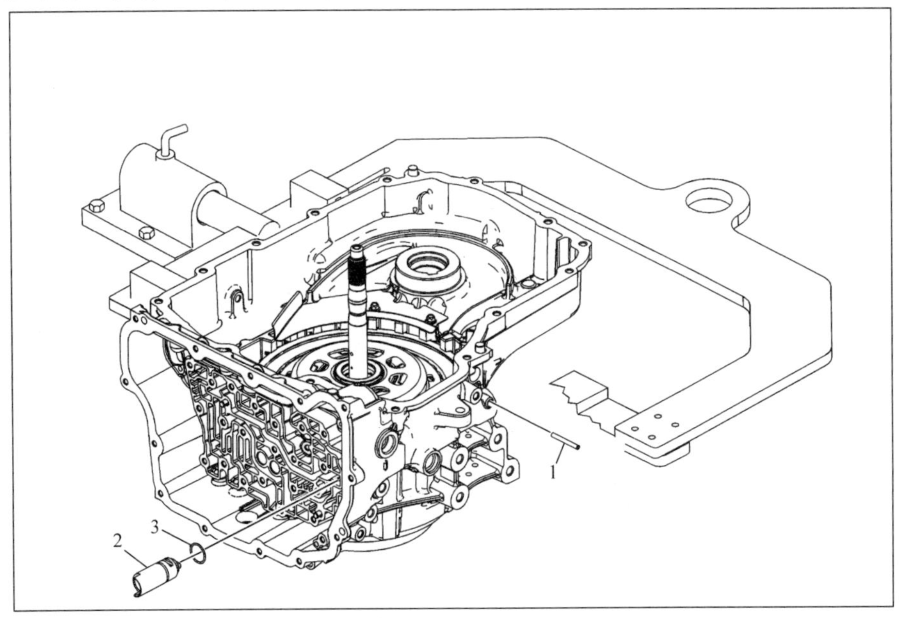

图 11-79　拆卸驻车棘爪执行器导管总成密封件

1—导管销　2—导管总成　3—密封件

13）手动换档轴密封件。如图 11-80 所示，使用 DT－45201 密封件拆卸工具拆卸手动换档轴密封件 1。

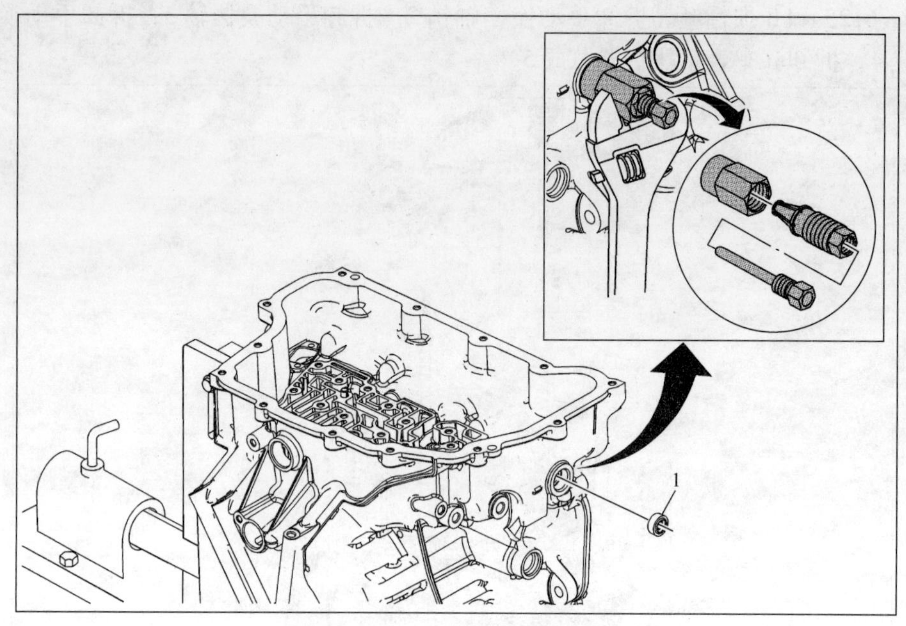

图 11-80 拆卸手动换档轴密封件

1—密封件

14）输入轴支座。如图 11-81 所示，拆卸 3－5－倒档和 4－5－6 档离合器油封 1，拆卸输入轴支座螺栓 2，拆卸输入轴支座 3，检查支座是否磨损或有空隙。

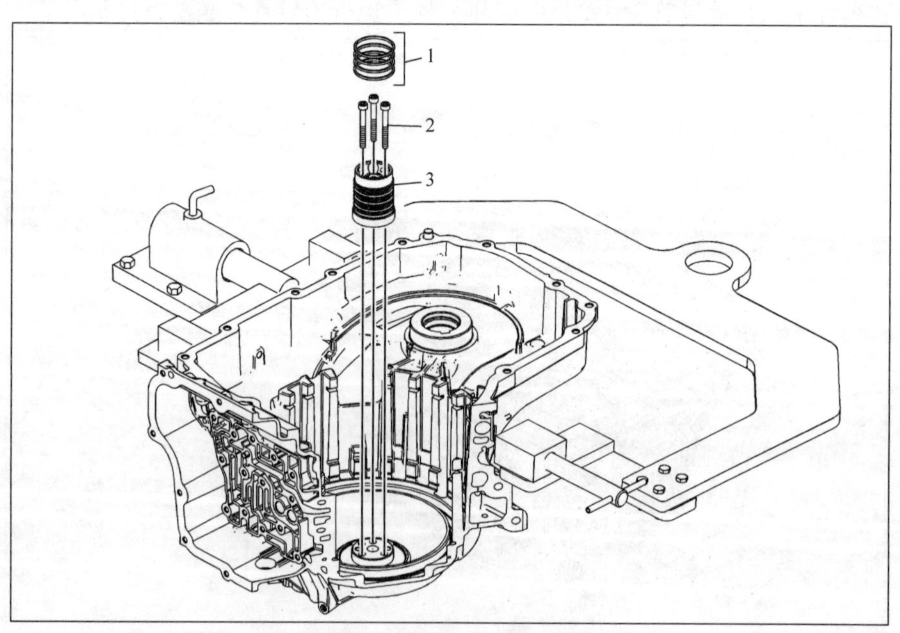

图 11-81 拆卸输入轴支座

1—油封 2—螺栓 3—输入轴支座

15）更换3－5－倒档和4－5－6档离合器油封。如图11-82所示，把密封件安装工具DT－46620－3放置在分动箱轮毂上，调整后底部油封露出。把新油封放在DT－46620－3上。用DT－46620－2将DT－46620－3上的油封1推进轮毂环槽，重复以上步骤，将4个油封安装至适合的卡环槽内。

用大倒角末端将密封件安装工具J－46620－1安装到油封2上，持续至少60s。

大倒角侧朝上，安装工具J－46620－1，保持小倒角末端朝下持续至少60s。给底部油封3上胶。将J－46620－1放置在油封3上持续较长时间，直到油封3发热且膨胀至合适尺寸。

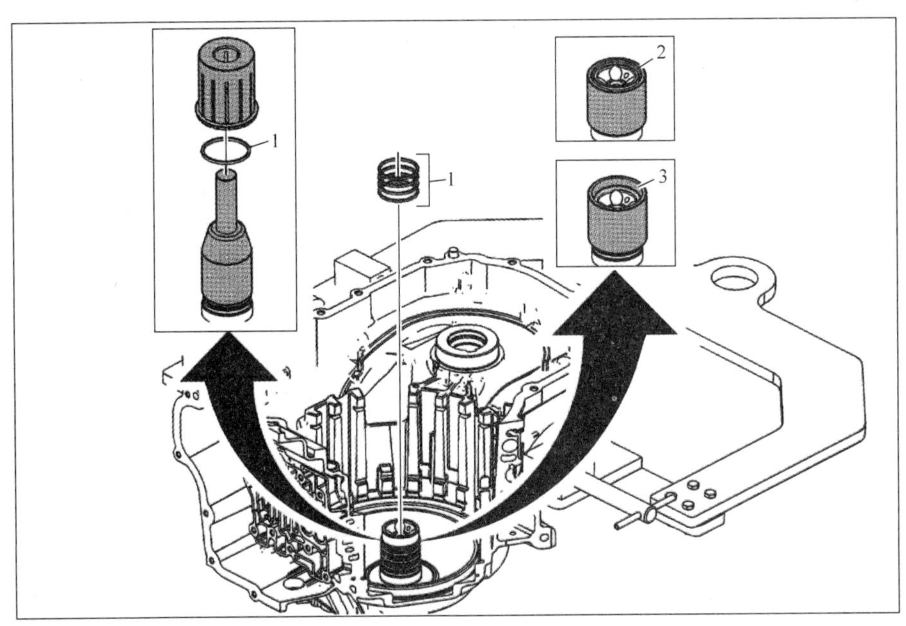

图11-82 更换3－5－倒档和4－5－6档离合器油封

1、2、3—油封

16）低速档－倒档和1－2－3－4档离合器壳体、低速档－倒档离合器总成、输出太阳轮和2－6档离合器片。如图11-83所示，拆卸1－2－3－4档离合器底板1，拆卸1－2－3－4档离合器片总成2，拆卸1－2－3－4档离合器片3，拆卸1－2－3－4档离合器波形片4，拆卸输出太阳轮推力轴承总成5，拆卸输出太阳轮总成6，拆卸低速档－倒档和1－2－3－4档离合器壳体总成7，拆卸低速档－倒档离合器接合片8，拆卸低速档－倒档离合器片9，拆卸低速档－倒档离合器接合片总成10，拆卸低速档－倒档离合器底板11，拆卸低速档－倒档离合器总成12，拆卸2－6档离合器片总成13，拆卸2－6档离合器片14。

17）输入、反作用和输出支座。如图11-84所示，拆卸输出支座总成1，拆卸输出支座推力轴承总成2，拆卸输入太阳轮推力轴承总成3，拆卸输入支座总成4，拆卸输入太阳轮5，拆卸输入太阳轮推力轴承总成6，拆卸输入支座推力轴承总成7，拆卸反作用支座总成8，拆卸反作用支座太阳轮总成9，拆卸反作用支座太阳轮推力轴承10，拆卸3－5－倒档和4－5－6档离合器壳体总成11。

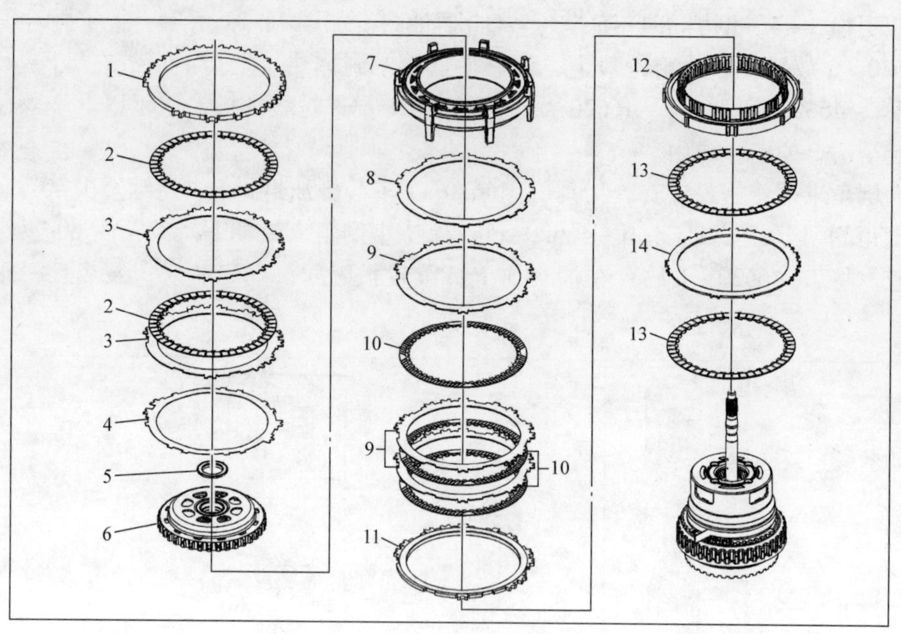

图 11-83　拆卸

1—1-2-3-4 档离合器底板　2—1-2-3-4 档离合器片总成　3—1-2-3-4 档离合器片
4—1-2-3-4 档离合器波形片　5—输出太阳轮推力轴承总成　6—输出太阳轮总成　7—离合器壳体总成
8—低速档-倒档离合器接合片　9—低速档-倒档离合器片　10—离合器接合片总成　11—低速档-倒档离合器底板
12—低速档-倒档离合器总成　13—2-6 档离合器片总成　14—2-6 档离合器片

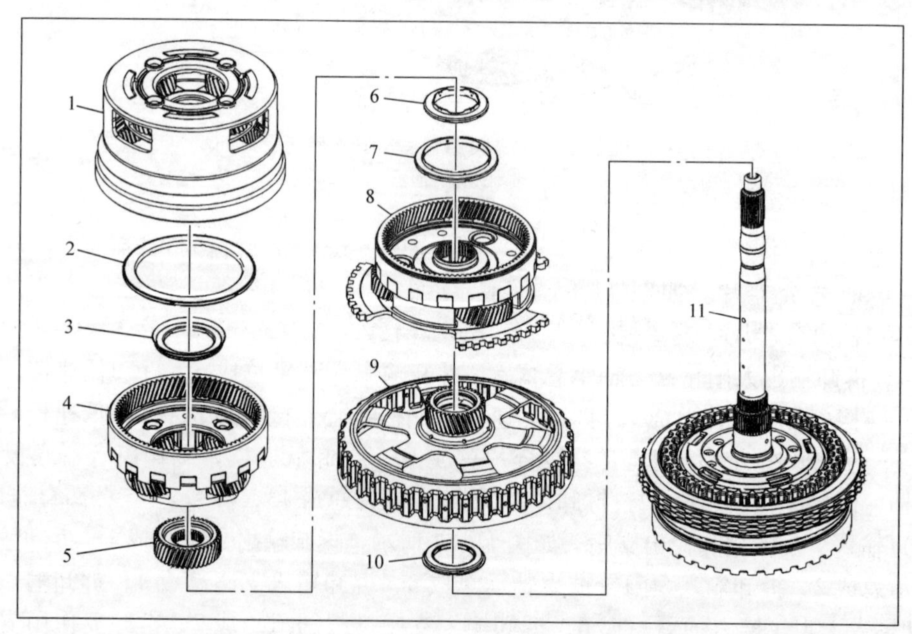

图 11-84　拆卸输入、反作用和输出支座

1—输出支座总成 1　2—输出支座推力轴承总成　3—输入太阳轮推力轴承总成　4—输入支座总成　5—输入太阳轮
6—输入太阳轮推力轴承总成　7—输入支座推力轴承总成　8—反作用支座总成　9—反作用支座太阳轮总成
10—反作用支座太阳轮推力轴承　11—3-5-倒档和 4-5-6 档离合器壳体总成

18）涡轮轴、变磁阻转子和活塞。如图11-85所示，拆卸涡轮轴卡环1，拆卸涡轮轴2，拆卸反作用托架轮毂总成3，拆卸反作用托架轮毂推力轴承总成4。

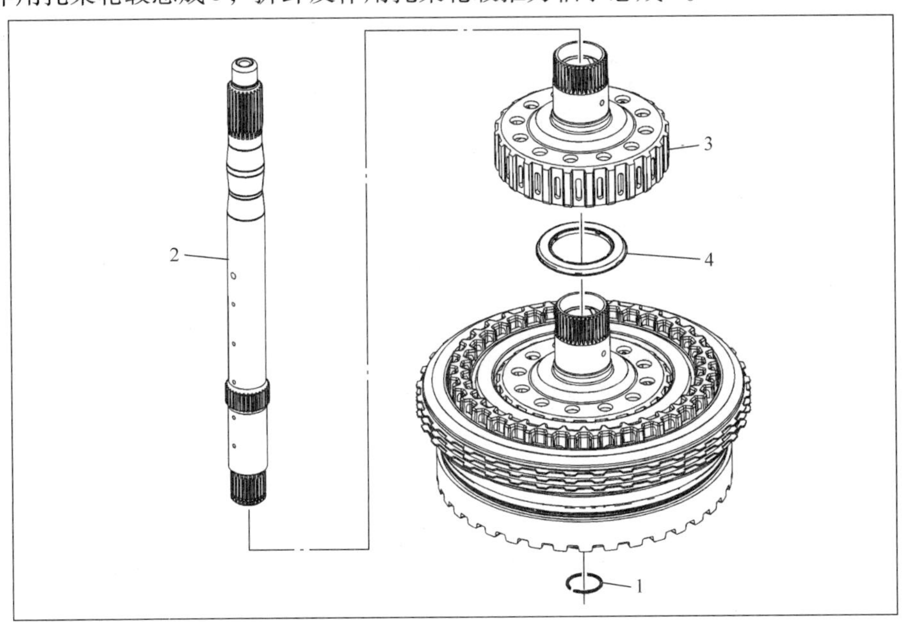

图11-85 拆卸涡轮轴、变磁阻转子和活塞

1—涡轮轴卡环 2—涡轮轴 3—反作用托架轮毂总成 4—反作用托架轮毂推力轴承总成

19）4-5-6档离合器片。如图11-86所示，拆卸4-5-6档离合器底板卡环1，拆卸4-5-6档离合器底板2，拆卸4-5-6档离合器片总成3，拆卸4-5-6档离合器片4，拆卸4-5-6档离合器接合片5，拆卸4-5-6档离合器波形片6。

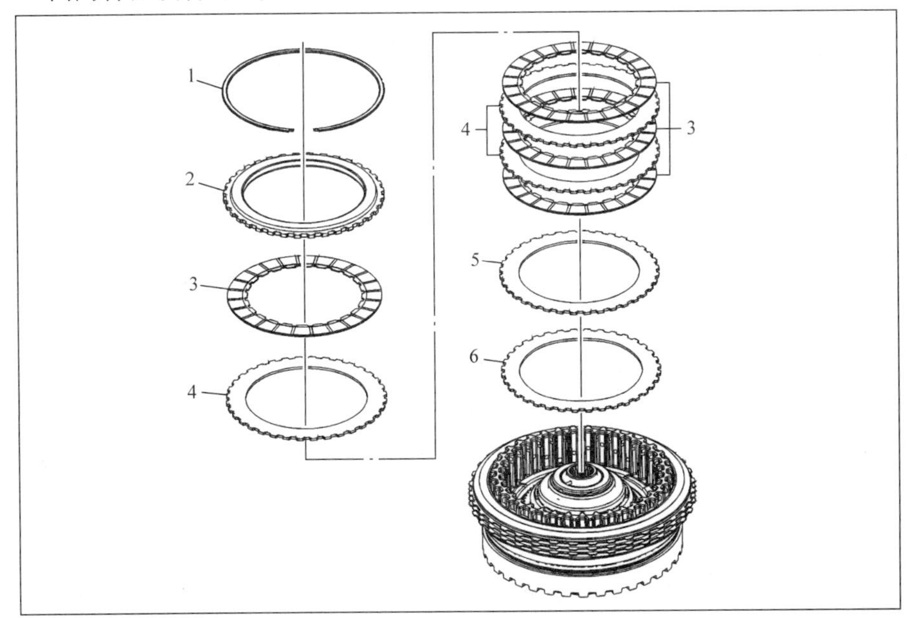

图11-86 拆卸4-5-6档离合器片

1—4-5-6档离合器底板卡环 2—4-5-6档离合器底板 3—4-5-6档离合器片总成 4—4-5-6档离合器片 5—4-5-6档离合器接合片 6—4-5-6档离合器波形片

20）4－5－6 档离合器活塞。如图 11-87 所示，用 DT－47951－2 弹簧压缩工具，拆卸 4－5－6档离合器挡板卡环 1。

把 3－5－倒档和 4－5－6 档离合器壳体放在支座轮毂上。用橡胶气枪在 4－5－6 档离合器供油孔上施加压缩空气，使活塞挡板 2 和 4－5－6 档离合器活塞 4 从离合器壳体 4 上脱离。拆卸 4－5－6 档离合器活塞回位弹簧总成 3。拆卸 4－5－6 档离合器活塞内密封件 5，拆卸 4－5－6 档离合器活塞外密封件 6，拆卸 4－5－6 档离合器活塞外密封件 7。

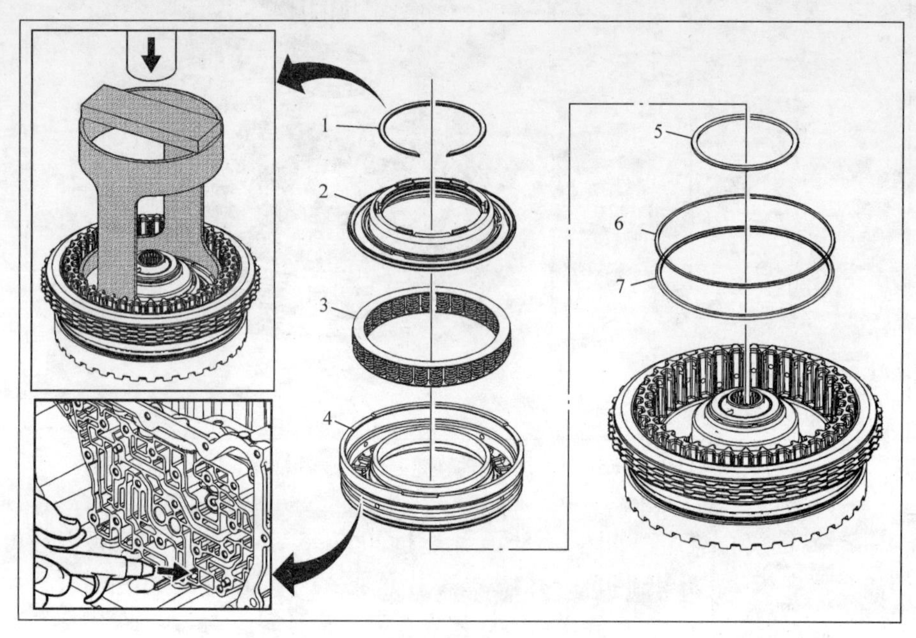

图 11-87　拆卸 4－5－6 档离合器活塞

1—4－5－6 档离合器挡板卡环　2—4－5－6 档离合器活塞挡板　3—4－5－6 档离合器回位弹簧总成
4—4－5－6 档离合器活塞　5—4－5－6 档离合器活塞内密封件
6—4－5－6 档离合器活塞外密封件　7—4－5－6 档离合器活塞外密封件

21）变磁阻转子和活塞。如图 11-88 所示，用 D－47694 活塞弹簧压缩工具，拆卸输入轴转速传感器磁阻卡环 1，拆卸输入轴转速传感器变磁阻转子 2，拆卸 3－5－倒档离合器活塞 3，拆卸 3－5－倒档离合器活塞回位弹簧总成 4，拆卸 3－5－倒档离合器活塞内密封件 5，拆卸 3－5－倒档离合器活塞内密封件 6，拆卸 3－5－倒档离合器活塞板密封件 7。

22）3－5－倒档离合器片。如图 11-89 所示，拆卸 3－5－倒档离合器底板卡环 1，拆卸 3－5－倒档离合器底板 2，拆卸 3－5－倒档离合器片总成 3，拆卸 3－5－倒档离合器片 4，拆卸 3－5－倒档离合器接合片 5。

23）1－2－3－4 档离合器活塞。如图 11-90 所示，用 DT－8059 卡环钳拆卸 1－2－3－4 档离合器弹簧固定件 1，拆卸 1－2－3－4 档离合器弹簧 2，拆卸 1－2－3－4 档离合器活塞 3。

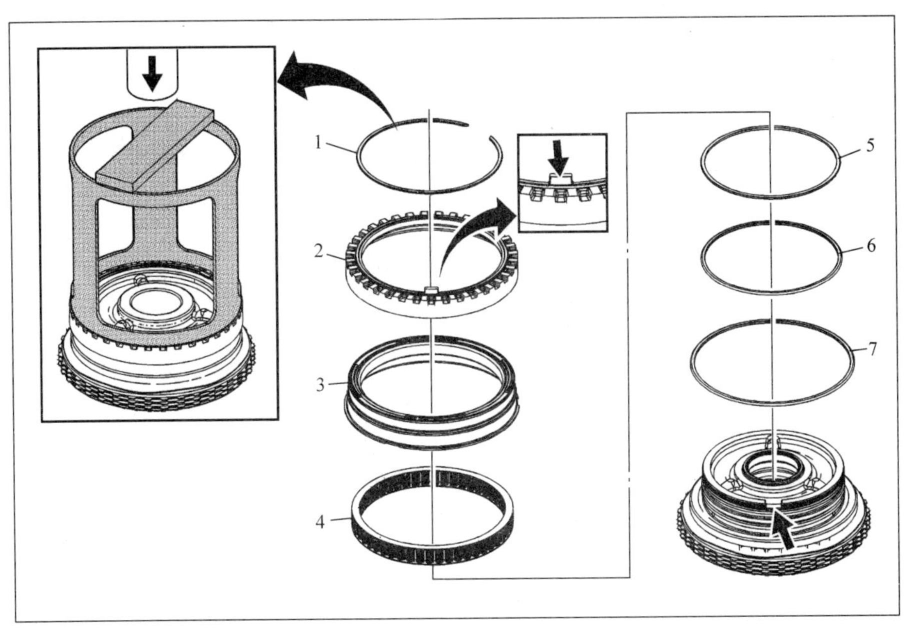

图 11-88 拆卸变磁阻转子和活塞

1—输入轴转速传感器磁阻卡环 2—输入轴转速传感器变磁阻转子 3—3 -5 - 倒档离合器活塞
4—3 -5 - 倒档离合器活塞回位弹簧总成 5、6—3 -5 - 倒档离合器活塞内密封件 7—3 -5 - 倒档离合器活塞板密封件

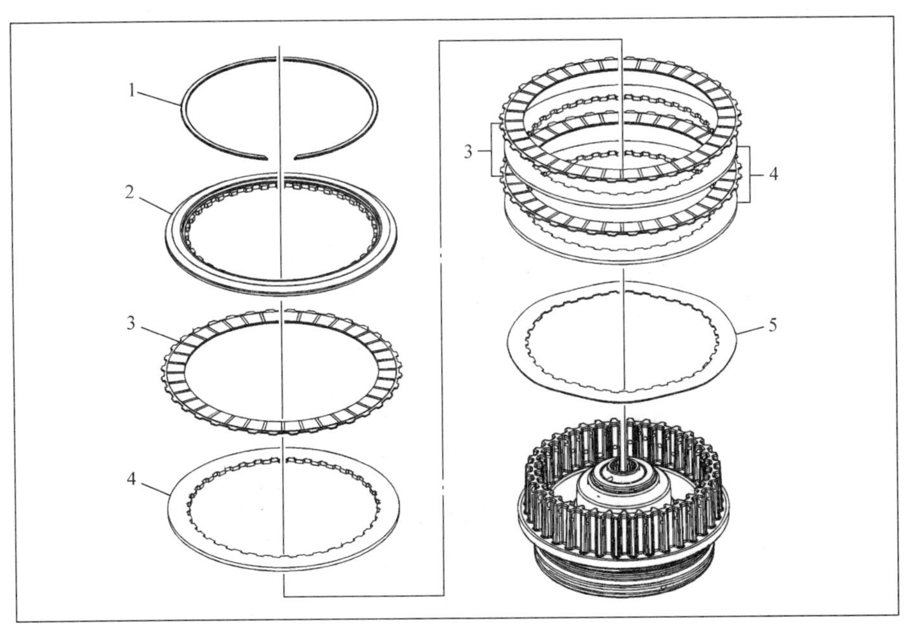

图 11-89 拆卸 3 -5 - 倒档离合器片

1—3 -5 - 倒档离合器底板卡环 2—3 -5 - 倒档离合器底板 3—3 -5 - 倒档离合器片总成
4—3 -5 - 倒档离合器片 5—3 -5 - 倒档离合器接合片

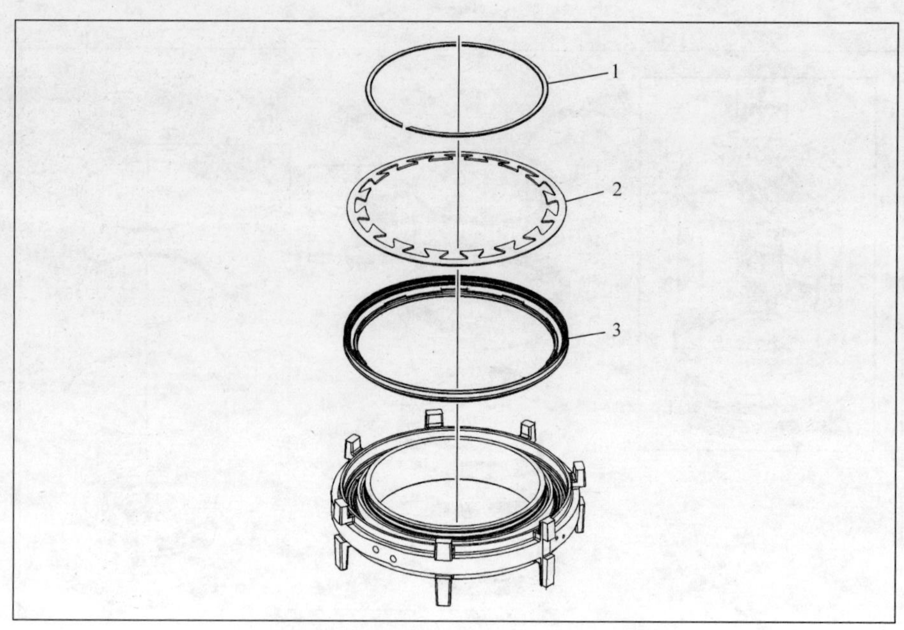

图 11-90　拆卸 1－2－3－4 档离合器活塞

1—弹簧固定件　2—弹簧　3—活塞

24）变速器油泵、前差速器外壳导流板和前差速器齿圈。如图 11-91 所示，拆卸前差速器外壳导流板螺栓 1，拆卸前差速器外壳导流板 2。标记锥度的方向，拆卸前差速器齿圈固定件 3，拆卸前差速器齿圈 4，拆卸油泵螺栓 5，拆卸油泵总成 6，拆卸变矩器和差速器壳体油封 7。

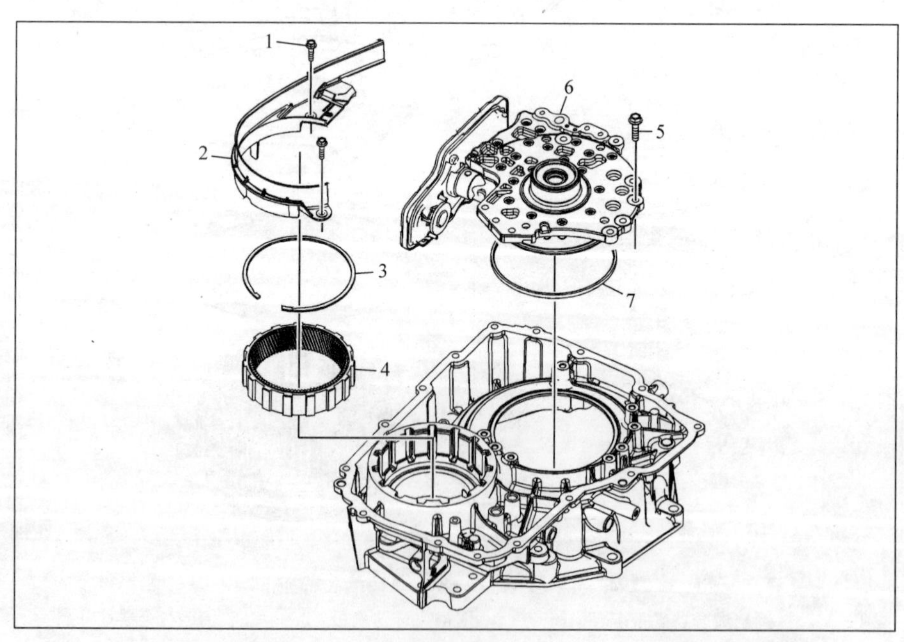

图 11-91　拆卸变速器油泵、前差速器外壳导流板和前差速器齿圈

1、5—螺栓　2—前差速器外壳导流板　3—前差速器齿圈固定件　4—前差速器齿圈　6—油泵总成　7—油封

25）前轮驱动轴密封件。如图 11-92 所示，用 DT－47790 密封件安装工具、DT－6125－1B惯性锤、DT－8092 拆装工具手柄、EN－23129 通用密封件拆除工具拆除前轮驱动轴油封总成。

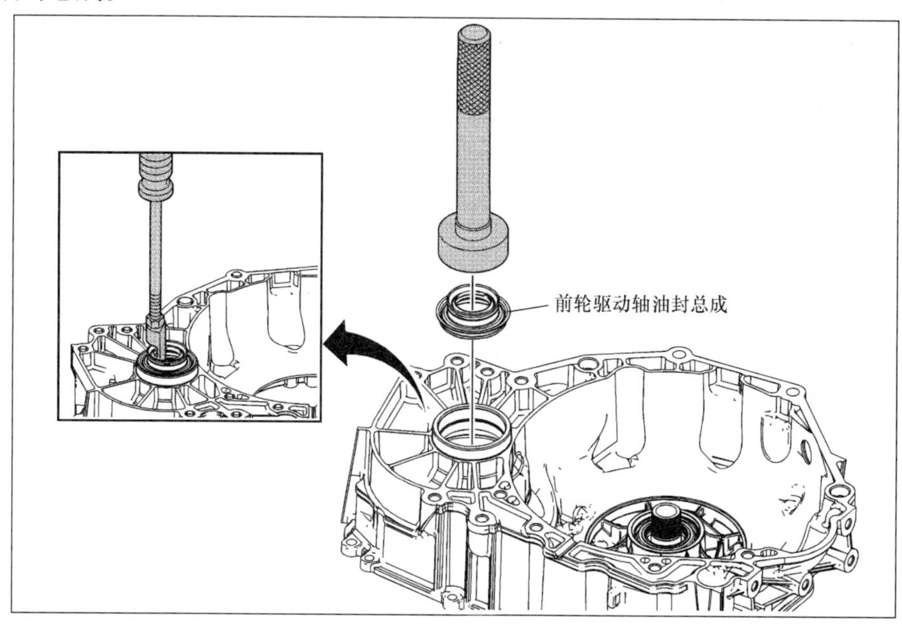

图 11-92　拆除前轮驱动轴密封件

26）控制阀体总成。如图 11-93 所示，拆卸控制阀体支座 1，拆卸控制阀体螺栓 2。检查通过油孔的筒状盖板螺栓是否损坏，必要时更换。拆卸筒状盖板 3，拆卸控制阀体筒状盖板总成 4，拆卸阀体单向球阀 5。

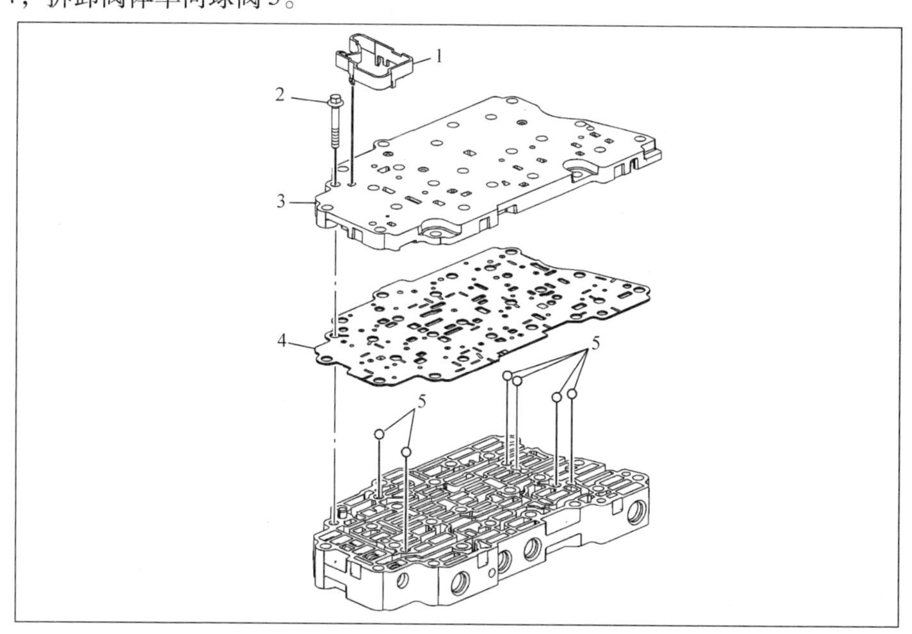

图 11-93　拆卸控制阀体总成

1—控制阀体支座　2—螺栓　3—筒状盖板　4—控制阀体筒状盖板总成　5—阀体单向球阀

(2) 君威 6T45 自动变速器的重装

1) 2－6 档离合器活塞的安装。在 DT－47796 密封件保护装置的编号上涂抹一层薄薄的变速器油，以便安装活塞，将 2－6 档活塞放气管和大槽安置在壳体上部。如图 11-94 所示，安装 2－6 档离合器活塞总成 1，安装 2－6 档离合器弹簧 2。把 2－6 档离合器弹簧固定夹 3 放置在 2－6 档离合器弹簧上，将固定件的开口对准壳体底部的壳体花键最大空隙，用壳体上的花键齿支撑固定件的开口。给壳体上的变速器供油孔施加压缩空气，以确认活塞是否正常运行。

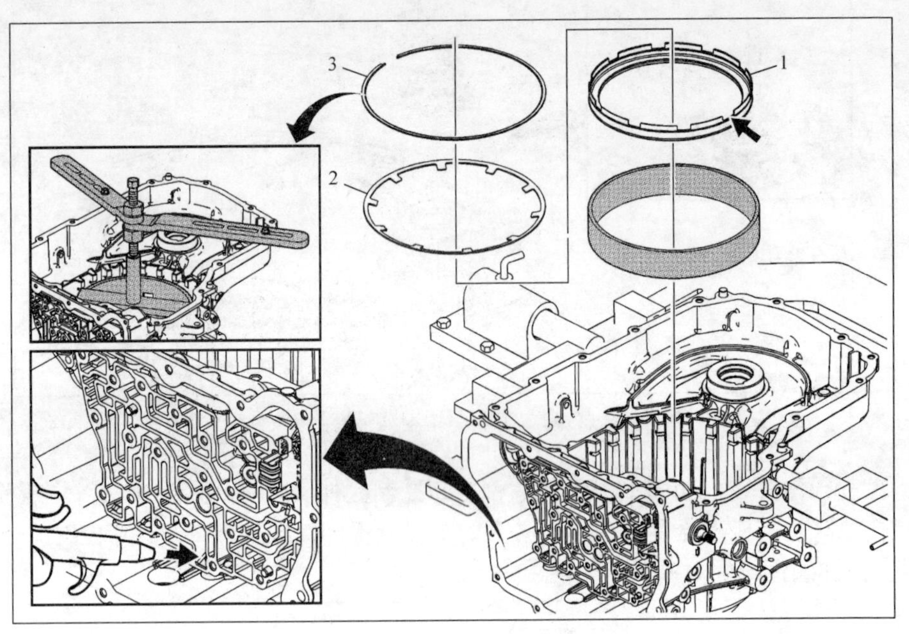

图 11-94　2－6 档离合器活塞的安装

1—2－6 档离合器活塞总成　2—2－6 档离合器弹簧　3—2－6 档离合器弹簧固定夹

2) 3－5－倒档离合器片的安装。如图 11-95 所示，安装 3－5－倒档离合器接合片 1，安装 3－5－倒档离合器片 2，安装 3－5－倒档离合器片总成 3，安装 3－5－倒档离合器底板 4，安装 3－5－倒档离合器底板卡环 5。

3) 变磁阻转子和活塞的安装。如图 11-96 所示，安装 3－5－倒档离合器活塞板密封件 1，安装 3－5－倒档离合器活塞内密封件 2，安装 3－5－倒档离合器活塞内（变磁阻）密封件 3，安装 3－5－倒档离合器回位弹簧总成 4，安装 3－5－倒档离合器活塞 5，安装输入轴转速传感器变磁阻转子 6。

用 D－47694 活塞弹簧压缩工具安装输入轴转速传感器变磁阻转子卡环 7。把壳体总成放置在壳体内部的输入轴支座上。给壳体上的变速器供油孔施加压缩空气，以确认活塞是否正常运行。

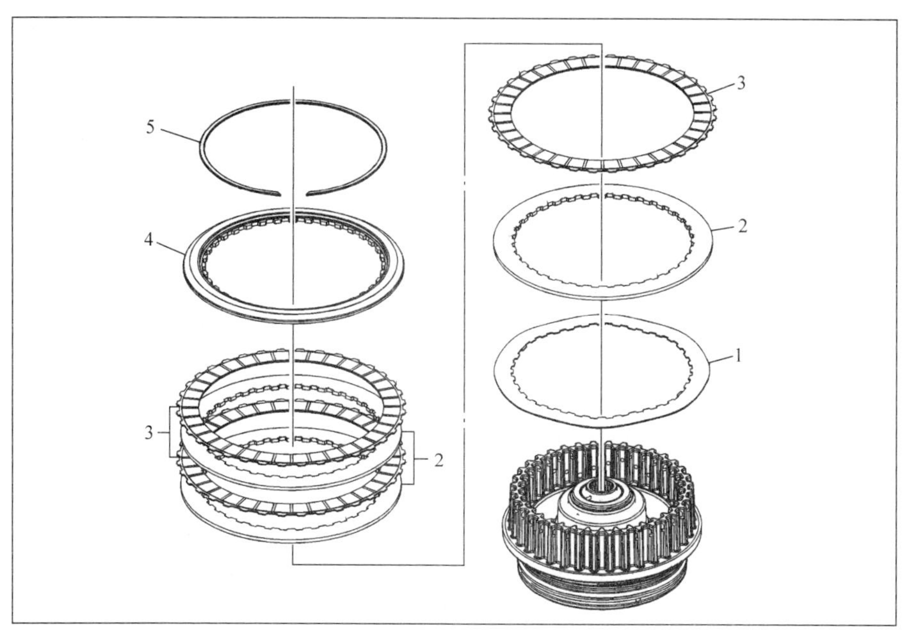

图 11-95　3－5－倒档离合器片的安装

1—3－5－倒档离合器接合片　2—3－5－倒档离合器片　3—3－5－倒档离合器片总成
4—3－5－倒档离合器底板　5—3－5－倒档离合器底板卡环

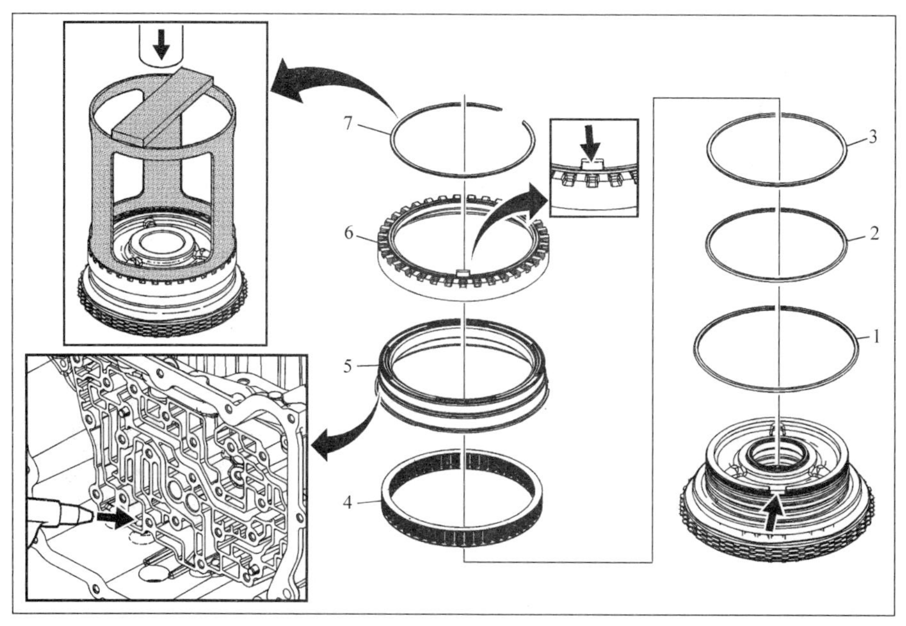

图 11-96　变磁阻转子和活塞的安装

1—3－5－倒档离合器活塞板密封件　2、3—3－5－倒档离合器活塞内密封件　4—3－5－倒档离合器回位弹簧总成
5—3－5－倒档离合器活塞　6—输入轴转速传感器变磁阻转子　7—转子卡环

4）4－5－6 档离合器活塞的安装。如图 11-97 所示，安装 4－5－6 档离合器活塞内密

封件1，安装4－5－6档离合器活塞外密封件2，安装4－5－6档离合器活塞外密封件3。在DT－47805密封件保护装置的编号上涂抹一层薄薄的变速器油，安装4－5－6档离合器活塞4。

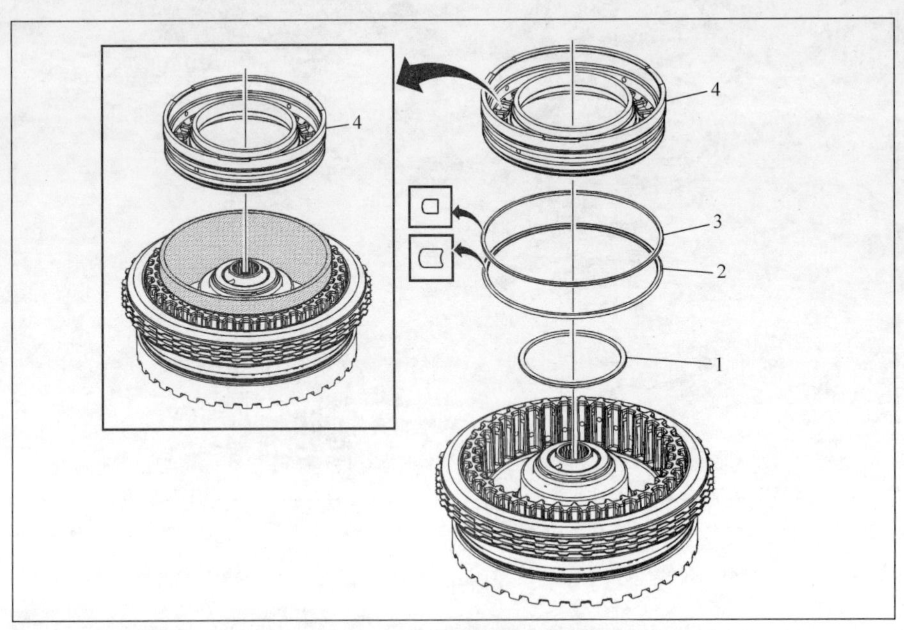

图11-97　4－5－6档离合器活塞的安装

1—4－5－6档离合器活塞内密封件　2、3—4－5－6档离合器活塞外密封件　4—4－5－6档离合器活塞

5）4－5－6档离合器油液挡板的安装。如图11-98所示，安装4－5－6档离合器活塞

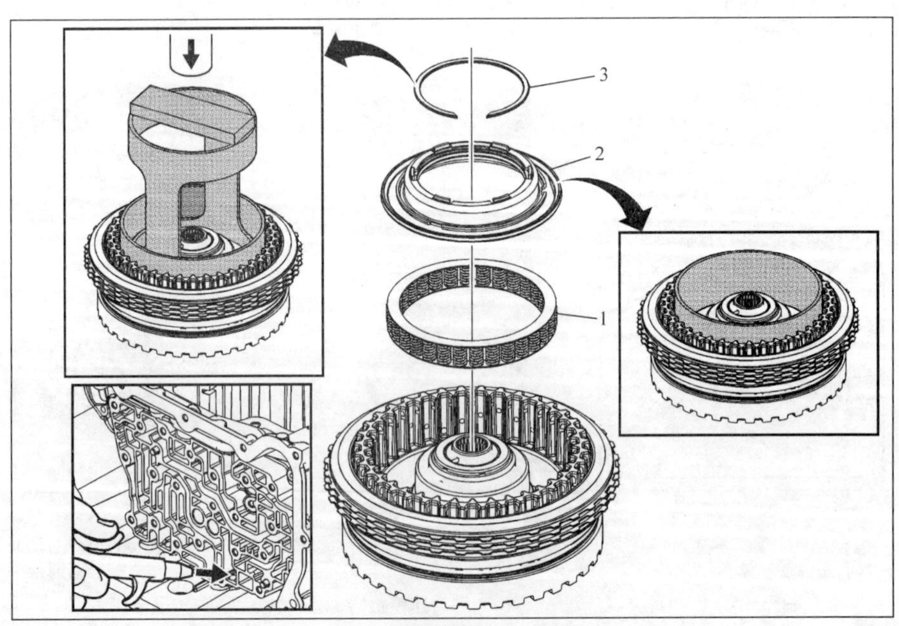

图11-98　4－5－6档离合器油液挡板的安装

1—4－5－6档离合器活塞回位弹簧总成　2—4－5－6档离合器油液挡板总成　3—4－5－6档离合器挡板卡环

回位弹簧总成1。在DT－47951－1密封件保护装置的编号上涂抹一层薄薄的变速器油。安装4－5－6档离合器油液挡板总成2，安装4－5－6档离合器挡板卡环3。给壳体上的变速器供油孔施加压缩空气，以确认活塞是否正常运行。

6）4－5－6档离合器片的安装。如图11-99所示，安装反作用托架轮毂推力轴承总成1，安装反作用托架轮毂总成2，安装4－5－6档离合器波形片3，安装4－5－6档离合器接合片4，安装4－5－6档离合器片总成5，安装4－5－6档离合器片6，安装4－5－6档离合器底板7，安装4－5－6档离合器底板卡环8。

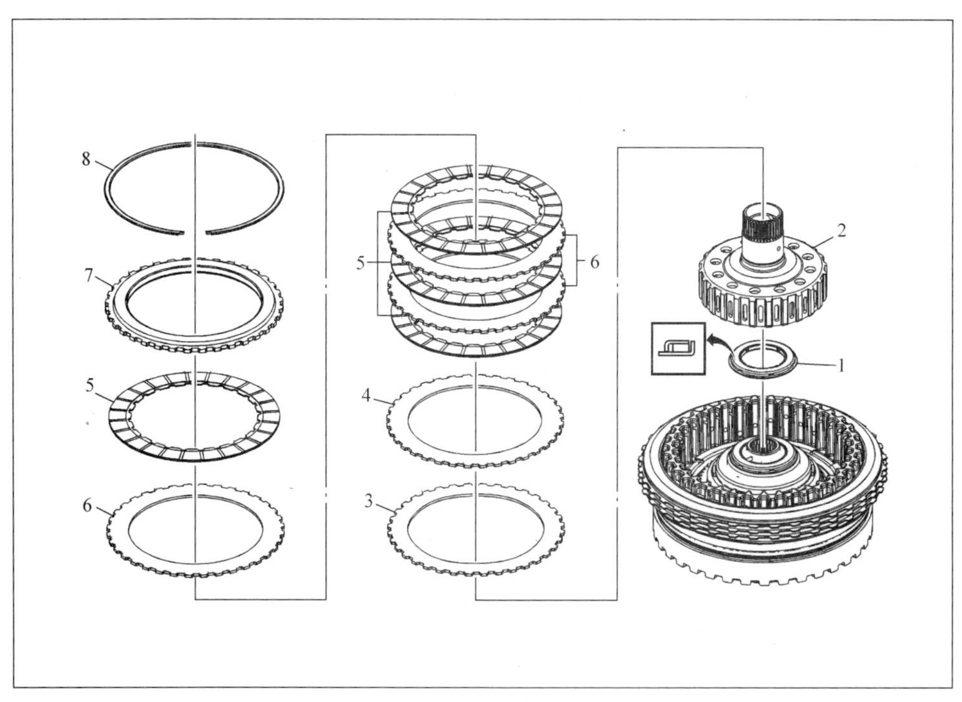

图11-99　4－5－6档离合器片的安装

1—反作用托架轮毂推力轴承　2—反作用托架轮毂总成　3—4－5－6档离合器波形片
4—4－5－6档离合器接合片　5—4－5－6档离合器片总成　6—4－5－6档离合器片
7—4－5－6档离合器底板　8—4－5－6档离合器底板卡环

7）涡轮轴的安装。如图11-100所示，安装涡轮轴，更换新涡轮轴卡环。

8）安装输入、反作用和输出支座总成。如图11-101所示，安装3－5－倒档和4－5－6档离合器壳体1，安装反作用支座太阳轮推力轴承2，安装反作用支座太阳轮总成3，安装反作用支座总成4，安装输入托架推力轴承总成5，安装输入太阳轮推力轴承总成6，安装输入支座总成7，安装输入太阳轮8，安装输入太阳轮推力轴承总成9，安装输出支座推力轴承总成10，安装输出支座总成11，安装2－6档离合器片总成12，交错安装离合器片。

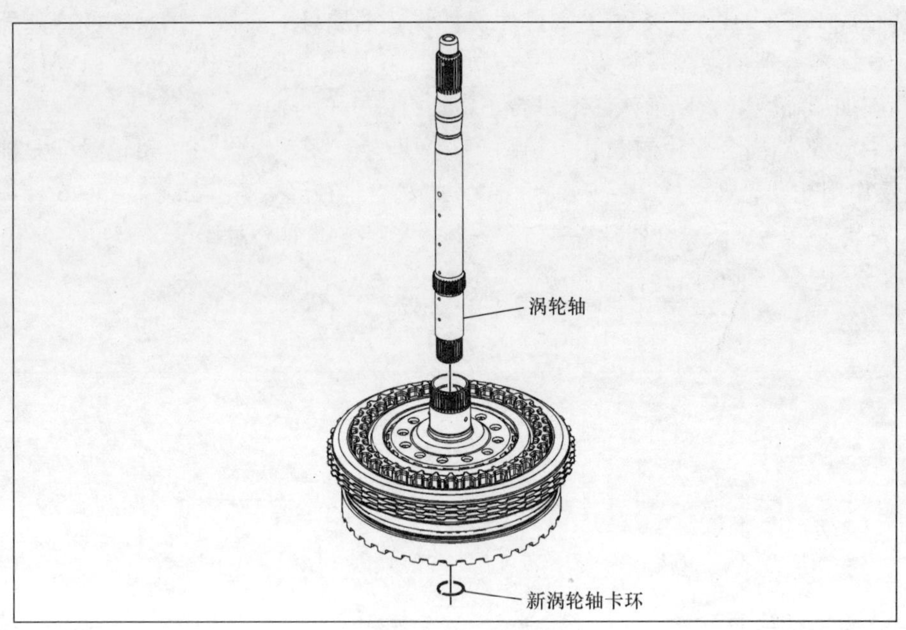

图 11-100　涡轮轴的安装

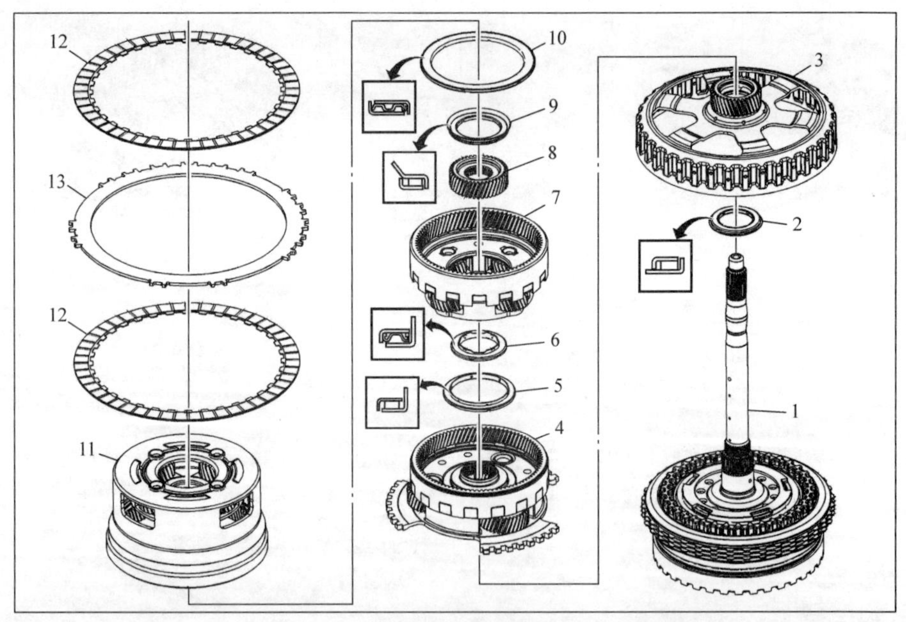

图 11-101　输入、反作用和输出支座总成的安装

1—3-5-倒档和 4-5-6 档离合器壳体　2—反作用支座太阳轮推力轴承　3—反作用支座太阳轮总成　4—反作用支座总成　5—输入托架推力轴承总成　6—输入太阳轮推力轴承总成　7—输入支座总成　8—输入太阳轮　9—输入太阳轮推力轴承总成　10—输出支座推力轴承总成　11—输出支座总成　12—2-6 档离合器片总成　13—2-6 档离合器片

9）3-5-倒档和4-5-6 档离合器壳体的安装。如图 11-102 所示，安装 3-5-倒档和4-5-6档离合器壳体推力轴承 1，安装 2-6 档离合器接合片 2，只安装一个 2-6 档离合

器片3，将剩余的离合器片安装至齿轮组件总成。将壳体阀体端的大面积区域和两个凸舌，与距离它们最近的且槽位于右下角的离合器片对准。安装3－5－倒档和4－5－6档离合器壳体总成和齿轮组件4。

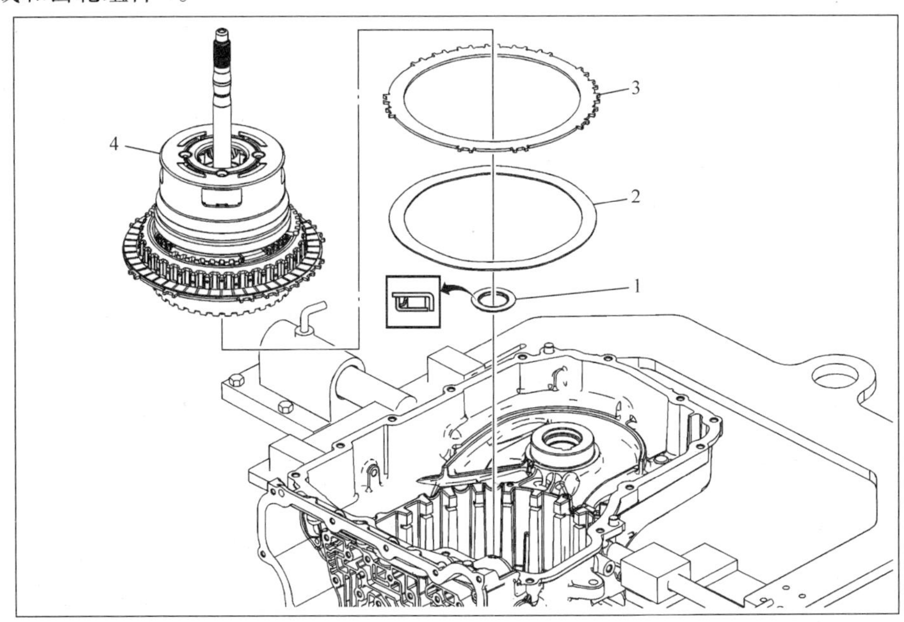

图11-102　3－5－倒档和4－5－6档离合器壳体的安装

1—3－5－倒档和4－5－6档离合器壳体推力轴承　2—2－6档离合器接合片

3—2－6档离合器片　4—3－5－倒档和4－5－6档离合器壳体总成和齿轮组件

10）低速档和倒档离合器总成及低速档和倒档离合器片的安装。如图11-103所示，安

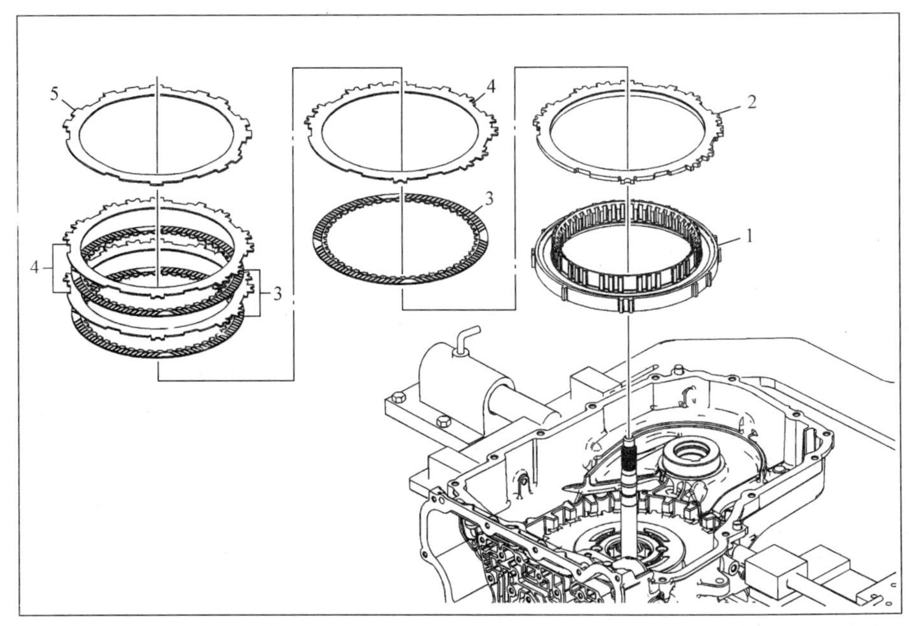

图11-103　低速档和倒档离合器总成及低速档和倒档离合器片的安装

1—低速档和倒档离合器总成　2—低速档和倒档离合器底板　3—低速档和倒档离合器片总成

4—低速档和倒档离合器片　5—低速档和倒档离合器接合（波形）片

装低速档和倒档离合器总成 1，将低速档和倒档离合器总成中的大面积区域沿壳体的阀体端对准。安装低速档和倒档离合器底板 2，安装低速档和倒档离合器片总成 3，安装低速档和倒档离合器片 4，安装低速档和倒档离合器接合（波形）片 5。

11）低速档和倒档离合器活塞的安装。如图 11-104 所示，在 DT－47807 密封件保护装置上涂抹一层薄薄的变速器油，安装低速档和倒档离合器活塞 1。安装低速档和倒档离合器弹簧 2。把固定件放置在弹簧压缩工具 DT－47799－1 上，用 DT－47799－2 压缩弹簧，以便将 2－6 档离合器弹簧固定夹 3 安装至固定件槽内。给离合器壳体上的变速器供油孔施加压缩空气，以确认活塞是否正常运行。

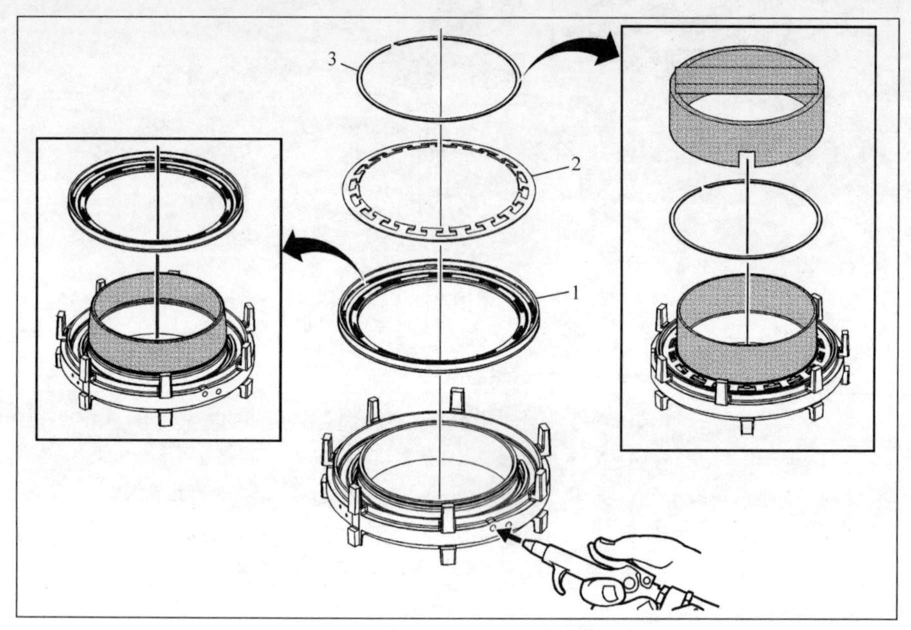

图 11-104　低速档和倒档离合器活塞的安装

1—低速档和倒档离合器活塞　2—低速档和倒档离合器弹簧　3—2－6 档离合器弹簧固定夹

12）低速档和倒档、1－2－3－4 档离合器壳体及离合器片的安装。如图 11-105 所示，长边朝向壳体底部，油道朝向壳体的阀体端，安装低速档和倒档及 1－2－3－4 档离合器壳体 1，安装输出太阳轮总成 2。将单对凸舌沿壳体的阀体端底部对准，安装 1－2－3－4 档离合器波形片 3/4，安装 1－2－3－4 档离合器片总成 5。对准凸舌，且壳体花键面向壳体顶端，安装 1－2－3－4 档离合器底板 6，安装固定件且锥度脱离底板。将固定件的底端安装至卡环槽内。用 DT－28585 卡环拆卸工具将卡环装进卡环槽。用 DT－28585 卡环拆卸工具挤压卡环时，用螺钉旋具把 1－2－3－4 档离合器底板卡环 7 固定在壳体上。

13）主/从动链轮、传动机构和驻车棘爪的安装。如图 11-106 所示，安装前差速器外壳导流板 1，安装前差速器外壳导流板螺栓 2，安装传动机构润滑通风口密封件 3/4，安装传动机构润滑通风口 5，安装从动链轮轴承总成 6，安装传动链轮轴承总成 7，安装传动机构彩色链节（零件号朝上）。用手掌或软锤轻敲，同时安装传动机构、主/从动链轮总成 8。安装驻车棘爪 9，安装驻车棘爪弹簧 10，安装驻车棘爪轴 11，确保驻车棘爪无卡滞且运转自由。

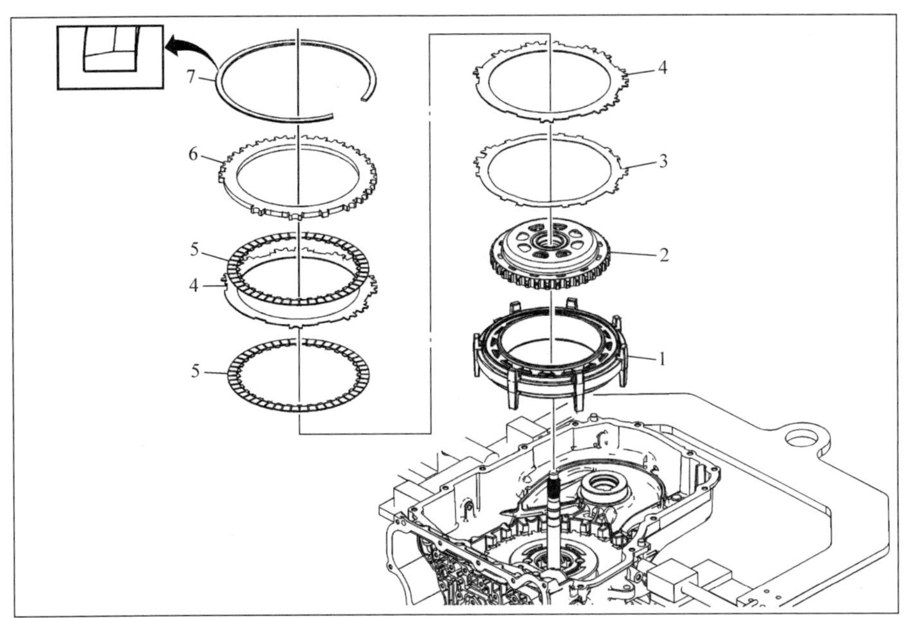

图 11-105 低速档和倒档、1-2-3-4 档离合器壳体及离合器片的安装

1—低速档和倒档及 1-2-3-4 档离合器壳体 2—输出太阳轮总成 3、4—1-2-3-4 档离合器波形片 5—1-2-3-4 档离合器片总成 6—1-2-3-4 档离合器底板 7—1-2-3-4 档离合器底板卡环

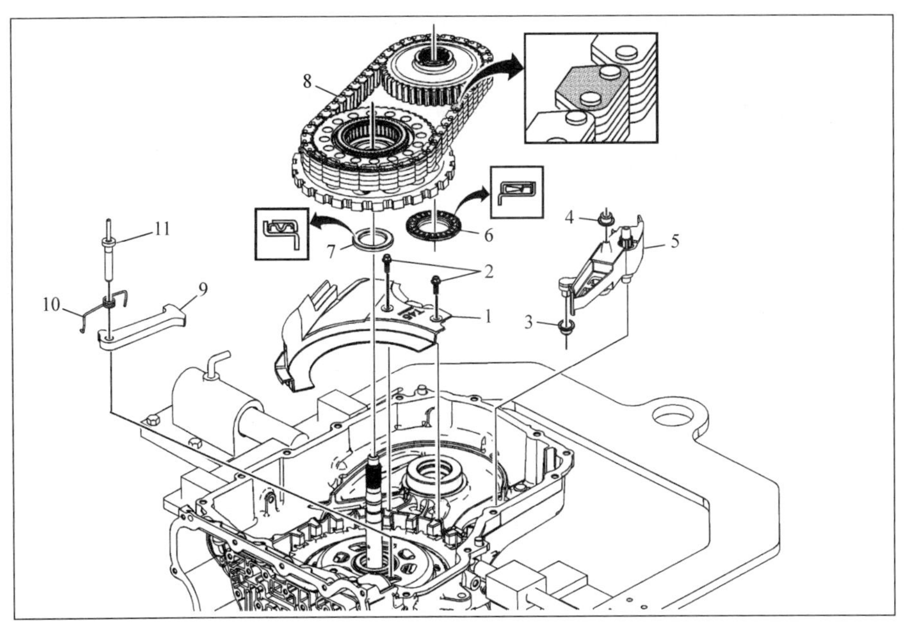

图 11-106 主/从动链轮、传动机构和驻车棘爪的安装

1—前差速器外壳导流板 2—前差速器外壳导流板螺栓 3、4—传动机构润滑通风口密封件 5—传动机构润滑通风口 6—从动链轮轴承总成 7—传动链轮轴承总成 8—传动机构、主/从动链轮总成 9—驻车棘爪 10—驻车棘爪弹簧 11—驻车棘爪轴

14）前差速器支座的安装。如图 11-107 所示，安装主减速器太阳轮 1，安装差速器壳

体总成2，安装前差速器壳体轴承总成3。

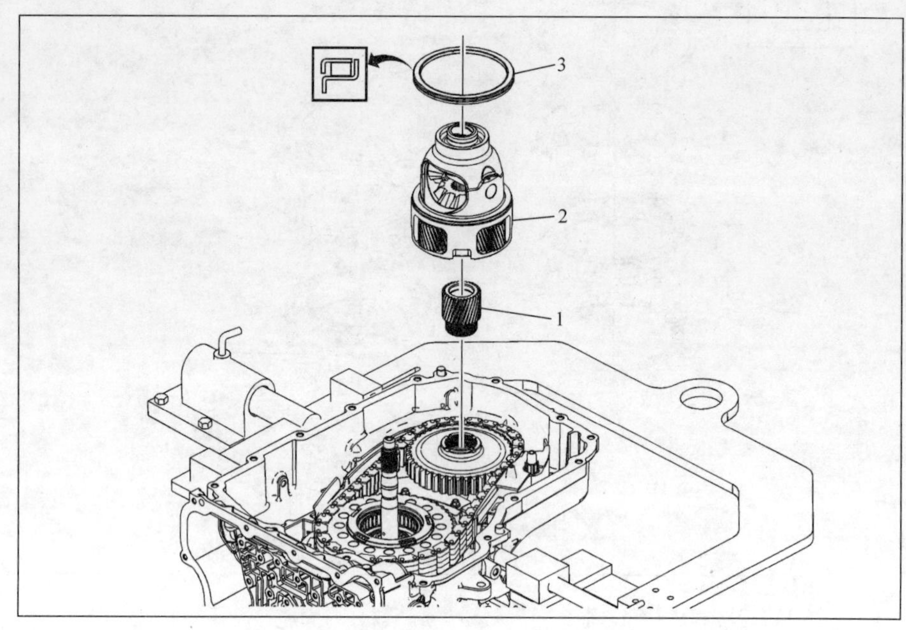

图11-107　前差速器支座的安装

1—主减速器太阳轮　2—差速器壳体总成　3—前差速器壳体轴承总成

15）变矩器油封和滤清器总成的装配。如图11-108所示，用DT－49131密封件固定工具将油封总成锁止就位，安装变矩器油封总成1和变矩器油封2，安装变矩器油封固定件3，旋转滤清器90°以便接合锁紧凸舌，安装滤清器总成4。

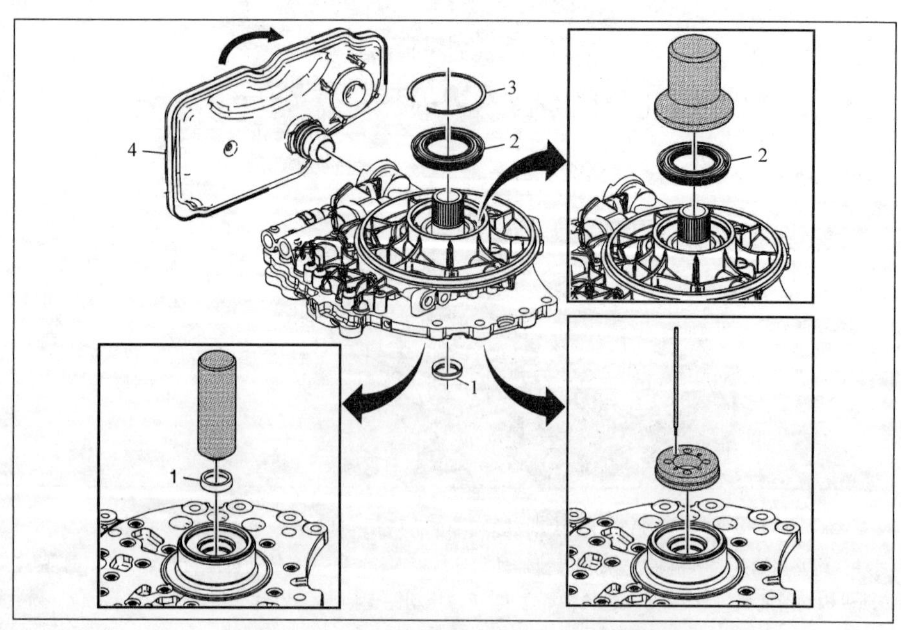

图11-108　变矩器油封和滤清器总成的装配

1—变矩器油封总成　2—变矩器油封　3—变矩器油封固定件　4—滤清器总成

16）变速器油泵、前差速器外壳导流板和前差速器齿圈的安装。如图11-109所示，安装变矩器和差速器壳体密封件1，安装油泵总成2，安装油泵螺栓3，紧固力矩为10N·m+45°。安装前差速器齿圈4，安装前差速器齿圈固定件5，安装前差速器外壳导流板6，安装前差速器外壳导流板螺栓7，紧固力矩为10N·m。

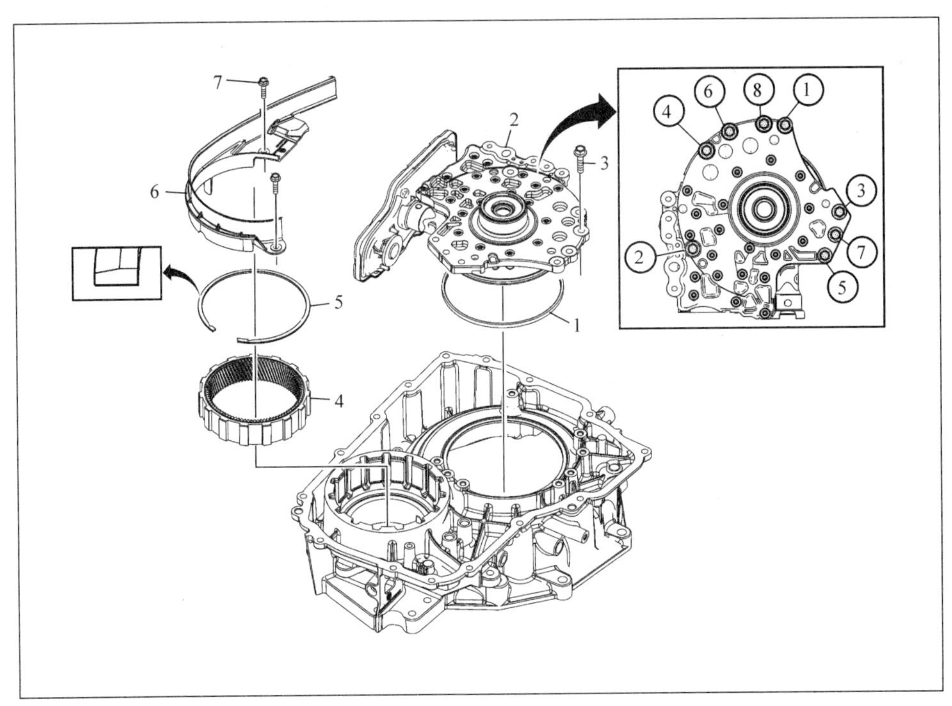

图11-109 变速器油泵、前差速器外壳导流板和前差速器齿圈的安装

1—变矩器和差速器壳体密封件 2—油泵总成 3—油泵螺栓 4—前差速器齿圈 5—前差速器齿圈固定件 6—前差速器外壳导流板 7—前差速器外壳导流板螺栓

17）带油泵总成的变矩器壳体的安装。如图11-110所示，安装油泵密封件总成1，安装变矩器壳体衬垫2，安装变矩器（带油泵）壳体总成3。用DT-47793旋转工具向不同方向轻轻转动差速器，以将差速器小齿轮与变矩器壳体上的变速器齿圈对准。安装变矩器和差速器壳体螺栓4，紧固力矩为10N·m+50°。

18）输入和输出转速传感器的安装。如图11-111所示，安装输入转速传感器总成密封件1，安装输入转速传感器总成2，安装输入转速传感器螺栓3，紧固力矩为12N·m。安装输出轴转速传感器总成4，安装输出轴转速传感器螺栓5，紧固力矩为12N·m。

19）控制阀体总成的装配。如图11-112所示，安装阀体单向球阀1，安装控制阀筒状盖板总成2，安装阀体筒状盖板3。检查通过油孔的筒状盖板螺栓是否损坏，必要时更换。安装控制阀体螺栓4，紧固力矩为8N·m，安装控制电磁阀支座5。

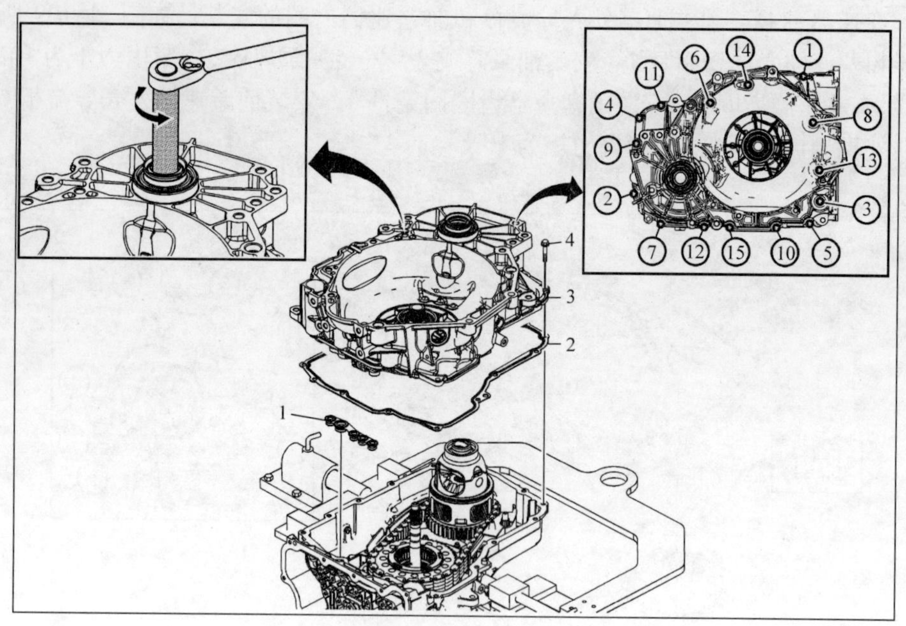

图 11-110　带油泵总成的变矩器壳体的安装

1—油泵密封件总成　2—变矩器壳体衬垫　3—变矩器壳体总成　4—变矩器和差速器壳体螺栓

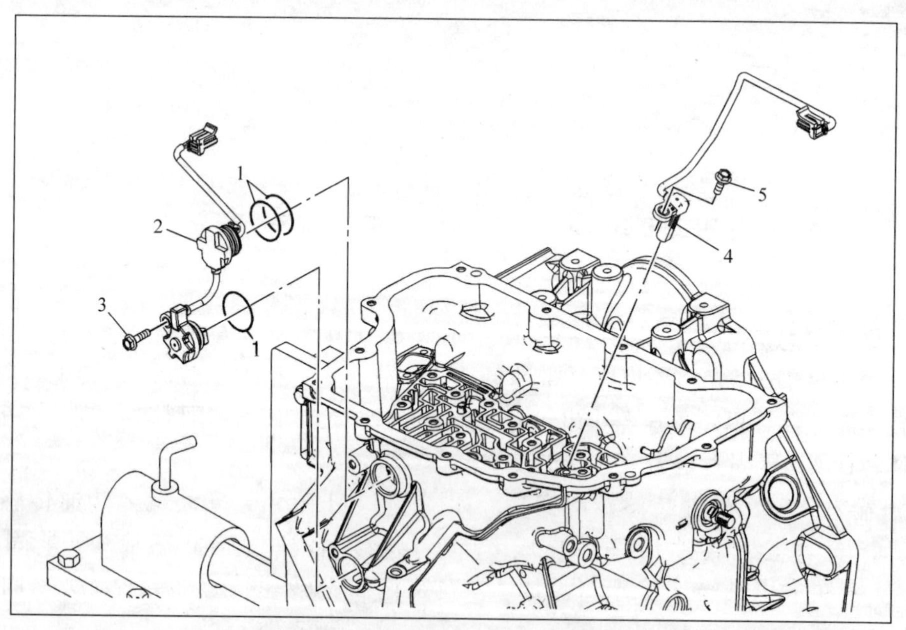

图 11-111　输入和输出转速传感器的安装

1—输入转速传感器总成密封件　2—输入转速传感器总成　3—输入转速传感器螺栓
4—输出轴转速传感器总成　5—输出轴转速传感器螺栓

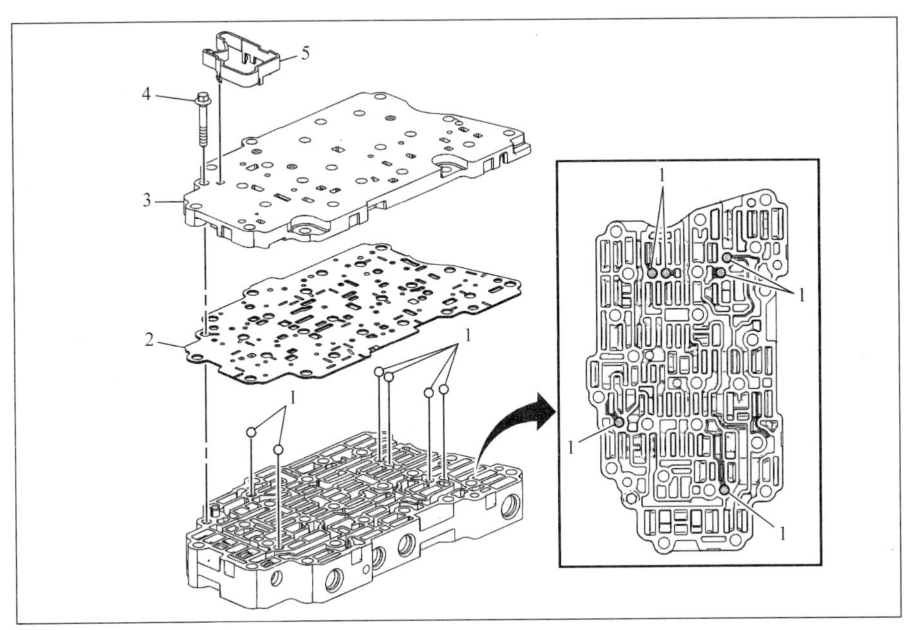

图 11-112　控制阀体总成的装配

1—阀体单向球阀　2—控制阀筒状盖板总成　3—阀体筒状盖板　4—控制阀体螺栓　5—控制电磁阀支座

20）控制电磁阀总成的安装。如图 11-113 所示，安装低速档和倒档离合器油道密封件 1，安装 1 -2 -3 -4 档离合器油道密封件 2，安装控制阀体隔板总成 3，安装控制阀体总成 4，安装控制阀体螺栓 5/6，紧固力矩为 12N · m。安装手动换档轴止动杆弹簧总成 7，安装手动换档轴止动弹簧螺栓 8，紧固力矩为 12N · m。安装油位控制阀衬垫 9，安装油位控制阀 10。

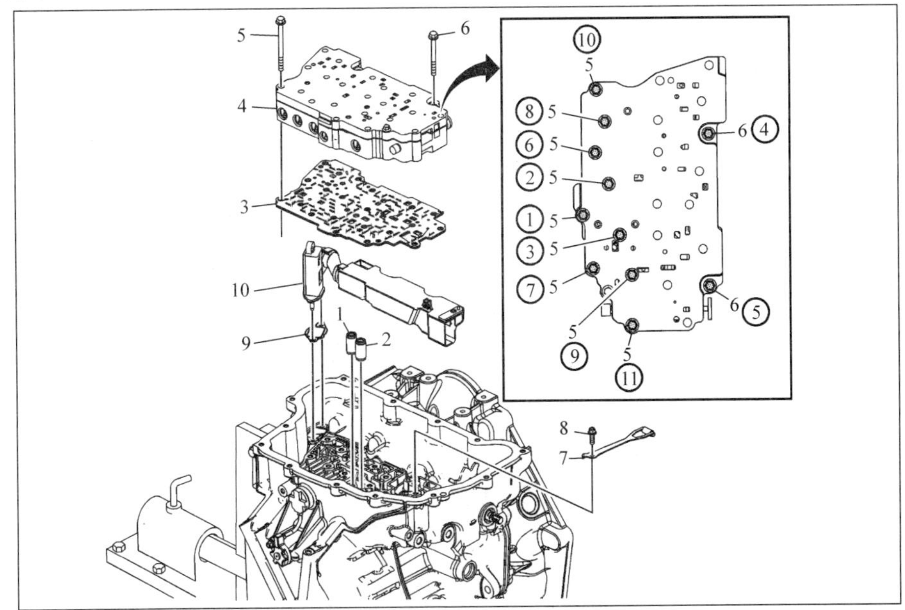

图 11-113　控制电磁阀总成的安装

1—低速档和倒档离合器油道密封件　2—1 -2 -3 -4 档离合器油道密封件　3—控制阀体隔板总成　4—控制阀体总成　5、6、8—螺栓　7—手动换档轴止动杆弹簧总成　9—油位控制阀衬垫　10—油位控制阀

21）控制阀体盖的安装。如图 11-114 所示，安装输入轴转速传感器连接器 1，安装输出轴转速传感器连接器 2，安装换档位置开关连接器 3，安装控制阀体盖线路连接器孔密封件 4，安装控制阀体盖衬垫 5，安装控制阀体盖 6，安装控制阀体盖螺栓 7，紧固力矩为 12N·m。

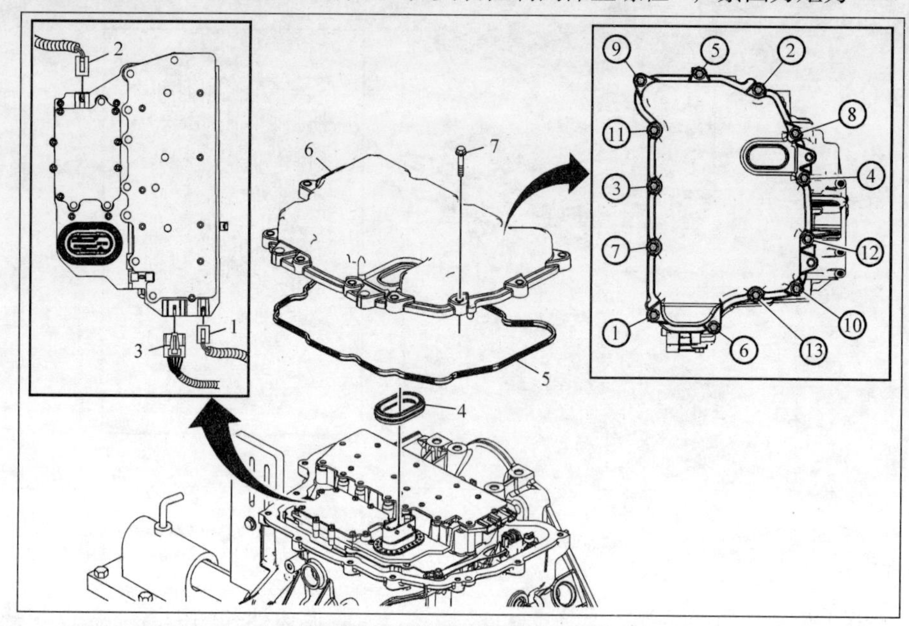

图 11-114　控制阀体盖的安装

1—输入轴转速传感器连接器　2—输出轴转速传感器连接器　3—换档位置开关连接器
4—控制阀体盖线路连接器孔密封件　5—控制阀体盖衬垫　6—控制阀体盖　7—控制阀体盖螺栓

22）变矩器的安装。如图 11-115 所示，使用 DT－46409 变矩器提升把手，垂直安装变矩器总成，安装 DT－21366 转换器固定带。

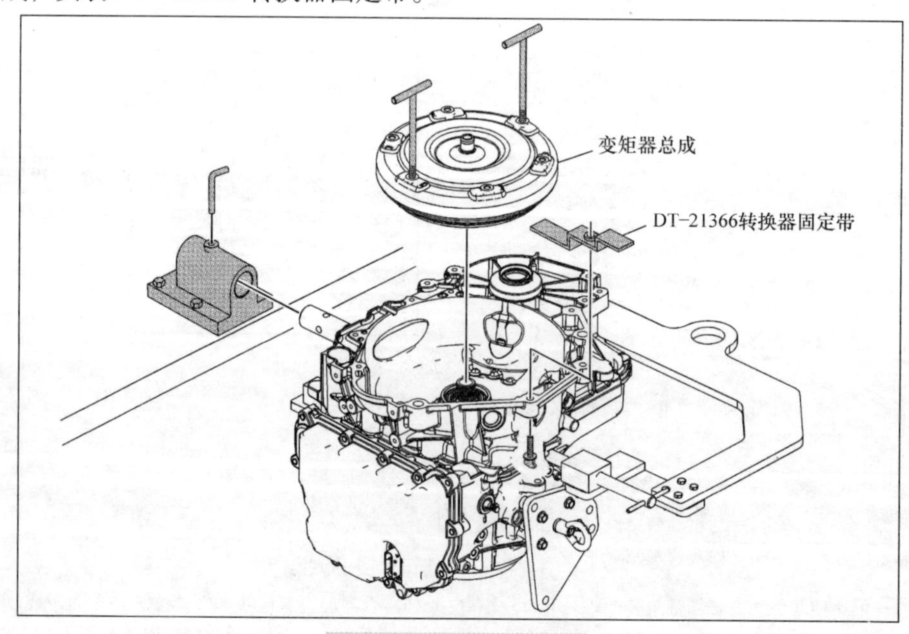

图 11-115　变矩器的安装

23）拆卸支撑盘和夹具。如图 11-116 所示，提升变速器以拆下 DT－46625 变速器夹具和 DT－47811-S1 变矩器提升把手。

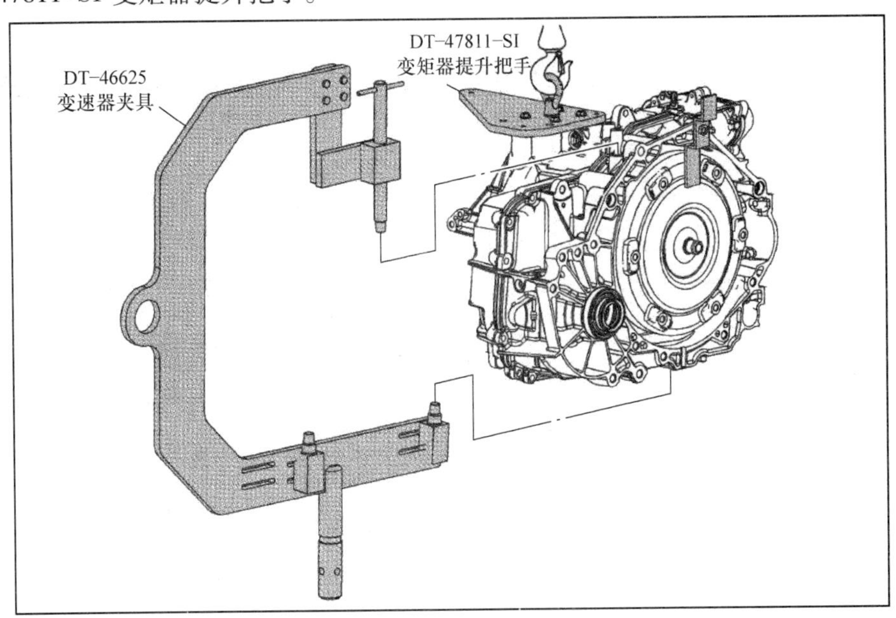

图 11-116 拆卸支撑盘和夹具

11.2.2 奥迪 01J（CVT）变速器的解体与重装

（1）拆卸和安装变速器控制器

1）拆卸。拆下端盖，拧出螺栓，如图 11-117 中箭头所示，然后拉出变速器控制器 J217，注意不要歪斜。从变速器控制器 J217 上取下双唇式皮碗密封圈。

2）安装。安装按照与拆卸相反的顺序进行，此外还要注意：

① 清除传感器 A、C 和 D 上的灰尘和金属碎屑，如图 11-118 所示。

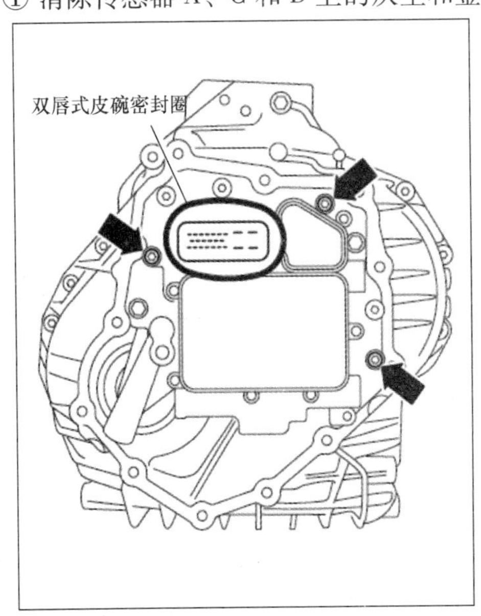

图 11-117 变速器控制器

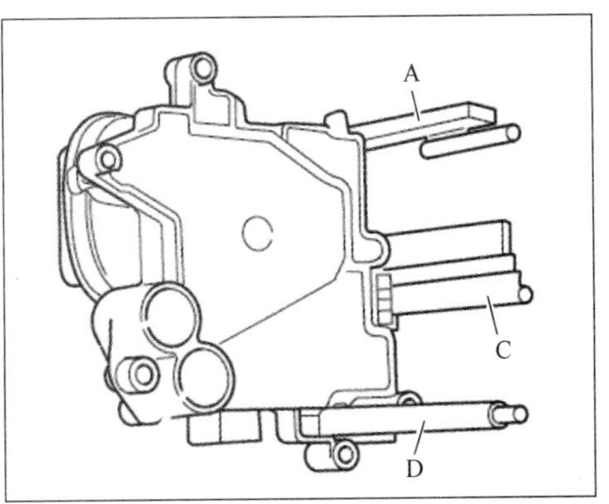

图 11-118 清除传感器上的灰尘和金属碎屑

② 安装变速器控制器 J217 前，更换液压控制单元上的线环，如图 11-119 所示，注意用自动变速器油涂抹。

③ 装入变速器控制器 J217，注意不要歪斜。控制器背面的插接器必须卡到液压控制单元上。用 10N · m 力矩紧固螺栓。

（2）拆卸和安装液压控制单元。

1）拆卸。向下从液压控制单元的轴承孔内拔出变速器档位导杆，从换档轴上取出弹簧，如图 11-120 所示。

拧出图 11-121 中箭头所示的螺栓，然后取下液压控制单元。

2）安装。安装按照与拆卸相反的顺序进行，此外还要注意（图 11-122）：

① 更换轴向密封件。

② 安装前，用自动变速器油涂抹轴向密封件。

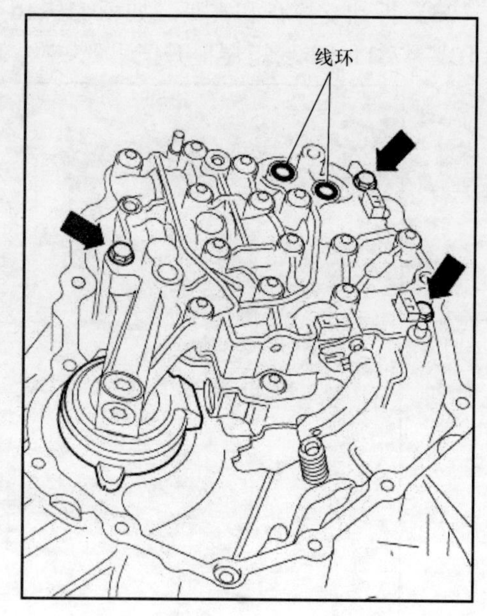

图 11-119　更换液压控制单元上的线环

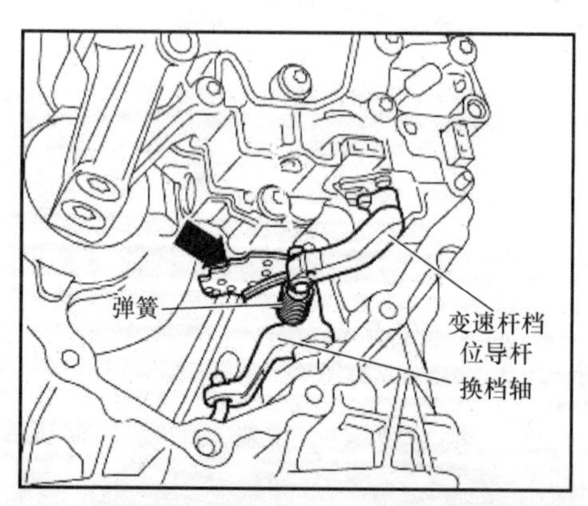

图 11-120　拆卸液压控制单元

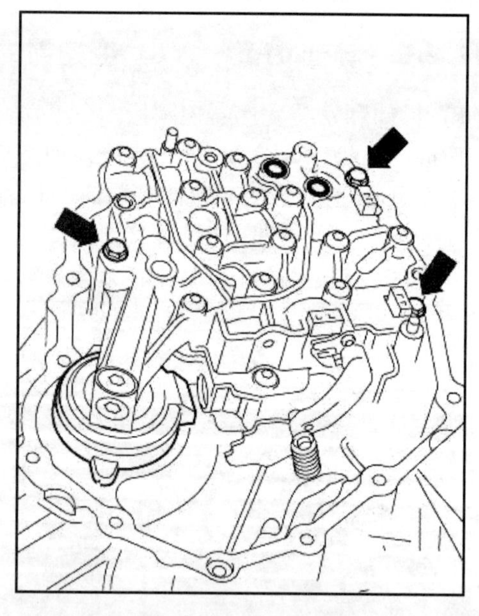
图 11-121　取下液压控制单元

③ 轴向密封圈必须用较小直径的一端朝向变速器，然后将其装入支架。

④ 装上盖子，此时注意要定位凸肩。

⑤ 盖子背面的定位凸肩必须插入变速器表面的小孔内。

⑥ 向前压换档轴的杠杆，直到碰到挡块位置，使换档连杆几乎处于直立位置（稍微向右倾斜）。

⑦ 向内（左）压液压控制单元背面的控制活塞，直到其卡入装配弹簧。

⑧ 将液压控制单元装入变速器，注意不要歪斜。

拧入图 11-123 中箭头所示的螺栓。箭头 1 所指的螺栓比另外两个螺栓短。检查盖板的位置是否正确。定位凸肩必须卡入变速器上设计好的孔中。

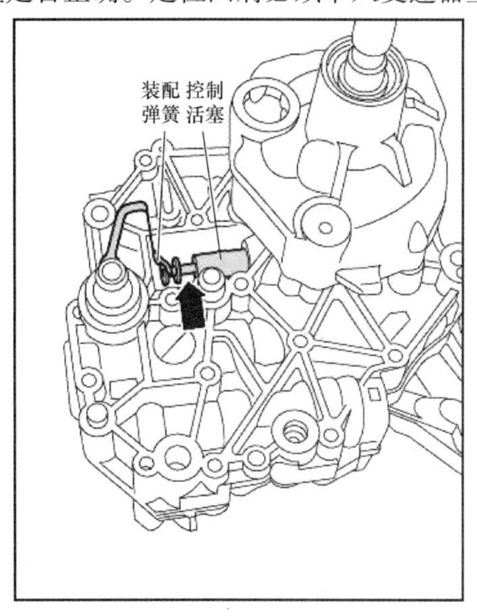

图 11-122 安装液压控制单元

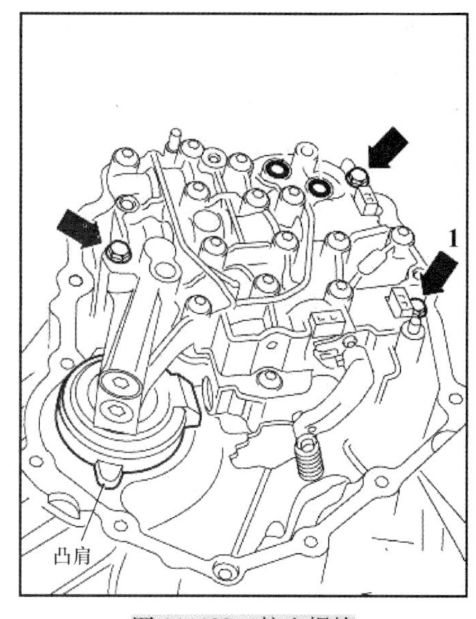

图 11-123 拧入螺栓

用 10N·m 力矩拧紧图 11-124 中箭头所示螺栓。

在安装变速器控制器 J217 前，更换液压控制单元上的密封件，注意更换时用自动变速器油涂抹。

（3）拆卸和安装输入轴

拧出图 11-125 中箭头所示螺栓。用塑料锤小心敲击法兰盖，使输入轴法兰盖从密封垫中松开。

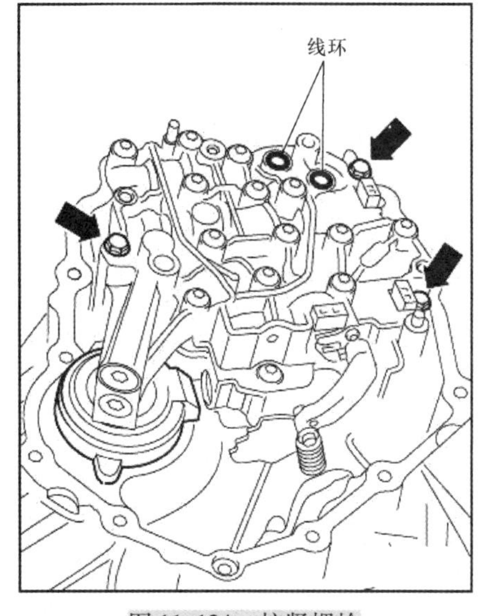

图 11-124 拧紧螺栓

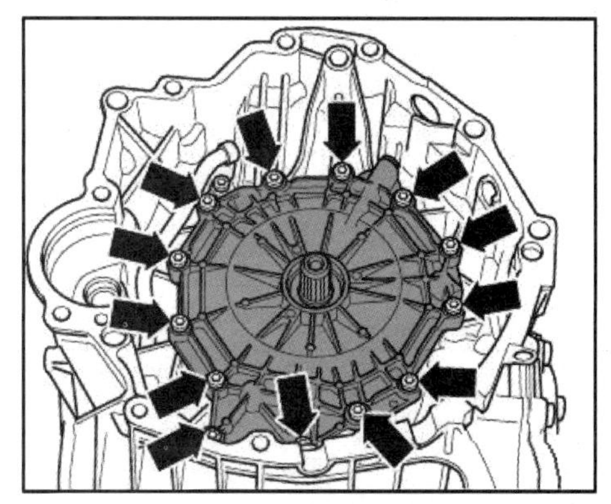

图 11-125 松开输入轴法兰盖

将专用工具 T40050 装到变速器输入轴上。检查专用工具 T40050 在输入轴上的位置是否正确，如图 11-126 所示。

卡环必须推到完全朝下。将专用工具 T40050 上的带有法兰盖的输入轴和前进档离合器从变速器壳体中拔出，如图 11-127 所示。

注意输入轴不得与下端的导向轴承断开。

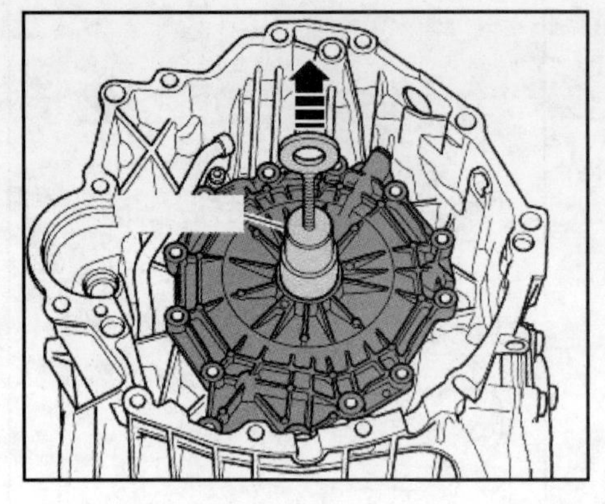

图 11-126　将专用工具 T40050 装到变速器输入轴上

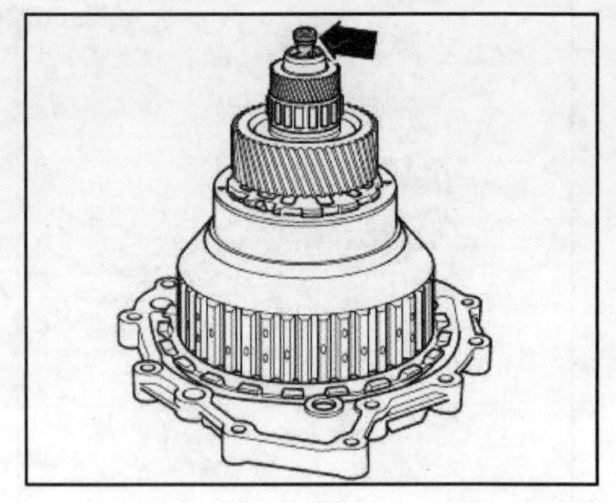

图 11-127　拔出输入轴和前进档离合器

不得将倒档离合器的摩擦盘从变速器壳体中取出。

清洁变速器壳体和法兰盖上的密封面。检查定位套是否已经对准变速器壳体上法兰盖的中心，然后紧固，如图 11-128 所示。

检查密封环的磨损情况，如图 11-129 所示，必要时更换。装上纸制密封垫。

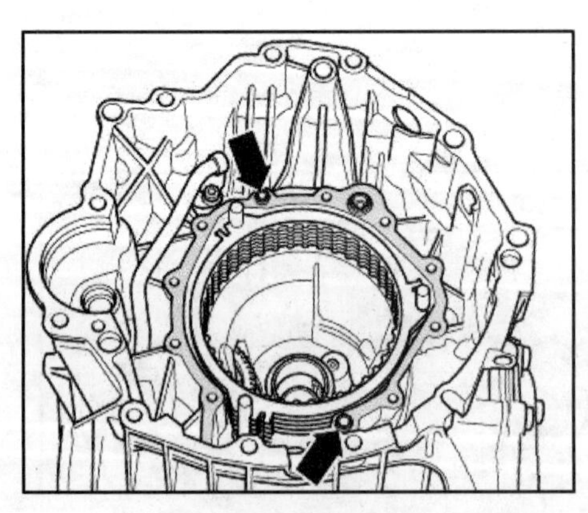

图 11-128　检查定位套

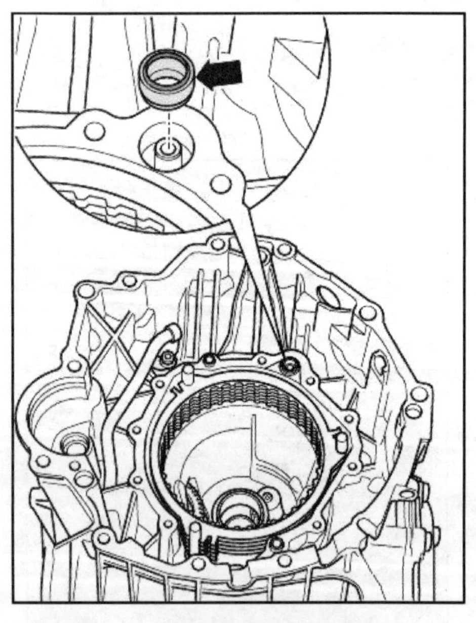

图 11-129　检查密封环的磨损情况

密封环的密封唇应指向法兰盖。如图 11-130 所示，用直尺校正倒档离合器的摩擦盘，齿轮必须按顺序准确排列。

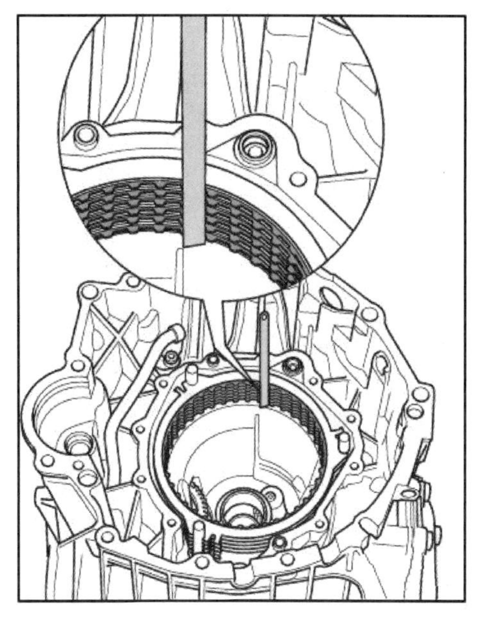

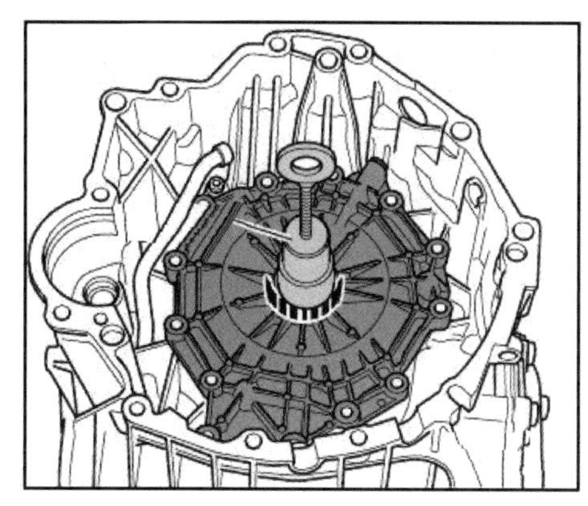

图 11-130 密封环的安装

将带有法兰盖的输入轴和前进档离合器装入变速器壳体。同时轻轻地来回转动输入轴，如图 11-131 所示，直到倒档离合器的所有摩擦盘进入啮合状态。此时将输入轴稍微抬起，向左转动输入轴直到垫片的最后 1mm，使其能啮合入中间段的斜齿中。

交叉分步拧紧螺栓，拧紧力矩为 23N · m，如图 11-131 所示。至少为变速器加注 4.5 ~ 5L 新自动变速器油。

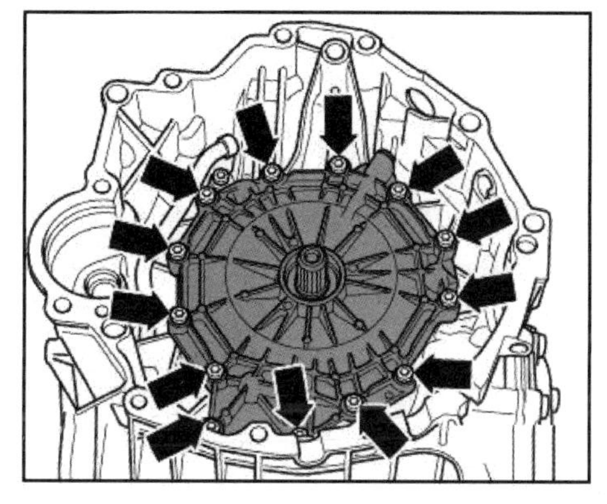

图 11-131 交叉分步拧紧螺栓

11.2.3 比亚迪速锐 6DT25 双离合变速器解体与重装

如图 11-132 所示，所需专用工装和设备有合箱支架 T1006、拆解支架 T1007、导向套 T1008、盖板 T1009、导向柱 T1010、螺钉旋具、卡簧钳和铜棒。

（1）比亚迪速锐 6DT25 双离合变速器的解体

1）取下前、后箱合箱连接螺栓。如图 11-133 所示，用螺钉旋具将密封盖取下。用卡簧钳将主轴后卡簧取下。将前、后箱合箱连接螺栓取下（共 20 个）。

注意：密封盖可破坏拆解，用螺钉旋具对准密封盖中心，用铜棒轻轻将其敲入密封盖里，但不要敲入太深，以免伤到主轴。禁止再用拆解下的密封盖。用卡簧钳取出主轴后卡簧时不要碰到主轴后轴承。拆解前确认离合器和电液控制模块已经拆除。确认合箱连接螺栓拆解完全。

2）取下前、后箱合箱连接螺栓。如图 11-134 所示，将拆解工装安装到位，用呆扳手顺

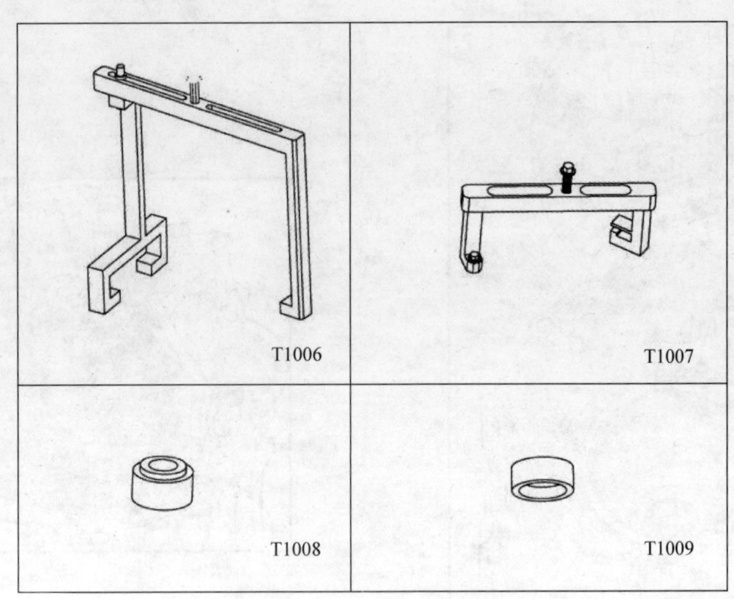

图 11-132　专用工装和设备

时针旋转螺栓，将后箱取下。提示：旋转螺栓时用力要均匀，切忌用力过猛，以免伤到后箱体。

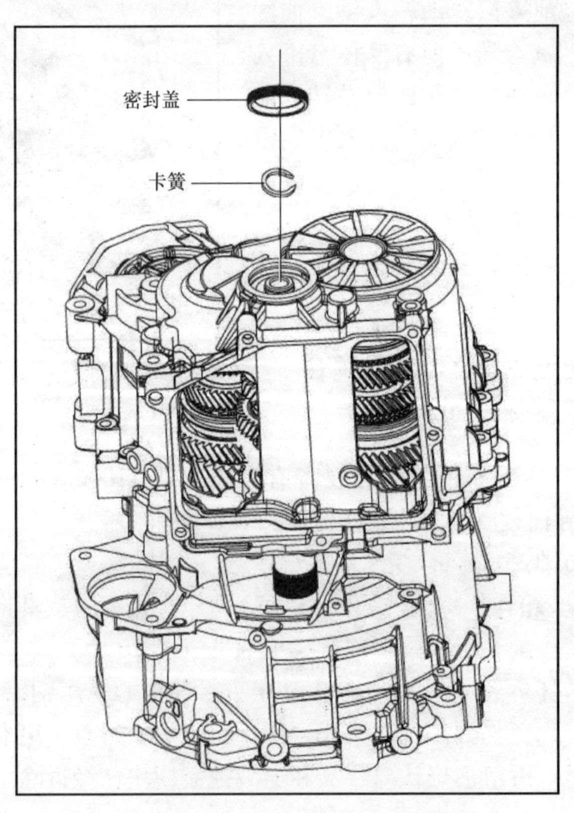

图 11-133　取下前、后箱合箱连接螺栓

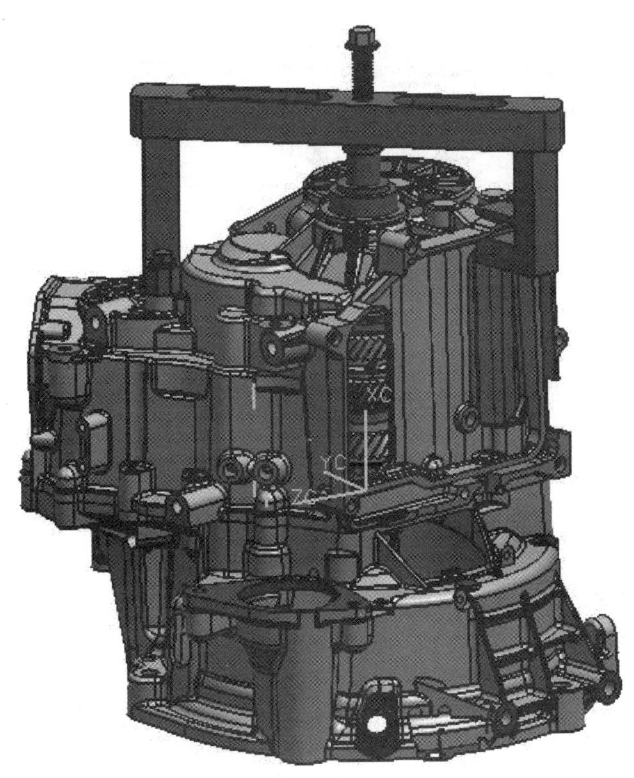

图11-134　专用工装和设备

3）分解差速器。如图11-135所示，取下差速器。

提示：取下差速器时要将差速器一边抬起，然后用力拉出，用力要均匀不得过猛，注意不要让齿轮划伤手指。

① 连同拨叉一起拔出副轴一。

② 连同拨叉一起拔出副轴二和倒档轴。

提示：拔轴时可稍微摇晃轴，使传动系统松动，这样有利于拔出轴和拨叉。

③ 将主轴一取出。取主轴一时要注意沿副轴二的中心线向上拔，这样可避免损伤主轴二油封。

④ 将主轴二轴承压板螺栓取下。

⑤ 将主轴二取出。拆下主轴二时可用橡胶锤轻轻敲击主轴二前端。

（2）比亚迪速锐6DT25双离合变速器的重装

安装合箱定位销和磁铁。将主轴二安装到位。主轴二轴承压板螺栓（3个）拧紧力矩为10N·m。

将主轴和差速器安装到位。将拨叉和副轴装入前箱体，如图11-136中箭头3所示。

将拨叉和副轴二、倒档轴安装到前箱体中，如图11-136中箭头1所示。在前、后箱接合面上抹密封胶。转动差速器，整个传动系应无卡滞现象。

提示：

① 安装时先把拨叉杆放进相应的拨叉孔，然后再把轴放入相应的孔中。

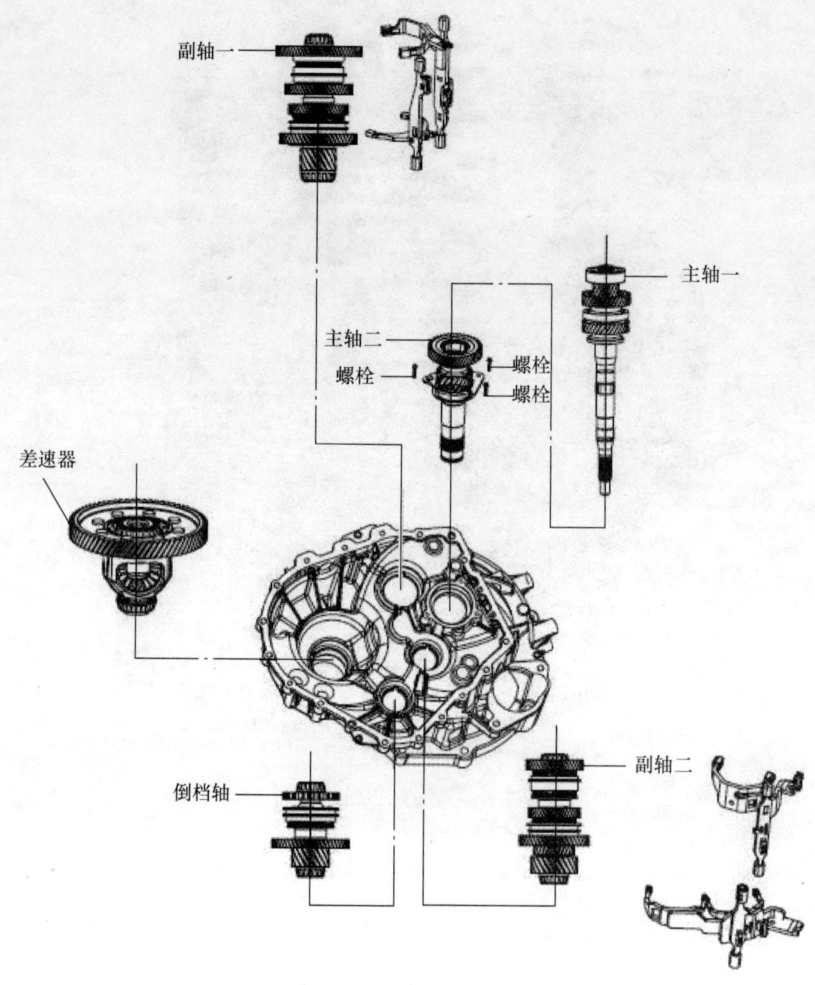

图 11-135　取下差速器

② 安装过程中将差速器向图 11-136 中箭头 2 所示的方向拉，使差速器的一端翘起，这样方便安装轴和拨叉。

③ 安装完成后将主轴一向上提一下，这样可使齿轮啮合到位，转动过程中应无卡滞现象。

④ 将主轴一放入主轴二的过程中，要将主轴一沿主轴二轴线慢慢向下放，以免伤到主轴二油封。

如图 11-137 所示，将垫块垫到主轴下面。要将主轴一的前端插入垫块的凹槽里，这样安装后箱过程中能保证后箱体安装到位。使变速器与发动机的接合面朝下。将变速器放置在平整的工作台上，这样能保证后箱体安装到位。

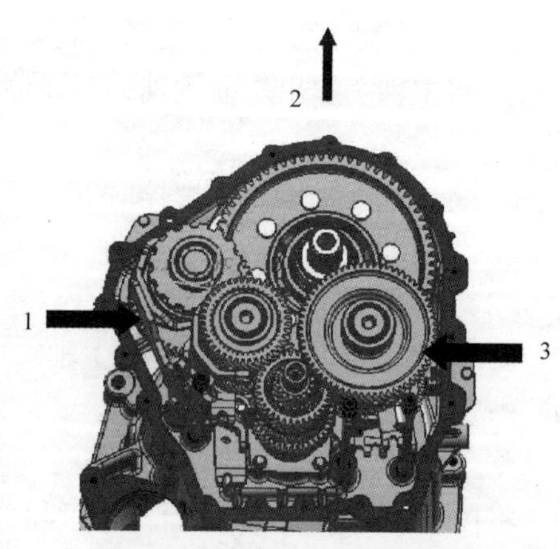

图 11-136　将拨叉和副轴装入前箱体

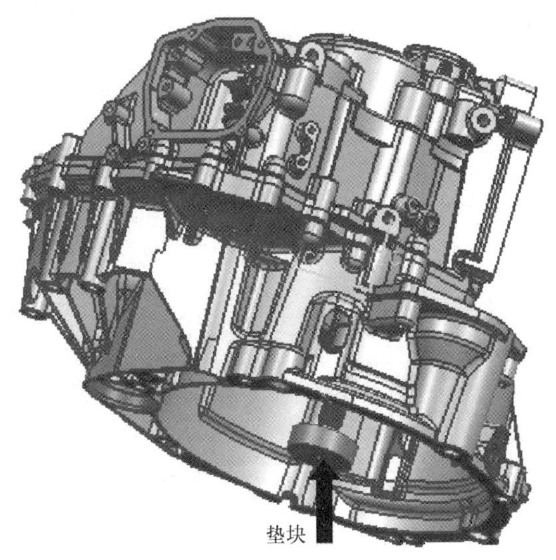

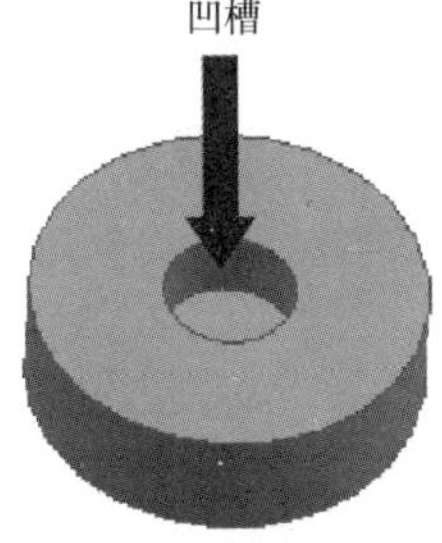

图 11-137　垫垫块

将合箱支架安装到位，如图 11-138 所示。

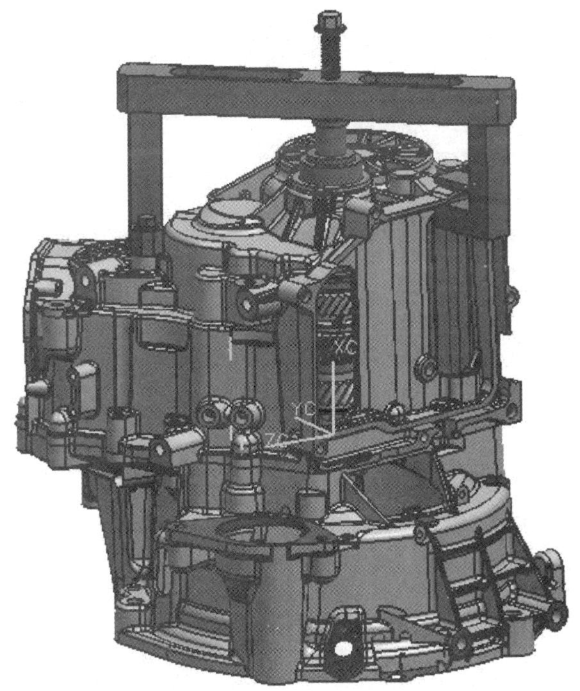

图 11-138　安装合箱支架

逆时针转动螺栓，将后箱向下压到位，如图 11-139 中箭头所示。这时主轴一后轴承卡簧槽应露出。

提示：转动螺栓的力要均匀，以免后箱受损。

如图 11-140 所示，用卡簧钳将卡簧安装到位。

提示：如果卡簧无法安装到位，则表明后箱没有安装到位，可将后箱再向下压，直至卡簧可卡到槽中。

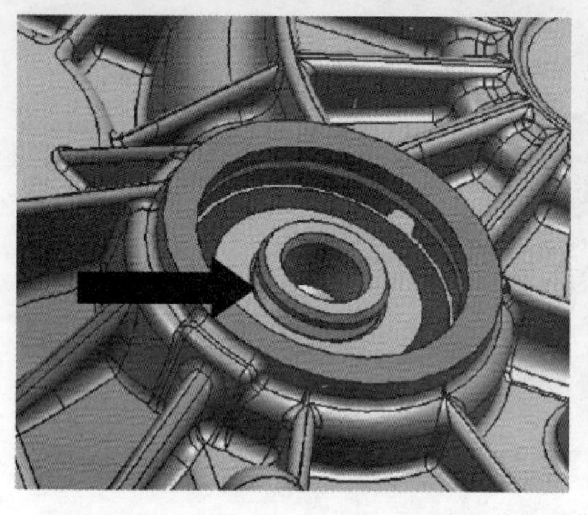

图 11-139　将后箱向下压到位

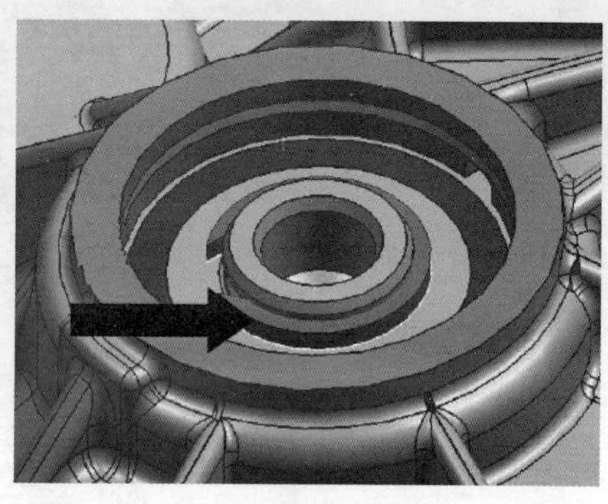

图 11-140　安装卡簧

安装新密封盖组件，如图 11-141 所示。

图 11-141　安装新密封盖组件

安装合箱连接螺栓。前箱合箱连接螺栓规格为 M8 ×35（14 个），拧紧力矩为 25N · m。后箱合箱连接螺栓规格为 M8 ×50（6 个），拧紧力矩为 25N · m。

11.3　解体检查与维修

解体检查是确定自动变速器故障原因的关键步骤，而准确判断变速器的各个部件是否有问题并不是一件容易事。这要求维修人员具有扎实的基本功、正确的工作态度以及丰富的实践经验。解体检查中应注意以下方面：

1）检查轴承、垫片及相应的工作面。

2）检查衬套及相应位置的工作面。

3）密封环的工作位置。

4）油封的工作位置。

5）油路的通道是否堵塞或泄漏。

6）齿轮及花键的工作位置。

7）各种磨擦材料及相应元件的工作面。

8）各用油元件的解体检查。

重装变速器时要确保各部件都清洁，注意下列间隙和压力测量：

1）各组离合器和制动器的间隙或活塞行程。

2）输出轴及输入轴的间隙。

3）主动齿轮、从动齿轮、副轴和差速器的间隙或预紧力。

4）各组离合器和制动器活塞的密封压力。

5）冷却润滑压力。

11.3.1 液力变矩器解体检查与维修

注意：变速器油底壳内的金属碎屑是不能完全冲洗净的，必须更换液力变矩器。

（1）液力变矩器基本检查

1）目视检查。检查液力变矩器的外部有无损坏和裂纹，是否因油温高而外表发蓝，是否有明显的高温烧蚀现象。检查液力变矩器的连接螺栓，如有损坏则更换。检查液力变矩器的传动毂是否光滑，如有磨损则仔细检查油泵传动机构并更换液力变矩器，传动毂表面轻度的擦痕或损伤可用细砂布磨光。

2）轴套径向圆跳动量检查。检查飞轮及主动盘是否翘曲（图11-142），是否有裂纹。检查起动机齿圈上的齿是否损坏，如有损坏则应更换飞轮。检查后凸缘表面是否磨损、接缝或焊缝处是否漏油。检查传动毂是否松动、传动毂肩是否磨损。如果传动毂的径向圆跳动过大（图11-143），则测量时至少要选取三个测量点。观察千分表读数，要符合厂家规范值，如果无法校正跳动量则更换液力变矩器。

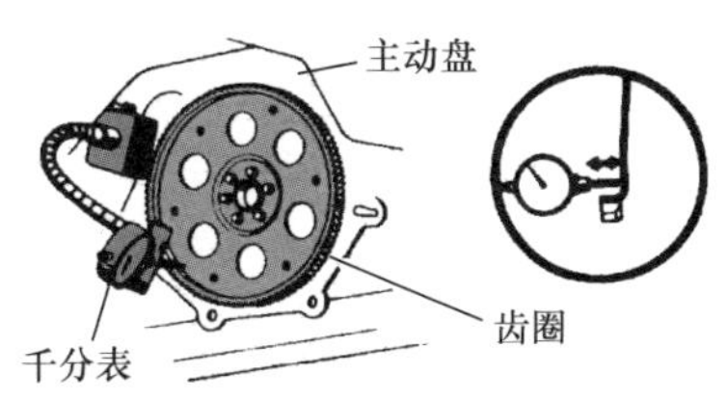

图11-142 测量主动盘径向圆跳动

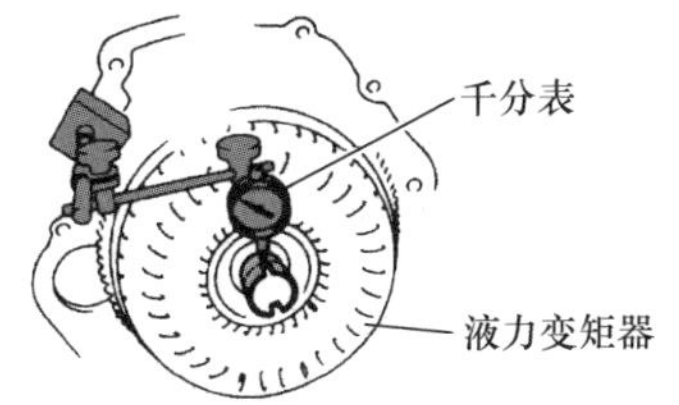

图11-143 测量液力变矩器传动毂的径向圆跳动

3）液力变矩器涡轮轴轴向间隙检查。涡轮轴轴向间隙指涡轮前后间隙。间隙值不准确会导致液力变矩器内部元件运动干涉。将千分表固定在液力变矩器壳体上，使表头在涡轮轴上方，测量涡轮轴的轴向间隙（图 11-144），记录测量值。如果涡轮轴轴向间隙大于规定值，则更换液力变矩器。

4）导轮单向离合器检查。导轮是起增矩作用的重要元件，如果不能实现单向自由转动，则会对汽车动力性能产生很大影响。必须仔细检查导轮单向离合器的工作情况。用专用工具检查单向离合器是否顺转自如且逆转锁止。

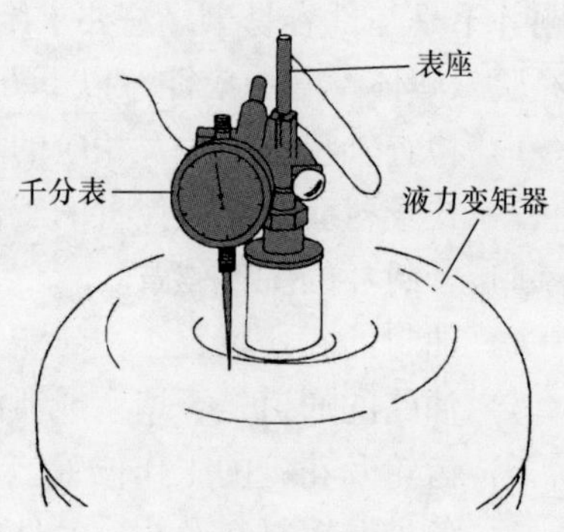

图 11-144　检查液力变矩器涡轮与导轮的轴向间隙

5）内部干涉检查。液力变矩器内部的泵轮、导轮和涡轮之间应相互独立运动，如有相互碰撞和干涉则会产生噪声，并可能损坏变矩器。放置时将变矩器油泵驱动轴侧朝下。

6）锁止离合器检查。摩擦片材料和锁止功能的检查是非常重要的。如果变速器油中有大量摩擦片材料颗粒和金属残渣，则可能是锁止离合器中摩擦片磨损过量所致。锁止离合器在变矩器内部，只有解体时才能进行彻底检查。一般建议送至专业自动变速器维修厂。

7）清洗。有两种方法可清洗液力变矩器，但均须到专业自动变速器维修厂进行。方法一：变速器维修车间可将变矩器壳切成两半，然后清洗部件，检查其是否磨损，并更换磨损/断裂的部件，最后将变矩器壳焊在一起做动平衡等测试。方法二：用专用清洗机清洗液力变矩器。将液力变矩器安置在清洗机的固定架上，清洗机用加压的清洗剂对液力变矩器进行冲洗，清洗机的驱动装置在冲洗的同时还驱动变矩器涡轮。清洗工作需用时约 15min，可冲洗掉绝大多数金属颗粒。将洗净的液力变矩器从清洗机上取下，通过放油螺栓放出残存的清洗剂。

（2）检修实例

下面以别克 4T65－E 型自动变速器的液力变矩器的检修为例进行说明：

1）若出现以下问题，则必须更换液力变矩器：

① 油泵总成损坏。

② 油中有金属屑。

③ 轮毂焊接处泄漏。

④ 曲轴导向轴承座断裂或损坏。

⑤ 轮毂划伤或损坏。

⑥ 导轮故障。

⑦ 液力变矩器不平衡。

⑧ 发动机冷却液污染严重。

⑨ 轴向间隙过大。

2）失速试验。厂家一般不建议进行液力变矩器失速测试。

3）噪声测试

① 将汽车停在平地上，起动发动机，拉紧驻车制动器，踩下制动踏板，变速杆置于 R 位或 D 位，听变矩器是否发出噪声，判断是否正常。

② 发动机达到正常工作温度后，拉紧驻车制动器，踩下制动踏板，变速杆置于 D 位，

踩加速踏板，使发动机转速达到1200r/min，可听到更明显的变矩器噪声，判断是否正常。注意1200r/min转速的测试时间不能超过6s。

4）导轮检查

① 液力变矩器导轮的单向离合器正常时能向一个方向（顺/逆时针）自如转动。损坏时表现为两个方向都能转动，导致导轮作用失效。此时，汽车从静止到起步的加速性较差，车速达35km/h以上时表现正常。

② 目视检查液力变矩器会发现其因过热而呈蓝色。对于已拆下的液力变矩器，可用两个手指插入滚子离合器花键内圈，并试着在两个方向上转动内圈，以此检查导轮滚子离合器。内圈应顺时针自由转动，而逆时针不能转动或转动困难。

5）检查轴向间隙。检查轴向间隙需使用液力变矩器轴向间隙夹具（J－35138）和千分表（J－8001）。轴向间隙应在0～0.50mm间（图11-145）。

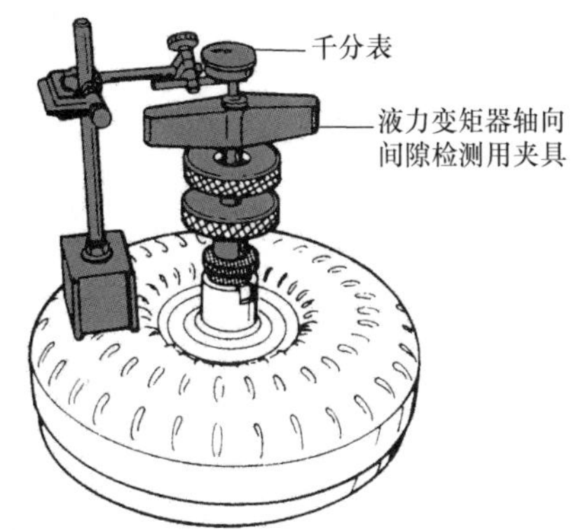

图11-145 测量液力变矩器轴向间隙

11.3.2 油泵解体检查与维修

（1）油泵的检查

油泵故障会对整个自动变速器液压系统产生影响，因为主油路油压不正常会导致整个系统工作不正常。

1）检查油泵的磨损和测量间隙。观察磨损表面是否平整，检查齿轮与油泵部件是否有深裂缝、毛刺或擦痕。检查泵壳是否磨损。检查轴与齿轮是否有擦痕及泵齿轮是否磨损。叶片泵回位弹簧是否折断或弹性不足。

解体油泵前，应标记轮齿的位置。如果磨损轮齿未装在原啮合位置，则会产生过大的噪声。使用塞尺测量从动齿轮外圆与泵体之间的间隙。同时检查油泵从动齿轮与月牙状部件之间或主动齿轮与月牙状部件之间的间隙（齿隙，图11-146）。用90°角尺与塞尺检查齿轮端面间隙（侧隙，图11-147）。这就是所谓的油泵三隙，将测量值与规定值比较，如果间隙过大则更换油泵。

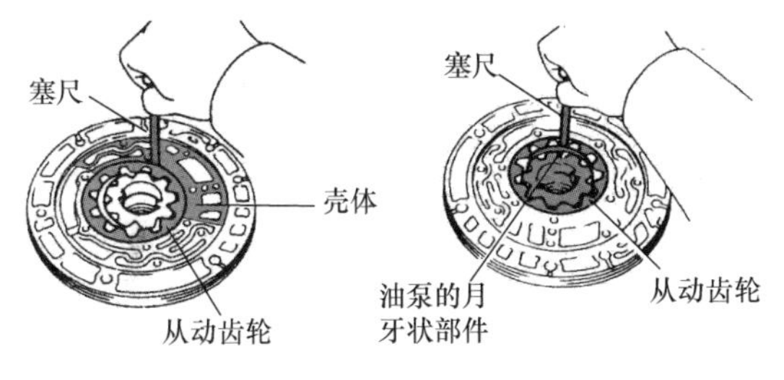

图11-146 检查齿顶间隙

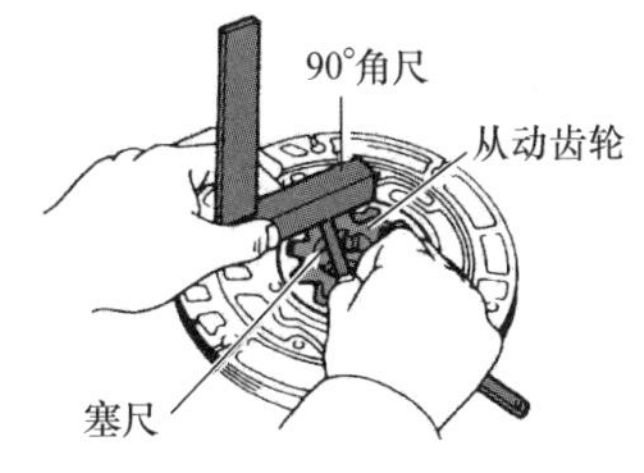

图11-147 检查齿轮端面间隙

2）检查油泵是否泄漏。检查反作用轴的密封环。如果密封环由铸铁制成，则检查其是否有裂缝、毛刺、塑性变形或不平磨损，若损坏应予更换。确保密封环在槽内能旋转。检查反作用轴支架或环槽与密封环之间的间隙。

如果密封环是聚四氟乙烯整体型环（图 11-148），则将其切断取下，并用特殊工具更换。用锤子或油封安装器安装油泵油封。安装油封时，应在壳体外表面涂一些室温的硫化密封材料。将一些自动变速器油放入泵壳体的凹槽内，并根据齿轮的校正标记将齿轮装入壳体。校正、安装反作用轴支承并按规定力矩紧固螺栓。

油泵都应完全解体，充分清洁部件，并检查是否有过度磨损、擦伤、过热、碎裂或裂纹现象。

(2) 油泵的检修实例

下面以丰田、广州本田及上海别克的油泵检修实例来说明各种油泵的检修要点。

1) 内啮合齿轮泵的检修 (丰田 A140E)

① 解体。从导轮轴上卸下座圈，然后从油泵体上卸下 O 形圈，拆下导轮轴后端（泵支撑）的两个油封和导轮轴上的止推垫圈，拆下泵体上的 11 个螺栓和导轮轴（图 11-149）。

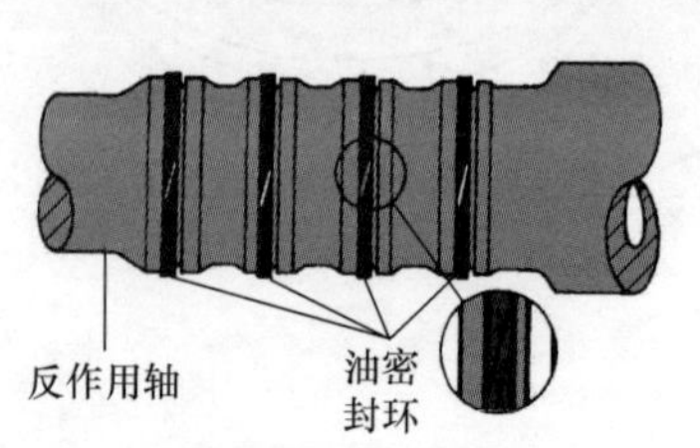

图 11-148　聚四氟乙烯油密封环的安装

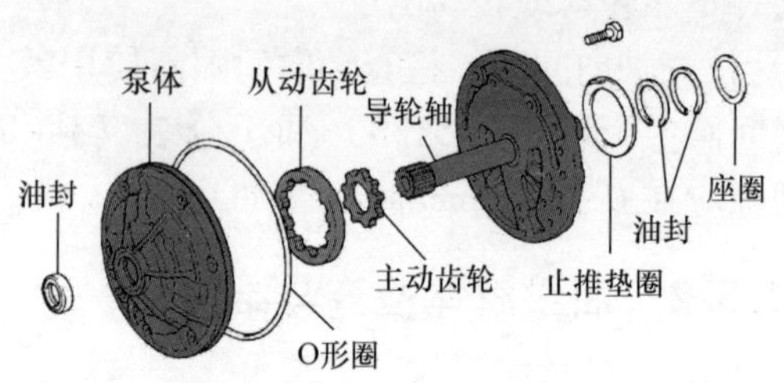

图 11-149　油泵分解图

② 检查（体隙、齿隙和侧隙）

a. 检查从动齿轮外缘与泵体的间隙。将齿轮推到泵体的一侧，用塞尺测量间隙（图 11-150）。泵体间隙应为 0. 07 ~ 0. 15mm，最大泵体间隙允许 0. 30mm。如果泵体间隙超过规定值，则需更换泵体。

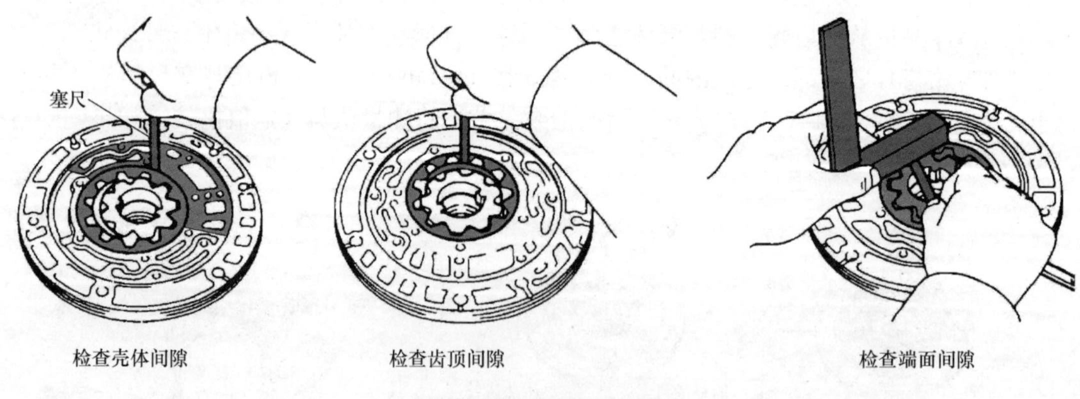

图 11-150　测量油泵间隙

b. 检查两个齿轮的齿顶间隙，在齿轮和泵体的月牙形部件之间测量。齿顶间隙值应为 0. 110 ~ 0. 140 mm，最大间隙允许 0. 30mm。如果超过规定值，则需更换泵体。

c. 检查两个齿轮的端面间隙，用 90° 角尺和塞尺测量。端面间隙值应为 0. 020 ~ 0. 050mm，最大间隙为 0. 10mm。主动齿轮和从动齿轮可提供三个不同厚度，见表 11-2。如果最厚的齿轮的侧隙都不符合规范，则需更换泵体。

表 11-2 主动/从动齿轮厚度规范表

识别标志	厚度/mm
A	9.440～9.456
B	9.456～9.474
C	9.474～9.490

d. 用千分表测量油泵体轴衬套的内径，最大内径为38.18mm。如果超过规定值，则需更换泵体。

e. 用千分表测量转子轴轴套的内径，前侧轴套的最大内径为21.57mm，后侧轴套的最大内径为27.07mm。如果超过规定值，则需更换转子轴。

f. 检查前油封是否有裂缝、损坏或磨损，必要时更换。用螺钉旋具拆下旧油封，安装新油封。安装时应使油封与泵体的外边缘齐平。

③ 重装

a. 清洗干净后用压缩空气吹干。先安装前油封，然后安装从动齿轮和主动齿轮，确保齿轮方向向上，并涂一些自动变速器油。接着在泵体上安装导轮轴，对准螺栓孔，再安装连接导轮轴与泵体的11个螺栓，最后交替将螺栓拧紧到10N・m。

b. 在止推垫圈上涂凡士林，使垫圈的凸舌与泵体的中空部分对齐。安装止推垫圈，然后将两个油封装在油泵上，不要将油封端部扩张过大。

c. 用螺钉旋具转动主动齿轮，确保主动齿轮能自由旋转（注意不要损坏油封凸缘），然后将座圈装到导轮轴上。

2）外啮合齿轮泵的检修（广州本田 MAXA）

① 解体。注意主阀体上油泵齿轮的安装方向。从主阀体上拆下油泵从动齿轮轴和两个油泵齿轮。

② 清洗和检查。用煤油清洗所有部件，再用压缩空气吹干。检查部件是否有损伤，如有损伤则更换。

在主阀体上安装从动齿轮轴和齿轮，保证从动齿轮有倒角和凹槽的侧面向上（即面向主阀体的隔板）。

用塞尺测量主阀体和齿轮齿顶之间的侧面间隙（图11-151），见表11-3。如果间隙不符合规范，则更换油泵齿轮或主阀体。

拆下油泵从动齿轮轴，在主阀体表面放一个直尺，用塞尺测量油泵从动齿轮和直尺间的轴向间隙（图11-151），见表11-3，如果间隙不符合规范，则更换油泵齿轮或主阀体。

③ 重装。将所有部件都涂上一遍自动变速器油，装配时按与拆卸相反的顺序进行。确保油泵从动齿轮带有倒角和凹槽的侧面朝上（即面向主阀体的隔板）。

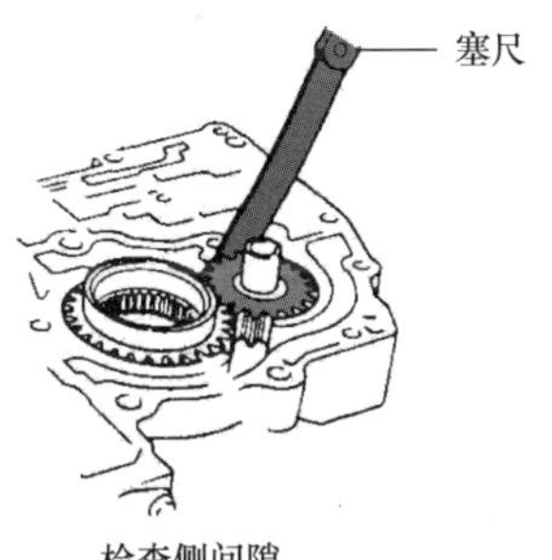

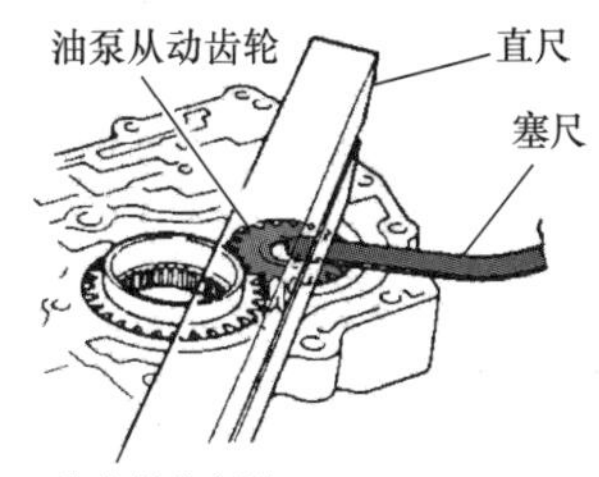

图 11-151 测量油泵间隙

3）变量叶片泵的检修（上海别克 4T65E－M15）

表 11-3　油泵规范表

检查项目	间隙/mm
侧面间隙	
油泵主动齿轮	0.210 ~ 0.265
油泵从动齿轮	0.035 ~ 0.063
轴向间隙	
标准	0.03 ~ 0.05
磨损极限	0.07

① 解体。清洗油泵，并用压缩空气吹干。拆下油泵盖螺栓、油泵盖、叶片环、叶片、转子、油封和定子 O 形圈。拆下油泵外弹簧、内弹簧、滑座、滑座密封圈支架、滑座密封圈、轴销和出口滤网（图 11-152）。

② 清洗和检查

a. 检查泵体是否有砂眼，油道是否互相连通，泵内表面或机加工面是否损坏。检查定子、弹簧、转子和叶片是否损坏。检查定子密封圈、定子支架和密封圈是否损坏（图 11-152）。

b. 如图 11-153 所示，测量转子、叶片或定子未损坏的区域，检查其厚度是否正常，见表 11-4。确保更换的零件配套。

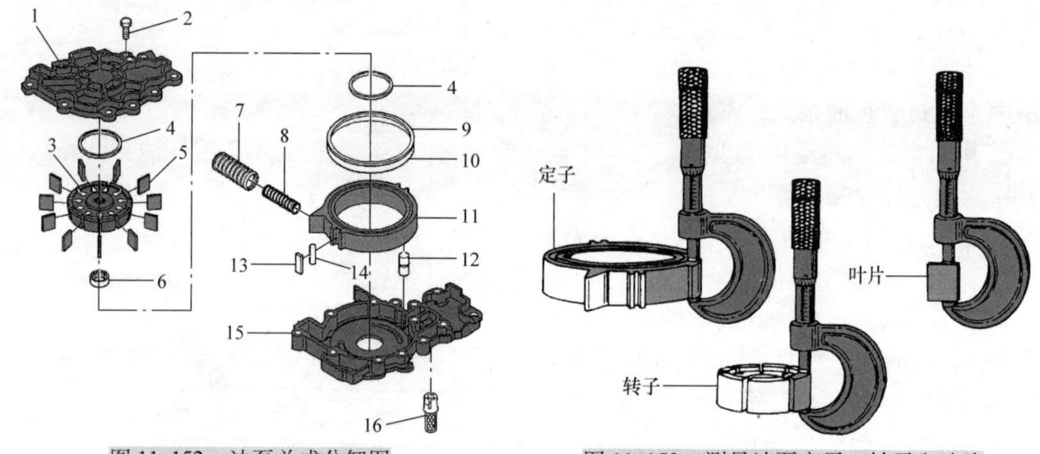

图 11-152　油泵总成分解图

1—泵盖　2—螺栓　3—转子　4—叶片环　5—叶片　6—主动轴轴承　7—外弹簧　8—内弹簧　9—滑座封油环　10—定子 O 形圈　11—定子　12—轴销　13—定子密封件　14—定子密封件支承　15—油泵体　16—出口滤网

图 11-153　测量油泵定子、转子和叶片

注意：油泵体上的激光标记表示在总成中选配零件的尺寸。如果更换时所选零件不正确，则会损坏油泵和变速器。

表 11-4　油泵部件厚度

部件	厚度/mm
转子	17.953 ~ 17.963
	17.963 ~ 17.973
	17.973 ~ 17.983
	17.983 ~ 17.993

（续）

部件	厚度/mm
油泵定子	17.957～17.967
	17.967～17.977
	17.977～17.987
	17.987～17.997
叶片	17.943～17.961
	17.961～17.979
	17.979～17.997

③ 重装。安装油泵出口滤网，把定子装入泵体，在泵室内装入叶片，在定子上安装密封圈和支架。将内弹簧装入外弹簧，将两个弹簧装入泵体。在定子上安装O形圈和密封圈（图11-152）。将转子装入泵体。将叶片装入转子上的槽里，确保叶片与转子顶部平齐。用泵盖螺栓将泵盖安装在泵体上，将螺栓拧紧到8N·m。

④ 安装。将油泵总成装到控制阀体上。将11个螺栓安装到指定位置（图11-154）并拧紧至12N·m。

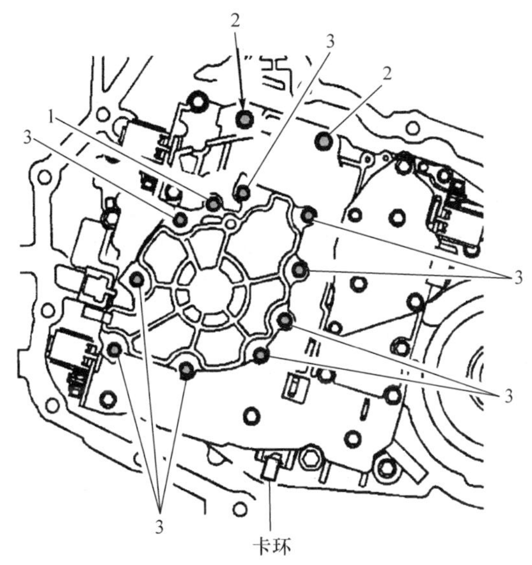

图11-154 拆卸和安装油泵总成螺栓

1—M6×1.0×20

2—M6×1.0×95

3—M6×1.0×85

力矩规范：8N·m/12N·m

11.3.3 离合器和制动器解体检查与维修

（1）可能引起的故障

离合器和制动器是换档执行机构中的重要元件，它引起的故障多种多样，例如车辆在任何档位都不能移动，变速器不升档、换档冲击、打滑，发动机无制动功能、加速无力、有异响等。

(2) 常见损坏形式及原因

1) 离合器摩擦片常见损坏形式及原因。摩擦片的内部材料是薄钢板，两面为摩擦系数较大的酚醛树脂或合成纤维层，内圆周上冲压有内花键。没用过的摩擦片在自动变速器油中浸泡后呈暗红色，使用较短时间，摩擦片表面颜色应不改变。也有少数车型的摩擦片是黑色的，其磨损程度要看表面上沟槽的深度。随着使用时间的增长，摩擦片与钢片之间相互摩擦，摩擦片的颜色会有所改变。特别是自动变速器发生故障后，摩擦片与钢片的摩擦会失常。另外，正常摩擦片的表面上开有沟槽，用来控制油及蒸汽的流向。不同类型自动变速器的摩擦片形状也不一样，这主要取决于摩擦片材料类型、自动变速器油牌号、钢片的表面质量及离合器的接合速度。同一型号的自动变速器摩擦片沟槽深度基本是一致的。摩擦片的损坏形式如下：

① 摩擦片烧焦，颜色变黑。主要表现为自动变速器油温过高或离合器打滑。造成此故障的原因主要：活塞密封环损坏使液压缸压力过低；离合器自由间隙过小，使摩擦片与钢片始终处于接合状态；离合器毂或离合器活塞液压缸壁上的单向阀损坏。

② 摩擦片剥落。常见于大修后的自动变速器，主要原因是摩擦片没经过自动变速器油的浸泡（摩擦片在自动变速器油中要浸泡至少1h以上）就装配使用，或所选摩擦片的质量较差。

③ 摩擦片弯曲变形。由离合器摩擦片工作时局部温度过高或其他机械原因引起。自动变速器升档时容易造成换档品质不良。

④ 摩擦片和钢片烧结在一起。一般与温度过高或摩擦片过度磨损有关。

2) 离合器活塞损坏形式及原因

① 活塞密封环破损。这是离合器活塞最常见的损坏形式，主要原因有油温过高使橡胶密封环硬化、密封环在更换时受损、使用时间过长等。

② 活塞变形，密封不严。主要原因是温度过高或装配不当。

③ 活塞回位弹簧不良。主要原因是弹簧数少、弹簧弹性不足或弹簧折断等。

④ 活塞上的单向阀卡滞或密封不严。主要原因是油内有杂质或阀球磨损。

3) 单向离合器常见的损坏形式及原因

① 单向无锁止。主要原因是滚柱或楔块磨损及弹簧失效。

② 卡滞。主要原因是滚柱或楔块变形，内外保持架破裂、变形等。

③ 内外环保持架变形、拉伤。主要原因是温度过高或油中有杂质等。

4) 制动器常见损坏形式及原因

① 制动器常见的损坏形式：制动带耐磨材料烧蚀、制动带耐磨材料剥落、制动带变形等。磨损的原因与摩擦片基本相同。

② 制动器推杆的损坏形式：推杆磨损、推杆弯曲变形、推杆调整不当等。损坏主要由外力作用或调整过度造成。

(3) 检查与维修实例

下面以奔驰722.4型自动变速器为例介绍单向离合器、离合器和制动器的解体、检查与维修。

1) 单向离合器

① 解体

a. 将行星齿轮装置放在装配工具上，输入轴朝上。拆下润滑止推环（图11-155）。拆下保持前行星齿轮装置的卡环。将前行星齿轮装置抬离输入轴。

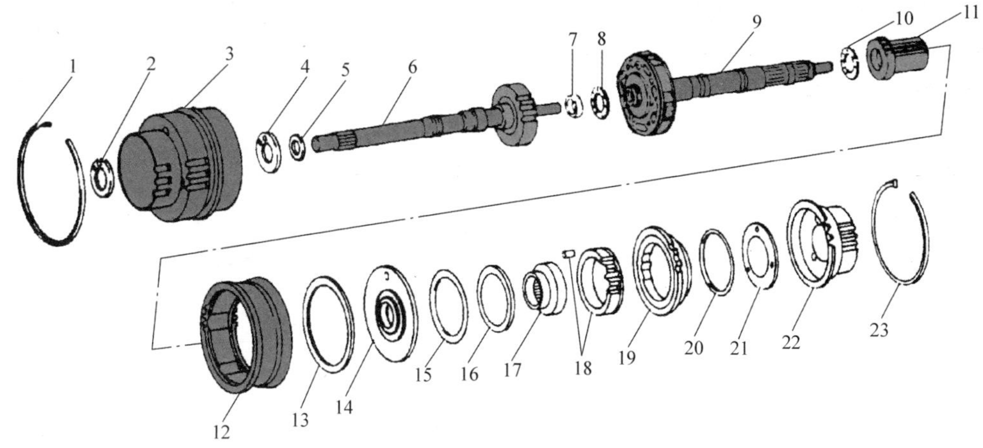

图 11-155 行星齿轮装置分解图

1—卡环 2、4、8、10—轴向轴承 3—前行星齿轮装置 5—润滑止推环 6—输入轴 7—径向轴承 9—输出轴 11—太阳轮 12—连接架 13—补偿垫片 14—支承盘 15、20—O 形圈 16—补偿环 17—单向离合器内座圈 18—滚柱、压缩弹簧和滚柱轴承保持架 19—单向离合器外座圈 21—止推垫圈 22—K－2 离合器架 23—卡环

b. 拆下轴向轴承、输入轴、径向轴承、输出轴和太阳轮，如图 11-144 所示。

c. 拆下将离合器 K2 保持在离合器架中的卡环。从连接架上一起拆下单向离合器和内花键片支架。从单向离合器上拆下支承盘、补偿垫片和 O 形圈。逆时针旋转单向离合器内座圈并将其取出。拆下单向离合器和滚子。

② 检查。检查轴承表面和轴承座圈有无划痕或损坏。检查单向离合器滚子轴承有无划痕或圆度磨损。如果单向离合器滚柱损坏，则更换单向离合器总成。装配时用自动变速器油润滑轴承。

③ 重装

a. 行星齿轮装置的重装顺序与解体顺序相反。在内花键片架上安装单向离合器外圈并插入滚柱轴承保持架，将滚柱压入压缩弹簧并插入保持片，使圆角朝外（图 11-156）。

b. 边逆时针旋转边安装单向离合器内圈。抽出保持片，安装补偿垫片。安装支承盘，使销钉插入到单向离合器外圈孔中（图 11-157）。

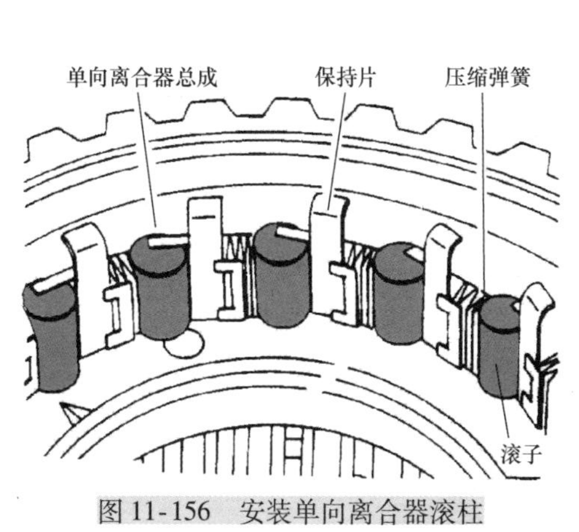

图 11-156 安装单向离合器滚柱

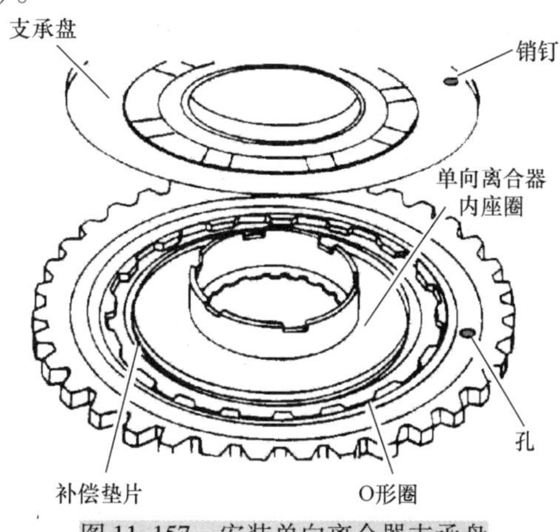

图 11-157 安装单向离合器支承盘

c. 将补偿垫片安装到连接架内，将单向离合器总成一起安装到连接架上。安装卡环并用螺钉旋具将其推入沟槽。

d. 拆下单向离合器O形圈，检查单向离合器和连接架之间的间隙（图11-158）。间隙值应在0.05～0.20mm间。如果间隙值不正确，则调整补偿垫片数，直到间隙在规定范围内为止。如果间隙正确，则安装单向离合器O形圈。

e. 将太阳轮插入单向离合器总成，单向离合器顺时针旋转太阳轮时应锁止。安装轴向轴承到太阳轮，将单向离合器放在总成支架上并安装输出轴，把轴向和径向轴承安装到输出轴上。

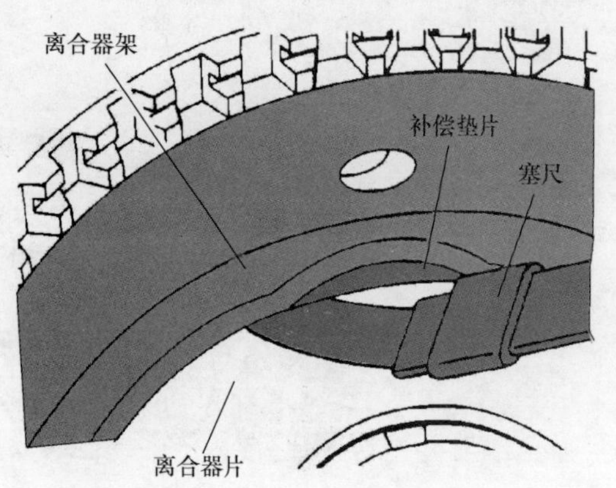

图11-158　测量单向离合器间隙

f. 安装输入轴和轴向轴承、前行星齿轮装置，把卡环嵌入沟槽。将润滑推力环装入沟槽，从装配工具上卸下行星齿轮装置。

2）离合器K1

① 解体

a. 拆下离合器架上用于固定离合器的卡环，拆下离合器组件和碟形（弹簧）垫片。将适当的弹簧压缩器安装到弹簧座上，并压缩弹簧直到露出卡环，拆下卡环。

b. 松开弹簧压缩器，拆下弹簧压缩器、弹簧座和压缩弹簧。从离合器架上拆下活塞（图11-159）。拆下卡环、活塞导向器和O形圈（如有）。

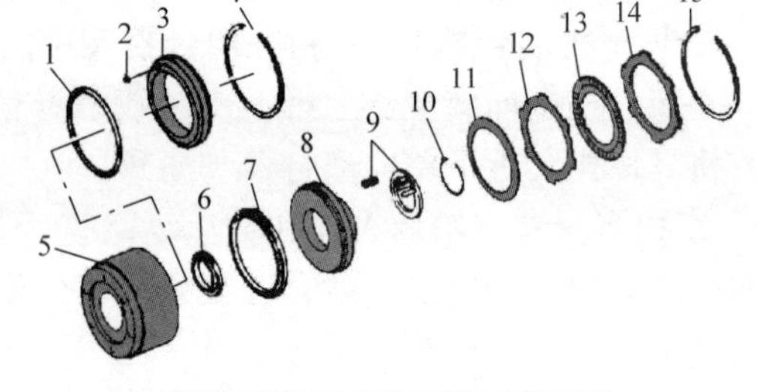

图11-159　离合器K1分解图

1—O形圈　2—单向阀球　3—活塞导向器　4、10、15—卡环　5—离合器架　6—内唇形密封环　7—外唇形密封环　8—离合器活塞　9—压缩弹簧和弹簧座　11—碟形垫片　12、14—外花键片　13—内花键片

② 重装

a. 在活塞上安装新密封环，密封环唇边朝向活塞顶平面。将装配套筒（126589021400和126589031400）放在离合器架上。

b. 用自动变速器油润滑装配套筒和密封环。在离合器架上安装活塞，确保活塞在支架中央，拆下装配套筒。

c. 在活塞上安装压缩弹簧，安装弹簧座。确保每个压缩弹簧被导向销定位在中心。安装弹簧压缩器并压缩弹簧。安装卡环并松开压缩器。确保卡环正确嵌入沟槽。拆下弹簧压缩器。

d. 将离合器内花键片浸泡在自动变速器油中至少1h。把离合器片安装到离合器架上（图11-160）。安装卡环，确保卡环完全嵌入沟槽中。

e. 用螺钉旋具橇顶部离合器外花键片，检查离合器组件顶部离合器外花键片和卡环之间的轴向间隙。

f. 轴向间隙应在0.70～1.30mm间。如有必要则通过改变卡环来调整轴向间隙。如改变卡环不能获得正确的间隙，则通过改变离合器外花键片的厚度来调整轴向间隙。

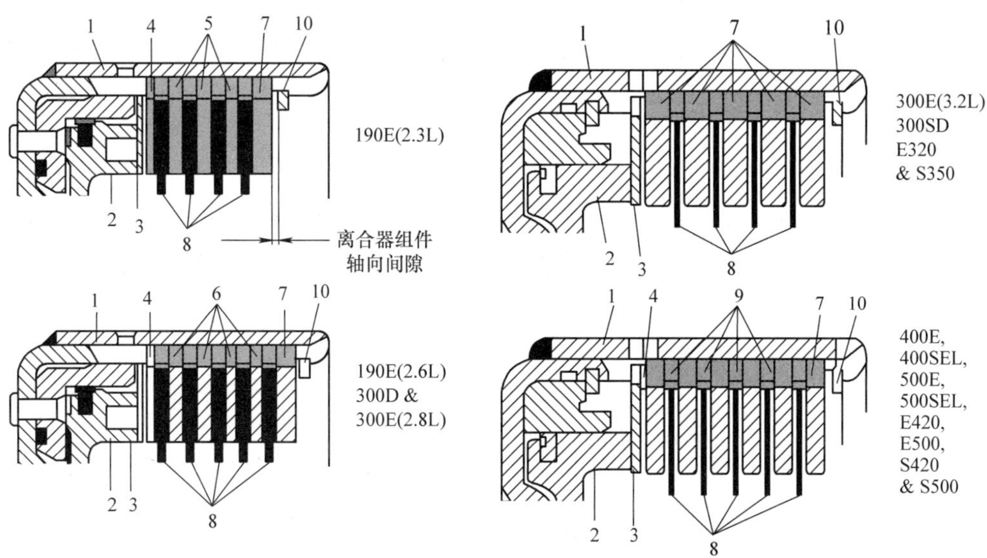

图 11-160 安装离合器 K1 组件

1—离合器架 2—活塞 3—碟形垫片 4—2.00mm 厚内花键片 5—3.50mm 或 4.00mm 离合器外花键片
6—3.00mm 或 3.50mm 离合器外花键片 7—4.50mm 或 5.00mm 厚离合器外花键片 8—2.10mm 厚内花键片
9—3.5mm 或 4.00mm 厚外花键片 10—卡环
2.00mm 厚 2.50mm 厚 或 3.00mm 厚

3）离合器 K2

① 解体

a. 从离合器架上拆下用于固定离合器组件的卡环，倾斜离合器架并拆下离合器组件。将适当的弹簧压缩器安装到弹簧座上，并压缩弹簧直到露出卡环。

b. 拆下卡环，松开弹簧压缩器，拆下弹簧压缩器、弹簧座和压缩弹簧。从离合器架上拆下活塞（图 11-161）。

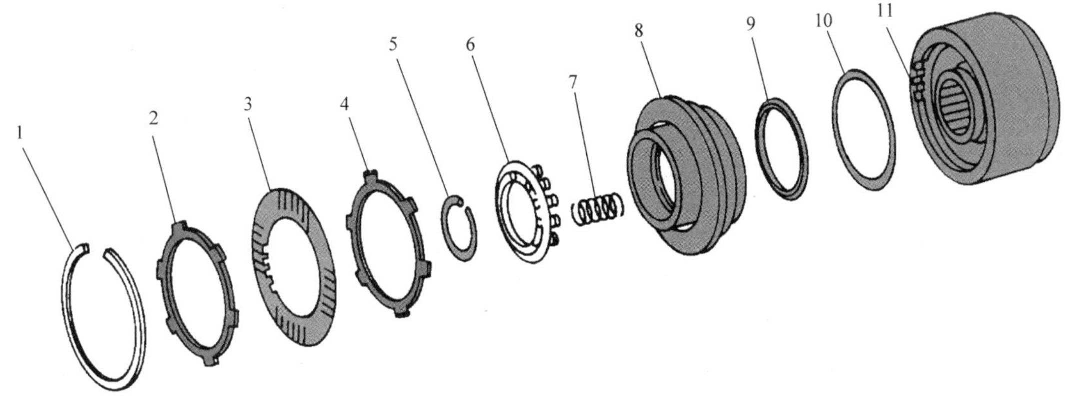

图 11-161 离合器 K2 分解图

1、5—卡环 2、4—外花键片 3—内花键片 6—弹簧座 7—弹簧
8—活塞 9—内密封环 10—外密封环 11—离合器架

② 重装

a. 在活塞上安装新密封环，密封环唇边朝下（远离活塞法兰）。在 W4A040 车型上，将

装配套筒（126589021400）放在离合器架中央毂上。

b. 对于所有车型，均须用自动变速器油润滑装配套筒（如有）和离合器活塞密封环。小心地将离合器活塞放置到装配套筒上，并将活塞滑到离合器架内。确保活塞在离合器架中央，拆下装配套筒。

c. 将压缩弹簧安装到离合器活塞上。安装弹簧座，确保每个压缩弹簧被导向销定位在中心。将弹簧压缩器安装到弹簧座上，压下弹簧座并安装卡环，确保卡环完全嵌入沟槽。

d. 拆下弹簧压缩器，将内花键片浸泡在自动变速器油中至少 1h。把离合器片安装到离合器架上（图 11-162）。安装卡环，确保卡环完全嵌入沟槽中。

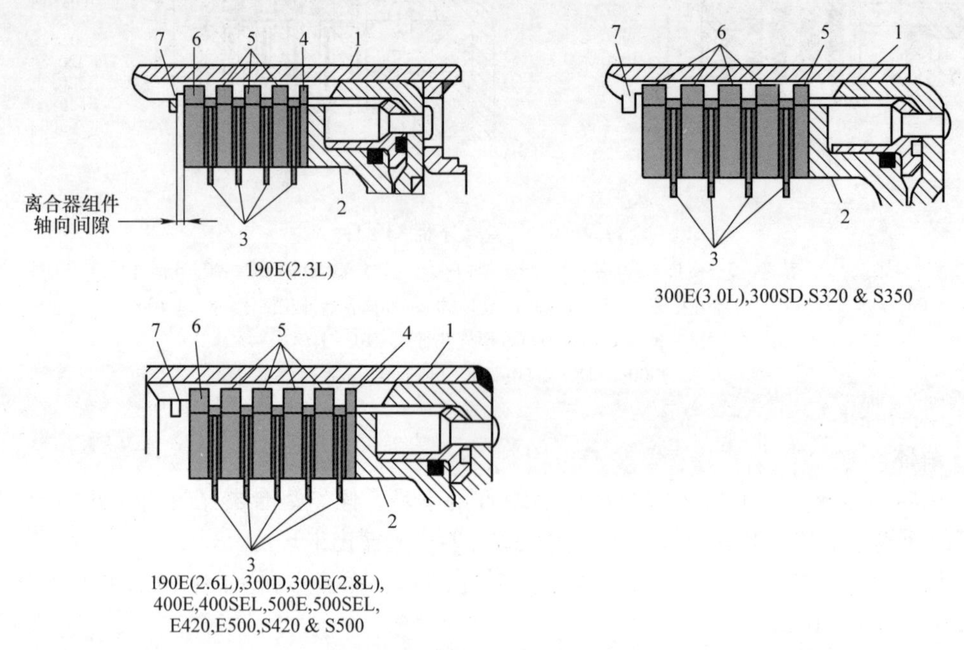

图 11-162　安装离合器 K2 组件

1—离合器架　2—活塞　3—2. 10mm 厚离合器内花键片　4—2. 00mm 厚离合器外花键片
5—190B（2. 6L）300D 和 300B（2. 8L）3. 00mm 或 3. 5mm 离合器外花键片（其他车型）
3. 50mm 或 4. 00mm 离合器外花键片　6—4. 50mm 或 5. 00mm 厚外花键片　7—卡环
2. 00mm 厚　2. 50mm 厚　或 3. 00mm 厚

e. 用螺钉旋具橇顶部离合器外花键片，沿整个离合器架圆周向上撬卡环。用塞尺检查离合器组件顶部离合器外花键片和卡环之间的轴向间隙。

f. 轴向间隙应在 0. 70 ~ 1. 30mm 间。如有必要，则通过改变卡环来调整轴向间隙。如改变卡环也不能获得正确的轴向间隙，则通过改变离合器外花键片的厚度来调整轴向间隙。

11. 3. 4　齿轮机构解体检查与维修

（1）可能引起的故障

自动变速器齿轮机构的故障主要为齿轮折断、轴承磨损等，这会造成异响、不能升档等现象。常见的原因是齿轮从行星架上脱落，行星轮和行星架间隙过大，推力轴承或止推垫圈磨损严重，以及卡环脱落等。

（2）齿轮机构的检查方法

1）目视检查。重点检查齿轮机构的零件有无磨损、划痕、裂纹和变形等，检查止推垫圈与油槽以及固定片是否磨损。

2）测量间隙。在解体前及解体过程中记录轴向间隙测量值（图 11-163），以确定重装过程中止推垫圈的厚度，止推垫圈的厚度决定了不同部件的轴向间隙。过大的轴向间隙会造成离合器毂大范围移动，导致自动变速器壳体磨损。装配后的轴向间隙应在规定范围内，最好偏小。

测量前行星架小齿轮轴向间隙，如图 11-164 所示。一些行星架内可安装轴向间隙调整垫片，使轴向间隙恢复到规定范围内。

检查前行星架与输出轴花键之间的配合情况。从前行星齿圈上拆下弹簧齿环与止推垫圈，检查前齿圈的外花键与止推垫圈是否有毛刺或变形。后离合器摩擦盘在接合与分离过程中必须能在这些花键上滑动。

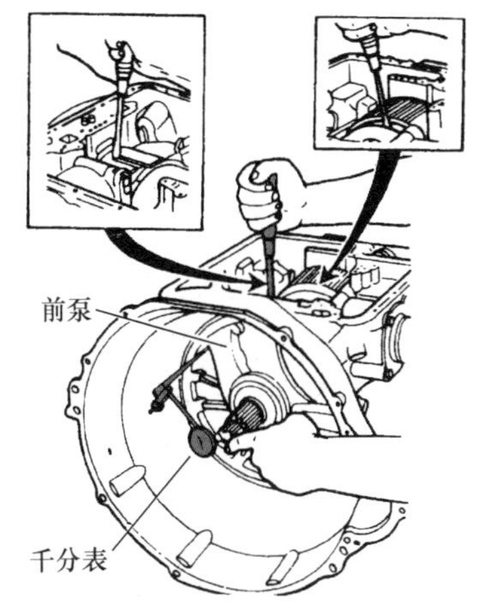

图 11-163 检查自动变速器轴向间隙

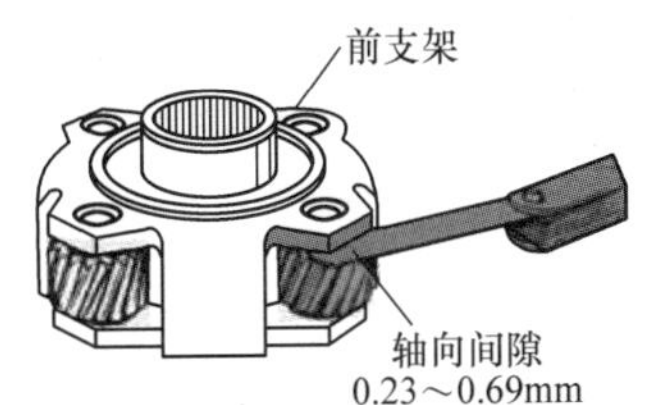

图 11-164 用塞尺测量前行星架小齿轮轴向间隙

检查前行星齿圈内部齿轮。拆下弹性卡环后，前行星架能从齿圈上拆下来。通过在行星架与小行星齿轮间插入塞尺来检查行星架齿轮的轴向间隙是否符合标准，将轴向间隙的测量值与规定值比较。检查太阳轮花键（图 11-165）。

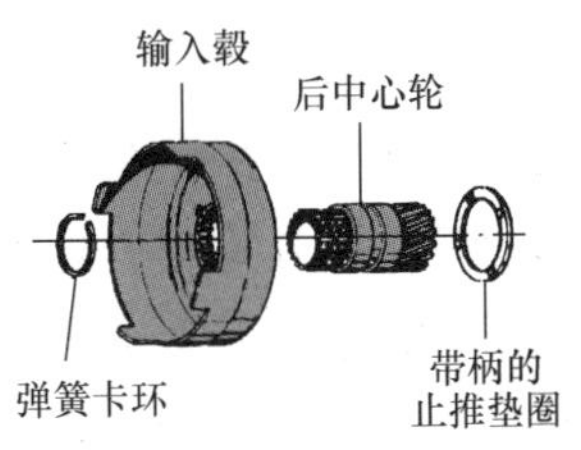

图 11-165 后太阳轮与输入毂总成的分解图

检查小行星轮的轴承是否松动，行星架应无裂痕。更换所有不正常的部件。检查止推轴承是否过度磨损。如果需用正确厚度的垫片校正涡轮轴向间隙，则通过测量现有止推垫圈厚度并将其与测得的轴向间隙比较来确定正确的垫片厚度。

自动变速器齿轮机构的间隙在维修数据中有详细数值，维修时一定要严格遵守规范，保证维修质量，避免产生故障。

(3) 齿轮机构维修实例

下面以大众 01M 和上海通用 4T65E 自动变速器为例说明齿轮机构的检查与维修工作。

1) 大众 01M 自动变速器的检查与维修

① 检查行星架、主动小齿轮、太阳轮和相关零件的磨损情况，需要时更换。

② 将太阳轮驱动壳、行星架、太阳轮、主动小齿轮驱动轴和所有相关轴承及垫圈重新装到小行星轮驱动轴上（图 11-166）。

③ 将总成装在变速器壳体内，将调整垫片、垫圈和螺栓装在小行星轮驱动轴末端的主动小齿轮驱动轴上，用一字螺钉旋具将太阳轮驱动套锁止在变速器壳体上（图 11-167），拧紧螺栓至 30N · m。

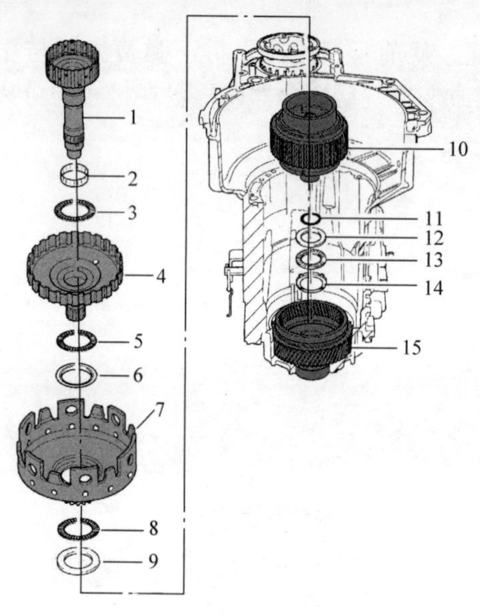

图 11-166　大众 01M 自动变速器部件分解图

1—小行星轮驱动轴　2—滚针轴承

3、5、8、13—轴向滚针轴承　4—小太阳轮驱动套

6、9、12、14—垫圈　7—大太阳轮驱动套

10—行星轮架总成　11—密封圈　15—输入齿轮

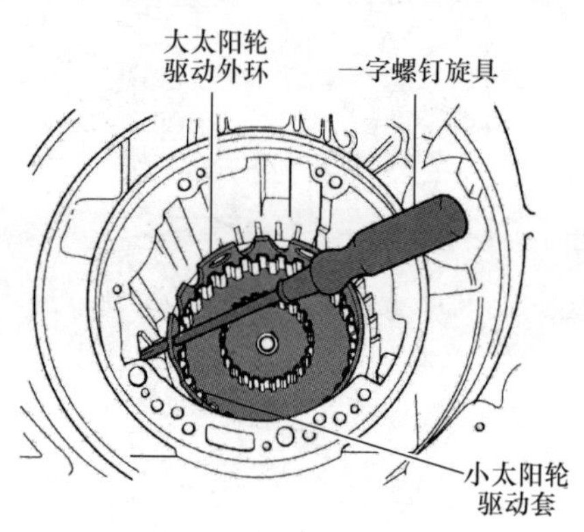

图 11-167　锁止小太阳轮驱动壳体

④ 将千分表支架安置在总成顶部（图 11-168），测量小太阳轮驱动轴的轴向间隙。

⑤ 如果轴向间隙不在 0.23 ~ 0.37mm 内，则更换调整垫片。调整垫片的厚度在 1.00 ~ 2.90mm 内，以 0.10mm 为单位增加。

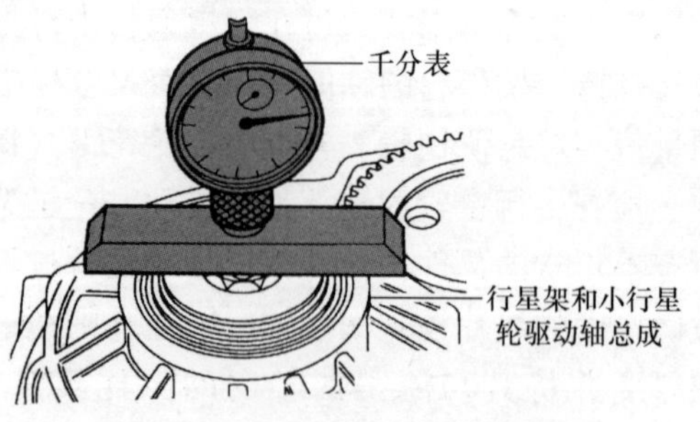

图 11-168　调整行星架末端间隙

2) 上海通用 4T65E 自动变速器齿轮机构检查与维修

① 反作用太阳轮和鼓的检查与重装。检查反作用太阳轮和鼓衬套是否磨损或擦伤，反作用太阳轮是否损坏，鼓与制动带接合区是否变色或磨损。检查太阳轮与鼓的焊接部分是否有

气孔或裂纹、1－2 档支承轴承外座圈是否磨损。在变速器壳体内安装反作用太阳轮和鼓（图 11-169），确保凸耳和 1－2 档支承滚柱离合器内座圈接合。

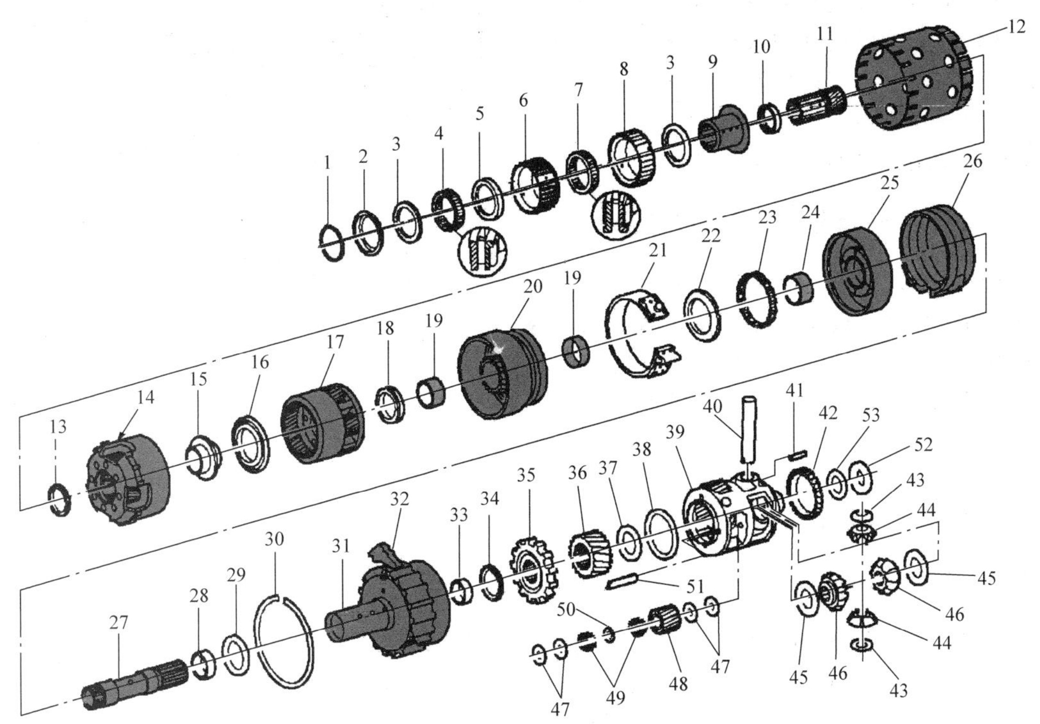

图 11-169　别克 4T65E 变速器内部部件分解图

1—圈　2—3 档离合器楔块外座圈护圈　3、5—输入和 3 档离合器楔块中心轴承　4—3 档离合器楔块
6—3 档离合器楔块外座圈　7—输入离合器楔块　8—输入离合器楔块外座圈　9—输入和 3 档离合器外座圈
10—输入太阳轮轴套　11—输入太阳轮　12—倒档反作用鼓　13—输入太阳轮推力轴承　14—输入行星架总成
15—输入行星架/反作用行星架润滑油挡板　16—输入行星架和反作用行星架推力轴承　17—反作用行星架总成
18—反作用行星架和太阳轮推力轴承　19—反作用太阳轮衬套　20—反作用太阳轮　21—2－1 档手动制动带
22—推力轴承　23—1－2 档支承滚子离合器　24—1－2 档支承轴承　25—1－2 档支承鼓　26—前进档制动带
27—主传动太阳轮轴　28—主传动内齿轮衬套　29—止推垫圈　30—内齿轮卡环　31—主传动内齿轮
32—驻车棘爪　33—内齿轮衬套　34—内齿轮推力轴承　35—驻车齿轮　36—主传动太阳轮
37—行星架和太阳轮推力轴承　38—螺旋小齿轮销挡圈　39—差速器和主传动行星架
40—小齿轮轴　41—小齿轮轴定位销　42—车速传感器可变磁阻转子轮　43—小齿轮止推垫圈
44—小齿轮　45—青铜止推垫圈　46—差速器半轴齿轮　47—小齿轮止推垫圈　48—行星齿轮
49—滚针轴承　50—滚针轴承销圈　51—行星齿轮销
52—差速器行星架和壳体轴承　53—行星架止推垫圈

② 输入行星架总成和反作用行星架总成检查和重装

A. 检查

a. 用塞尺检查输入行星架和反作用行星架总成内的小齿轮轴向间隙是否正常。轴向间隙应在 0.23～0.76mm 间。如果轴向间隙不在上述范围内，则更换相应的部件（图11-170）。

b. 检查推力轴承保持架是否损坏，滚子是否损坏或丢失。检查反作用行星架小齿轮和内齿轮是否损坏。检查输入行星架小齿轮或花键齿是否损坏，必要时更换部件。

B. 重装。用凡士林将推力轴承粘在反作用行星架上。将反作用行星架安装在变速器壳体上，转动行星架使小齿轮和太阳轮啮合。用凡士林将推力轴承粘到输入行星架上。用凡士林将润滑油挡板装到反作用行星架内。将输入行星架插到变速器壳体内，转动行星架，使小齿轮与反作用行星架内齿轮啮合。

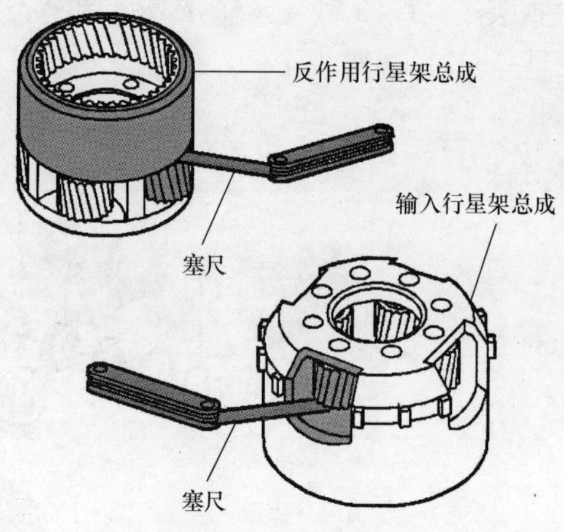

图 11-170　检查输入行星架和反作用行星架小齿轮轴向间隙

11.3.5　阀体检查与解体维修

阀体是自动变速器的液压控制中心，所有压力调节、控制、转移路径的操作都由阀体内各滑阀的实际动作完成。阀体故障会导致变速器升降档打滑、换档冲击、频繁换档或不升档、缺档，甚至无驱动能力或使变速器和发动机严重损坏。

有些形式的变速器可在车上直接拆下阀体进行维修或更换，有些则必须从车上拆下变速器才能拆下阀体。

（1）阀体常见的损坏形式和原因

1）阀体柱塞卡滞或拉伤，常见原因是变速器的磨屑等导致油液脏污。

2）弹簧长度变化或折断，主要原因是弹簧疲劳或受损。

3）隔板内的单向阀球与阀座密封不严，主要原因是磨损。

4）滤网堵塞，主要原因是较差的使用条件和保养使油液脏污。

5）液压管路堵塞，主要原因是液压油脏污；油路泄漏，主要原因是螺栓拧紧力矩不足、螺栓损坏和阀体变形等。

6）油道有腐蚀、变形等，主要原因是维修中造成的损伤或配件质量问题。

7）穿过阀体的驱动轴对阀体接触面的磨损。

对于确实有故障的变速器，经初步检查发现自动变速器油中有颗粒状磨屑，才能对阀体进行解体检查。维修工作主要是检查和清洗。更换堵塞的油液支路滤芯，损坏的密封件或弹簧，更换磨损的阀体球等。阀体或阀损坏一般不能维修，要换新。仅有少数自动变速器，如本田 MPOA 变速器，维修数据中建议可对滑阀进行抛光。具体要求是用 1200 号砂纸打磨毛刺或粗糙表面，砂纸要在变速器油中浸泡 30min 以上再用。

（2）阀体检修实例（4T65E 型自动变速器的阀体）

① 解体检查阀体部件前，应先拿到该变速器的全部维修数据，包括图形和文字及数据表格。

② 拆开变速器侧盖或油底壳，露出阀体部件（图 11-171）。

③ 拆掉阀体上的线束插头（图 11-171）。

④ 脱开手动阀（图 11-172）。

⑤ 检查穿过阀体的驱动轴等是否有卡簧，拆下所有妨碍取下阀体的结构部件。

⑥ 识别阀体部件的紧固螺栓，按要求和顺序拆卸，同时检查力矩，并检查是否有损坏或漏装的情况，如有则提前处理或更换（图 11-173）。

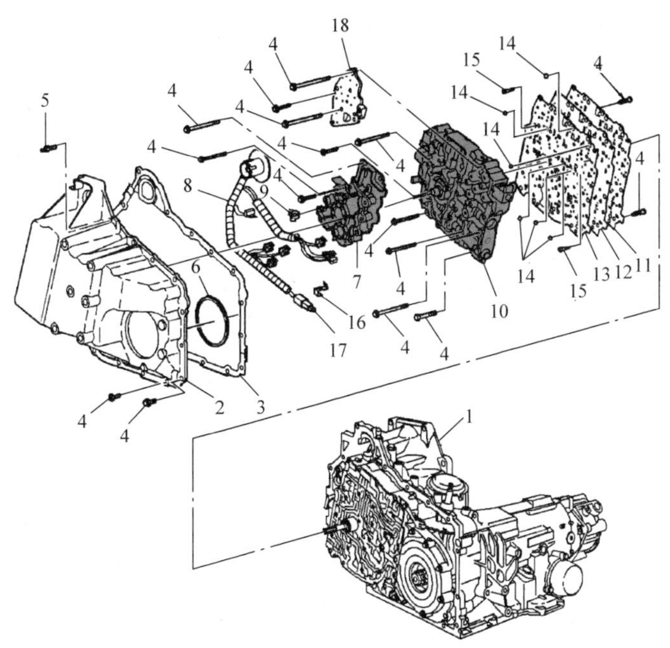

图 11-171 拆卸阀体分解图

1—壳体总成 2—壳体侧盖 3—侧盖衬垫 4—螺栓 5—壳体双头螺栓 6—侧盖与油路直接板密封环 7—油泵总成 8—线束 9—夹子 10—控制阀体 11—壳体盖/隔板衬垫 12—阀体隔板 13—阀体与隔板的衬垫 14—单向阀 15—液力变矩器离合器滤网 16—温度传感器夹子 17—温度传感器 18—手动阀位置开关

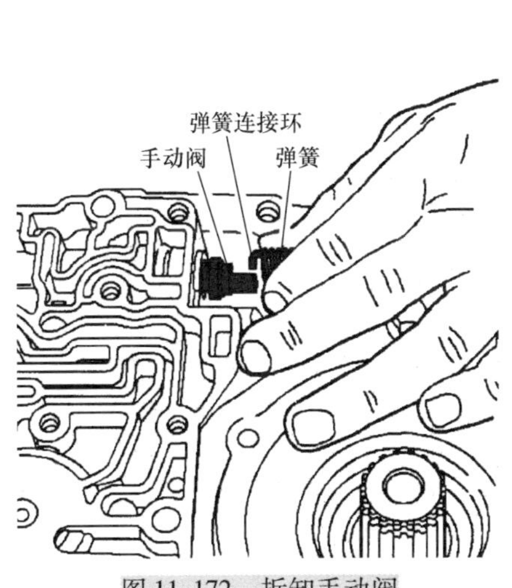

图 11-172 拆卸手动阀

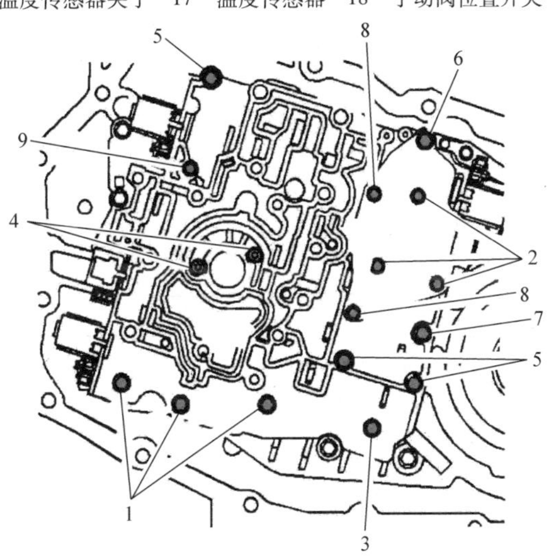

图 11-173 识别阀体部件的紧固螺栓

1—M6×1.0×65 2—M6×1.0×60 3—M6×1.0×30
4—M6×1.0×45 5—M6×1.0×55 6—M6×1.0×95
7—M6×1.0×90 8—M6×1.0×20 9—M6×1.0×85

力矩规范

螺栓 NO.1~5：106lbf·in（12N·m）

螺栓 NO.6：121lbf·in（16N·m）

螺栓 NO.7：181lbf·in（24N·m）

螺栓 NO.8：71lbf·in（8N·m）

螺栓 NO.9：106lbf·in（12N·m）

⑦ 拆开阀体时要平拆平放，防止阀球滑落或丢失。拆开阀体后检查并按图核对阀球的数量和位置（图 11-174 和图 11-175）。

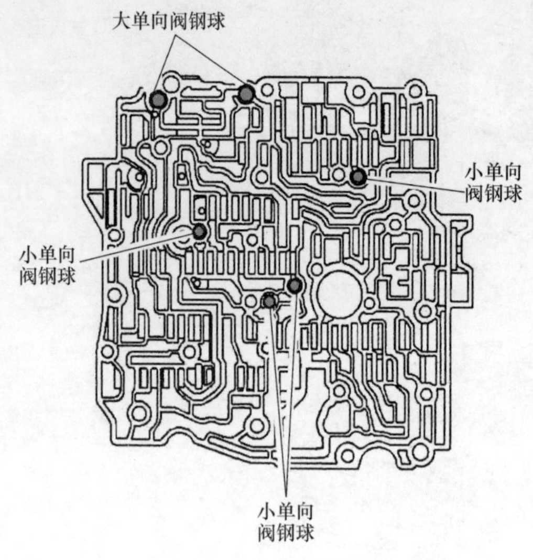

图 11-174　阀体中单向球阀位置（油泵总成侧）

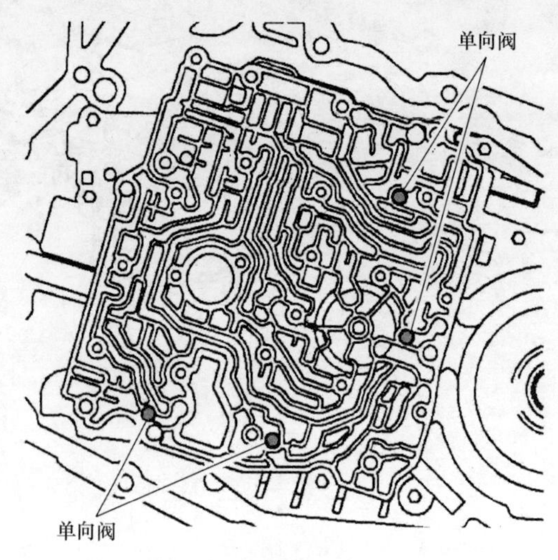

图 11-175　阀体中单向球阀位置（壳体总成侧）

⑧ 检查单向阀球和球座的磨损情况及密封性。检查球的形状，轻质球要检查大小，如图 11-176 所示。

⑨ 注意在变速器重装中要用自动变速器油进行润滑，同时用凡士林固定阀体球阀等，不能用润滑脂或其他油，因为润滑脂不能完全被自动变速器油溶解，沉积在阀体等重要部分会引起滑阀阻滞，使变速器不能正常工作。

⑩ 拆解、检查和清洗阀体的阀孔和滑阀等。拆出阀体孔内的阀、弹簧和挡片前，应先清洗要拆卸的单块阀体总成，同时准备好所用的工具及盛装阀、弹簧和挡片的盒子（图 11-177 和图 11-178）。

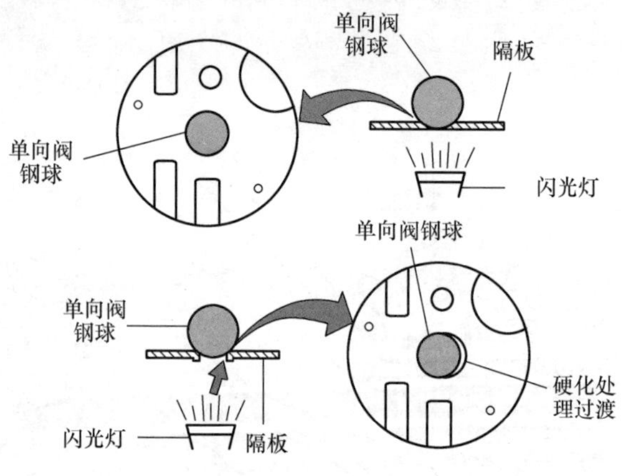

图 11-176　检查单向阀球和球座

⑪ 在准备好的盒子内铺上折好褶的纸，一个褶上放一个孔的阀、弹簧等附件（自孔内拆出）。不得散乱丢失，确保方向和顺序正确。

⑫ 先将阀的挡片或销子用合适的工具取出，然后用竹签或胶木工具将阀拨出。也可用橡胶锤敲击阀体，使阀在重力作用下滑出。注意不要使用金属工具，如螺钉旋具，以免损伤。依次拆出各孔内的滑阀，注意调压阀的调整螺栓位置，如果阀体不太脏或滑阀可拨动，则可不拆。

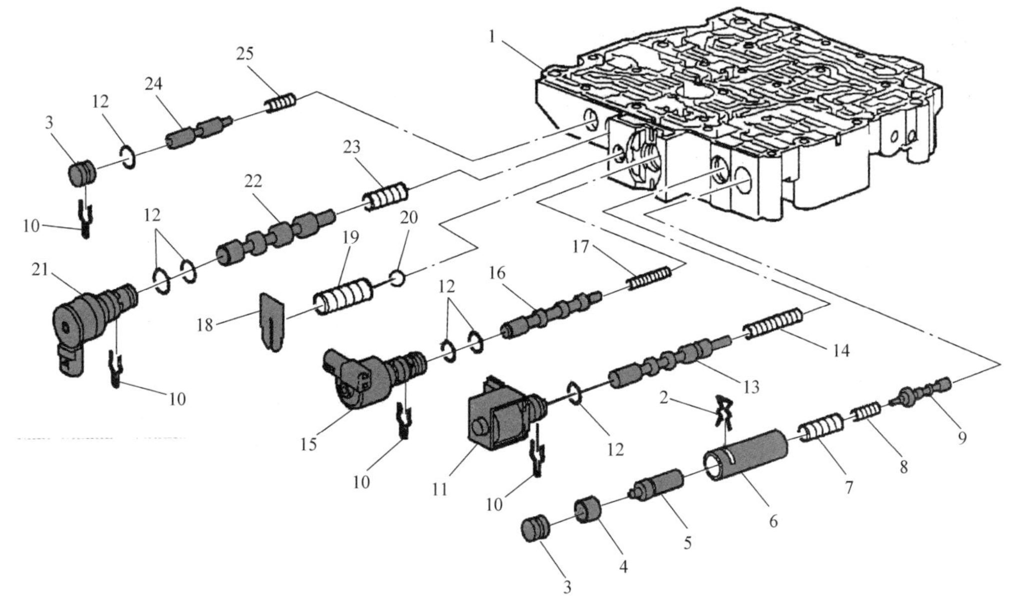

图 11-177 4T65E 控制阀体部件分解图（视图 A）

1—控制阀体 2—主油路增压阀及衬套定位夹子 3—定位塞 4—主油路增压阀 5—倒档增压阀 6—倒档增压阀衬套 7—调压器阀外弹簧 8—调压器阀内弹簧 9—调压器阀 10—电磁阀定位夹子 11—1 -2 档和 3 -4 档换档电磁阀 12—O 形密封圈 13—1 -2 档换档阀 14—1 -2 档换档阀弹簧 15—压力控制电磁阀 16—转矩信号调节器阀 17—转矩信号调节器阀弹簧 18—主油路压力释放阀档片 19—主油路压力释放阀弹簧 20—主油路压力释放阀 21—液力变矩器离合器脉宽调制电磁阀 22—液力变矩器离合器控制阀 23—液力变矩器离合器控制阀弹簧 24—液力变矩器离合器调节器接合阀 25—液力变矩器离合器接合阀弹簧

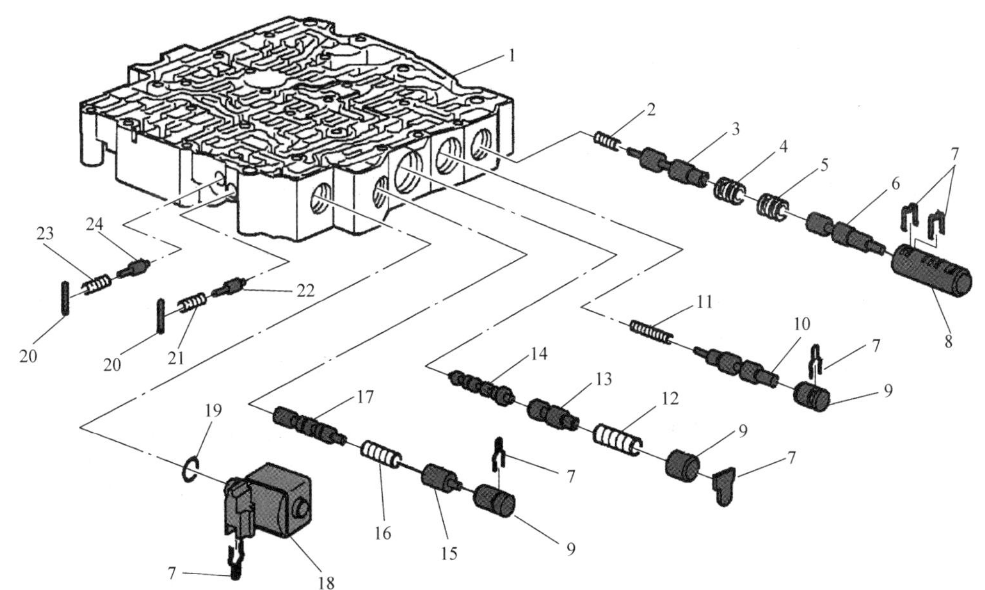

图 11-178 4T65E 控制阀体部件分解图（视图 B）

1—控制阀体 2—3 -4 档蓄能器阀弹簧 3—3 -4 档蓄能器阀 4—3 -4 档蓄能器阀孔塞 5—2 -3 档蓄能器阀孔塞 6—2 -3 档蓄能器阀 7—阀定位夹子 8—2 -3 档蓄能器阀衬套 9—阀孔塞 10—1 -2 档蓄能器阀 11—1 -2 档蓄能器弹簧 12—3 -2 档手动降档阀弹簧 13—3 -2 档手动降档阀 14—2 -3 档换档阀 15—4 -3 档手动降档阀 16—4 -3 档手动降档阀弹簧 17—3 -4 档降档阀 18—1 -2 档和 3 -4 档换档电磁阀 19—O 形密封圈 20—增压阀孔销 21—倒档伺服增压阀弹簧 22—倒档伺服增压阀 23—前进档伺服增压阀弹簧 24—前进档伺服增压阀

⑬ 检查阀的表面是否光洁及弹簧长度是否正常等。

⑭ 清洗好后重装，用清洁的自动变速器油润滑。

⑮ 安装变速器上的阀体部件时注意识别螺栓和拧紧力矩，同时注意所连接的线路插头等是否完好。

⑯ 安装手动阀操纵机构，完成阀体安装。

11.3.6 主减速器、变速器壳解体检查与维修

下面以大众01M变速器为例来介绍主减速器、变速器壳的解体与维修工作。

（1）主减速器

1）解体差速器，如图11-179所示。如果齿圈或差速器壳体损坏，则更换差速器壳体，按与拆卸相反的顺序安装差速器。

注意：如果更换差速器轴承，则检查差速器侧的轴承预紧度和齿圈位置。

2）用拆卸器把滚柱轴承从差速器壳体上拆下，拆卸车速里程表驱动齿轮和衬套。

3）检查调节环内所有轴承座圈，需要时进行更换，利用液压更换轴承座圈。将滚柱轴承和座圈作为一套部件进行更换。

（2）变速器壳体

1）拆卸多功能开关、所有密封圈、手动阀总成、驻车棘爪和传感器。如有必要，则从壳体上拆下驻车棘爪销、棘爪弹簧螺栓和手动阀选档杆，如图11-180所示。检查衬套和轴承座圈，需要时进行更换。

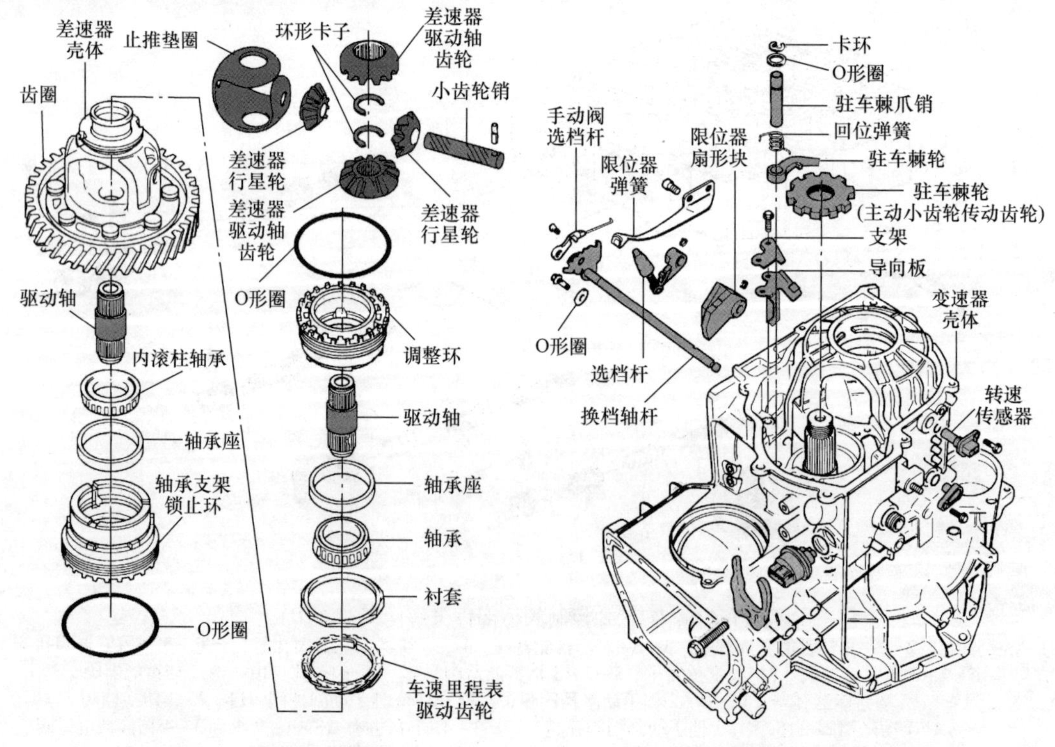

图11-179　差速器分解图　　　图11-180　变速器壳体部件分解图

2）在换档轴杆上安装新O形圈、选档杆和驻车棘爪销（如果已经拆下）。用冲杆敲驻车棘爪销。安装手动阀选档杆、棘爪弹簧螺栓、多功能开关和新密封圈。

（3）传动齿轮

用拆卸器和适配器把锥齿轮从输出齿轮内拆下，如图11-181所示。利用液压将轴承装在主动小齿轮传动齿轮上，将传动齿轮和主动小齿轮放在一侧。

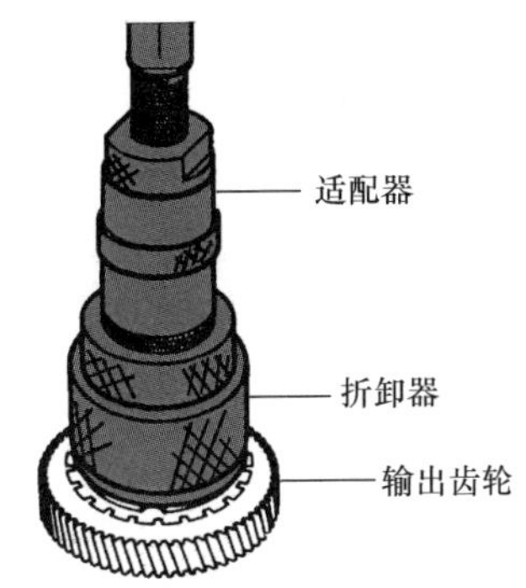

图11-181 拆卸输出齿轮滚子轴承